DROIT CIVIL

EXPLIQUÉ.

COMMENTAIRE DU TITRE XVIII
DU LIVRE III DU CODE CIVIL :

DES

PRIVILÉGES ET HYPOTHÈQUES.

PARIS. — IMPRIMERIE DE COSSON,
rue Saint-Germain-des-Prés, 9.

LE DROIT CIVIL

EXPLIQUÉ

SUIVANT L'ORDRE DES ARTICLES DU CODE,

DEPUIS ET Y COMPRIS LE TITRE DE LA VENTE.

———————————

DES

PRIVILÉGES ET HYPOTHÈQUES,

OU

**COMMENTAIRE DU TITRE XVIII DU LIVRE III
DU CODE CIVIL,**

PAR M. TROPLONG,

CONSEILLER A LA COUR DE CASSATION,
ANCIEN PRÉSIDENT DE CHAMBRE A LA COUR ROYALE DE NANCY,
CHEVALIER DE L'ORDRE ROYAL DE LA LÉGION-D'HONNEUR ;

OUVRAGE QUI FAIT SUITE A CELUI DE M. TOULLIER , MAIS DANS LEQUEL ON
A ADOPTÉ LA FORME PLUS COMMODE DU COMMENTAIRE.

TROISIÈME ÉDITION.

TOME DEUXIÈME.

PARIS,

CHARLES HINGRAY, LIBRAIRE-ÉDITEUR,

10, RUE DE SEINE.

A NANCY, CHEZ GEORGE GRIMBLOT.

—

1838.

CODE CIVIL,

LIVRE III,

TITRE XVIII :

DES

PRIVILÉGES ET HYPOTHÈQUES.

~~~~~~

CHAPITRE III.

DES HYPOTHÈQUES.

ARTICLE 2114.

L'hypothèque est un droit réel sur les immeubles affectés à l'acquittement d'une obligation. Elle est de sa nature indivisible , et subsiste en entier sur tous les immeubles affectés, sur chacun et sur chaque portion de ces immeubles. Elle les suit, en quelques mains qu'ils passent.

SOMMAIRE.

385. Origine de l'hypothèque. Ses différences avec le gage. Renvoi.
386. Imperfection de la définition que le Code donne de l'hypothèque. *Omnis definitio periculosa.* Caractères de l'hypothèque.
387. Renvoi pour les biens susceptibles d'hypothèque ; pour

II.   1

le rang des créanciers; pour la poursuite contre les
tiers détenteurs.

COMMENTAIRE.

385. J'ai fait connaître ci-dessus (1) l'origine
de l'hypothèque et ses différences avec le gage
proprement dit. J'ai montré aussi qu'elle ne des-
saisit pas le débiteur, lequel conserve toujours la
propriété et la possession de la chose hypothéquée.
Ces prémisses, nécessaires pour connaître toute la
force du droit d'hypothèque, faciliteront l'intelligence de la définition qu'en donne le Code civil.

« C'est, dit-il, un droit réel sur un immeuble
» affecté à l'acquittement d'une obligation. Il est
» indivisible, et suit les immeubles en quelques
» mains qu'ils passent. »

386. On trouve dans ce peu de mots plusieurs
des caractères de l'hypothèque. Cependant tous
n'y sont pas exprimés.

C'est un droit réel, dit notre article, car l'hypothèque réside dans la chose, *ejusque ossibus
adhæret ut lepra cuti.* C'est ce que les Romains
appelaient droit dans la chose, *jus in re*, pour le

_____
(1) Nᵒˢ 7, 8, 9 et suiv.

distinguer du droit personnel qui ne donne lieu qu'à une action contre la personne. Aussi Pothier observe-t-il (1) que l'hypothèque, étant *un droit dans la chose*, ne pouvait, au commencement, s'acquérir que par la tradition, comme tous les autres droits réels; mais que, pour la commodité du commerce, le préteur établit par la suite qu'elle pouvait s'établir par la simple convention.

L'hypothèque étant un droit réel, suit l'immeuble qui y est affecté, en quelques mains qu'il passe. C'est le propre de toutes les actions réelles; *rem sequuntur* (2). Aussi notre article pouvait-il se dispenser de dire explicitement une chose qui est de droit (3). Les définitions ne doivent contenir rien d'inutile.

Notre article dit que l'immeuble est *affecté* à l'acquittement de l'obligation, pour montrer, d'abord que les immeubles seuls sont susceptibles d'hypothèque, ensuite que cet immeuble est le gage du créancier, et que c'est sur lui que ses poursuites doivent se diriger. Et puisque l'immeuble est *affecté* à l'acquittement de l'obligation, il faut en conclure que le débiteur ne peut plus l'engager à d'autres obligations, au préjudice du premier créancier hypothécaire.

(1) Orléans, tit. 20, no 6.

(2) Loyseau, Déguerpissement, ch. 1, liv. 3, nos 3 et 5.

(3) Ce n'est qu'en fait de *meubles* que les droits réels ne produisent pas toujours le droit de suite. *Infrà*, 396, 397, 414, 415. Mais le Code parle ici des *immeubles*; et à l'égard de ce genre de biens, le droit réel produit toujours le droit de suite.

Nôtre article ajoute, en dernier lieu, que l'hypothèque est indivisible, c'est-à-dire qu'elle subsiste en entier sur tous les immeubles affectés, sur
chacun et sur chaque portion d'iceux, « *est tota in*
» *toto, et tota in quâlibet parte.* » Hypothèque ne
se divise point, dit Loisel (1). Il suit de là que le
créancier peut faire vendre celui des immeubles
hypothéqués qui lui convient le mieux. « Credito-
» ris arbitrio permittitur ex pignoribus sibi obliga-
» tis quibus velit distractis, ad suum commodùm
» pervenire. » L. 8, D. *De distract. pignor.* (2).

Mais pour que la définition fût complète, il aurait fallu ajouter que le débiteur conserve la possession de la chose hypothéquée, et que la fin de
l'hypothèque est la vente de la chose affectée. La
première de ces circonstances est importante. Elle
constitue un des caractères principaux de l'hypothèque.

La seconde a été présentée par Pothier (3).
« L'hypothèque, ou droit de gage, est le droit qu'a
» un créancier *dans la chose* d'autrui, *de la faire*
» *vendre en justice, pour, sur le prix, être payé de*
» *ce qui lui est dû.* »

On ne trouve guère dans le droit de définition
qui ne rappelle l'adage connu, *omnis definitio periculosa* (4).

(1) Liv. 3, t. 7.
(2) Pothier, Pand., t. 1, p. 576, no 17, § 5.
(3) Orléans, t. 20, n° 1.
(4) M. Grenier, t. 1, no 4, trouve *irréprochable* la définition que Neguzantius donne de l'hypothèque ; elle me paraît
moins exacte encore qu'aucune autre.

387. Nous verrons se développer plus tard ces différens caractères de l'hypothèque. Nous verrons quéls biens sont susceptibles d'être hypothéqués (1); comment, en se mettant en action, l'hypothèque poursuit le tiers détenteur de l'immeuble engagé (2); quel classement doit s'observer dans le rang des créanciers hypothécaires (3). Mais, malgré mon désir de ne pas anticiper sur des détails qui trouveront *in decursu* une place plus convenable, je ne puis m'empêcher de traiter ici de *l'indivisibilité* de l'hypothèque, parce qu'il me serait difficile de placer ailleurs ce que je dos en dire.

388. Dumoulin a fort bien montré (4) que le droit d'hypothèque n'est pas indivisible par sa nature, et qu'il est en lui-même (*merè*) susceptible de division comme le sort principal. « Sic ergo » hypotheca, ejusque luitio non minùs est dividua » quàm ipsum principale debitum, omni respectu » dividuum. »

Seulement il ne doit pas être divisé, parce que les conditions ne peuvent pas être scindées. « Cui » fundus legatus est *si decem dederit,* partem fundi » consequi non potest, nisi totam pecuniam nu- » meraret. » L. 56, D. *De cond. et demonst.* Or l'hypothèque est la condition du prêt, et en retournant l'exemple donné par la loi romaine, on peut dire : Vous m'avez donné une hypothèque, qui consti-

(1) Art. 2118.
(2) Art. 2166 et suiv.
(3) Art. 2134 et suiv.
(4) *Extricatio labyrinth. div. et individ.*, p. 3, n° 28.

tue à mon profit un gage, que je dois vous remettre si vous me payez 10,000 francs que vous me
devez. Vous ne pourrez obtenir la liberté, *même
d'une faible partie* du fonds hypothéqué, qu'en me
payant la somme tout entière (1).

L'hypothèque a donc quelque chose d'indivisible; mais ce n'est pas une indivisibilité parfaite et
naturelle. Ce n'est qu'une indivisibilité relative et
impropre. « Fateor tamen, quod pignus non potest
» dividi invito creditore; *individuitatem quamdam
» habet, non simplicem, sed secundum quid, nec
» veram et propriam*, quippe cui non competat
» individui definitio, *sed impropriam* »; ainsi parle
Dumoulin (2).

La raison pour laquelle l'hypothèque doit rester
dans l'état d'indivision, c'est en premier lieu l'utilité commune, *utilitas communis* (3); car on peut
souvent ignorer la valeur d'un bien hypothéqué,
ou bien, si on la connaît, cette valeur peut va-
rier, et le gage peut descendre au dessous de ce
qu'il valait primitivement; alors il arrive que le
créancier se trouve frustré, et n'a pas de garantie
pour le reliquat de la créance. Il est donc plus
avantageux que le créancier retienne le gage tout
entier, et puisse le faire vendre pour se faire payer
du restant.

En second lieu, on suppose qu'en constituant
l'hypothèque, il a été sous-entendu entre les par-

(1) V. *infrà*, n° 775.
(2) Part. 3, n° 31.
(3) Part. 3, n° 30.

ties que le gage ne serait purgé que par le paiement intégral de la dette. « *Ne dividatur vigor et
vinculum pignoris, debito principali diviso* », dit
encore Dumoulin (1).

389. Cette indivisibilité de l'hypothèque a lieu
tant passivement qu'activement.

Elle a lieu *passivement.* Par exemple, le débiteur
laisse deux héritiers, dont l'un paie sa portion
virile de la dette ; mais pour cela, le gage ne sera
pas purgé pour moitié, et l'héritier qui a payé ne
pourra pas demander main-levée de l'hypothèque
pour sa portion virile. Le créancier conservera son
hypothèque sur le tout, et, si besoin est, il fera
vendre la totalité de l'immeuble pour se payer de
ce qui lui reste dû. C'est donc une erreur bien in-
considérée de François Arétin, d'avoir écrit que,
puisque l'obligation personnelle se divise entre les
héritiers, il en doit être de même de l'hypothèque.
Il n'y a pas d'hérésie monstrueuse qui ne puisse
s'appuyer du nom d'un jurisconsulte! Bornons-
nous à dire avec Dumoulin : « *Quod est falsissi-
mum*, quia omnis hypotheca sive legis sive hominis, *est tota in toto, et tota in quâlibet parte* (2). »

L'indivisibilité a lieu *activement ;* ainsi, si le
créancier a deux héritiers, et que le débiteur paie à
l'un sa portion virile, l'autre conservera la totalité
de l'immeuble sous l'hypothèque originaire, qui ne
recevra aucune diminution de ce que la dette aura
été payée pour partie, *propter indivisam pignoris*

(1) *Loc. cit.* L. quamdiù, C. *De distract. pignor.*
(2) Part. 2, n° 91, et part. 3, n° 28.

causam (1). Il est même certain que, quand même l'héritier payé aurait consenti à la diminution de l'hypothèque, cette convention ne pourrait nuire à l'autre créancier, dont la condition ne peut être rendue plus mauvaise sans son propre fait (2).

390. Le principe de l'indivisibilité de l'hypothèque est fécond en conséquences, et d'abord c'est de lui qu'émane cette règle consacrée par l'art. 2161 du Code civil, que le débiteur qui a promis de donner tels et tels immeubles en hypothèque, ne peut obtenir la réduction de cette hypothèque, quand même elle offrirait plus de garantie qu'il n'en faut pour répondre de la dette (3).

De plus, c'est lui qui a fait établir cette autre règle consacrée par l'art. 873, que les héritiers sont tenus hypothécairement pour le tout.

En effet, l'hypothèque ne pouvant pas se partager, chaque héritier détenteur des biens hypothéqués par le défunt, est exposé à se voir rechercher pour le total de la dette, dans chaque portion des biens couverts de l'hypothèque. A la vérité, l'obligation personnelle se divise de plein droit entre les héritiers; c'est le vieux principe de la loi des Douze-Tables. Mais le créancier hypothécaire n'est pas tenu de suivre cette division; et par l'action hypothécaire, qui est indivisible, il peut sommer chaque héritier détenteur d'un objet hypothéqué, de payer la totalité de la dette ou de délaisser. « Actio

(1) Dumoulin, part. 3, n° 28.
(2) Id., *loc. cit.*
(3) *Infrà*, n° 749.

» quidem personalis inter hæredes pro singulis por-
» tionibus quæsita scinditur; pignoris autem jure,
» multis obligatis rebus quas diversi possident, cùm
» ejus obligatio non personam obliget, sed rem se-
» quatur, qui possident non pro modo singularum
» rerum substantiæ conveniuntur, sed in solidum,
» ut vel totum debitum reddant, vel eo quod deti-
» nent, cedant. » L. 2. C. *Si unus ex plurib.* (1).

En effet, lorsque le créancier, poursuivant son action hypothécaire pour le total de la dette, presse un héritier de le lui payer, il ne considère pas cet héritier comme obligé personnel, mais bien comme tiers détenteur, pour tout ce qui excède sa portion virile. L'héritier actionné par la voie hypothécaire ne doit directement que le délaissement, et les véritables conclusions du demandeur doivent tendre à obtenir le délaissement, *si mieux n'aime l'héritier payer le total.* Je reviendrai là-dessus en commentant l'art 2170 et l'art. 2172.

Mais ce serait une grande erreur de s'imaginer que l'héritier est tenu hypothécairement sur ses propres biens. L'addition d'hérédité ne produit pas une hypothèque tacite sur les biens propres de celui qui accepte. Aussi Bartole a-t-il dit avec concision, d'après la loi 29, D. *De pignorib. et hypoth.* : « *Obligatio facta à defuncto non porrigitur* » *ad bona ejus hæredis.* »

Si le créancier hypothécaire veut avoir hypothèque sur les biens de l'héritier, il faut qu'il ob-

---

(1) V. aussi Lebrun, Success., liv, 4, ch: 2, sect. 1, no 32. *Infrà*, n° 775.

tienne une condamnation contre lui, et encore cette condamnation ne donnera-t-elle hypothèque que pour la portion virile de la dette dont l'héritier est tenu (1).

391. L'indivisibilité de l'hypothèque produit encore d'autres effets remarquables, que je ferai ressortir quand j'arriverai au rang des hypothèques entre elles, et que je parlerai du concours entre les hypothèques générales et les hypothèques spéciales (2).

Enfin, l'on trouvera des exceptions au principe de l'indivisibilité de l'hypothèque dans les art. 2143, 2144 et 2161 du Code civil.

ARTICLE 2115.

L'hypothèque n'a lieu que dans les cas et suivant les formes autorisées par la loi.

SOMMAIRE.

392. L'hypothèque est du droit des gens. Mais la manière de l'acquérir dépend du droit civil. Elle est donc subordonnée aux formes autorisées par la loi.

392 bis. L'étranger peut acquérir hypothèque en France en se conformant aux lois françaises. Raison de cela. Les formes organisées par le droit civil ne sont pas un obstacle à ce qu'un acte qui est en lui-même du droit des gens, reste tel.

(1) Lebru n, *loc. cit.*, n°s 33, 35.
(2) *Infrà*, n°(750 et suiv.

COMMENTAIRE.

392. Cet article a pour but d'indiquer que l'hypothèque dépend des formalités auxquelles la loi l'a soumise. En effet, quoique ce contrat soit en soi du droit des gens, puisqu'il est pratiqué chez toutes les nations civilisées (1), néanmoins la manière de l'acquérir est du droit civil, qui, mettant à l'écart les formes gênantes du nantissement, a permis que le débiteur restât en possession de l'objet qui sert de gage à la dette, ce qui est contraire aux principes rigoureux sur la tradition. *De pignore, jure honorario, nascitur ex pacto actio.* L. 17, § 2, D. *de pact.* (2).

C'est pour cela que nous verrons plus bas (3) l'hypothèque dépendre de conditions plus ou moins différentes, depuis les Grecs jusqu'à nous. Tantôt c'est un écriteau placé sur l'héritage donné pour garantie; tantôt c'est la saisine, la main assise et la mise en possession; tantôt c'est la solennité de l'acte public. A Rome, il fallait une convention, excepté dans certains cas déterminés. En France, tout acte public produisait hypothèque sur tous les biens présens et à venir, quand même la convention d'hypothèque n'y était pas exprimée. Mais

(1) *Jus gentium.* dit Gaius, *quasi quo jure omnes gentes utantur. Inst.* Comment. 1, n° 1.

(2) Pand., t. 1. p. 74, n° 28. Cujas, sur la loi 5, D. *De just. et jure.* Pothier, sur Orléans, t. 20, n° 9.

(3) Sur l'art. 2134.

nul acte sous seing privé ne pouvait, par lui seul, produire hypothèque (1).

D'après le Code civil, l'hypothèque doit être toujours expressément stimulée, à moins qu'elle ne soit judiciaire ou légale. Elle ne peut résulter que d'un acte authentique, 2127. Elle doit être rendue publique par l'inscription.

392 *bis*. Puisque l'hypothèque est en elle-même du droit des gens, il s'ensuit qu'un étranger peut acquérir hypothèque sur les biens situés en France, en observant les formalités prescrites à cet effet par les lois françaises (2). Peu importe que la forme de l'hypothèque soit réglée par les lois civiles. Car les rapports qui existent depuis long-temps de nation à nation, ont mis les solennités des actes publics à la portée des étrangers, et ont établi un échange commode et facile de ces formes nationales, que la république romaine réservait avec une hauteur jalouse pour les seuls citoyens. C'est même pour les peuples modernes un sujet d'orgueil et une marque de supériorité, d'obliger les étrangers à se servir des formes spéciales établies dans l'étendue de la souveraineté dans laquelle ils contractent. Les formes sont donc passées, à l'égard des étrangers, dans le domaine du droit des gens, et elles n'empêchent pas, par conséquent, que l'acte qui par lui-même est hors du droit civil, continue à rester à cette place.

(1) Pothier, Orléans, t, 20, n° 6.
(2) Merlin, t. 16, p. 330, col. 2, *infrà*, n°ˢ 429 *et* 513 *ter*.

ARTICLE 2116.

Elle est *légale, judiciaire* ou *conventionnelle.*

ARTICLE 2117.

L'hypothèque légale est celle qui résulte de la loi. L'hypothèque judiciaire est celle qui résulte des jugemens ou actes judiciaires. L'hypothèque conventionnelle est celle qui dépend des conventions, et de la forme extérieure des actes et contrats.

SOMMAIRE.

393. Renvoi.

COMMENTAIRE.

393. J'expliquerai toutes les difficultés qui se rattachent à ces trois genres d'hypothèques, et je ferai connaître leurs caractères, leur origine et leurs effets, lorsque je serai arrivé à chacune des sections qui leurs sont relatives.

ARTICLE 2118.

Sont seuls susceptibles d'hypothèques,

1° Les biens immobiliers qui sont dans le commerce et leurs accessoires réputés immeubles;

2° L'usufruit des mêmes biens et accessoires pendant le temps de sa durée.

SOMMAIRE.

408. Les rentes ne peuvent plus être hypothéquées. *Quid* dans l'ancienne législation ? *Quid* des rentes sur l'état?

409. Le droit de champart non plus.

410. Des actions et intérêts dans une société propriétaire d'immeubles.

411. Des actions de la banque de France.

412. On ne peut hypothéquer les choses hors du commerce. *Quid* d'une pêcherie ou saline formée sur le rivage de la mer ?

413. Renvoi pour l'impossibilité d'hypothéquer le fonds dotal et autres choses de même nature.

413 *bis.* Peut-on hypothéquer un immeuble saisi après la dénonciation de la saisie ?

COMMENTAIRE.

394. Par le droit romain les meubles pouvaient être hypothéqués : « Statu liber quoque dari hypothecæ poterit, licet conditione existente evanescat pignus. » D. 13, L. *De pignorib et hyp.* (1). On y tenait pour règle générale que tout ce qui pouvait se vendre pouvait être aussi donné à hypothèque. « Quod emptionem venditionemque recipit, etiam pignorationem recipere potest. » L. 9, § 1, D. *de pignorib. et hypoth.*

395. En France, au contraire, c'était une vieille règle du droit coutumier que *les meubles n'ont pas de suite par hypothèque.* On en donne trois raisons assez plausibles : « La première que les meubles, » dit Loyseau, n'ont pas une subsistance permanente et stable comme les immeubles, et partant » ne sont si propres à recevoir en soi, par la simple

(1) Pothier, Pand., t. 1, p. 565, n° 1.

» convention, et sans qu'ils soient actuellement
» occupés, le caractère d'hypothèque, et à conser-
» ver ses effets : car autrefois proprement et origi-
» nairement l'hypothèque n'avait lieu aux meubles,
» mais seulement le gage appelé *pignus à pugno*. »

La seconde raison, c'est que les meubles peuvent
être mis facilement dans les mains du créancier,
comme un gage de sa créance, et que dès-lors il
n'est pas nécessaire de recourir, à leur égard, à la
fiction du droit, qui a fait établir l'hypothèque
sans tradition.

La troisième raison est que si les meubles pouvaient être hypothéqués, «le commerce serait gran-
» dement incommodé, dit Loyseau, même aboli
» presque tout-à-fait, parce qu'on ne pourrait pas
» disposer d'une épingle, d'un grain de blé sans
» que l'acheteur en pût être évincé par tous les
» créanciers du vendeur (1).» Cette dernière raison
était d'autant plus forte sous l'ancienne jurisprudence, que tout acte public entraînait hypothèque générale sur tous les biens présens et à venir.

396. C'est donc une chose fort ancienne en
France, que les meubles ne peuvent être hypothéqués.

Néanmoins il y avait quelques provinces où les
meubles pouvaient être affectés par l'hypothèque.
C'est ce qui avait lieu en Bretagne et dans le ressort
du parlement de Toulouse. De même par la coutume de Normandie (2) les créanciers étaient col-

(1) Offices, liv. 3, ch. 5, n°s 23 et suiv.
(2) Art. 593.

loqués sur les meubles suivant l'ordre de leur hypothèque. Cependant il y avait cette différence, entre les usages des pays dont il vient d'être parlé et le droit romain, que par le droit romain (1) les meubles pouvaient être suivis par l'hypothèque en quelques mains qu'ils passassent, au lieu que par la coutume de Normandie et autres, le meuble qui n'était plus en saisine de l'obligé, était dégrevé. Seulement, lorsqu'il était saisi sur le débiteur, l'ordre des hypothèques y était conservé (2).

397. Ainsi, dans ces provinces de France, quoique tous les biens, meubles ou immeubles, fussent susceptibles d'être hypothéqués, néanmoins il n'y avait que les immeubles qui eussent *la suite par hypothèque.*

En effet, la suite par hypothèque est, dit Loyseau (3), quand un créancier suit son hypothèque, ou contre l'acquéreur, ou contre le créancier postérieur. Il ne faut pas la confondre avec l'exécution ou saisie; car la saisie peut être faite par un créancier non hypothécaire.

398. Par le Code civil, les biens immobiliers sont seuls susceptibles d'hypothèque. Il a même été décidé par un arrêt de la cour de cassation du 17 mars 1807, que la loi du 11 brumaire an 7 avait anéanti les hypothèques qui frappaient sur les meubles, dans les provinces où le droit le permettait, en même temps qu'elle avait défendu à l'avenir d'en

(1) Loyseau, Off., liv. 3, ch. 5, n° 21.
(2) Basnage, Hyp., ch. 9.
(3) Loyseau, *loc. cit.*, n° 29.

prendre sur cette espèce de biens(1). C'est aussi ce qu'a jugé la cour de Turin par arrêt du 25 janvier 1811 (2). Ainsi ceux qui avaient hypothèque sur les meubles de leur débiteur, l'ont perdue par la promulgation des lois nouvelles.

399. Mais l'expression de *biens immobiliers*, dont se sert notre article, a quelque chose de vague, qui peut donner lieu à des difficultés.

D'abord, en ce qui concerne les terres, maisons et autres choses qui sont *res soli*, nul doute que l'hypothèque ne puisse les affecter.

On ne doute pas non plus que tous les accessoires d'un fonds réputés immeubles ne puissent être hypothéqués avec le fonds, et saisis par la voie de l'expropriation forcée (art. 2204 Code civil).

Ainsi toutes les choses énumérées dans l'art. 524 du Code civil peuvent être données à hypothèques avec le fonds. Elles sont même censées hypothéquées tacitement, lorsque le fonds dont elles dépendent est grevé d'hypothèque. L'accessoire suit le principal.

Je dis que ces objets peuvent être hypothéqués avec le fonds; mais il est certain qu'ils ne peuvent l'être séparément (3); car quelle fixité et quelle solidité pourrait avoir une hypothèque que le débiteur pourrait faire disparaître à sa volonté? Il lui suffirait en effet de changer la destination de

(1) Dalloz, Hyp., p. 123. Sirey, 7, 1, 158.
(2) Sirey, 12, 2, 285. M. Dalloz ne donne pas le texte de cet arrêt. Il se contente d'en indiquer la date. Hyp., 123, note 1.
(3) Rep., Hyp., p. 898, *infrà*, n° 777. Delv., t. 2, p. 635. Dalloz, Hyp., p. 120, n° 3.

ces meubles, qui ne sont dans la classe des immeubles que par fiction. Il y a plus ! c'est qu'en supposant qu'ils restent attachés au fonds par destination du propriétaire, le créancier ne pourrait les faire saisir qu'en les enlevant à cette destination, qu'en les séparant de la chose dont ils étaient l'accessoire, et par conséquent qu'en les faisant rentrer dans la classe des meubles. Ainsi il détruirait lui-même son hypothèque, en la mettant en action.

La cour de Douai a décidé, par arrêt du 3 janvier 1815 (1), que des objets mobiliers placés dans une usine et réputés immeubles, pouvaient être vendus à part de l'usine, et que le prix devait en être affecté aux créanciers hypothécaires. Cette décision me paraît insoutenable ; car la vente, en séparant l'accessoire du principal, a détruit la fiction qui transformait le meuble en chose immobilière ; elle a rendu le meuble à sa nature originaire ; elle en a fait un objet distinct, subsistant par lui-même, gouverné par ses propres règles, et soumis par conséquent au principe général, qui s'oppose à ce que les meubles aient suite par hypothèque (2119). Le pourvoi dirigé contre l'arrêt de Douai ne fut rejeté, par arrêt de la section civile du 4 février 1817 (2), que par un de ces tours de force que la cour suprême prodigue trop souvent, pour éluder l'application de principes qui

(1) Sirey, 16, 2, 46.
(2) Dalloz, Choses, p. 467. V. *infrà*, n° 777, un arrêt qui paraît contraire.

doivent amener une cassation. Dans l'espèce, le
propriétaire des objets mobiliers était décédé sans
avoir changé la destination immobilière de ces objets. Cette destination n'avait été changée que par
le curateur à la succession vacante, qui les avait
fait vendre comme meubles. On n'attaquait ni la
légalité de la vente, ni les pouvoirs du curateur
pour y procéder. Mais la cour de cassation eut
l'idée de dire que la destination *était devenue irré-
vocable par le décès du propriétaire*, et que la vente
n'avait pu se faire qu'au profit des créanciers hypothécaires, comme si la séparation de l'accessoire et du principal ne détruisait pas de plein
droit l'accession (1).

400. A l'égard de l'usufruit, qui est un droit
immobilier, notre article dit positivement qu'il
pent être hypothéqué. Ce qui est conforme à la
loi 11, § 2, D. *de pignor. et hypoth.* « Ususfructum
» an possit pignori hypothecæve dari, quæsitum
» est... et scribit Papinianus libro XI respons. tuen-
» dum creditorem (2). »

(1) No 404.

(2) Peut-on consentir hypothèque sur l'usufruit d'un immeuble dont on a la propriété?

Si l'on s'en rapportait au sommaire qui précède un arrêt
de la cour de la cour de cassation du 12 avril 1836, rapporté
par Sirey, 36, 1, 366, on pourrait croire que la question a été
résolue d'une manière négative par cette cour.

M. Devilleneuve, dans une annotation sur cet arrêt, critique
cette décision et pense qu'une telle stipulation n'a rien d'illicite.

Il nous semble que la cour suprême n'a nullement touché

Mais cette hypothèque s'exerce-t-elle sur les fruits perçus à titre d'usufruit, ou seulement sur le droit? La dame Lagnasco, séparée de biens d'avec son mari et ayant une hypothèque sur un usufruit que possédait ce dernier, réclama des fermiers le paiement des canons annuels. Il y avait déjà sur les fruits des saisies arrêts formées par d'autres créanciers. Ces derniers prétendirent que la dame Lagnasco devait venir par contribution avec eux. Mais la cour de Turin, par arrêt du 24 avril 1810, considérant que les fermages représentent l'usufruit même, accorda la préférence à la dame Lagnasco, comme ayant hypothèque antérieurement aux autres créanciers (1).

Cet arrêt ne peut faire autorité. Les fermages ne représentent pas plus l'usufruit, que les fruits ne représentent l'immeuble. La saisie des fruits ne peut donner lieu qu'à une distribution de choses mobilières (art. 579 et 635 du Code de procédure civile). Ce qui, dans l'espèce, est grevé d'hypothèque, c'est le droit et non les fruits, le droit qui

cette question, et M. Dalloz, qui rapporte aussi l'arrêt du 12 avril 1836 (37, 1, 181), ne paraît pas non plus y avoir vu la solution indiquée par Sirey.

Au surplus, nous nous réunissons à l'avis de M. Devilleneuve, et, comme lui, nous ne voyons pas ce qu'aurait d'illicite et de contraire au principe de l'indivisibilité de l'hypothèque la convention par laquelle le propriétaire d'un immeuble en hypothèquerait séparément l'usufruit, de même qu'il peut vendre l'usufruit en retenant la nue-propriété, et vice

(1) Sirey, 11, 2, 319.

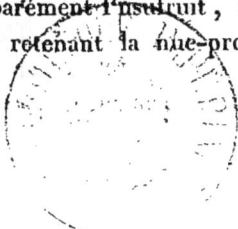

est un démembrement de la propriété, qui a par
lui-même une valeur comme la propriété (1), et
qui, comme elle, donne un droit aux fruits annuels. Celui qui a hypothèque sur un immeuble,
ne peut certainement pas prétendre une préférence sur les fruits qu'il fait saisir, sans le fonds (2).
De même celui qui a hypothèque sur un usufruit,
n'a pas de rang hypothécaire sur les fruits saisis,
abstraction faite du fonds.

401. Mais une servitude peut-elle être hypothéquée?

Cette question est une des plus controversées de
celles qu'agitaient les interprètes du droit romain.

Bartole (3), Cœpola (4), Neguzantius (5), disaient qu'il fallait distinguer entre les servitudes
établies, qu'ils appelaient *formales*, et les servitudes non encore établies, qu'ils appelaient *causales*.
Les servitudes *formelles*, disaient-ils, ne peuvent
être hypothéquées, soit qu'elles soient urbaines,
soit qu'elles soient rustiques. Mais dans les servitudes non encore établies, il faut distinguer celles
qui sont rustiques de celles qui sont urbaines. Les
premières peuvent être données comme sûreté,
les secondes ne le peuvent pas.

Pour justifier la première proposition, savoir que
les servitudes *formelles* ou déjà établies ne peu-

---

(1) Art. 1568 du Code civil.
(2) *Infrà*, n° 404.
(3) Sur la loi *Sed an viæ*, 12, *De pignorib.* D.
(4) *De servit. urban. præd.*, cap. 12, col. ult.
(5) *De pignorib.* 3, memb. 2, part. n° 15.

 vent être hypothéquées, on disait que les servitudes sont des accessoires du fonds dominant, que c'est à lui seul qu'elles peuvent appartenir, qu'elles ne peuvent être ni vendues ni aliénées; car, une fois détachées du fonds dominant, elles sont sans utilité. Elles n'ont de valeur qu'autant qu'on achèterait en même temps le fonds dont elles procurent la commodité.

Mais lorsque la servitude n'existe pas encore, le débiteur peut sans difficulté accorder à son créancier, pourvu qu'il soit son voisin, un droit de passage, par exemple, jusqu'à ce qu'il le paie, et lui permettre même de vendre ce droit de passage à un autre voisin, à qui il pourrait être utile.

Mais cela ne peut se faire que pour les servitudes rustiques, comme droit de passage, de conduire des bestiaux, etc.; car il arrive quelquefois qu'elles peuvent faire l'avantage de plusieurs voisins.

Quant aux servitudes urbaines, il n'en est pas de même; il est impossible de concevoir qu'elles puissent avoir d'utilité pour d'autres que pour le propriétaire de l'édifice dominant. Un droit de gouttière, par exemple, n'est exclusivement profitable qu'au sol pour lequel il est établi (1).

On appuyait ce système des lois 11, § fin, et 121 D. *De pignorib. et hypothec.* C'était aussi celui

_____

(1) Quis enim, exempli gratiâ, emeret servitutem ligni vel stillicidii debitam ædibus Titii? Nec enim usui aliorum ædium esse possunt quàm Titii (Cujas, lib. 68, *Pauli ad edict.*, l. 12, D. De pignorib. et hypothec.).

de Cujas (1), de Vinnius (2) et de Pothier (3).

D'autres jurisconsultes, tels que François Ripa, ne faisaient aucune différence entre les servitudes *formales* ou *causales*, ni entre les servitudes rustiques et urbaines ; ils tenaient indistinctement qu'on ne pouvait les hypothéquer, mais qu'on pouvait seulement hypothéquer la commodité de leur usage.

Dumoulin a traité cette question (4) ; il part du principe que tout ce qui peut être vendu peut être hypothéqué (5) : et il tire la conséquence que toute servitude rustique ou urbaine, soit qu'elle soit établie ou à établir, pouvant être vendue ou remise au propriétaire du fonds servant, peut aussi lui être hypothéquée.

Mais un débiteur, qui emprunte de l'argent, ne peut donner à un tiers, son créancier, la servitude *tigni*, *vel stillicidii*, *vel fluminis*, *seu rivi immittendi*, qu'il exerce sur la maison d'autrui. Car ces servitudes sont inséparables du fonds, puisqu'elles n'ont d'existence et d'utilité que pour lui. Elles ne peuvent être vendues sans le fonds dominant, elles ne peuvent donc être hypothéquées sans lui, et on doit dire la même chose, continue Dumoulin, des servitudes rustiques, dont l'utilité ne peut être cédée : *Hoc pariter*

(1) *Loc cit.*
(2) *Quæst. selectæ.*
(3) Pand., t. 1, p. 565 et 566, aux notes.
(4) *Extric. labyrinth. divid. et ind.*, part. 3, n° 310 et suiv.
(5) *Loc. cit.*, n° 322.

locum habet in servitutibus rusticis ejusdem ratio-
nis, videlicet quarum nec commoditas quidem potest
aliis cedi (1).

Mais il est des servitudes rustiques dont l'utilité
peut être cédée, par exemple un droit de passage
ou d'aquéduc; plusieurs voisins peuvent en tirer
avantage : dans ce cas, que devra-t-on décider?
Pierre, qui a un droit de passage sur le fonds de
Jacques, pourra-t-il l'hypothéquer à Paul, qui a
un fonds voisin et à qui ce droit de passage peut
être utile ?

Il est certain, dit Dumoulin, qu'il ne le pourra
pas malgré Jacques; car Jacques ne doit la servitude qu'au fonds dominant et pas à d'autre (2).

A la vérité, si Jacques y consent, Pierre pourra
céder son droit de passage à Paul. Mais on ne
pourra pas dire encore qu'il puisse le lui hypothéquer. En effet, ou la convention porte que Pierre
s'abstiendra de passer, et que Paul passera seul,
et alors il y a création d'une nouvelle servitude;
c'est Jacques qui la constitue : ce n'est pas un
droit d'hypothèque concédé par Pierre.

Ou bien la faculté de passer est accordée à Paul,
comme simple faculté personnelle, et c'est un
droit nouveau qui n'a rien de commun avec le
droit de servitude de Pierre. Ce n'est donc pas un
droit d'hypothèque, puisqu'il s'agit d'un droit,
lequel « *capit jus à Titio, à cujus solius consensu*
» *ea facultas pendet* (3). »

(1) N° 331.
(2) L. *Ex meo*, D. *De servit. rust. præd.*
(3) Dumoulin, n°s 336 et 337.

En ce qui concerne les servitudes non encore
établies, Dumoulin interprète ainsi qu'il suit la loi
12, D. *de pignorib. et hypoth.* « Je vous ai prêté
» 100 fr., et parce que je désirais avoir un passage
» par votre cour pour aller de mon habitation à
» mon jardin, j'ai exigé de vous ce droit de passage,
» jusqu'à la restitution de la somme prêtée, et il
» a été convenu que si vous ne me payiez pas à
» l'époque indiquée, vous me vendriez ce droit
» de passage, ou que je le pourrais faire vendre
» aux enchères aux individus ayant des fonds
» voisins. »

Ainsi, la stipulation de cette hypothèque est
valable, et elle peut avoir lieu non seulement
pour les servitudes rustiques, mais encore pour
les servitudes urbaines, suivant que les fonds
supérieurs sont rustiques ou urbains (1). Car la
servitude prend sa dénomination du fonds dominant (2).

402. J'en ai dit assez pour montrer sous quel
point de vue cette question était envisagée par
les anciens auteurs. Il est facile de voir que leurs
distinctions sont sans application au droit actuel,
et que l'on doit décider indistinctement que les
servitudes ne sont pas susceptibles d'hypothèque,
lorsqu'elles sont prises séparément du fonds dominant.

En effet, le but de l'hypothèque, d'après notre
système actuel, est que la chose hypothéquée

(1) Dumoulin, n° 334.
(2) Idem, n° 333.

puisse être mise en vente, conformément au titre de l'expropriation forcée. Or une servitude n'est pas susceptible de saisie immobilière, elle ne peut être vendue par adjudication. Une vente par adjudication suppose que tout le monde puisse enchérir, et c'est ce qui ne saurait avoir lieu dans la vente d'une servitude; car ne pouvant avoir d'utilité que pour des fonds voisins, il n'y aurait tout au plus que quelques personnes peu nombreuses, qui pourraient s'en rendre adjudicataires; de plus, elle ne pourrait être vendue qu'avec la permission du propriétaire du fonds servant; car la servitude n'est due qu'au fonds dominant seul. Si elle devenait l'apanage d'un autre fonds, ce ne serait plus la même servitude, ce serait un nouveau droit (1).

403. J'ai dit ci-dessus (2) que les droits d'usage, tels que pâturage, glandée, affouage dans les forêts, ne sont pas de nature à être grevés d'un privilége sur les immeubles. Ils ne sont pas non plus susceptibles d'hypothèque, quoiqu'ils soient droits immobiliers, et qu'ils aient par eux-mêmes une valeur indépendante; car ils manquent de ce qui fait le nerf de l'hypothèque, puisqu'ils sont inaliénables et incessibles (3). « Inutile omnino, dit Cujas, est pignus quod emptionem vel venditionem » non recipit. Quò enim mihi pignus, si id distra- » here non possum (4)? » On est étonné qu'une

(1) *Suprà*, nᵒˢ 108 et 118.
(2) Nᵒ 108.
(3) L. 11, D. *De usuf.*, art. 631 du Code civil.
(4) Sur le liv. 68, *Pauli ad edict.*, loi 12, *De pignor. et hypoth.*

vérité si palpable ait échappé à M. Grenier, qui
pense que les droits d'usage peuvent être hypothéqués (1). M. Proudhon ne s'y est pas trompé(2).

On doit dire la même chose du droit d'habitation (3).

404. Les fruits pendans par racines sont immeubles (4). Ils sont donc frappés de l'hypothèque
tant qu'ils sont attachés au sol hypothéqué ; c'est
ce que portait expressément l'art. 3 de la loi du
9 messidor an 3. Mais aussitôt qu'ils sont récoltés,
ils deviennent meubles et échappent à l'hypothèque.

Quoique les fruits pendans par racines soient
immeubles, il ne faut pas croire qu'ils puissent
être hypothéqués sans le sol qui les porte. Car la
qualification d'immeubles donnée aux fruits pendans par racines, doit être restreinte aux cas de
succession, et autres semblables (5). C'est ainsi
que les fruits pendans sont saisis et vendus *comme
objets mobiliers* par la voie de *saisie-brandon*, et
le prix s'en répartit par la *voie de la distribution*
(art. 635 Code de procéd. civ.). C'est ainsi encore
qu'il a été jugé que la vente d'une récolte pendante par racines et faite avec abstraction de
tout droit au sol, est une vente de choses mobilières
qui, sous la loi du 11 brumaire an 7, n'avait pas

(1) T. 1, p. 297.
(2) Usuf., t. 6, p. 13.
(3) Proudhon, t. 6, p. 59.
(4) Art. 520 du Code civil.
(5) Lettre du grand-juge du 11 prairial an 13. Sirey, 5, 2,
240.

besoin d'être transcrite pour être opposée à des tiers (1). Car les fruits d'un fonds ne sont censés en faire partie que lorsqu'ils sont compris dans le transport de la propriété, ou dans la saisie du corps immobilier dont ils font partie.

M. Merlin pense même que les futaies, quoiqu'immeubles à beaucoup d'égards, ne peuvent être hypothéquées sans le sol (2). Il en donne pour raison qu'elles ne peuvent être vendues que pour être coupées et séparées du sol, ce qui les rend meubles, et doit les faire assimiler à des fruits (tardifs à la vérité). En effet, si on pouvait hypothéquer une futaie sans le sol, il en résulterait, ou que jamais le propriétaire ne pourrait la faire couper, ce qui ne peut être ; ou qu'en la faisant couper, lorsque ses besoins l'exigeraient, il rendrait l'hypothèque inutile, et cela, sans que le créancier puisse s'en plaindre, car une futaie est faite pour être abattue ; il doit s'imputer de s'être contenté d'un gage si fragile.

Au surplus, il ne faut pas confondre l'hypothèque donnée sur une futaie, avec une hypothèque donnée sur un droit de superficie. Ce dernier droit a par lui-même une valeur immobilière, indépendante du sol. Il rapporte périodiquement des fruits utiles, et il survit à la récolte qui s'en fait.

Lorsque les fruits sont séparés du sol, ils sont meubles.

(1) Cassat. 10 vendém. an 14. Sirey, 6, 1, 165. Dalloz, v° Choses, p. 456. Répert., v° Fruits.

(2) Rép., Hyp., p. 766, col. 1.

La jurisprudence a même décidé que les arbres, bois, taillis vendus à charge d'être coupés, sont meubles. La vente les mobilise par destination(1).

M. Persil (2) pense que les futaies non aménagées, ne faisant pas partie des fruits, ne peuvent être vendues ni coupées au préjudice de celui qui a hypothèque sur le sol ; mais cette opinion me paraît souffrir difficulté. Sans doute la futaie non aménagée est considérée comme un capital en réserve, que le propriétaire est censé mettre de côté pour ses besoins imprévus , et l'usufruitier ne doit pas plus y toucher qu'aux capitaux et aux immeubles ; mais il n'en est pas moins vrai qu'il vient un temps où ces arbres doivent être coupés, et lorsque le propriétaire les vend , il les mobilise. Les créanciers hypothécaires ne peuvent pas plus s'en plaindre qu'ils ne le peuvent de la vente des fruits de la récolte (3).

Lorsqu'un immeuble hypothéqué est saisi à la requête des créanciers, la saisie immobilise les fruits, et ces créanciers y ont droit dans l'ordre de leurs hypothèques (4).

Ce principe était écrit dans l'ancienne jurispru-

(1) Cassat., 26 janvier 1808. Dalloz , v° Choses, p. 457. Sirey, 9, 1, 65. Autre arrêt de la même cour du 9 août 1825. Dalloz, 26, 1, 4 et 5.V.infrà, n° 777, les conséquences de ceci.

(2) Rég. hyp., t. 1, p. 249.

(3) Je reviens sur cette difficulté, infrà, n₀ 834.

(4) Arrêts. Nîmes, 28 janvier 1810 (S. 14, 2, 96). Cassat., 5 novembre 1813 (S. 14, 1, 6). Cassat., 5 juillet 1827 (Dal., 27, 1, 295. Merlin , tiers détenteur, au Répert.). Infrà , n°⁸ 698 et 776 à 778 bis.

dence. Pothier (1) disait que l'ordre est le rang dans lequel le saisissant et chacun des opposans doivent être payés sur le prix de l'adjudication, et *sur les revenus perçus depuis la saisie réelle* par le commissaire.

Le Code de procédure dit en termes exprès (2) : « Les fruits échus, depuis la dénonciation au saisi, » seront immobilisés, pour être distribués avec le » prix de l'immeuble par ordre d'hypothèques » On voit que c'est le même principe.

Il est encore répété dans l'article 691. Dans le cas prévu par ce dernier article, le législateur a craint que le saisi ne fît disparaître les fruits ou loyers à son profit, au moyen de baux de complaisance, qui contiendraient quittance anticipée de fermages pour toute la durée du bail (3).

Il veut par conséquent que le bail ait date certaine avant le commandement, c'est-à-dire avant que le débiteur ne soit averti qu'on va procéder contre lui par la voie de l'expropriation. Si le bail n'a pas date certaine, les créanciers dont il lèse les droits et l'adjudicataire peuvent en demander la nullité. Si le bail a date certaine, les fruits sont immobilisés depuis la dénonciation faite au saisi, et les créanciers y ont droit par rang d'hypothèque (4).

(1) Sur Orléans, t. 21, n°° 123, 124.
(2) Art. 689. M. Grenier, t. 1, n° 146.
(3) M. Grenier, t. 1, p. 300.
(4) Toutefois il est nécessaire qu'une saisie-arrêt vienne frapper les loyers ou fermages afin d'empêcher le locataire ou

404 bis. Les mines *concédées* sont immeubles ainsi que leurs accessoires. La loi les considère comme des propriétés spéciales, indépendantes du sol qui les couvre et susceptibles d'hypothèque par elles-mêmes. Mais d'après l'art. 7 de la loi du 11 avril 1810, les matières extraites sont meubles (1).

Il n'y a pas, dans la loi précitée, de dispositions qui fassent des *minières* et des *carrières* des propriétés *sui generis*, et indépendantes de droit de la surface. Néanmoins, rien n'empêche que le *dessous* ne soit séparé du *dessus* par convention. Le droit de propriété se trouve alors scindé en deux droits secondaires, mais néanmoins immobiliers. Car le droit sur le *dessous* n'est pas moins immobilier que les droits qui, tels qu'emphytéose, superficie, usufruit, etc., affectent le *dessus*. Si donc un individu possède un droit à une *carrière*, à une *minière*, quoique le droit à la surface soit possédé par un autre, il aura un droit immobilier, susceptible d'hypothèque. Ce droit

fermier de payer entre les mains du saisi. C'est ce qui résulte de ces expressions de l'art. 691 : *Les créanciers pourront saisir et arrêter les loyers ou fermages, et dans ce cas*, etc.

A défaut de saisie-arrêt, le locataire ou fermier se libérerait valablement entre les mains du saisi.

C'est ce qu'enseigne M. Thomine-Demazure, Commentaire sur le Code de procédure civile, t. 2, n° 766. C'est ce qui a encore été décidé par un arrêt de Caen du 16 juillet 1834 (Sirey, 35, 2, 559. D. 35, 2, 180).

(1) Loi du 21 avril 1810, art. 8 et 21. Dalloz, v° Mines, p. 38.

n'est pas borné à telle ou telle exploitation, ce qui le rendrait mobilier, il est indéfini; il survit aux exploitations successives. Il a une stabilité qui le rend évidemment susceptible d'hypothèque.

La cour de cassation a cependant décidé que la vente *du droit d'exploiter* pour un temps indéfini une carrière, est une vente *mobilière*. Pour arriver à ce résultat, elle a comparé cette vente à une vente de pierres *à charge d'être extraites* et mobilisées par destination (1). C'est, à mon avis, confondre l'effet avec la cause. C'est comme si on assimilait la vente d'un usufruit, à la vente des fruits destinés à être coupés!! Eh quoi! un droit d'usage est immobilier, et un droit à une carrière ne le serait pas!!

405. M. Grenier pense qu'un immeuble possédé à titre d'*emphytéose* ne peut être hypothéqué. Il se fonde sur ce que l'art. 6 de la loi de brumaire an 7, indiquait la jouissance par bail emphytéotique, comme susceptible d'hypothèque, et que le Code civil a gardé le silence à cet égard (2).

Mais cette opinion ne doit pas être suivie. Le Code civil soumet à l'hypothèque les biens immobiliers qui sont dans le commerce. Cette disposition est générale et embrasse tout. Or l'emphytéose est un droit immobilier qui a une assiette fixe, comme l'usufruit, et qui, bien différent du simple bail, comprend une aliénation temporaire du domaine utile. Il n'y a donc pas de raison pour

_____

(1) Cassat., rejet, 19 mars 1816. Sirey, 17, 1, 7. Dalloz, Choses, p, 462, 463,

(2) T. 1, n° 145.

décider qu'il n'est pas susceptible d'hypothèque.

A la vérité, M. Jolivet disait au conseil d'état dans la discussion de l'art. 2118 : « L'emphytéose » n'a jamais été susceptible d'hypothèque (1). »

Mais que penser de cette assertion en présence de l'article 6 de la loi du 11 brumaire an 7, qui mentionnait expressément le bail emphytéotique parmi les droits susceptibles d'hypothèque?

L'emphytéose est soumise aux contributions publiques (2). Et cet impôt profite pour la jouissance des droits électoraux (3). L'emphytéote peut exercer l'action possessoire (4). Il est saisi d'un démembrement très-important du domaine. Il peut donc hypothéquer son droit (5). C'est ce qui a été jugé par la cour de Paris le 10 mai 1831 (6), confirmé par arrêt de la cour de cassation du 19 juillet 1832 (7). La question a depuis été décidée dans le même sens par arrêt de la cour de Douai du 15 décembre 1832 (8). Cette jurisprudence,

(1) Conf. du Code civil, t. 7, p. 165.

(2) Avis du conseil d'état du 2 février 1809.

(3) Favard, Législ. élec., p. 39.

(4) Arrêt de la cour de cassat. du 26 juin 1822. Dalloz, Act. possess., p. 235 et suiv.

(5) Arg. de la loi du 8 novembre 1814, art. 15.

(6) Dalloz, 31, 2, 121. M. de Vatisménil, jadis l'une des lumières de la cour de cassation, avait fait, dans cette cause, un mémoire qui mettait cette vérité dans tout son jour.

Opinion contraire. Toullier, t. 3, p. 65. Proudhon, t. 1, n° 99. Delvincourt, t. 3, p. 185, note 1. Voy. mon commentaire du Louage, art. 1709 et 1711.

(7) D. 32, 1, 296. Sirey, 32, 1, 531.

(8) D., 33, 2, 195. Sirey, 33, 2, 65.

j'en ai la conviction, deviendra de jour en jour plus constante.

On doit dire la même chose du droit de *super-ficie* (1).

406. Les actions qui tendent à la revendication d'un immeuble sont des droits immobiliers. « Actio » tendens ad mobile est mobilis, ad immobile est » immobilis. » Mais elles ne peuvent servir d'assiette à une hypothèque.

La raison s'en fait sentir d'elle-même.

Une action est un droit incorporel sans base solide. Ce n'est pas, dit M. Tarrible (2), ce qu'on peut appeler un *bien immobilier*. Le résultat n'en est jamais certain, et souvent l'action peut ne produire que des sommes pécuniaires, comme, par exemple, l'action en rescision pour lésion, lorsque l'acquéreur se détermine à payer le juste prix.

D'ailleurs, l'hypothèque accordée à un créancier sur les actions de son débiteur n'ajouterait rien aux droits qu'il a déjà. Car il peut exercer toutes les actions de son débiteur comme s'il en était propriétaire. C'est donc beaucoup plus que si ces actions lui étaient seulement hypothéquées (3). Néanmoins M. Pigeau (4) a soutenu qu'une action immobilière peut être hypothéquée et faire l'objet

(1) L. 15, D. *Qui potior. Suprà*, n° 404.
(2) Hypoth., sect. 2, § 3, sect. 3, n° 5; et Expropriation forcée.
(3) Tarrible, *loc. cit.* Grenier, t. 1, p. 317, n° 152. Berriat Saint-Prix, Procéd. civ., 3e édit., t. 2, p. 506, n° 2. *Infrà*, n° 435, un exemple.
(4) T. 2, p. 207, 2e édit.

d'une expropriation forcée. Mais cette opinion ne doit pas être suivie.

Ainsi une action en réméré, une action en revendication, une action en rescision, toutes autres actions quelconques qui tendent *ad immobile*, ne peuvent être le siége d'une hypothèque, et l'on ne doit pas les comprendre dans l'hypothèque générale qui embrasse les biens présens et à venir (1).

406 *bis*. Mais du moins ne pourrait-on pas hypothéquer éventuellement l'immeuble sur lequel on a le droit d'exercer une action immobilière?

Cette question se rattache à l'interprétation de l'art. 2125 du Code civil; nous nous en occuperons lorsque nous y serons parvenus (n° 469).

407. D'après la loi 1, au C. *si pignus pignor.*, on pouvait établir hypothèque sur hypothèque; *etiam id quod pignori obligatum est, à creditore pignori obstringi posse jamdudum placuit* (2). De là la maxime *pignus pignori dari potest.*

On expliquait ainsi l'existence de ce droit, qui au premier coup d'œil paraît extraordinaire. On disait que chacun pouvant transférer à autrui le droit qu'il à lui-même, il n'y avait rien d'impossible à ce que le créancier hypothéquât l'hypothèque à lui appartenant, pourvu que cette se-

(1) Ce principe a été formellement consacré par arrêt de Grenoble du 24 janvier 1835 (Dalloz, 35, 2, 92).

« Attendu, y est-il dit, que les actions, de quelque nature » qu'elles soient, ne sont pas susceptibles d'hypothèque.»

(2) Pothier, Pand., t. 1, p. 566, n° 5.

conde hypothèque n'eût d'existence que pendant l'existence de la première, et que l'arrière-créancier n'eût pas plus de droit que le premier (1).

Le second créancier pouvait exercer toutes les actions utiles du premier créancier; ainsi il pouvait exproprier ou actionner le débiteur par l'action hypothécaire utile, et si ce dernier le payait pour éviter une condamnation, l'hypothèque était purgée tant à l'égard du premier qu'à l'égard du second créancier.

L'arrière-créancier, à qui une hypothèque avait été donnée sur une hypothèque, devait dénoncer son droit au débiteur, et après cette dénonciation c'était à lui et non au premier créancier que le paiement devait être fait. Si, malgré la dénonciation, le débiteur payait au premier créancier, il s'exposait à un recours de la part du second créancier (2).

En France, on suivait aussi la maxime *pignus pignori dari potest*, et toutes les hypothèques d'un débiteur pouvaient se trouver hypothéquées à ses créanciers, par l'effet d'un acte authentique. Car on sait qu'anciennement tout acte authentique produisait hypothèque générale sur les biens présens et à venir du débiteur.

Il résultait de ce principe, que les créanciers du saisissant pouvaient faire opposition en sous-ordre avant la délivrance du décret, et qu'au moyen de cette opposition ils recevaient, en place de leur

(1) Corvinus, enarrat. sur le Code *Si pignus pignori*.
(2) Perezius, Code, *Si pignus pignori*, t. 24, liv. 8, n° 4. Favre, Code, liv. 8, t. 14, déf. 2.

débiteur saisissant, la somme pour laquelle il aurait été colloqué, chacun selon le rang d'hypothèque qu'ils avaient sur son hypothèque; c'est ce qu'on appelait le *sous-ordre* (1).

Par le Code civil, les principes sont différens. On ne peut pas plus hypothéquer une hypothèque qu'on ne peut hypothéquer une action immobilière, et l'on tient pour constant qu'*hypothèque sur hypothèque n'a lieu.*

Il suit de là que les créanciers qui viennent en sous-ordre, pour prendre le montant de la collocation de leur débiteur, ne peuvent prétendre aucune préférence par hypothèque les uns sur les autres. Car l'hypothèque de leur débiteur ne leur est pas hypothéquée. La distribution doit s'en faire entre eux comme d'une chose mobilière, c'est-à-dire sans aucun égard à leurs hypothèques. Telle est la disposition de l'art. 778 du Code de procédure civile (2).

408. Les rentes sont meubles, d'après l'art. 529, § 2, du Code civil soient qu'elles soient perpétuelles ou viagères, foncières, ou en argent, ou en denrées, soit qu'elles existent sur l'état (3) ou sur les prrticuliers; elles sont rachetables (art. 530 du Code civil), elles ne sont pas susceptibles d'hypothèque. C'est aussi ce que décidait l'art. 7 de la

(1) Pothier, Orléans, t. 21, nᵒˢ 141 et 142.

(2) M. Grenier, t. 1, nᵒ 157.

(3) Les rentes sur l'état peuvent être immobilisées pour la formation d'un majorat (Décret du 1ᵉʳ mars 1808). Elles sont immobilisées par la déclaration que fera le propriétaire dans la même forme que pour les transferts de rentes.

loi du 11 brumaire an 7, ainsi conçu : « Les rentes
» constituées, les rentes foncières et les autres
» prestations que la loi a déclarées rachetables, ne
» pourront plus, à l'avenir, être frappées d'hypo-
» thèque. » Dans l'ancienne jurisprudence, au contraire, les rentes foncières étaient censées immeubles, et de même nature que l'héritage sur lequel
elles étaient à prendre (1). On pouvait, par conséquent les hypothéquer (2).

À l'égard des rentes constituées à prix d'argent,
on n'était pas d'accord sur la question de savoir
si elles devaient être rangées dans la classe des
meubles ou immeubles.

D'après quelques coutumes, elles étaient meubles, par la raison qu'on les envisageait comme
n'étant autre chose que la créance d'autant de
sommes d'argent qu'il y avait d'années à courir depuis la création de la rente jusqu'à son rachat (3).

Par d'autres coutumes, qui faisaient le droit
commun, les rentes constituées à prix d'argent
étaient immeubles, parce que (4) on les considérait, non pas simplement comme la créance des
arrérages à courir jusqu'au rachat, mais comme
un être moral et intellectuel, distingué par l'en-
tendement de ces arrérages, qui étaient plutôt les
fruits qu'ils n'étaient la rente même, puisque le
créancier les perçoit sans entamer ni diminuer

(1) Pothier, Orléant, introd. génér., n₀ 49.
(2) Basnage, Hyp., ch. 10. V. le *Traité des rentes foncières*
de MM. Fœlix et Henrion, p. 6 et 139.
(3) Pothier, Orléans, introd. génér., n. 54.
(4) Idem, *loc. cit.*

l'intégrité de la rente. Or, cet être moral avait paru, par le revenu annuel et perpétuel qu'il produisait, ressembler aux biens immeubles, et devoir être mis dans la classe de ses biens.

Dans cet ordre d'idées, il est certain que les rentes constituées étaient susceptibles d'hypothèques, de même que les rentes foncières (1).

Mais, par la loi de brumaire an 7 (2), il fut décidé que toutes les rentes foncières ou constituées, créées *à l'avenir*, seraient mobilières. Ainsi elles perdirent l'aptitude à être hypothéquées. Mais la loi nouvelle ne voulut rien toucher aux rentes établies avant sa promulgation, et elle leur conserva le caractère d'immeubles et l'affectation hypothécaire qu'elles avaient auparavant, et que la loi du 29 décembre 1790 avait reconnus aux rentes foncières, tout en les déclarant rachetables. Tel est aussi le vœu de la législation actuelle (3).

Les rentes viagères étaient également considérées comme immeubles dans l'ancienne législation (4), sauf néanmoins quelques exceptions, qui n'empêchaient pas que ce ne fût le droit commun. Les raisons qu'en donne Pothier sont absolument les mêmes que celles qui faisaient décider que les rentes constituées étaient immeubles.

409. Le droit de champart (5) était immeuble

(1) Pothier, *loc. cit.*, t. 20, n° 21.

(2) Art. 7.

(3) Art. 655 du Code de procédure civile.

(4) Pothier, Orléans, introd. aux Cout., n° 55.

(5) Pothier, *loc. cit.*, n° 49. Dumoulin, sur Paris, part. 2, t. 2, n°s 2 et 3.

dans l'ancienne législation, de même que l'usufruit. On peut en conclure qu'il était aussi susceptible d'être hypothéqué; mais il faut dire que, depuis les lois nouvelles (1), le droit de champart est mobilier, aussi bien que toutes les prestations quelconques constituées par suite de la tradition d'un fonds (2).

410. L'art. 529 du Code civil déclare meubles, par la détermination de la loi, les actions ou intérêts qu'on peut avoir dans les compagnies de finances, ou de commerce, ou d'industrie, encore que des immeubles dépendans de ces entreprises appartiennent à ces compagnies. Ces actions ou intérêts sont réputés meubles à l'égard de chaque associé seulement, tant que dure la société.

Une société se forme pour le dessèchement de marais considérables qu'elle achète. Les intérêts de chaque sociétaire dans cette compagnie sont purement mobiliers. Il est vrai que la société est propriétaire d'immeubles. Mais aucune des personnes qui la composent n'en a divisément la propriété. Les immeubles ne sont que les accessoires de la société, et en quelque sorte les instrumens de l'entreprise.

Ainsi, tant que dure la société, aucun des sociétaires ne peut hypothéquer son intérêt dans la compagnie.

Mais aussitôt qu'elle est dissoute, et que les droits de chacun sont fixés par le partage, nul

_____

(1) Loi de brumaire au 7, art. 7 et 42. Art. 530 C. c.
(2) M. Grenier, t. 1, n° 162.

doute que chacun des associés ne puisse hypothéquer la portion qui lui est échue sur les immeubles.

On peut, au surplus, consulter sur cette matière
un arrêt de la cour de Toulouse, du 31 juillet 1820,
motivé d'une manière remarquable (1) et un arrêt
de la cour de cassation, du 14 avril 1824 (2). On
doit rejeter un arrêt de la cour de Paris du 17 février 1809, qui attribue un caractère immobilier
aux actions dont il s'agit (3).

411. Les actions de la banque de France sont
l'objet de dispositions particulières contenues dans
l'art. 7 du décret du 16 janvier 1808.

« Les actionnaires qui veulent donner à leurs
» actions la qualité d'immeubles, en ont la faculté;
» et, dans ce cas, ils en font la déclaration dans la
» forme prescrite pour les transferts. Cette décla-
» ration une fois inscrite sur les registres, les ac-
» tions immobilières resteront soumises au Code
» civil et aux lois de priviléges et d'hypothèques,
» comme les propriétés foncières; elles ne pour-
» ront être aliénées, et les priviléges et les hypo-
» thèques être purgés qu'en se conformant au
» même Code et aux lois relatives aux priviléges
» et hypothèques sur les propriétés foncières (4).»

412. Les choses immobilières qui ne sont pas
dans le commerce ne peuvent être hypothéquées.

---

(1) Dalloz, Hypoth., p. 143, 144. Grenier, t. 1, no 163,
p. 343.
(2) Dalloz, Choses, p. 479.
(3) Idem, p. 478.
(4) Dalloz, Hyp., p. 121, no 12.

Telles sont les choses consacrées à Dieu, par exemple, les églises, les cimetières, etc.

Tels sont encore les fleuves et rivières, les ports, les rues, quais, places, fontaines, chemins publics, le rivage de la mer, etc. (1)

Mais les établissemens qui sont formés sur les rivages de la mer par concession du gouvernement, tels que pêcheries, salines, etc., peuvent entrer dans le commerce.

Ainsi, la cour de Caen a jugé par un arrêt du 3 août 1824 (2), qu'une pêcherie établie par tolérance du roi, sur le rivage de la mer, constitue, au profit de celui qui l'a formée, ou de ses héritiers, un droit immobilier dont il a la jouissance exclusive; et qui, bien que résoluble au gré du gouvernement, est susceptible d'être grevé de l'hypothèque légale de la femme du concessionnaire.

413. Il est des choses qui ne peuvent être hypothéquées pas suite d'une impossibilité relative. Tels sont les biens communaux, les biens dotaux, etc. Un particulier ne peut non plus hypothéquer au-delà de sa part, les biens qu'il possède par indivis avec d'autres. Mais ceci rentre plutôt dans ce qui tient à l'incapacité où sont certaines personnes de concéder hypothèque : j'en ferai la matière de mes réflexions lorsque je parlerai des personnes qui peuvent hypothéquer.

(1) Voyez les développemens auxquels je me suis livré sur l'art. 2226 du Code civil, dans mon commentaire *de la Prescription.*

(2) D. 26, 2, 124.

On ne peut non plus acquérir hypothèque sur les biens composant une succession acceptée sous bénéfice d'inventaire ou laissée vacante (*infrà*, art. 2146).

Je parlerai aussi, n° 459 *bis*, de la question de savoir si un créancier chirographaire, à la mort de son débiteur, peut devenir créancier hypothécaire de sa succession.

413 *bis*. Peut-on hypothéquer un immeuble soumis à une expropriation forcée, dont la dénonciation a été faite au saisi, d'après l'art. 681 du Code de procédure civile ?

L'art. 692 du Code de procédure civile porte ce qui suit : « La partie saisie ne peut, à compter du » jour de la dénonciation à elle faite de la saisie, » *aliéner* les immeubles, à peine de nullité, et sans » qu'il soit besoin de la faire prononcer. »

M. Carré, interprétant le mot *aliéner* dans le sens le plus large en droit, dit qu'en interdisant la faculté d'aliéner, le Code de procédure civile a aussi prohibé la faculté d'hypothéquer. Car l'hypothèque est aussi une aliénation.

Mais cette opinion est combattue par MM. Pigeau (1), Tarrible (2) et Grenier (3). Ces auteurs pensent que, malgré la saisie, le débiteur conserve le droit d'hypothéquer, parce que la saisie ne détruit par le droit de propriété de ce débiteur, mais apporte seulement quelques modifications à ce droit.

(1) T. 2, p. 219.
(2) Rép., Saisie immob., § 6, art. 1, n° 14.
(3) T. 1, n° 111, p. 225.

Je crois cette opinion préférable. En effet, qu'a voulu la loi en interdisant l'aliénation après la dénonciation ? Elle a voulu que le débiteur ne pût paralyser la saisie par une vente, et entraver la marche de la procédure (1).

Mais l'hypothèque ne produit aucun embarras de ce genre. Elle ne fait qu'augmenter le nombre des créanciers ayant droit sur le prix. Les créanciers hypothécaires inscrits ne peuvent s'en plaindre. Leur droit reste le même : la préférence leur est toujours assurée. A l'égard des créanciers chirographaires, leur condition est aussi la même. Ils n'avaient droit, avant la nouvelle hypothèque, qu'à venir par contribution, toutes hypothèques créées ou à créer préalablement payées. Pourquoi la saisie empêcherait-elle le débiteur d'user du droit de constituer sur ses biens autant d'hypothèques qu'il lui plaît ? La preuve que la prohibition d'aliéner ne concerne pas ces nouvelles hypothèques, c'est que, d'après les art. 692 et suiv. du Code de procédure civile, la vente de l'objet saisi est valable, même après la dénonciation, pourvu que les créanciers inscrits soient payés. L'art. 693 décide de plus que ceux qui auront prêté les fonds pour acheter cet immeuble, ainsi engagé dans les liens d'une expropriation, auront hypothèque, après les créanciers inscrits. Donc la saisie n'est pas un obstacle à la constitution d'hypothèques valables.

(1) Pigeau, t. 2, p. 227, n° 7.

ARTICLE 2119.

Les meubles n'ont pas de suite par hypothèque.

SOMMAIRE.

414. Renvoi. Le droit de suite est celui qui permet d'inquiéter un tiers acquéreur. En fait de meubles, ce droit n'existe pas. Exception pour le privilége du locateur.

414 *bis.* Meubles qui sont immeubles par destination. Le droit de suite se perd à leur égard quand ils changent de destination. On ne peut les suivre en mains tierces qu'avec le fonds dont ils sont des dépendances.

415. Le droit de préférence peut avoir lieu sur les meubles, quoique le droit de suite n'y ait pas lieu. Ce sont deux droits distincts. Erreur de ceux qui croient que le droit de préférence est toujours le corollaire du droit de suite.

COMMENTAIRE.

414. J'ai déjà parlé du droit de suite aux n°⁵ 396 et 397.

Notre article n'est que la répétition de cette vieille maxime du droit français : « Meuble n'a pas de suite par hypothèque (1). »

La conséquence de cette règle est que l'acquéreur d'un meuble ne peut être hypothécairement inquiété !

Il n'y a d'exception à cela que pour le cas où le

(1) Loyseau, Off., liv. 3, ch. 5, n° 22. Cout. de Paris, art. 170. *Suprà,* n° 395. V. mon comm. *de la Prescription,* art. 2279.

locataire dégarnit la maison louée (1); alors le locateur peut exercer la revendication dans le délai de
quinzaine, s'il s'agit de meubles garnissant une
maison, et pendant quarante jours s'il s'agit du
mobilier d'une ferme. Et encore s'agit-il ici d'un
privilége.

Hors ce cas, les meubles ne peuvent être pour-
suivis par droit de suite hypothécaire dans les
mains des tiers.

414 *bis*. Nous avons vu ci-dessus (2) qu'il y a
des meubles qui, placés par fiction dans la classe
des immeubles, peuvent être hypothéqués avec le
fonds dont ils sont l'accessoire. Mais s'ils viennent
à être mis en gage ou vendus séparément de ce
fonds, ils reprennent leur caractère de meubles,
et, une fois aliénés, ils n'ont plus de suite par hypothèque. L'acquéreur ne pourrait être poursuivi
en délaissement (3).

Il suit de là que le droit de suite ne peut s'exercer sur ces immeubles fictifs, qu'avec l'immeuble
auquel ils sont attachés. Mais s'ils sont possédés
par un tiers détenteur sans l'immeuble dont ils
sont l'accessoire, ils perdent leur qualité d'immeubles : ils ne sont plus que des meubles à l'abri du
du droit de suite (4).

---

(1) Art. 2102 du Code civil, et 819 du Code de procédure
civile. *Suprà*, n° 161. Pothier, Orléans, art. 447, p. 871, éd.
Dupin. V. aussi le 2e § de l'art. 2279.

(2) N° 399.

(3) *Suprà*, n° 399. Dalloz, Hyp., p. 120, n° 7.

(4) Voir *suprà*, n°s 113 et suiv. Voir aussi un arrêt de Paris
du 29 février 1836 (Sirey, 36, 2, 349). La décision doit être

415. Les meubles sont exempts du droit de suite, comme nous venons de le voir; mais le prix qui les représente peut être affecté par certaines causes de préférence, ainsi que nous l'avons dit en parlant des priviléges sur les meubles. Il suit de là que le droit de préférence est tout-à-fait séparé du droit de suite; et rien n'empêche que le droit de préférence n'ait lieu, quand le droit de suite n'existe pas. C'est une vérité à laquelle il faut faire une grande attention : car j'ai vu beaucoup de personnes qui, faute d'avoir bien réfléchi sur l'ensemble de nos lois hypothécaires, étaient imbues de l'opinion que le droit de préférence est l'accessoire inséparable du droit de suite. C'est une erreur féconde en conséquences funestes, et contre laquelle on ne saurait trop s'élever (1).

ARTICLE 2120.

Il n'est rien innové par le présent Code aux dispositions des lois maritimes concernant les navires et bâtimens de mer.

SOMMAIRE.

415 *bis.* Renvoi. Les navires sont meubles. La saisie des bâtimens de mer, la distribution, etc., ne peuvent se faire que devant les tribunaux civils. Raison de cela.

approuvée au fond; les objets immeubles par destination n'ayant pas été détachés de l'édifice, les créanciers hypothécaires avaient conservé le droit de suite; mais les motifs du tribunal de première instance, approuvés par la cour, nous paraissent susceptibles de critique.

(2) V. nᵒˢ 95 *bis,* 280, 281, 315 *bis,* 316, 317, 327 *bis,* 274, 415.

COMMENTAIRE.

415 *bis*. Mon objet n'est pas de m'étendre sur la législation qui concerne les navires et autres bâtimens de mer, parce que cette matière tient au Code de commerce, sur le domaine duquel je ne veux pas anticiper dans ce commentaire.

Je me borne à dire que, d'après l'ancienne législation comme d'après la nouvelle, les navires et autres bâtimens de mer sont meubles (1).

J'ajoute que la saisie des bâtimens de mer est soumise à des formalités particulières, tracées par les art. 197 et suiv. du Code de commerce, et que d'après un avis du conseil d'état du 17 mai 1809, la procédure, la vente et la distribution doivent se faire devant le tribunal civil et non devant le tribunal de commerce. En effet, les tribunaux de commerce ne peuvent connaître de l'exécution de leurs jugemens. D'ailleurs le ministère des avoués y est interdit, et cependant la saisie d'un navire ne peut s'opérer sans un avoué (art. 204 du Code de commerce).

SECTION Ire.

DES HYPOTHÈQUES LÉGALES.

ARTICLE 2121.

Les droits et créances auxquels l'hypothèque légale est attribuée sont :

(1) Brodeau, Paris, art. 140. Ferrières, idem, n. 14. Valin, t. 1, p. 601. Art. 190 du Code de commerce.

II.   4

Ceux des femmes mariées, sur les biens de leur mari ;

Ceux des mineurs et interdits, sur les biens de leur tuteur ;

Ceux de l'état, des communes et des établissemens publics, sur les biens des receveurs et administrateurs comptables.

SOMMAIRE.

425. Le tuteur officieux est assimilé au tuteur.

426. De la mère qui se remarie sans avoir pourvu à la nomination d'un nouveau tuteur, et de son second époux. Étendue de leur responsabilité. Application de la maxime, *qui épouse la veuve, épouse la tutelle.*

427. Objets pour lesquels le mineur a hypothèque sur les biens du tuteur.

428. De quel jour date l'hypothèque légale des mineurs?

429. Des tutelles déférées en pays étranger. Avis opposés de M. de Lamoignon et de M. Grenier. Résolution qu'il y a hypothèque légale. De plus, l'étranger dont la tutelle a été réglée en pays étranger a hypothèque sur les biens de son tuteur sis en France. Opinions contraires. Analogies.

430. Hypothèque légale des établissemens publics, des communes et de l'état. Qu'entend-on par comptables?

430 *bis.* Les percepteurs ne sont pas comptables.

431. Les hypothèques légale sur les comptables doivent être inscrites, mais pas celles sur les tuteurs et les maris.

432. Quant aux restrictions dont ces hypothèques légales sont susceptibles. Renvoi.

432 *bis.* L'addition d'hérédité ne produit pas d'hypothèque légale.

432 *ter.* Hypothèque légale du légataire. Son utilité.

433. Hypothèque de la masse sur les biens du failli. Les absens n'ont pas d'hypothèque légale.

COMMENTAIRE.

416. L'hypothèque légale, dit l'art. 2117 du Code civil, est celle qui résulte de la loi. Elle n'a pas besoin de convention pour être établie.

On peut voir sous le titre du Digeste, *In quibus causis pignus vel hypotheca tacitè constituitur,* les causes assez nombreuses pour lesquelles les lois romaines donnaient une hypothèque tacite. Negu-

zantius en a compté jusqu'à vingt-six (1). Dans
notre législation, plusieurs de ces clauses sont clas-
sées parmi les priviléges.

Lorsque la loi donne une hypothèque légale,
elle feint qu'il y a eu paction et convention de la
part des parties contractantes. Elle veut que l'hypothèque existe de même que si elle eût été stipulée ; et même, comme la cause qui détermine la loi
à sous-entendre cette hypothèque est très-favora-
ble, elle lui donne plus d'étendue et plus de privilége qu'aux hypothèques conventionnelles. « Lex
» in omnibus tacitis hypothecis fingit pactionem et
» conventionem partium contrahentium, quamvis
» expressa non fuerit, et est perindè ac si in veri-
» tate hypotheca illa fuisset constituta per conven-
» tionem partium (2). »

417. La première cause pour laquelle la loi donne
hypothèque légale, est celle des dots, conventions et apports matrimoniaux des femmes mariées
sous le régime dotal, ou sous le régime de la communauté.

D'après l'ancien droit romain (*antiquas leges*), les
femmes n'avaient qu'un privilége personnel pour
être préférées, pour leur dot, aux créanciers antérieurs de leur mari. C'est Justinien qui nous l'apprend dans la fameuse loi *Assiduis*, C. *qui potior.*

Si elles désiraient une hypothèque, elles étaient
obligées de la stipuler.

(1) Part. 2, memb. 4.
(2) Neguz., 1, memb. 4, n° 11. Application de ceci. *Infrà,*
n° 580.

Justinien voulut suppléer à cette insuffisance des anciennes lois par la loi 1re au Code, *De rei uxòriæ actione*. Il donna à la femme une hypothèque tacite sur les biens de son mari pour la restitution de sa dot. Il alla plus loin ; il voulut que cette hypothèque fût tellement privilégiée, qu'elle assurât préférence sur tous les créanciers hypothécaires du mari, même antérieurs en date et privilégiés. C'est ce que portent et la loi *assiduis* et la Novelle 97, C. 2 (1).

Doneau (2), et Vinnius son abréviateur (3), blâment avec raison Justinien d'avoir donné préférence à la femme sur des créanciers antérieurs à elle en hypothèque. C'est, en effet, une grande injustice de priver un créancier vigilant d'un droit qu'il a eu le soin de se conserver. L'art. 1572 du Code civil a dérogé à la loi *assiduis*. Il dit que la femme n'a pas de privilége sur les créanciers antérieurs à elle en hypothèque. En cela, il n'a fait que céder à l'improbation qui s'élevait de toutes parts contre la loi romaine, et qui l'avait fait rejeter presque généralement en France. Car je crois qu'elle n'était guère suivie qu'au parlement de Toulouse, et encore, avec des modifications rapportées par Serres (4).

(1) Pand. de Pothier, t. 2, p. 72, n° 79, et t. 1, p. 573, n° 29. Cujas, *De jure dotium*, au Code, et loi uniq. C. *De rei uxor. act.*, § *et ut pleniùs*. Perez, sur ces titres, Voët, lib. 20, t. 2, n° 20. Fachin, Controv., lib. 3, c. 49. *Infrà*, n°ˢ 613 et 615.

(2) Sur la loi dernière, C. *qui potior*.

(3) *Partit. juris.*, lib. 2, c. 25.

(4) P. 559. V. d'Olive, liv. 3, ch. 25 et 26.

On voit même, par la lecture des commentateurs du droit romain, que plusieurs d'entre eux, révoltés de l'injustice de cette loi, avaient cherché, par des subtilités et des limitations contraires à son texte, à la restreindre, contre la volonté précise de Justinien (1).

Mais, s'il était juste de repousser l'exagération dans laquelle Justinien s'était laissé entraîner, il n'était pas moins nécessaire d'adopter la disposition pleine de sagesse qui conférait aux femmes mariées une hypothèque légale sur les biens de leurs époux pour la sûreté de leurs apports matrimoniaux. Aussi la loi unique C. *De rei uxor. act.* fut-elle adoptée sans exception en France par la législation qui précéda le Code civil. L'art. 2121 l'a sanctionnée (2).

Il s'applique autant aux femmes mariées sous le régime de la communauté qu'aux femmes mariées sous le régime dotal.

418. Je vais expliquer maintenant quels sont les droits de la femme, qui jouissent de l'hypothèque légale.

Par le droit romain, qui ne connaissait que le régime dotal, la femme avait hypothèque tacite non seulement pour sa dot, mais encore pour son

(1) Fachin., Controv., lib. 3, c. 49. Favre, Code, lib. 8, t. 8, déf. 16.

(2) Suivant Voët, les femmes mariées n'ont pas d'hypothèque légale en Hollande (lib. 20, t. 2, n° 20). La loi du 11 brumaire an 7 reconnaissait aux femmes une hypothèque légale (art. 4), mais à charge d'inscription. Voyez, au surplus, l'analyse de quelques législations étrangères dans la préface de cet ouvrage.

augment de dot, pour sa donation *propter nuptia* (1) et ses biens paraphernaux (2).

Mais elle n'avait d'hypothèque privilégiée, c'est-à-dire de préférence sur les créanciers antérieurs, que pour sa dot seulement. Elle n'en avait pas pour son augment de dot fait en meubles, pour sa donation *propter nuptias* et pour ses paraphernaux (3). On craignait les fraudes à l'égard des tiers.

Suivant le Code civil, la femme commune en biens ou mariée sous le régime dotal, ou séparée, n'a pas d'hypothèque privilégiée, ainsi que je l'ai dit tout à l'heure. Elle n'a qu'une simple hypothèque tacite (art. 1572). Mais cette hypothèque s'étend à tous ses apports matrimoniaux, à tous ses droits et reprises, à ses gains nuptiaux et à ses paraphernaux; et elle peut s'en prévaloir, quelle que soit la position que lui fait son contrat de mariage, fût-elle même séparée de biens (4).

(1) Perez, lib. 5, t. 12, n₀ 20.

(2) L. *Si Mulier*, dernière, C. *De pactis conventis*. Favre, C., lib. 5, t. 8. déf. 23. Voët, liv. 20, t. 2, n° 20. Cujas, Code, *De jure dotium.*

(3) Cujas, nov. 97. Favre, Code, lib. 8, t. 8, déf. 16. Bretonnier, sur Henrys, chap. 6, 9, 34. Voët, lib. 20, t. 4, n° 21. Nov. 97 et loi fin. C. *qui potior.* Pothier, Pand., t. 1, 573, n° 29. *Infrà*, 592.

(4) Arrêt de la cour de Colmar du 19 août 1834 (Recueil des arrêts de cette cour 1834, p. 229). C'est à tort qu'on m'a prêté une opinion contraire dans la discussion qui a précédé cet arrêt. Tout ce que j'ai dit, dans la première édition de cet ouvrage, de l'hypothèque légale de la femme, notamment en ce qui concerne les paraphernaux, prouve bien clairement que

C'est ce qui résulte des expressions genérales employées par la loi.

La même étendue se trouvait dans la loi du 11 brumaire an 7, qui se servait de ces mots : » *pour raison de leurs conventions et droits matrimo-* » *niaux* (1).

Ceci posé, on sent qu'on ne peut pas tomber dans une erreur plus grave que M. Planel, professeur de droit à Grenoble, qui a avancé dans une dissertation (2) que, par le Code civil, la femme n'a pas d'hypothèque légale pour la répétition de ses biens extra-dotaux. Comment peut-on soutenir une telle opinion en présence de notre article, qui attribue l'hypothèque légale *aux droits et créances* des femmes? Est-ce que les répétitions extra-dotales ne constituent pas une *créance* au profit de la femme? Et où voit-on que les rédacteurs du Code civil ont voulu modifier en ce point l'ancienne jurisprudence, basée sur les lois romaines (3)? Au surplus, les arrêts ne laissent plus de doute à cet égard (4), et l'on devrait s'abstenir de proposer à l'avenir une pareille difficulté.

je n'ai jamais entendu refuser à la femme séparée une garantie dont aucune loi ne lui enlève le bénéfice.

(1) Art. 21.

(2) Sirey, 19, 2, 89.

(3) Répert., sct. 2, § 3, art. 4, n° 3. Grenier, t. 1, n$_0$ 232. Persil, quest., t. p. 228. Dalloz, Hyp., p. 134, n° 9.

(4) Riom, 5 février 1821. Cassat., 11 juin 1822 (Dalloz, Hyp., p. 138). 6 juin 1826 (Dalloz, 26, 1, 296). 28 juillet 1828 (Dalloz, 28, 1, 354). Bordeaux, 20 juin 1835 (Dalloz, 36, 2, 48).

Je reviens sur cette question, *infrà*, n° 575.

Ainsi donc, si le mari a eu la jouissance des paraphernaux de sa femme pendant le mariage, celle-ci aura une hypothèque générale sur les biens du premier pour leur restitution.

M. Grenier (1) veut que cette hypothèque n'ait lieu que pour les *capitaux* et non pour les intérêts et fruits extra-dotaux. Il se fonde sur la loi *si mulier* 2, C. *De pact. convent.*, qui a étendu aux paraphernaux l'hypothèque de la dot, et qui ne parle que du sort principal et non des intérêts. M. Grenier s'appuie aussi de l'art. 1577 du Code civil, portant que, si le mari a procuration de sa femme pour administrer, il sera tenu vis-à-vis d'elle comme tout mandataire.

Je crois que les conséquences que M. Grenier tire de ces autorités sont forcées. La loi *si mulier* ne me paraît pas avoir un sens limitatif : si elle ne donne pas d'hypothèque pour les intérêts, si elle paraît ne couvrir de cette garantie que le principal, *pecunias sortis*, c'est parce qu'elle suppose que le mari n'en est pas débiteur, et qu'il a usé du droit de les employer pour l'utilité commune des époux : « *et usuras quidem eorum, circà se et uxorem expen-* » *dere* (2). »

Quant à l'art. 1577 du Code civil, voici ce qu'il porte : « Si la femme donne sa procuration au mari » pour administrer ses biens paraphernaux, *avec* » *charge de lui rendre compte des fruits*, il sera tenu » vis-à-vis d'elle *comme tout mandataire.* »

---

(1) T. 1, n° 232. M. Dalloz adopte la même opinion par d'autres motifs.

(2) Voyez l'hypothèse posée par l'art. 1578 du Code civil.

Quel est le but de cet article? Est-ce de déclarer que, de même qu'il n'y pas d'hypothèque légale sur les biens du mandataire pour le compte de sa gestion, de même il n'y a pas d'hypothèque légale sur les biens du mari pour ce qu'il doit de l'administration des paraphernaux ?

Point du tout ! Car, avec un tel raisonnement, il faudrait aller jusqu'à dire que le mari n'est pas soumis à l'hypothèque légale, même pour la restitution du capital paraphernal. Il le faudrait, dis-je, parce que l'art. 1577 assimile le mari au mandataire, et qu'il n'y a pas d'hypothèque légale sur les biens du mandataire pour la restitution du sort principal. Or, cette conséquence dépasse les vues de M. Grenier ; elle nous mène hors de la saine intelligence de la loi.

Qu'a donc voulu dire l'art. 1577? Il a voulu dire qu'outre la restitution du principal, le mari devrait les intérêts dans les limites de l'art. 1996 du Code civil, c'est-à-dire qu'il devrait l'intérêt des sommes employées à son usage, *à dater de cet emploi*, et celui des sommes dont il est reliquataire, *à compter de la demeure ;* car c'est ainsi que le mandataire est tenu. En un mot, c'est une règle pour le délai et le compte des intérêts que l'art. 1577 a voulu donner.

Mais cela fait, rien n'empêche que le mari ne reste astreint aux obligations qui pèsent sur lui en cette qualité. L'art. 1577 le soumet à l'action *mandati :* notre article le soumet à l'action *hypothécaire.* Il n'y a pas là de contradiction entre ces deux articles. Ils donnent à la femme deux moyens au lieu d'un, et, à mon avis, ils se concilient si parfaitement, que je crois avec fermeté qu'il ne faut rien restreindre du sens du mot *créances* employé par notre article.

418 *bis*. On agitait, parmi les interprètes du droit romain, la question de savoir si les alimens étaient tacitement hypothéqués, de même que la dot. Une opinion, très-répandue, soutenait l'affirmative, parce que, disait-on, les alimens sont les intérêts de la dot.

Mais Fachinée (1) repousse ce système « *ut som-* » *nia vigilantium.* » Aucune loi ne donne d'hypothèque à la femme pour alimens dus par son mari. D'ailleurs il est faux de dire que les alimens soient les fruits de la dot. Les alimens sont une charge *personnelle* du mari, qui en doit à sa femme quand même il n'aurait pas reçu de dot (2).

418 *ter*. Quant aux intérêts ou fruits de la dot, comme ils suivent le sort principal, ils doivent avoir hypothèque légale du jour où ils ont couru. Ce point n'est pas contesté.

M. Grenier pense même que l'hypothèque légale de la femme a lieu pour les dépens qu'elle a faits sur sa demande en séparation, et il s'autorise d'un arrêt de la cour de Riom, qu'il préside, du 4 mars 1822 (3). La cour de Douai a rendu un arrêt conforme le 1er avril 1826 (4). Cependant il existe

(1) Controv., lib. 12, c. 33.
(2) Perezius, sur le C. *De rei uxor. act.* Surdus, *de alimentis*, t. 8, privilég. 49.
(3) T. 1, p. 495, n° 231.
(4) Sirey, 27, 2, 40. Dalloz, 27, 2, 42. Autres arrêts con-

un arrêt rendu en sens contraire, le 12 mars 1817, par la cour royale de Rouen (1). Je crois les premières décisions préférables (2). Si le privilége de la dot ne s'étendait pas aux frais faits pour la mettre en sûreté, les précautions prises par le législateur seràient facilement éludées.

419. Pour compléter ce qui tient à l'hypothèque légale des femmes, je renvoie à ce que je dirai ci-après : 1° pour l'inscription, sur l'art. 2135; 2° pour l'époque où l'hypothèque prend son existence, même article; 3° pour les biens qu'elle frappe, sur l'art. 2122; 4° pour la renonciation à l'hypothèque légale de la femme, et la subrogation qu'elle pourrait consentir, sur les art. 2140 et suiv.; 5° pour la forme et la qualité du contrat de mariage, et s'il doit être fait en France, art. 2128 et n° 429.

420. La seconde cause pour laquelle la loi donne hypothèque, est celle des mineurs et interdits sur les biens de leur tuteur.

Cette hypothèque légale existait aussi par le droit romain à l'égard des mineurs.

« Pro officio administrationis tutoris vel curato-
» ris, bona, si debitores existant, tanquam *pigno-*
» *ris titulo* obligata, minores sibimet vindicare mi-
» nimè prohibentur (3). »

formes, Paris, 28 décembre 1822 (Dalloz, Hyp., p. 165, 166). Caen, 25 novembre 1824 (Dalloz, Hyp., p. 129, note 1).

(1) Sirey, 17, 2, 170.

(2) *Infrà*, n° 702 *bis*. Je reviens sur le rang des dépens en thèse générale.

(3) L. 20, C. *De adm. tutor.* Pothier, Pand., t. 1, p. 563, n° 3.

C'était cependant une grande contestation entre les jurisconsultes que de savoir si cette loi, qui est de Constantin, est introductive d'un droit nouveau, ou bien si elle ne fait que confirmer un droit ancien. Je renvoie pour cette difficulté, qui tient à l'histoire du droit, à ce qu'en ont dit Balduinus (1) et Jacques Godefroy (2). Je me contente de dire que Voët pense que, par le droit des Pandectes, les pupilles n'avaient sur les biens de leurs tuteurs qu'un privilége *inter personales* (3).

A l'égard des interdits pour cause de fureur, de démence, etc., on voit bien qu'ils avaient un privilége *in personalibus actionibus*, ainsi que cela résulte des lois 29, § 1, 20, 21, 22, D. *de reb. auct. jud. possid.* (4).

Mais il n'est pas aussi clair qu'ils eussent une hypothèque légale. Car aucun texte n'en fait mention.

Quoi qu'il en soit, la jurisprudence française assimilant les uns avec les autres les mineurs et les interdits, leur a toujours accordé l'hypothèque légale sans distinction, telle qu'elle est aujourd'hui constituée (5).

421. Dans l'ancienne jurisprudence, on pensait communément que le mineur avait hypothèque légale, non seulement sur les biens de celui qui était réellement tuteur, mais encore de celui qui, sans être tuteur, en faisait les fonctions, soit qu'il

(1) Comm. 2, *De legib. Const.*
(2) Sur la loi 1, C. *Theod. de adm. tutor.*
(3) *Ad Pandect.*, lib. 20, t. 2, n° 19.
(4) Poth., Pand., t. 3, p. 185, n° 30.
(5) Basnage, Hyp., ch. 6.

s'en chargeât volontairement, soit que, par erreur, il crût être tuteur. C'est ce qu'on appelait *protuteur*, suivant la définition de la loi 1, § 1, D. *de eo qui pro tutore*, portant : « Pro tutore autem negotia » gerit, qui munere tutoris fungitur in re impu- » beris, sive se putat tutorem, sive sciat non esse, » fingit tamen esse. »

La glose sur la loi 20 C. *de adm. tutor.* avait été la première à proposer l'opinion que l'hypothèque légale du mineur devait avoir lieu sur les biens du *protuteur*. Quoique les lois qu'elle alléguait ne parlassent nullement de cette extension, et ne se rapportassent qu'à l'action personnelle privilégiée (1), néanmoins on se rangea généralement à cette opinion, par la raison que celui qui a pris faussement le titre et les fonctions de tuteur ne doit pas être de meilleure condition que celui qui a réellement cette qualité (2).

Cette doctrine doit-elle être suivie sous le Code civil?

Je dois faire remarquer que le Code, qui se sert (3) du terme de *protuteur*, l'emploie dans un sens tout-à-fait différent de celui que lui donne la loi romaine. Le protuteur, dont parle l'art. 417, remplit un véritable office public que la loi lui délègue. Il est tuteur dans toute l'étendue du terme

(1) L. 1 et 23, D. *De reb. auct. jud.*

(2) Favre, Code, lib. 8, t. 7, déf. 2. Basnage, Hyp., ch. 6, Brodeau sur Louet, Hyp., som. 23. Pothier, Hyp., chap. 1, sect. 1, art. 3. Despeisses, t. 16, sect. 7, n° 12. Voët, liv. 20, t. 2, n° 23.

(3) Art. 417.

pour les biens situés aux colonies. Il est donc certain que ce protuteur est soumis à l'hypothèque légale.

Mais le protuteur dont s'occupent les lois romaines (1) n'est pas tuteur de droit ; il gère à la vérité, mais il lui manque la qualité et le pouvoir déféré par l'autorité publique. C'est une personne privée qui s'ingère dans une administration qui ne le concerne pas.

M. Grenier pense (2) que l'on ne peut réclamer contre lui d'hypothèque légale, et l'on peut dire en faveur de son opinion que le Code, ne faisant mention que du tuteur, entend parler de celui qui a été investi d'un titre légal, et exclut par conséquent le protuteur, c'est-à-dire celui qui n'en a que la couleur.

Je pense néanmoins que le protuteur doit être frappé, comme le tuteur, de l'hypothèque légale. Quoiqu'il n'ait pas la qualité de tuteur, néanmoins il en fait les fonctions, il en exerce la surveillance, il en accepte la responsabilité, et se soumet à toutes ses obligations. Le mineur ne doit pas être responsable de ce que le titre en vertu duquel il administre est nul, ou vicieux, ou imaginaire. Il ne voit et ne doit voir en lui que son tuteur, et ses garanties ne peuvent être diminuées de ce que le fait est contraire au droit.

Mais il faut remarquer que cette décision ne peut et ne doit avoir lieu que contre la personne qui croit

(1) *De eo qui pro tutore.*
(2) T. 1, n° 273.

ou veut gérer *pro tutore*, et qu'elle ne s'applique en aucune manière à l'individu qui s'empare des biens du mineur dans un tout autre but que celui de les administrer dans l'intérêt de ce mineur. C'est ce que Favre fait remarquer avec sa sagacité ordinaire (1), et ce à quoi M. Grenier n'a pas fait assez d'attention. Car, dans la discussion à laquelle il se livre, on voit qu'il confond l'un et l'autre cas.

Ainsi, si un cohéritier s'empare indûment d'une succession appartenant pour partie à ses cohéritiers mineurs, il sera improposable de réclamer contre lui une hypothèque légale, sous prétexte qu'il a fait les fonctions de tuteur. Il est clair que, loin de vouloir exercer les fonctions de la tutelle, il a cherché à frustrer au contraire ses cohéritiers, et à usurper sur eux ce qui leur appartenait. Assurément ce n'est pas là ce qu'on appelle *pro tutore gerere* (2).

Mais si un individu, sans avoir le titre légal de tuteur, l'usurpe cependant, ou bien prend soin de la personne des pupilles, administre leurs biens, recueille pour eux les successions qui leur adviennent, emploie leurs revenus à leur profit, nul doute qu'alors il ne soit leur *tuteur de fait* et qu'on ne puisse exercer contre lui l'action hypothécaire pour la reddition de ses comptes (3).

421 *bis*. Il s'est présenté la question de savoir si un père qui administre les biens de sa fille éman-

(1) Code, liv. 8, t. 7, définition 2.
(2) Répert., Hyp., p. 842.
(3) On verra, n° 426, la confirmation de ceci.

cipée peut être soumis à l'hypothèque légale, par la raison qu'il a géré *pro tutore*.

La cour de cassation a décidé que non, avec raison. Car il ne peut y avoir de tutelle ni de pro-tutelle, là où il y a un mineur émancipé (1). Cette question est, comme on le voit, fort différente de celle que je viens d'examiner.

Mais si le fils n'était pas émancipé et qu'il fût en tutelle, aurait-il une hypothèque légale contre son père de même que contre un tuteur étranger?

L'affirmative ne me paraît pas pouvoir être mise en doute (2). Dès que, par la mort de la mère, la puissance paternelle s'est convertie en tutelle légitime, le père, étant tuteur, doit être soumis à l'entière responsabilité du tuteur : car aucune exception n'a été faite pour lui.

422. L'hypothèque légale n'existe pas sur les biens des subrogés-tuteurs.

Dans la rédaction première de l'art. 2135, le conseil d'état avait proposé d'étendre l'hypothèque légale sur les immeubles du subrogé-tuteur pour le cas où, d'après les lois, il devient responsable, et à compter du jour de son acceptation. Mais cette disposition fut retranchée sur l'observation faite par le tribunat : « Qu'il est de l'intérêt de la société » de dégager, autant que possible, les immeubles » des hypothèques; qu'il n'y a pas de nécessité » d'imprimer l'hypothèque légale sur les biens du

(1) Arrêt du 21 février 1821. Denev., 21, 1, 177. Sirey, 21, 1, 188.

(2) Répert., t. 17, v° Puissance paternelle.

» subrogé-tuteur ; que l'action ordinaire peut suf-
» fire contre lui ; et qu'on devrait craindre que les
» citoyens ne fissent tous leurs efforts pour éloigner
» d'eux les fonctions des subrogés-tuteurs s'ils
» devaient être grevés d'une hypothèque géné-
» rale (1). »

423. Les curateurs donnés aux mineurs émancipés (2), les conseils donnés aux prodigues et aux
faibles d'esprit sont aussi affranchis de l'hypothèque légale. Ils n'administrent pas (3), ils éclairent
seulement de leurs avis la personne qui leur est
confiée.

Aucune loi ne les y soumet.

M. Dalloz pense cependant que le jugement qui
nomme le curateur confère sur ses biens une hypothèque judiciaire (4). Mais je montrerai plus
bas (5) le peu de fondement de cette opinion.

424. On a agité la question de savoir si un père
qui administre, durant le mariage, les biens appartenant en propre à ses enfans mineurs, est soumis à l'hypothèque légale.

La cour de Toulouse (chose étrange) a décidé,
par un arrêt du 23 décembre 1818, que l'hypothèque légale devait exister (6).

(1) Rép., Hyp., p. 902. Dalloz, Hyp., p. 158. Confér. du
Code civil, t. 7, p. 177.

(2) La loi du 11 brumaire an 7 accordait hypothèque légale
aux *émancipés*. Le Code a dérogé à cela.

(3) Rép., p. 902, v° Hyp.

(4) Hyp., p. 158, n° 9.

(5) N° 440.

(6) Dalloz, Hyp., p. 162, 163. M. Dalloz préfère l'opinion

Mais comment justifier une pareille décision? D'après l'art. 389 du Code civil, le père est, durant le mariage, non pas *tuteur*, mais *administrateur* des biens personnels de ses enfans mineurs.

En effet, il n'y a pas de tutelle pendant le mariage. Ce n'est qu'à la dissolution du mariage qu'elle commence. Cela est si vrai, que dans toute tutelle il doit y avoir un subrogé-tuteur, et que, dans le cas où le père n'est qu'administrateur durant le mariage, il n'y en a pas. « Tout mineur, » disait M. Berlier (1), n'est pas nécessairement en « tutelle. Celui dont les père et mère sont vivans, » trouve en eux des protecteurs naturels, et s'il a » quelques biens personnels, l'administration en » appartient à son père. La tutelle commence au » décès du père et de la mère; car alors, en perdant un de ses protecteurs naturels, le mineur » réclame déjà une protection plus spéciale de la » loi (2). »

A l'appui de notre doctrine, on peut citer les lois romaines, avec lesquelles il est rare de n'avoir pas raison. Elles voulaient que le fils n'eût pas d'hypothèque légale sur les biens de son père qui avait administré son patrimoine, « *non autem hypo-* » *thecam filii familiâs adversùs res patris viventis*

---

de la cour de Toulouse. Il veut qu'on assimile la puissance paternelle à la tutelle, sans faire attention que la première est un *droit*, tandis que la seconde est une *charge*.

(1) Exposé des motifs de la tutelle.

(2) Locré, t. 6, p. 19 et suiv.

» *adhùc, seu jam mortui, sperare audeant* (1). »
Cette décision avait lieu, bien que la mère fût décédée, et cela par un motif bien simple, c'est que
la mort de la mère ne donnait pas ouverture à la
tutelle. Ce n'était que lorsque le père venait à passer à de secondes noces que l'hypothèque avait lieu.
Du moins, tel est le sens que Cujas donne à la loi 6,
§ 2, C. *De bonis quæ liber*. (2). La législation actuelle, quoique reposant sur les mêmes bases,
n'est pas aussi indifférente au décès de la mère.
L'absence de toute hypothèque légale est réservée
au seul cas d'administration *pendant la durée du
mariage*. Mais quelle en est la raison? c'est celle
des lois romaines; c'est qu'il n'y a pas de tutelle,
et que l'administration du père procède du droit
de puissance paternelle pure.

Au surplus, la question ne peut plus faire de
doute aujourd'hui, et elle a été jugée contre l'opinion de la cour de Toulouse, par plusieurs arrêts,
que M. Merlin rapporte dans le 17ᵉ volume de son
répertoire (3), et dont l'un émane de la cour de
cassation (4).

425. Le tuteur officieux, dont parlent les arti-

---

(1) L. 6, § 2, C. *De bonis quæ libéris in potestate*, etc. Cujas et Perezius, sur ce même titre.

(2) Récit. solennel. sur ce titre du Code. Cette explication
de Cujas concilie très-bien le § 2 de cette loi avec le § dernier,
qui avait paru à quelques auteurs faire antinomie.

(3) Vᵒ Puissance paternelle.

(4) 3 décembre 1821. Dalloz, Hyp., p. 163. Voy. de plus
Lyon, 3 juillet 1827, et Poitiers, 31 mars 1830. Dalloz, 1830,
2, 29, et 181.

cles 361 et suiv. du Code civil, est aussi soumis
à l'hypothèque légale pour ce qui concerne sa gestion (1).

426. La mère tutrice, qui se remarie sans avoir
convoqué le conseil de famille pour décider si la
tutelle doit être conservée, perd de plein droit
la tutelle, et son nouveau mari est solidairement
responsable de toutes les suites de la tutelle qu'elle
a indûment conservée. Telle est la disposition de
l'art. 395 du Code civil.

Nul doute que la mère ne soit soumise à l'hypothèque légale pour cette tutelle qu'elle conserve
indûment. L'hypothèque légale, qui existait pour
la tutelle primitive, se continue pour la tutelle indûment conservée, qui en est une suite : car, quoique la mère ne soit plus tutrice du droit, elle l'est
de fait, et elle doit en subir la responsabilité (2).
C'est ce que la cour de cassation a jugé par un
arrêt du 15 décembre 1825 (3). Dans l'espèce, la
mère qui s'était remariée avant d'avoir fait nommer un tuteur, soutenait que depuis son convol,
elle ne pouvait être soumise qu'à l'action *negotio-*
rum gestorum, parce que, dès l'instant de ce convol,
elle avait cessé d'être tutrice du droit. Mais la cour
suprême repoussa ce système, par la considération
que, depuis le convol, une *tutelle de fait est substi-*
tuée à la tutelle de droit, et que cette tutelle ne se-

(1) Grenier, t. 1, p. 620. Persil, Quest., t. 1, p. 267.
(2) *Suprà*, n° 421.
(3) Dalloz, 26, 1, 55, et Hyp., p. 139, n° 12.

rait qu'un vain mot si elle n'avait la même éfficacité que la tutelle de droit (1).

A l'égard du second mari qui, par l'art. 395, est déclaré responsable de toutes les suites de la tutelle indûment conservée, on demande si, de même que sa femme, il est assujetti à l'hypothèque légale.

L'affirmative ne me paraît pouvoir souffrir aucun doute.

La loi 6, au Code, *in quib. causis. pign. tacitè*, contient à ce sujet une décision formelle.

« Si mater, legitimè liberorum tutelâ susceptâ, » ad secundas contra sacramentum præstitum ad- » spiraverit nuptias, antequàm eis tutorem alium » fecerit ordinari, eisque quod debetur ex ratione » tutelæ gestæ, persolverit, *mariti quoque ejus præ-* » *teritæ tutelæ gestæ* ratiociniis bonâ jure pignoris » tenebuntur obnoxia. »

La novelle 22, cap. 40, n'est pas moins décisive. « Non solùm quæ ejus sunt, in hypothecam

_____

(1) La cour de cassation a jugé, le 22 novembre 1836 (Sirey, 37, 1, 83. D., 37, 1, 57), que la mère tutrice qui, maintenue dans la tutelle de ses enfans, se trouve avoir pour co-tuteur son second mari, ne peut exercer son hypothèque légale sur les biens de ce dernier, qu'après que ses enfans ont exercé la leur sur les mêmes biens. La cour a considéré que, la femme étant obligée envers ses enfans solidairement avec son second mari, une subrogation tacite s'opère à leur profit dans l'effet de l'hypothèque légale de leur mère.

Il en devrait être de même à l'égard de la mère tutrice qui aurait convolé à de secondes noces sans avoir convoqué le conseil de famille.

» habere lex permittit filiis, *sed etiam mariti sub-stantiam trahit cum hypothecis.* »

En France, où on a toujours tenu pour maxime *qui épouse la veuve, épouse la tutelle,* il n'y a pas de doute qu'on ne doive suivre la décision des lois romaines. Puisque, d'après l'art. 395, le nouveau mari est tenu solidairement de toutes les *suites de la tutelle*, il doit en être tenu hypothécairement, de même que sa femme (1). C'est ainsi que la question a été jugée par arrêt de la cour de Paris, du 28 décembre 1822 (2), et par arrêt de la cour de Poitiers, du 28 décembre 1824 (3). On s'étonne que M. Delvincourt professe une opinion contraire (4).

Il n'est pas moins évident que la responsabilité du mari s'étend, non seulement à l'indue gestion qui a lieu depuis le nouveau mariage, mais encore à toutes les suites de la tutelle depuis son origine jusqu'à sa fin. On a vu que la loi 6, C. *in quib. caus.*, le décidait d'une façon très-diserte : *Præteritæ tutelæ gestæ.* Il doit en être de même par le Code civil; car ces expressions de l'art. 395, *toutes les suites de la tutelle,* ne peuvent s'entendre que des suites de la tutelle depuis son commencement. C'est une peine infligée au mari qui néglige de faire nommer un tuteur, et qui s'empare de ce qui fait le gage des enfans mineurs.

(1) Grenier, t. 1, 280. Dalloz, Hyp., p. 159, n° 13.
(2) Dalloz, Hyp., p. 165, 166.
(3) Dalloz, 1825, 2, 94.
(4) T. 1, p. 475.

Tout ce que je viens de dire se confirme de plus
en plus, si on compare la position du second mari
qui épouse la veuve tutrice sans faire nommer
un tuteur, avec celle du second mari qui épouse
la mère à qui la tutelle a été conservée par le conseil de famille. Le mari (dit l'art. 396, dont les
expressions sont remarquables) devient solidairement responsable, avec sa femme, de la gestion
postérieure au mariage. Pourquoi cette limitation
dans cet article? Pourquoi dans l'article précédent
le législateur, au lieu d'employer les mêmes termes, dit-il que le second mari est responsable de
toutes les suites de la tutelle? c'est que cette responsabilité embrasse la gestion postérieure au mariage, comme la gestion antérieure; c'est que celui
qui n'a pas rempli le vœu de la loi, en ne faisant
pas nommer un tuteur aux enfans mineurs, ne
doit pas être traité avec la même faveur que celui
qui épouse une mère revêtue du caractère légal
de tutrice, et à qui le conseil de famille a conservé
cette qualité (1). M. Grenier professe la même
doctrine (2).

427. L'hypothèque légale a lieu, suivant l'article 2135, pour tout ce qui réfère à la *gestion* du
tuteur, et constitue un *droit* ou *une créance* (3).

Ainsi, elle s'étend à ce que le tuteur a mal fait,

(1) C'est dans ce sens que la question qui nous occupe a été
jugée par la cour de cassation *in terminis*, le 14 décembre 1836
(Dalloz, 37, 1, 86).

(2) T. 1, n° 280,

(3) Expressions de notre article.

comme vente indue des biens pupillaires (1), et elle assure le recouvrement de l'indemnité pour les aliénations des immeubles du mineur, en cas que l'action révocatoire contre les tiers lui soit moins avantageuse ; elle a même lieu pour ce que le tuteur a négligé de faire, au détriment du pupille (2).

Ainsi encore, la loi la donne non seulement pour les sommes principales dont le tuteur est reliquataire par son compte de tutelle, mais encore pour les accessoires, au nombre desquels il faut placer, suivant le président Favre, les frais que le mineur a été obligé de faire nécessairement, pour faire opérer la reddition du compte (3).

On doit même décider que le mineur a une hypothèque légale sur les biens de son tuteur, pour les sommes dont celui-ci était son débiteur avant la tutelle (4). Cela rentre dans la gestion du tuteur; car celui-ci a dû, pendant qu'il administrait, verser dans la caisse du mineur la somme dont il était redevable, ou prendre contre lui-même les sûretés convenables. On peut voir à ce sujet un arrêt de la cour de cassation, du 12 mars 1811 (5).

Il faut dire aussi que le mineur peut invoquer le bénéfice de l'hypothèque légale pour tous redressemens du compte de tutelle pendant les dix

(1) Arrêt de Toulouse, 18 déc. 1826. Dall., 27, 2, 173.

(2) L. 1 et suiv., C. *Si tutor vel curat. non gess.* Favre, Code, lib. 8, t. 7, déf. 1, n° 3.

(3) Code, lib. 8, t. 7, déf. 1 et 4. *Infrà,* n° 702.

(4) Voët, *Ad Pand.*, lib. 20, t. 2, n° 16. Répert., Hyp., p. 901. Persil, Quest., t. 1, p. 231. Grenier, t. 1, p. 620,

(5) Dalloz, Hyp., p. 160, 161.

ans qui suivent la majorité, et que la créancequi résulte du redressement doit primer même les hypothèques acquises contre le tuteur postérieurement à la reddition du compte de tutelle.

C'est ce que décide un arrêt très-précis de la cour suprême du 21 février 1858 (1) portant cassation d'un arrêt de la cour royale d'Amiens.

428. L'hypothèque légale en faveur des mineurs prend naissance du jour de l'acceptation de la tutelle (art. 2135 du Code civ.).

Ce n'est donc ni du jour de la reddition des comptes, quoique cette reddition puisse seule faire savoir ce qui est dû; ni du jour où le tuteur commence à gérer; car, comme je l'ai dit ci-dessus, il pourrait négliger les actes de sa gestion, et il n'en serait pas moins responsable. C'est du jour où la tutelle est acceptée, ce qui est conforme à la loi 20, au C. *de adm. tutor.*, et à l'opinion du président Favre (2) et de Basnage (3).

On pourra opposer l'art. 2195, duquel il paraîtrait résulter que le point de départ de l'hypothèque légale du mineur, est l'*entrée en gestion*.

Mais il faut coordonner cet article avec les principes généraux, dont il a voulu être l'écho. Or, le tuteur est censé entrer en gestion, dès le moment qu'il a accepté la tutelle. La loi ne suppose pas qu'il soit revêtu des fonctions de la tutelle, et qu'il en néglige les devoirs.

(1) Sirey, 38, 1, 193.
(2) Code, lib. 8, t. 7, déf. 1.
(3) Hyp., ch. 6.

Quelle est donc l'époque de l'acceptation de la tutelle?

Pour les tuteurs légitimes, c'est le jour même de l'ouverture de la tutelle. Ils ne peuvent ignorer la loi qui les saisit (1).

Pour les tuteurs testamentaires, c'est le jour où ils ont eu connaissance du testament (2).

Enfin, dans les tutelles déférées, par le conseil de famille, la tutelle est censée acceptée du jour de la nomination du tuteur, si elle a lieu en sa présence sans réclamation (art. 418 du Code civ.);

Ou, s'il est absent, du jour de la notification (418). Le principe en cette matière est écrit dans les lois romaines (3). « Ex quo innotuit tutori se » tutorem esse, scire debet periculum ad eum » pertinere. »

429. Je dois examiner ici une question qui n'est pas sans difficulté. C'est de savoir si un acte de tutelle fait en pays étranger emporte en France hypothèque au profit d'un mineur français.

Brodeau (4) dit que les actes passés en pays étranger ne produisent pas d'hypothèque, soit expresse, soit tacite, sur les biens situés en France.

Malicostes (5),, art. 186, dit : « Tous contrats » passés hors du royaume, même les contrats de » mariage et actes de tutelle, ne portent hypothè-

(1) Art. 390, 402, 506 du Code civil.
(2) M. Dalloz, Hyp., p. 159, n° 16.
(3) L. 5, § 10, D. *De adm. tutor.*
(4) Art. 107. Paris, et sur Louet, l. H, § 5.
(5) Sur Maine, art. 186.

» que, soit expresse, soit tacite, sur les biens le
» France. »

M. de Lamoignon, dans ses arrêtés, titre des
hypothèques, art. 25, dit « que les jugemens et
» actes passés et rendus en pays étranger n'em-
» portent hypothèque en France, quoi que ce soit,
» contrats de mariage et actes de tutelle ; mais que
» l'hypothèque n'aura lieu que du jour de la célé-
» bration du mariage et de la gestion de la tutelle.»

Je ne crois pas que l'on doive adopter ces opinions, par les raisons que voici :

Ce n'est pas de l'acte de nomination de tuteur
que sort l'hypothèque attribuée au mineur. Elle
découle du concours de la *qualité* de tuteur et de
la *volonté* de la loi.

L'acte de nomination n'est qu'un préliminaire
pour arriver à l'hypothèque ; mais il ne la crée
pas. Il n'est qu'attributif et déclaratif de la *qualité*
de tuteur. Or, que cet acte soit passé en pays
étranger, peu importe. La loi française y croit,
pourvu qu'il soit revêtu des formes voulues dans
la contrée où il a été passé. *Locus regit actum.*
Comme le dit Pothier (1), l'acte fait en pays étranger, avec les solennités requises, a autorité de
créance. De là vient que, lorsqu'un individu est
revêtu de la tutelle en pays étranger, la loi française ne lui dénie pas la qualité de tuteur ; au
contraire, elle le reconnaît comme tel.

Ceci convenu, ne sera-t-il pas certain que l'hypothèque devra frapper les biens de ce tuteur?

(1) Sur Orléans, t. 20, n° 9.

car, aux yeux de la loi française, *tutelle* et *hypothèque légale* sont deux idées corrélatives : cette loi ne veut pas qu'il y ait un tuteur exempt de répondre de sa gestion sous l'hypothèque de tous ses biens. Tout tuteur, dit-elle, est soumis à l'hypothèque légale ; cette obligation dérive, non pas de la puissance étrangère, qui a présidé à la confection de l'acte, non pas d'une convention, mais de la loi française elle-même, à qui il plaît d'attribuer l'hypothèque légale à la simple qualité de tuteur. Je ne comprends donc pas la susceptibilité des auteurs que j'ai cités. Le droit politique de la France n'est aucunement blessé, puisque tout émane de la volonté seule de la loi française.

On oppose qu'un contrat fait en pays étranger à l'effet de constituer hypothèque, est insuffisant pour frapper les biens de France (1). Or, dit-on, si le tuteur se fût soumis à l'hypothèque par convention, nul doute que cette stipulation eût été impuissante pour atteindre les biens français. Il doit en être de même, lorsque la loi ne fait que sous-entendre cette convention.

Cet argument n'est qu'un paralogisme facile à réfuter. L'hypothèque conventionnelle ne peut résulter que d'actes authentiques et doués d'exécution parée. Or, un acte passé en pays étranger ne vaut que comme acte *sous seing privé*, *pro simplici chirographo*, dit Mornac (2); ici au contraire l'hypothèque résulte de la *loi française*, qui la fait

(1) Art. 2128 du Code civil.
(2) Loi dernière, D. *De jurid.*

peser sur celui en qui elle voit la *qualité* de tuteur. C'est donc, en réalité, la loi française qui fait tout, sans aucun concours de la puissance étrangère. Élever des difficultés pareilles à celles que je réfute, c'est vouloir paralyser la loi nationale, sous prétexte de la rehausser (1).

Cette opinion est celle de M. Grenier (2). Quoiqu'elle ait de nombreux contradicteurs, je n'en suis pas moins convaincu de son évidence.

Au surplus, je puis l'appuyer d'un arrêt du parlement de Lorraine du 12 août 1763 (3), qui décida qu'un habitant de Fenétranges, sujet étranger à la Lorraine, ayant été nommé tuteur *par acte tutélaire passé à Nancy* (4), devait hypothèque sur ses biens de Fenétranges pour son reliquat, à compter du jour qu'il avait été promu à ces fonctions.

Cette première difficulté nous amène à l'examen d'une autre. On demande si un mineur étranger, dont la tutelle a été déférée en pays étranger, pourra réclamer hypothèque sur les biens de son tuteur situés en France.

Rien n'est plus difficile que ce qui tient à la

---

(1) Il en serait de même, quand même la nomination serait faite par le juge étranger, comme cela a lieu dans quelques pays. L'hypothèque ne résulterait pas de sa décision, sans quoi ce serait une *hypothèque judiciaire*, ce qu'on ne prétend pas. Elle résulterait de *la qualité* de tuteur, c'est-à-dire de la nomination suivie d'acceptation expresse ou tacite.

(2) T. 1, n° 284, p. 623.

(3) Répert., Hyp., p. 780 et suiv.

(4) En 1713, époque de cet acte de tutelle, Fenétranges était fief libre de l'empire germanique.

matière des statuts, et je me rappelle que Basnage (1) rapporte une espèce dans laquelle la
même question de statut fut jugée entre les mêmes
parties, et dans la même affaire, dans un sens au
grand conseil de Flandres et dans un autre par
les tribunaux de Rome.

M. Grenier pense que le mineur étranger, dont
la tutelle aurait été déférée hors de France, n'aurait
pas d'hypothèque légale sur les biens que son tuteur posséderait en France ; car l'hypothèque, dit-
il, prend son fondement dans le droit civil, et ce
droit civil ne profite qu'aux régnicoles, en faveur
de qui il a été établi (2).

Quoique M. Grenier dise que cette solution *est
sans difficulté*, je dois avouer qu'elle en fait beaucoup pour moi, et je crois même devoir la repousser.

J'ai montré ci-dessus que l'hypothèque est du
droit des gens, et que, quoiqu'elle tienne au droit
civil par la manière de l'acquérir, il n'y a pas d'empêchement à ce qu'un étranger l'obtienne en
France (3).

Ainsi, point de doute qu'un étranger, se trouvant
en France, n'ait hypothèque, par exemple, en vertu
d'un jugement de condamnation obtenu par lui,
et rendu par les tribunaux français. C'est là cependant un effet que la loi attribue, par une volonté

(1) Sur l'article 422 de la Coutume de Normandie.
(2) T. 1, p. 622, n° 284.
(3) N° 392 *bis.*

spéciale, aux décisions judiciaires. Néanmoins, on
ne s'est jamais avisé de soutenir qu'un étranger
fût privé de l'hypothèque judiciaire en France.
Ce qui a lieu pour l'hypothèque judiciaire, a lieu
aussi, par la même raison, pour l'hypothèque légale,
que la loi fait découler de certaines positions civiles. M. Grenier va donc beaucoup trop loin,
quand il décide que la loi française n'a parlé que
pour les Français, et pas pour les étrangers.

Maintenant, arrivons à notre difficulté, et voyons
si le mineur étranger et hors de France, a hypothèque légale sur les biens que son tuteur possède
dans le royaume.

La loi qui soumet les biens des tuteurs à une
hypothèque légale, forme *un statut réel*, ainsi
qu'on peut s'en convaincre par la fameuse définition donnée par M. d'Aguesseau (1). Ce statut lie
donc tous les immeubles qui composent le territoire français. Ce ne sera pas en vertu de la loi de
son pays, que le mineur viendra réclamer hypothèque. Cette loi expire aux frontières. Mais il réclamera cette hypothèque au nom des lois françaises; il dira: vous me reconnaissez comme mineur; mon tuteur, à qui vous ne déniez pas non
plus cette qualité, possède des biens en France: or,
les lois françaises frappent d'une hypothèque légale les biens du tuteur. Cette loi forme un statut
réel: laissez-la agir à mon profit; le propre du statut réel est de saisir les immeubles, abstraction

(1) Voyez-la au Répertoire, Autorisation maritale, p. 53o.

faite de la personne qui les possède (1). Ce raisonnement me paraît péremptoire.

C'est ainsi que la disposition de la loi qui attribue au père l'usufruit paternel, est considérée comme un statut réel, comme une loi de la propriété, et non de la personne (2).

C'est ainsi que M. Merlin pense qu'une femme étrangère a hypothèque légale sur les immeubles de son mari situés en France, parce que les articles 2121 et 2135 du Code civil forment un statut réel (3).

Enfin, je trouve une dernière autorité dans l'arrêt du parlement de Lorraine, cité tout à l'heure, et qui accorda hypothèque à des mineurs lorrains, pour une tutelle déférée en Lorraine, sur des immeubles situés dans la baronie de Fenétranges, qui formait une souveraineté étrangère (4).

(1) Bartole, sur la loi *Cunctos*, C. *De summ. trinitate*, n° 27. Dumoulin, sur la même loi.

(2) Boullenois.

(3) Rép., t. 17, v° Remploi. Dalloz, v₀ Loi, p. 884, n° 36, § 4, V. *infrà*, n° 513 *ter*.

(4) Cette grave question a été agitée devant la cour royale d'Amiens, dans l'affaire des demoiselles d'Hervaz, C. Bonar, Aquilar et autres. Elle a été traitée dans un sens conforme à mon opinion par M° Félix Liouville, dont le mémoire est rempli de recherches savantes et d'ingénieux aperçus. MM. Merlin, Odilon Barrot, Parquin et Mauguin ont adhéré à cette consultation. Je me félicite d'avoir trouvé d'aussi puissans auxiliaires dans la défense d'un point de droit auquel se rattachent de hautes considérations d'équité et de civilisation. Mais la cour royale d'Amiens en a jugé autrement par arrêt du 18 août 1834 (Dalloz, 35, 2, 153).

II.   6

430. La troisième sorte d'hypothèque légale est celle de l'état, des communes et établissemens publics sur les biens des receveurs et administrateurs comptables (1).

D'après une déclaration du mois d'octobre 1648, les biens des financiers, même ceux donnés à leurs enfans, étaient sujets à leurs dettes envers le roi, et tacitement hypothéqués du jour de leur gestion (2).

C'est de là qu'est tiré notre article, en ce qui concerne l'hypothèque légale du roi et des établissemens sur les biens de leurs comptables.

Ferrières, dans son Dictionnaire de droit et de pratique, désigne sous le nom de *comptables*, *financiers* ou *gens d'affaires*, ceux qui manient ou ont mannié les deniers publics, ou ceux du roi. Tels sont les receveurs-généraux, les receveurs des contributions indirectes, les payeurs, les receveurs des communes, les receveurs des hospices, etc.

On ne peut comprendre dans la classe des comptables ceux qui ne font que surveiller et diriger l'administration, ou ceux qui ne sont que débiteurs d'un prix stipulé dans un contrat. Je le répète, pour être comptable, il faut être dépositaire et manutentionnaire de fonds (3).

Ainsi le fermier d'un hospice n'est pas comptable de cet hospice dans le sens de ce mot, et on ne

(1) L. 3, C. *De jure ripublicæ*, et loi dern., C. *Quo quisque ordine*. Répert., Hyp., p. 839.
(2) Basnage, Hyp., ch. 13.
(3) Répert., Hyp., sect. 2, § 3, art 4.

peut réclamer contre lui d'hypothèque légale (1).

430 *bis*. Le gouvernement n'a pas d'hypothèque légale sur les biens des percepteurs des contributions directes; car la loi du 5 septembre 1807, qui, dans son article 7, désigne ceux que l'on doit considérer comme comptables, ne parle pas des percepteurs.

C'est ce qui a été jugé par un arrêt de la cour de Colmar, du 10 juin 1820, motivé avec soin (2). Les percepteurs ne sont en effet que de simples collecteurs, préposés des receveurs-généraux. Ils n'ont jamais de compte avec le trésor, attendu qu'ils sont obligés à faire leurs versemens au fur et à mesure des perceptions.

Au surplus, toutes les fois que des difficultés s'éleveront sur le sens des mots *comptables* et *receveurs*, il faudra consulter la loi du 16 septembre 1807, qui forme le complément de notre article.

L'hypothèque légale de l'état ne s'étend ni sur ceux qui remplissent passagèrement et par *intérim* les fonctions de comptables (3), ni sur ceux qui ont cautionné le comptable (4).

431. Les hypothèques légales sur les comptables diffèrent des hypothèques légales sur les tuteurs et les maris, en ce que les premières sont seules soumises à l'inscription (2134 et 2098 du Code

(1) Cassat., 3 juillet 1827. Dalloz, Hyp., p. 169. Idem, p. 168. Pau, 25 juin 1816.
(2) Dalloz, Hyp., p. 170.
(3) Dalloz, Hyp., p. 167, no 2.
(4) Grenier, t. 1, n. 292.

civ.). Elles ne prennent donc rang que par l'inscription; on a pensé qu'il ne convenait pas de donner au fisc et aux autres établissemens publics des priviléges exorbitans qui pouvaient les rendre odieux (1),

432. La loi du 5 septembre 1807 parle (art. 7, 8 et 9) du mode de restriction de l'hypothèque légale du trésor. Je m'en occuperai sous l'art. 2161.

432 *bis*. Les hypothèques légales énumérées par notre article sont-elles les seules?

M. de Lamoignon aurait voulu que l'adition d'hérédité établît une hypothèque légale sur les biens de l'héritier, pour le paiement des legs et dettes de la succession (2).

Mais cela est contraire aux véritables principes. Jamais l'adition d'hérédité n'a été une cause d'hypothèque légale sur les biens de l'héritier; elle n'a jamais emporté qu'une obligation personnelle; sur quoi l'on peut voir Lebrun (3) et M. Grenier (4).

432 *ter*. Le légataire a une hypothèque légale sur les biens de la succession pour le paiement de son legs (art. 1009, 1012, 1017 du Code civil).

Cette hypothèque doit-elle être inscrite? M. Tarrible enseigne l'affirmative (5).

Mais cette inscription n'est nécessaire que pour assurer au légataire une préférence sur les créanciers personnels de l'héritier, ou sur les tiers dé-

---

(1) Grenier, t. 1, n° 286.
(2) Tit. des Act. pers. et hyp.
(3) Liv. 4, chap. 2, sect. 1, n° 37.
(4) T. 1, n° 229.
(5) Répert., Inscript., p. 230, col. 1 et 2, et p. 247, col. 2.

tenteurs, et pas du tout pour déterminer le rang
des légataires entre eux (1). Quant aux créanciers
de l'hérédité, on sait que les legs ne sont payables
qu'après les dettes, « *bona non dicuntur nisi de-*
» *ducto ære alieno* ».

433. La masse des créanciers d'un failli a une
espèce d'hypothèque légale sur les immeubles de
ce failli. Cette hypothèque se réalise par une inscription que les agens et les syndics prennent en
vertu de l'art. 500 du Code de commerce.

Ce n'est pas ici le lieu de s'occuper de l'influence
de cette hypothèque par rapport aux tiers.

D'après la loi du 11 brumaire an 7 (2), les absens
avaient une hypothèque légale sur les biens de
leurs administrateurs. Mais cette disposition n'a
pas été reproduite dans le Code civil.

M. Dalloz, tout en reconnaissant cette vérité,
voudrait que le jugement de nomination des administrateurs produisît hypothèque judiciaire au
profit de l'absent (3); mais je prouverai *infrà* (4)
que cette doctrine ne saurait être admise.

ARTICLE 2122.

Le créancier qui a une hypothèque légale
peut exercer son droit sur tous les immeubles

---

(1) Arrêt de Paris du 12 mars 1806. Sirey, 6, 2, 1, 267.
Tarrible, Répert., Inscription et Legs. Dalloz, Hyp., p. 167,
n° 7 et 8.

(2) Art. 21, n° 2.

(3) Hyp., p. 157 et 158, n° 1 et 2.

(4) N° 440.

appartenant à son débiteur, et sur ceux qui pourront lui appartenir dans la suite, sous les modifications qui seront ci-après exprimées.

SOMMAIRE.

433 *bis*. Caractère de généralité de l'hypothèque légale.

433 *ter*. L'hypothèque légale frappe-t-elle les immeubles que le mari a acquis; pendant la communauté, et revendus pendant sa durée? Solution affirmative.

434. La femme n'a rien à réclamer sur les immeubles appartenans à la société dont son mari est membre.

434 *bis*. De l'hypothèque de la femme sur l'immeuble échangé.

434 *ter*. De l'hypothèque de la femme sur les biens donnés au mari avec pacte de retour, et sur les biens grevés de substitution.

435. L'hypothèque générale ne s'étend pas à l'immeuble sur lequel le débiteur n'a qu'une action *en réméré*. *Quid* si ce débiteur vend cette action?

COMMENTAIRE.

433 *bis*. L'un des caractères les plus éminens des trois hypothèques légales énumérées dans l'article précédent, c'est qu'elles frappent sur tous les biens présens et à venir, et que tout ce qui entre dans le patrimoine du débiteur y est soumis. L'hypothèque judiciaire est la seule qui partage avec elles cette faveur. Car l'hypothèque conventionnelle ne peut pas affecter les biens à venir (1).

Nous verrons cependant par les articles 2140 et suivans et par l'art. 2161, dans quels cas et com-

_____

(1) *Infrà*, art. 2123 et 2129.

ment ces hypothèques générales peuvent être réduites.

433 *ter*. On demande si l'hypothèque légale et générale de la femme frappe sur les immeubles que le mari a acquis pendant la communauté et qu'il a ensuite revendus.

Pour résoudre cette difficulté, il faut supposer, avant tout, que la femme n'a pas pris part à la vente. Si elle y avait pris part, il est clair qu'elle ne pourrait troubler par l'action hypothécaire celui qui aurait le droit de l'actionner en garantie.

Il faut supposer aussi qu'elle a renoncé à la communauté. Car si elle l'accepte, comme le mari est maître de la communauté, et que comme tel il a le droit de vendre et d'aliéner sans le concours de sa femme, il s'ensuit qu'en traitant de son chef, il est censé traiter aussi pour sa femme. Et dès-lors, celle-ci, étant co-venderesse, est repoussée par la maxime *quem de evictione tenet actio, eumdem agentem repellit acceptio.*

Mais lorsque la femme a renoncé à la communauté, on doit se prononcer en faveur de la femme.

Il est incontestable que tous les biens présens et à venir du mari sont soumis à l'hypothèque légale de la femme : or, au nombre de ces biens, on doit nécessairement comprendre les acquêts faits pendant la communauté. Car ils appartiennent pour moitié au mari ; et quant à l'autre moitié, ils peuvent éventuellement lui appartenir, c'est à savoir, si la femme n'accepte pas la **communauté**.

A la vérité, la femme, avant sa renonciation et au moment de la vente, était commune en biens. Mais il ne résulte pas de là qu'on puisse lui opposer qu'elle doit être considérée comme associée à la vente faite par son mari, seigneur de la communauté ; car, au moyen de sa renonciation, elle est censée n'avoir jamais été co-propriétaire, et par conséquent n'avoir jamais contracté par l'organe de son mari.

Qu'on ne dise pas qu'accorder à la femme cette hypothèque, c'est gêner le mari, et entraver des opérations qui doivent être libres.

Le droit du mari d'engager sa femme en vendant un acquêt, est essentiellement subordonné à la faculté qu'a celle-ci de renoncer à la communauté. Lorsque cette renonciation a lieu, tous les actes faits par le mari lui demeurent exclusivement personnels.

Cette doctrine est celle de Renusson (1). C'est aussi celle de M. Grenier (2) et de M. Toullier (3). Elle est consacrée par un arrêt de la cour d'Angers du 26 août 1812, par un arrêt de la cour d'Orléans du 14 novembre 1817, et par deux arrêts de la cour de cassation, l'un du 9 novembre 1813, et l'autre du 9 novembre 1819 (4).

Il y a cependant en sens contraire, l'opinion de

(1) Communauté.

(2) Hyp., t. 1, n° 248.

(3) T. 12, n° 305.

(4) Dalloz, Hyp., p. 142, rapporte ces arrêts, et en cite plusieurs autres.

M. Persil (1) et de M. Delvincourt (2). Mais je ne crois pas qu'elle puisse être suivie, surtout si on se pénètre des considérans pleins de force qui précèdent l'arrêt de la cour de cassation du 9 novembre 1819. Ainsi, ceux qui acheteront des immeubles acquêts de communauté, devront avoir soin de faire assister la femme du vendeur au contrat, s'ils veulent se mettre à l'abri de son recours hypothécaire. Cette précaution doit être conseillée, surtout dans un moment où il se fait de grandes spéculations sur les reventes d'immeubles. Les acquéreurs de bonne foi pourraient être trompés s'ils la négligeaient.

434. La femme dont le mari est membre d'une société de commerce, ne peut rien prétendre sur les immeubles sociaux. En effet, tant que dure la société, ces immeubles n'appartiennent pas au mari : celui-ci n'y a qu'une expectative. C'est la masse, la raison sociale, qui est propriétaire.

Mais lorsque la société se dissout, et qu'on procède au partage, tous les biens sociaux qui entrent dans le domaine exclusif du mari, deviennent soumis à l'hypothèque légale de la femme (3).

434 bis. Lorsqu'un immeuble soumis à l'hypothèque générale est échangé, on demande s'il reste soumis à l'hypothèque dans les mains du tiers détenteur, et si, de plus, l'immeuble reçu en contre-échange, et entrant dans le domaine du

(1) Quest., t. 1, p. 235.
(2) T. 3, note 6, p. 165. M. Dalloz incline pour cette opinion, p. 135.
(3) M. Persil, Q., p. 240, t. 1.

débiteur grevé d'hypothèque générale, en est également frappé.

Ceux qui ont voulu juger cette question par l'équité et non par les principes, tels que M. Grenier (1), n'ont pu concevoir que l'hypothèque pût s'étendre aux deux héritages simultanément; ils se sont laissé éblouir par cette raison, que le créancier aurait une hypothèque double de celle sur laquelle il aurait dû compter.

Domat (2) n'a pas été trompé par ces faux scrupules, et il décide que l'hypothèque s'étend aux deux héritages échangés.

En effet, l'hypothèque qui grevait l'immeuble aliéné, l'a suivi entre les mains du tiers acquéreur; elle n'a pu disparaître qu'autant que ce dernier l'aurait purgée. Quant à l'immeuble reçu en échange, du moment qu'il est entré dans le domaine du débiteur, il a été saisi par l'hypothèque qui frappe les biens à venir.

Vainement on objecte que le créancier se trouve avoir, par ce moyen, un gage plus considérable que celui sur lequel il avait dû compter. Car, ayant hypothèque générale, il a dû compter sur tous les biens à venir de son débiteur.

En définitive, l'échange est à peu près comme une vente. Si l'immeuble eût été vendu, l'hypothèque l'aurait poursuivi entre les mains du tiers acquéreur. Il n'y a pas de raison pour qu'il en soit autrement en cas d'échange. A l'égard de l'im-

(1) T. 1, n_0 206.
(2) Sect. 1, t. 2, liv. 3, n° 12.

meuble reçu en contre-échange, il représente le prix de la chose aliénée. Si, dans le cas de vente, le vendeur eût employé le prix à l'acquisition d'un fonds, il est certain que ce fonds aurait été soumis à l'hypothèque générale. Or l'immeuble reçu en contre-échange est semblable à celui qui aurait été acheté avec le prix. Il doit donc être grevé par l'hypothèque.

Au surplus, l'opinion de M. Grenier a été proscrite par arrêt de la cour de cassation du 9 novembre 1815 (1).

On verra, du reste, au n° 643, une espèce qui prouve que cette extension de l'hypothèque légale s'arrête, par exemple, dans le cas de dissolution du mariage ou de cessation de la tutelle.

434 *ter.* L'hypothèque légale de la femme comprend aussi les biens donnés par contrat de mariage à son mari par un tiers, avec clause de retour. Mais cette hypothèque n'est que subsidiaire, d'après l'art. 952 du Code civil; il faut, par conséquent, appliquer ici ce que nous avons dit ci-dessus, n° 251 *bis.* C'est aussi l'avis de M. Grenier (2).

D'après l'art. 1054 du Code civil, les femmes des grevés de substitution n'ont de recours subsidiaire sur les biens à rendre, qu'en cas d'insuffisance des biens libres, et pour *le capital des deniers dotaux.* Encore faut-il que le testateur l'ait expressément ordonné (3).

(1) Dalloz, Hyp., p. 338. Sirey, 16, 1, 151.
(2) T. 1, n° 263. Dalloz, Hyp., p. 136.
(3) Grenier et Dalloz, *loc. cit.*

435. L'hypothèque générale ne s'étend pas à l'immeuble sur lequel le débiteur n'a qu'un droit de réméré. Car l'immeuble appartient à l'acquéreur, qui en est seul propriétaire (1). Le vendeur n'y a qu'un droit éventuel. Les biens ne sont frappés par l'hypothèque générale qu'à mesure qu'ils entrent dans la propriété du débiteur (2). Ce n'est donc que lorsque le rachat sera effectué que l'hypothèque viendra s'asseoir sur l'immeuble.

Quid si le vendeur, au lieu d'exercer lui-même ce droit, le vend? La cour de cassation a décidé (3) que l'hypothèque ne peut aller chercher l'immeuble dans les mains du nouvel acquéreur. Cet immeuble n'est pas rentré dans le patrimoine du débiteur. Il n'est pas venu y prendre l'empreinte de l'hypothèque; il est passé sans circuit de l'acquéreur à réméré à l'acquéreur définitif. Mais si le vendeur avait aliéné son droit par fraude, le créancier pourrait faire usage de l'action Paulienne.

(1) *Suprà*, n₀ 406; *infrà*, 469.
(4) Arrêt de la cour de cassation du 21 décembre 1825. Dalloz, 26, 1, 43. Il y est dit, à tort, ce me semble, que le vendeur n'a qu'un *jus ad rem! !* J'ai combattu cette proposition, empruntée à Pothier, dans mon commentaire *de la Vente*, t. 2, n° 698. Mais, au surplus, ceci ne change rien à la justesse de la solution.
(3) Même arrêt.

SECTION II.

DES HYPOTHÈQUES JUDICIAIRES.

ARTICLE 2123.

L'hypothèque judiciaire résulte des jugemens soit contradictoires soit par défaut, définitifs ou provisoires, en faveur de celui qui
les a obtenus.

Elle résulte aussi des reconnaissances ou
vérifications faites en jugement, des signatures apposées à un acte obligatoire sous seing
privé.

Elle peut s'exercer sur les immeubles actuels du débiteur et sur ceux qu'il pourra acquérir sauf aussi les modifications qui seront
ci-après exprimées.

Les décisions arbitrales n'emportent hypothèque qu'autant qu'elles sont revêtues de
l'ordonnance judiciaire d'exécution.

L'hypothèque ne peut pareillement résulter des jugemens rendus en pays étrangers,
qu'autant qu'ils ont été déclarés exécutoires
par un tribunal français, sans préjudice des
dispositions contraires qui peuvent être dans
les lois politiques ou dans les traités.

SOMMAIRE.

435 *bis*. L'hypothèque judiciaire est différente du *pignus præ-*

torium et du *pignus judiciale* des Romains. Dissentiment avec M. Grenier.

436. Que comprenait le *pignus prætorium et judiciale* des Romains? Quels biens frappe notre hypothèque judiciaire? Elle est soumise à l'inscription. Une seule inscription suffit pour tous les biens, présens et à venir, de la circonscription du bureau.

436 *bis.* Si le jugement rendu contre la femme *dotée* donne hypothèque sur sa dot. Distinctions. Dissentiment avec M. Grenier.

436 *ter.* Si l'hypothèque résultant d'un jugement contre le mari frappe les conquêts de communauté et les suit après le partage. Distinction de Pothier, qu'il faut adopter sous le Code civil.

437. Lorsque l'immeuble soumis à l'hypothèque judiciaire est échangé, l'hypothèque frappe-t-elle sur le bien donné en échange et sur le bien reçu en échange? Renvoi.

437 *bis.* Cas où il y a hypothèque judiciaire, et non hypothèque purement conventionnelle. Lorsqu'un jugement confirme un titre donnant hypothèque spéciale, il y a hypothèque générale. Nuances à cet égard.

438. Tous jugemens n'engendrent pas hypothèque. Quels jugemens donnent naissance à l'hypothèque judiciaire.

439. Un jugement qui ordonne une reddition de compte produit-il hypothèque judiciaire? Opinions diverses. Dissentiment avec l'opinion commune et celle de la cour de cassation.

440. Le jugement qui nomme un curateur à une succession vacante ne produit pas hypothèque. Dissentiment avec M. Dalloz.

441. *Quid* du jugement qui ordonne de donner caution? Dissentiment avec M. Persil.

441 *bis. Quid* du jugement qui homologue un concordat?

441 *ter. Quid* d'un jugement d'*adjudication*?

442. *Quid* d'un jugement ordonnant réglement d'un mémoire d'ouvrier?

442 *bis.* *Quid* d'un jugement portant prohibition d'aliéner des immeubles ?

442 *ter.* *Quid* d'un jugement qui ordonne la continuation des poursuites ?

442 *quat.* *Quid* d'un bordereau de collocation délivré contre un adjudicataire ?

443. Des jugemens sur reconnaissance d'écriture. Du cas où le titre reconnu par jugement contient un terme de paiement.

443 *bis.* Peut-on prendre inscription en vertu d'un jugement contradictoire non levé ou non signifié ?

443 *ter.* Peut-on prendre inscription en vertu d'un jugement dont il y a appel ?

444. Des jugemens par défaut. Faut-il qu'ils soient signifiés pour donner lieu à l'inscription ? Du cas où il y a opposition.

445. Des jugemens rendus par des juges incompétens. Distinctions à ce sujet.

446. Quels juges sont compétens pour donner un jugement de reconnaissance d'écriture privée ?

447. Des jugemens rendus par l'autorité administrative.

448. Quelles sont les sentences de juges de paix qui produisent hypothèque ? Des reconnaissances de signatures faites *au bureau de conciliation*.

449. Des décisions arbitrales.

450. De quel jour date l'hypothèque résultant d'un jugement portant amende ou dommages et intérêts pour un délit ou crime ?

451. Des jugemens rendus en pays étranger.

452. Des jugemens des consuls français en pays étranger ?

453. Des jugemens rendus par des arbitres en pays étranger.

454. De quelques traités diplomatiques, 1o avec le corps Helvétique ; 2o avec le roi de Sardaigne. Question sur ce second traité relativement à l'hypothèque judiciaire.

455. Questions occasionées par les cessions et séparations de territoire.

456, 457, 458. Suite.

459. Un jugement rendu pendant l'occupation d'une province française par l'ennemi, et émanant de juges institués par l'ennemi, produit-il hypothèque en France lors de l'évacuation ?

459 *bis.* Effet des jugemens rendus contre une succession. Dissentiment avec la cour de cassation et M. Grenier.

COMMENTAIRE.

435 *bis.* Le gage judiciaire des Romains, appelé *pignus prætorium*, *pignus judiciale*, est fort différent de l'hypothèque judiciaire, telle que nous la connaissons; en sorte qu'on peut dire que cette hypothèque judiciaire est purement du droit français.

En effet, d'après les lois romaines, une sentence ne produisait pas ce résultat, si important dans nos lois, d'affecter tous les biens du débiteur condamné par une hypothèque générale. La chose jugée ne produisait qu'une simple action personnelle *in factum*, *vel ex judicato* (1).

Par cette action, on s'adressait au magistrat à qui il appartenait de connaître de l'exécution de la sentence. Le seul point qu'il y avait à débattre devant lui était de savoir s'il y avait ou non chose jugée. Lorsque le magistrat acquérait la certitude qu'il y avait chose jugée, alors il pourvoyait à l'exécution.

De là, le *pignus prætorium* par lequel le magistrat mettait le créancier en possession des biens

(1) Pothier, Pand, t. 3, p. 167, nᵒˢ 42, 46. Brodeau sur Louet, lettre H, som. 25.

du débiteur absent, pour les détenir *merâ custo-dià*, puis, après un certain délai, lui permettait de les faire vendre *sub hastâ*.

Lorsque le débiteur condamné *était présent*, le magistrat lui accordait un délai s'il le requérait; mais s'il le laissait écouler sans payer, il commettait un appariteur qui saisissait les biens du débiteur, et en faisait ce qu'on appelait *pignus judiciale*. Si le débiteur ne payait pas dans les deux mois, les biens étaient mis en vente..

Cujas a marqué les différences assez nombreuses qui existent entre le *pignus prætorium* et le *pignus judiciale* (1). Je n'entrerai pas dans ce détail plus curieux qu'utile; je me bornerai à remarquer que ces deux gages ressemblent bien plus à la saisie immobilière ou exécution qu'à l'hypothèque. C'est la remarque de Mornac : *Vernaculo nostro forensi dixerimus nunc, saisie réelle* (2). A la vérité Justinien, dans la loi 2, C. *de prætor. pignore*, donne le nom d'hypothèque au *pignus prætorium*. Mais la raison en est qu'une fois la saisie opérée, le créancier avait les biens du débiteur dans ses mains à titre de gage, et qu'il se trouvait par conséquent dans une position semblable au créancier qui agissait par l'action hypothécaire. Alors il n'est pas étonnant que le mot hypothèque se soit présenté sous la plume du législateur, d'autant que, dans le langage des lois romaines, les mots *pignus*

_____

(1) *Respons. Papinian.*, lib. XI, ad leg. 12, *pro emptore.*
(2) L. 26, D., *De pign. act.* Répert., Hyp., sect. 1, § 6, n° 1. Brodeau, *loc. cit.*

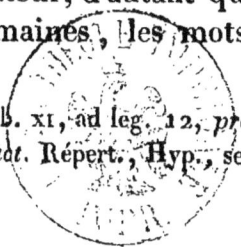

et *hypotheca* sont souvent employés l'un pour
l'autre.

Ainsi, je ne nie pas que l'exécution du jugement
ne produisît des effets semblables à ceux de l'hypothèque, c'est-à-dire la saisie ou mise en possession des biens. Mais il y avait cette différence entre l'exécution du jugement par voie de saisie, et
la poursuite de l'hypothèque par l'action hypothécaire, que celui qui saisissait par l'action hypothécaire, avait sur la chose un droit réel antérieur à sa mise en possession; au lieu que, dans la
saisie par exécution du jugement, le créancier ne
commençait à avoir droit réel que par la saisie
ordonnée par le juge; avant cette ordonnance et
cette mise en possession, le jugement ne donnait
au créancier qu'une action personnelle. Ces considérations me portent à penser que M. Grenier (1),
qui a vu dans le *pignus prætorium* et le *pignus ju-*
diciale des Romains la source de notre hypothèque judiciaire, est tombé dans l'erreur; cela est
si vrai que, dans notre droit, on ne pourrait
jamais prétendre à une hypothèque judiciaire
avant le jugement définitif; au lieu que, par les
lois romaines, on obtenait le *pignus prætorium* par
le seul fait de l'absence du débiteur, et avant la
sentence définitive (2).

L'ancienne pratique de la France était conforme
à cet usage des Romains, et Brodeau (3) dit avoir

(1) Hyp., t. 1, p. 403, n° 192.
(2) Loyseau, Déguerp., liv. 3, ch. 6, n° 19.
(3) Snr Louet, lettre H, som. 25.

vu dans des décisions manuscrites de Jean Des-
mares, qu'un arrêt n'était pas exécutoire contre
les héritiers et tiers détenteurs du condamné, mais
se résolvait en action et non en exécution ; c'est
aussi ce qui est remarqué par Bourdin (1), par
Papon (2) et par Dumoulin (3).

L'ordonnance de Moulins changea cet état de
choses. Par l'art. 35 il fut dit que « dès lors, et à
l'instant de la *condamnation* donnée en dernier
ressort, et du jour de la prononciation, il serait
acquis à la partie droit d'hypothèque sur les biens
du condamné pour l'effet et exécution des jugement et arrêt par lui obtenus. »

Telle est la véritable origine de l'hypothèque
judiciaire dans le droit français. La loi hypothécaire du 9 messidor an 3 la maintint par un article ainsi conçu : « Il résulte en faveur du créancier
» hypothèque sur les biens présens et à venir de son
» débiteur, contre lequel il est intervenu soit un
» jugement de reconnaissance d'écrit privé *ou de con-*
» *damnation,* soit une sentence arbitrale rendue
» exécutoire (art. 10). » On retrouve aussi l'hypothèque judiciaire dans l'art. 3 de la loi du 11 brumaire an 7 : « L'hypothèque existe... 2° pour une
» *créance* résultant d'une *condamnation judiciaire.* »
Le Code civil a cru devoir consacrer cette antique
création de notre jurisprudence. Il l'a conservée
avec les caractères principaux qu'elle avait à son

(1) Sur l'ord. de 1539, art. 92.
(2) Liv. 18, t. 6, art. 35.
(3) Sur Reims, art. 180.

origine, et comme l'ordonnance de Moulins, il
veut qu'elle date du jour de la sentence définitive
et qu'elle soit générale. La raison qui a déterminé
le législateur à donner à la chose jugée la sanction
d'une hypothèque, c'est la nécessité d'assurer
l'exécution des arrêts de la justice. D'après les principes généraux, lorsque les obligations d'une partie sont déclarées par un jugement, elles deviennent plus étroites et plus respectables ; la condamnation forme en quelque sorte une obligation
nouvelle qui sanctionne la première, convertit
l'action primitive en action *judicati*, et rend ainsi
meilleure la condition du créancier (1). Il est
donc naturel que lorsqu'une décision judiciaire
est venue fortifier le contrat ou l'obligation originaire, la créance se trouve investie d'une hypothèque qu'elle n'avait pas auparavant : *neque enim
deteriorem causam nostram facimus actionem exer-
centes, sed meliorem* (2).

436. D'après le droit romain, le *pignus prætorium* n'avait lieu dans les action réelles que pour
la chose qui faisait l'objet de la condamnation.

Mais lorsque la condamnation était personnelle,
la mise en possesion avait lieu pour tous les biens,
par le droit ancien (3). Justinien la restreignit *juxtà
mensuram declarati debiti* (4).

Lorsqu'on avait recours au *pignus judiciale*, on
pouvait saisir tous les biens du débiteur con-

(1) L. 29, D. *De novat.*
(2) Même loi.
(3) Voyez au dig., *in quibus causis in posses.*
(4) Authent. *et qui jurat*, C. *De bonis auctor. jud.*

damné; mais il fallait commencer par les meubles, puis on venait aux immeubles, enfin aux créances et actions.

Comme nous avons conçu l'hypothèque judiciaire sur d'autres bases que les Romains, nous avons aussi d'autres principes sur ses résultats. Ainsi, dès le moment de la sentence, tous les biens *présens et à venir* du condamné demeurent affectés tacitement par la puissance de cette même sentence (1).

Seulement cette hypothèque est soumise à l'inscription. La loi, dont le système est tout d'affection pour la publicité de l'hypothèque, a cru devoir restreindre, autant que possible, le nombre des hypothèques occultes, et ne pas étendre aux hypothèques judiciaires l'exemption d'inscription accordée aux hypothèques légales des mineurs et des femmes mariées.

L'hypothèque judiciaire portant sur les biens à venir, de même que sur les biens présens, on a demandé si une seule inscription suffisait pour frapper tous les biens présens et à venir, ou bien s'il était nécessaire de prendre inscription à mesure des acquisition faites par le débiteur.

Mais il a été décidé, par un arrêt de la cour de cassation du 3 août 1819, qu'une seule inscription prise en vertu d'un jugement, comprend tous les biens présens et à venir sis dans l'arrondissement du bureau (2).

(1) *Infrà*, n° 443.
(2) Dalloz, Hyp., p. 180, 181.

En effet, l'hypothèque judiciaire est générale, et puisque l'inscription a pour but de la conserver, il s'ensuit qu'elle la conserve dans son intégrité, et par conséquent avec son caractère de généralite. Ce raisonnement se fortifie des inductions qu'on tire de l'art. 2148, § final, dont je parlerai *infrà*. Au surplus, on peut voir sur cette question M. Grenier, qui, après avoir épuisé tous les argumens pour et contre, émet une doctrine conforme à l'arrêt de la cour de cassation (1).

436 *bis*. Puisque je viens de m'occuper du principe, que l'hypothèque judiciaire affecte tous les biens présens et à venir, je dois examiner une question qui se rattache à ses développemens. C'est de savoir si le jugement rendu contre une femme mariée sous le régime dotal, donne hypothèque sur sa dot.

Pour résoudre cette difficulté, on a coutume de distinguer deux cas.

Le premier, lorsque la dette qui a motivé la condamnation est contractée durant le mariage, le second, lorsqu'il s'agit d'une dette antérieure au mariage.

Dans le premier cas, nul doute que la dot ne puisse pas être grevée de l'hypothèque judiciaire, Le fonds dotal est inaliénable, même après la séparation de biens, et ne peut pas être plus hypothéqué que vendu. S'il en était autrement, la femme

_____

(1) T. 1, n° 193. *Junge* Persil, Quest., t. 1, p. 295. Rep., t. 16, p. 445. *Infrà*, n° 691. Voir dans le même sens, arrêt de Paris, du 23 février 1835 (Sirey, 35, 2, 209. Dalloz, 35, 2, 163).

pourrait réduire à une véritable chimère l'inaliénabilité de la dot, en contractant des dettes , et en ne les payant pas (1). M. Grenier professe à tort une opinion contraire (2).

Dans le second cas, il faut considérer d'abord que, suivant l'art. 1558 du Code civil, l'immeuble dotal peut être aliéné, *mais seulement avec permission de justice*, pour payer les dettes de la femme qui ont une date antérieure au mariage.

Quel est le but de cette disposition de la loi! On a voulu que la permission de la justice intervînt, afin que les fraudes fussent prévenues, afin que la femme ne pût vendre des biens au-delà de ce qui serait nécessaire pour payer les dettes.

Suit-il de là que la femme ne peut hypothéquer ses biens dotaux, pour dettes antérieures au mariage, qu'avec autorisation de justice?

En thèse générale, l'affirmative est incontestable : car la faculté d'hypothéquer marche sur la même ligne que la faculté d'aliéner. Ainsi, de même qu'une femme ne peut vendre son fonds dotal qu'avec permission de justice, de même elle ne peut l'hypothéquer qu'avec permission de justice pour dettes antérieures au mariage.

Mais lorsqu'il s'agit , non pas d'une hypothèque conventionnelle, mais d'une hypothèque judiciaire on doit dire que la permission d'hypothéquer se trouve implicitement comprise dans le jugement de

(1) Favre, Code, liv. 5, t. 7, déf. 6. Limoges, 8 août 1809. Sirey, 9, 2, 386. Persil, Quest., t. 1, p. 228.
(2) T. 1, n° 205.

condamnation ; car on *quasi-contracte* en jugement. On doit supposer qu'il y a eu convention tacite de la femme au profit de ses adversaires, pour s'obliger à payer la dette si elle était reconnue fondée ; et à hypothéquer tous ses biens présens et futurs ; et comme il intervient un jugement qui reconnaît la légitimité de la dette, il faut dire que le juge a comme adhéré à la promesse d'hypothèque générale sous-entendue dans la comparution en jugement.

On sent, en effet, que notre cas est fort différent de celui où la femme accorde volontairement une hypothèque conventionnelle. Dans cette dernière hypothèse, elle peut, par collusion, consentir des hypothèques plus considérables que ce qui est juste et nécessaire : mais, lorsque la femme est poursuivie, que c'est contre sa volonté qu'elle est condamnée, et que la justice arrive pour mesurer l'étendue de ses obligations, alors les inconvéniens cessent tout-à-fait. Cette opinion est aussi celle de M. Persil (1). On peut l'étayer d'un argument tiré de l'art. 2126.

436 *ter*. Pothier (2) examine la question de savoir si l'hypothèque judiciaire résultant d'un jugement obtenu contre le mari, frappe les conquêts de communauté, de manière à suivre après la dissolution du mariage l'immeuble échu dans le partage de la femme.

Voici comme il le résout. S'il s'agit d'une dette contractée par le mari durant la communauté, on

(1) Q., t. 1, p. 287.
(2) Communauté, n°ˢ 752 et suiv.

doit dire que l'immeuble de communauté échu à la femme pour son lot, n'en demeure pas moins soumis à l'hypothèque ; car le mari, maître de la communauté, a pu aliéner et hypothéquer, et sa femme, en acceptant la communauté, est censée avoir participé à tout ce qu'à fait son mari.

Mais si la dette avait été contractée par le mari antérieurement au mariage, quoique la condamnation fût postérieure, l'hypothèque, tant que la communauté existerait, pourrait bien frapper les biens de cette communauté ; mais à sa dissolution, elle devrait se restreindre aux biens du mari : car, par le partage, le mari n'est censé avoir eu de propriété en son nom personnel que sur la portion à lui dévolue. Ces deux décisions ne peuvent qu'être approuvées.

437. Lorsqu'un immeuble soumis à l'hypothèque judiciaire est échangé, l'immeuble reçu en contre-échange est-il hypothéqué, et l'immeuble donné reste-t-il soumis à l'hypothèque? Voyez *suprà*, n° 434 *bis.*

437 *bis.* Dire que l'hypothèque judiciaire est celle qui émane des jugemens, c'est énoncer une de ces vérités si triviales qu'elles paraissent inutiles à proclamer. Mais ce qui n'est pas toujours aussi clair, c'est de savoir quand l'hypothèque prend sa source dans un jugement; comme, par exemple, dans le cas suivant. Un débiteur s'est obligé, par acte sous seing privé, à donner une hypothèque spéciale sur certains immeubles, et à en passer acte authentique. S'il refuse, et qu'il y soit forcé par un jugement déclarant qu'à défaut

de ce faire le jugement tiendra lieu de contrat, l'hypothèque qui sera inscrite en vertu de ce jugement sera-t-elle judiciaire ou conventionnelle?

On peut dire, en faveur de l'hypothèque conventionnelle, que le jugement n'a fait qu'adhérer à la convention, et qu'il ne doit pas avoir des effets plus étendus. Ainsi, dans ce système, l'hypothèque ne doit frapper que sur les biens désignés dans la convention.

Mais il faut répondre que l'hypothèque est judiciaire : car le jugement a reconnu dans l'espèce une obligation préexistante, et son effet a été d'attacher tacitement à cette obligation une hypothèque générale. Peu importe qu'originairement il y ait eu seulement promesse d'une hypothèque spéciale. Le jugement a étendu l'obligation que le débiteur a à se reprocher de n'avoir pas accomplie. Car, en ce qui concerne l'hypothèque, il y a une grande différence entre l'obligation imposée par un jugement et l'obligation imposée par un contrat. Ici l'hypothèque n'a d'étendue que celle que lui ont donnée les parties : là l'hypothèque est générale.

C'est en ce sens que s'est prononcée la cour de cassation par un arrêt du 20 avril 1825 (1). En voici les termes relatifs au point de droit : « Attendu qu'aux termes de l'art. 2123 du Code civil, l'hypothèque judiciaire résulte des jugemens, soit contradictoires, soit par défaut, définitifs ou provisoires, en faveur de celui qui les a obtenus.

(1) Dalloz, 25, 1, 276.

» Que l'art. 2148, dans son dernier §, en s'occu-
» pant du mode des inscriptions légales ou judi-
» ciaires , et employant ces expressions à *défaut de*
» *convention*, n'a pas exclu l'application de l'art.
» 2123, *lorsqu'il existe une convention, et que,*
» *néanmoins , les contestations des parties* les ont
» amenées *devant les tribunaux , et ont reçu une*
» *décision judiciaire qui devient un nouveau titre*
» *légal* (1). »

D'où il faut conclure que , lorsqu'un jugement
confirme un titre portant promesse d'hypothèque
spéciale, on ne peut pas appliquer la maxime :
confirmatio nihil novi juris addit. Une hypothèque
générale prend la place d'une hypothèque spéciale.

Mais que devient l'hypothèque générale, dans le
cas où le débiteur , satisfaisant à la condamnation , fournit l'hypothèque spéciale convenue?
V. *infrà* art. 2161 Code civil , n° 767.

Lorsqu'il y a une convention de laquelle résulte l'établissement définitif d'une hypothèque
spéciale, si, par la suite, ce titre étant critiqué
par le débiteur pour vice quelconque , le créancier
obtient contre son débiteur un jugement qui le
déclare valable et ordonne q'il sera exécuté , il a
alors deux hypothèques , l'une spéciale et conventionnelle, l'autre générale et judiciaire. C'est ce
qu'a jugé la cour de cassation par arrêts des 29
avril 1823 (2) et 13 décembre 1824 (3).

(1) V. aussi Répert., t. 16, p. 402, et t. 17, v° Titre confirmatif.

(2) Dalloz, Hyp., 178.

(3) Dalloz, 25, 1, 39. Répert. , t. 17, Titre confirmatif.

Mais le créancier ne peut faire usage de son hypothèque générale qu'autant que son hypothèque
spéciale est insuffisante, et si elle suffit, les créanciers du débiteur peuvent le renvoyer à se faire
payer sur les biens grevés de cette hypothèque
spéciale. C'est ce que j'expliquerai plus tard (1).

438. Tout jugement quelconque, dit M. Tarrible, n'engendre pas une hypothèque (2); et en
effet, il n'y a que les jugemens qui condamnent à
une *obligation*, qui puissent produire cet effet;
car on ne conçoit pas qu'une hypothèque adhère
à quelque chose qui ne contiendrait pas *une obligation* principale.

Nous disons que l'hypothèque judiciaire ne
ressort que des jugemens de condamnation; c'est
ce que déclaraient expressément l'ordonnance de
Moulins, la loi du 9 messidor an 3 et celle du 11
brumaire an 7, dont nous avons rappelé les termes
au n° 435 *bis*. Il est vrai que l'art. 2123 du Code
civil ne se sert pas d'expressions aussi énergiques
et aussi claires; mais, outre qu'il doit être interprété par les lois qui l'ont précédé, il faut dire
qu'une pensée toute semblable ressort implicitement de sa contexture. En effet, par ces mots, *en
faveur de celui qui les a obtenus*, il suppose évidemment qu'il y a un vainqueur et un vaincu;
que le jugement, en favorisant l'un, a fait succomber l'autre; qu'une lutte était engagée sur un
point déduit en jugement, et que la décision n'a

(1) N° 762.
(2) Répert., Hyp., p. 905, n° 2.

terminé le combat qu'en condamnant la prétention la moins juste et la moins fondée.

C'est en vain que, pour donner plus de latitude à l'art. 2123, on argumenterait de l'art. 2117, qui fait résulter l'hypothèque des jugemens ou *actes judiciaires ;* car, par ces derniers mots, l'art. 2117 n'a voulu faire allusion qu'aux reconnaissances ou vérifications faites en jugement, ou aux ordonnances judiciaires d'exécution des sentences arbitrales, lesquelles emportent aussi hypothèque judiciaire aux termes de l'art. 2123.

Et, comme il n'y a pas de condamnation possible, sans une obligation à remplir, il s'ensuit que les jugemens qui n'obligent pas la partie à donner ou à faire quelque chose, ne sont pas accompagnés de la sanction de l'hypothèque.

Ainsi, un jugement préparatoire et d'instruction, un jugement qui ordonnerait un rapport d'experts, une descente sur les lieux, ne produirait pas d'hypothèque. En effet, où est l'obligation imposée aux parties, où est par conséquent la possibilité d'asseoir une hypothèque? Aussi notre article dit-il que l'hypothèque judiciaire ne résulte que de jugemens *définitifs* ou *provisoires :* elle ne peut donc résulter de jugemens prononçant des avant faire droit. On verra plus bas plusieurs applications de ces principes (1).

« Cela posé, dit encore M. Tarrible (*loc. cit.*), nous
» devons dire que les jugemens qui imposent à

_____

(1) N° 439 à 442 *ter.*

» l'une des parties une obligation envers l'autre,
» ou qui déclarent légitime une obligation pré-
» existante, engendrent seuls hypothèque judi-
» ciaire.

» Quel que soit l'objet de l'obligation, qu'elle
» consiste à donner, à faire, ou à ne pas faire
» quelque chose, l'effet est le même. Lorsqu'un
» jugement impose en effet une obligation, ou cette
» obligation consiste à donner une somme déter-
» minée, et alors l'objet de l'hypothèque conco-
» mitante ne peut être équivoque : ou elle consiste
» à faire ou ne pas faire quelque chose, et comme
» cette obligation, selon l'art. 1142 du Code civil,
» se résout en dommages et intérêts en cas d'in-
» exécution de la part du débiteur, celui-ci se
» trouvera, en dernière analyse, obligé à payer
» une somme de la même manière que celui qui
» est directement obligé à payer une somme fixe,
» et conséquemment l'hypothèque aura aussi un
» objet positif. A la vérité, cet objet restera indé-
» terminé dans sa valeur, jusqu'à ce qu'un nouveau
» jugement, rendu sur la preuve de l'inexécution,
» ait liquidé les dommages et intérêts : mais une
» créance indéterminée dans sa valeur, n'en est pas
» moins susceptible d'hypothèque, pourvu qu'elle
» soit fondée sur un titre capable de lui conférer
» ce droit, ainsi que le porte l'art. 2132.

Nous allons voir l'application et la portée de
ces principes.

439. Un jugement qui ordonne une reddition
de compte produit-il hypothèque judiciaire?

Les auteurs (1) et la jurisprudence (2) concourent en majorité à établir l'affirmative.

Néanmoins, il ne faut pas croire que cette opinion soit sans contradicteurs; et, quoique les dissidens soient en minorité, il importe, puisque l'on discute encore, d'examiner les raisons de part et d'autre.

Lorsque la cour de cassation se prononça la première fois sur cette question, en faveur de l'hypothèque judiciaire, elle le fit sur les conclusions *contraires* de M. Giraud, avocat général, et au surplus ses arrêts ne sont que des arrêts de rejet; or, on sait que la cour de cassation a une inclination très-prononcée pour les rejets, ce qui balance singulièrement l'autorité de ceux de ses arrêts qui aboutissent à ce résultat.

Par arrêt du 31 mars 1830, la cour de Bourges a abandonné sur quelques points la jurisprudence de la cour de cassation; mais elle l'a fait avec timidité (3). Elle a reconnu le principe général posé par la cour de cassation, savoir : que tout *mandataire* ou *comptable*, à qui il est ordonné de rendre compte, est soumis à l'hypothèque générale; mais elle a cherché à se placer dans une exception : il s'agissait d'un individu dans le compte duquel le tribunal avait ordonné des redressemens d'erreurs.

(1) Grenier, t. 1, p. 425. Persil, Q., t. 1, p. 180. Dalloz, Hyp., p. 171, n° 2.

(2) Cassat., 21 août 1810. Lyon, 11 août 1809. Dalloz, Hyp., p. 177. Cassat., 4 août 1825. Dal., 25, 1, 388.

(3) Dal., 1830, 2, 163.

La cour de Bourges pensa qu'une pareille décision n'entraînait pas d'hypothèque générale.

Enfin M. Pigeau, que (je ne sais pourquoi) l'on ne cite pas dans la discussion de cette question (1), tient franchement une opinion contraire à la cour de cassation (2).

L'avis de cet auteur me paraît devoir être préféré. Le jugement qui ordonne de rendre compte n'impose pas l'obligation de payer une somme. Il impose seulement le devoir de fournir un compte. Le *rendant est débiteur d'un compte et non débiteur de sommes*, comme le dit M. Pigeau; qui sait si, par l'événement, il ne sera pas créancier? Or, l'hypothèque judiciaire ne s'attache qu'à l'obligation produite par le jugement. Il ne pourrait tout au plus y avoir hypothèque, que pour forcer à l'obligation de rendre le compte, et pour servir de garantie aux moyens de contrainte organisés par l'art. 534 du Code de procédure civile. Mais une fois le compte présenté et affirmé, l'obligation portée par le jugement étant remplie, l'hypothèque doit disparaître. Pour que le rendant soit débiteur de sommes, il faut aller plus loin : il faut ou qu'il y ait un reliquat avoué par le rendant et résultant du compte présenté et affirmé, et alors l'hypothèque sortira de l'exécutoire prononcé par le juge commissaire (3); ou bien que le reliquat, d'abord dénié par le rendant, surgisse des débats du

(1) Ibid.
(2) T. 2, Proced. civ., p. 398.
(3) Art. 535 du Code de procédure civile.

compte, et alors c'est le jugement qui le fixe, et c'est de ce moment que commence l'hypothèque, parce qu'alors commence l'obligation judiciaire de payer. Avant cela, l'hypothèque est prématurée : elle est sans cause.

On oppose qu'un jugement de reddition de compte comprend nécessairement l'obligation de payer le reliquat, s'il y en a. C'est comme si l'on disait qu'un jugement qui ordonne une preuve, contient une condamnation implicite pour celui qui ne la fera pas, et qu'un tel jugement produit hypothèque générale. Sans doute, si un tel résultat pouvait être admis, ce serait un grand triomphe pour la maxime *tout est dans tout*, mise en honneur par M. Jacotot; mais je doute qu'ici la raison s'en accommode.

Le jugement de reddition de compte est fondé sur un doute : il ignore ce qui arrivera. Le juge ne dit pas même de plein saut : s'il y a un reliquat, je vous condamne dès à présent à le payer. Le juge fait tout simplement espérer qu'il condamnera, si le reliquat ressort du compte. Il préjuge ce qu'il fera, mais il ne juge pas, ce qui est fort différent. Et comment jugerait-il, puisqu'il hésite et que la cause n'est pas instruite? Est-ce qu'un juge prononce des condamnations conditionnelles? est-ce qu'il engage sa décision avant de savoir à quoi s'en tenir? Et puis, comment pouvez-vous dire, vous demandeur, qui réclamez, par exemple, le paiement d'une somme de 4,000 francs, comment pouvez-vous dire que vous avez un titre dans le jugement qui ordonne la reddition du compte?

est-ce que votre prétention a été accueillie ? votre victoire ne dépend-elle pas de preuves et de moyens ultérieurs qui peuvent tourner à votre confusion ? En supposant même que le compte prouve ce reliquat, n'est-il pas possible que la prescription vous fasse échouer dans votre action ? Par quel aveuglement vous obstinez-vous donc à trouver un titre judiciaire là où la justice n'a exprimé qu'un doute ? et ne voyez-vous pas que l'obligation de payer le reliquat s'attache si peu de plein droit à ce jugement, que la loi veut qu'elle soit ultérieurement prononcée par le juge commissaire ou par le tribunal, suivant l'issue du compte (1).

440. Un jugement qui nomme un curateur à une succession vacante, emporte-t-il hypothèque ?

M. Persil (2) examine cette difficulté avec détail et résout avec raison pour la négative. En effet, il ne résulte du jugement aucune condamnation ni créance contre le curateur : il n'a pas encore géré : il ne doit rien : peut-être, par la suite, son administration pourra-t-elle donner lieu à des reproches qui attireront sur lui une responsabilité. Mais il n'est redevable de rien, lorsqu'il n'est pas encore entré en fonctions.

Le jugement de nomination ne le soumet pas même à l'obligation de rendre compte ultérieurement. C'est la loi seule qui lui en fait devoir, lorsqu'il aura géré ; car tant qu'il n'a pas accepté la gestion, il n'y a pas encore de contrat, il n'est

(1) V. infrà les nos 440, 442, auxquels ceci doit se lier.
(2) Quest., t. 1, p. 272.

pas mandataire : il n'est tenu à aucune obligation.
Je conviens que, s'il s'immisce dans la gestion, il
sera tenu de rendre compte. Mais, comme nous
le verrons tout à l'heure, ce ne sera pas en vertu
du jugement, mais par la force du contrat extra-
judiciaire, formé par son acceptation. Pour que le
jugement de nomination fît peser sur lui l'obligation judiciaire de rendre compte, il faudrait qu'il
y eût eu un demandeur et un défendeur, savoir :
un demandeur réclamant un compte, un défendeur le refusant; et que, sur ce débat, le juge
eût prononcé contre le défendeur, *en faveur du*
demandeur qui aurait obtenu gain de cause (1).
Or, je le demande, où est ici le vainqueur? où
est le condamné? Et comment une hypothèque
judiciaire pourrait-elle sortir d'un état de choses
dans lequel il n'y a ni perdant ni gagnant, où
personne n'a tort, où personne n'est condamné?
Il est si vrai que le jugement de nomination n'a
aucune force, même implicite, à cet égard, que
l'on est obligé de prendre un nouveau jugement
pour forcer le curateur qui a administré à rendre
compte.

M. Dalloz a cependant soutenu le contraire (2).
Il argumente beaucoup de la jurisprudence de la
cour de cassation, qui attribue l'hypothèque judiciaire à un jugement de reddition de compte; et,
marchant d'induction en induction, il voit dans la

(1) *Suprà*, n° 438, et texte de l'art. 2123.
(2) Hyp., p. 158, n° 2 et 9, et p. 171, n° 2. *Suprà*,
n° 423.

nomination d'un curateur l'obligation *implicite* de
rendre compte, et par conséquent l'obligation *implicite* de payer le reliquat, s'il y en a. D'après ce
que nous avons dit au numéro précédent, on pres-
sent que nous ne sommes pas ébranlés par cette
argumentation. Seulement nous ferons remarquer
jusqu'à quels résultats outrés peut conduire ce
système de *condamnations implicites*, dont la cour
de cassation a jeté les bases dans la jurisprudence
que j'ai cru devoir critiquer au numéro précédent.

L'opinion de M. Dalloz a cependant reçu l'assentiment de la cour de Paris, dans une espèce
qui, sans être absolument semblable à celle que
nous venons d'examiner, se résout cependant par
les mêmes moyens.

Goupy avait provoqué l'interdiction de sa sœur:
deux jugemens l'avaient nommé administrateur
provisoire des biens de celle-ci. Depuis cette
époque, la poursuite en interdiction avait été
abandonnée, et Goupy avait continué sa gestion;
mais, quelque temps après, un tuteur *ad hoc*,
nommé à la demoiselle Goupy, prit inscription
sur les biens de Goupy, *tant en vertu de la loi que
des deux jugemens*. — Goupy demande radiation,
et un jugement du tribunal de la Seine accueille
sa réclamation.

Sur l'appel, le tuteur *ad hoc* fut à peu près
obligé de convenir que l'inscription ne pouvait se
soutenir à titre d'hypothèque légale; mais il prétendit que les deux jugemens, qui avaient nommé
Goupy administrateur provisoire, conféraient une
hypothèque judiciaire pour la sûreté de sa gestion.

C'est le système qui fut accueilli par la cour royale, malgré les efforts de M⁰ Dupin jeune (1). Son arrêt, du 12 décembre 1833, a été déféré à la cour de cassation, et j'apprends, par la Gazette des tribunaux, que la section des requêtes a admis le pourvoi. En attendant que la section civile fasse prévaloir les vrais principes, que sa haute science possède si bien, je prendrai l'initiative de quelques observations.

On s'élève, depuis plusieurs années, contre les hypothèques légales, qui gênent la circulation d'un nombre immense de propriétés foncières. Sans admettre tous les reproches qu'on adresse sur ce point au Code civil, on conviendra néanmoins que le moment est mal choisi pour sortir des sages limites tracées par la loi, et envelopper d'un vaste réseau d'hypothèques générales le patrimoine de tous ceux que des jugemens appellent à gérer, même provisoirement, la fortune d'autrui. C'est là cependant ce que fait la cour de Paris. Au moyen d'un détour qui trompe la pensée du Code civil, elle étend à tous ceux dont les biens sont administrés par un procureur judiciaire, la garantie hypothécaire que l'art. 2121 n'a voulu attribuer qu'aux mineurs et aux interdits à l'égard de leur tuteur. Et, pour arriver à ce résultat désastreux, que fait-elle? Il lui suffit d'appeler hypothèque judiciaire ce qu'elle n'ose pas appeler hypothèque légale, et ce qui n'est au fond qu'une

_____

(1) Dalloz, 34, 2, 2 et 3. Sirey, 34, 2, 103. Gazette des Tribunaux du 10 janvier 1834.

hypothèque légale, puisque la loi ne veut pas que les administrateurs en question puisent leur mandat ailleurs que dans un jugement. Ainsi, avec ce système, il n'y aura pas un curateur aux biens d'un absent, pas un curateur à succession vacante, pas un gérant nommé en justice, pas un séquestre judiciaire, qui ne soit assimilé au tuteur et tenu sous l'hypothèque de tous ses biens. Mais où trouvera-t-on, avec une telle jurisprudence, des mandataires pour tous ces cas? Il faudra même dire que l'absent aura hypothèque judiciaire sur les biens des envoyés en possession provisoire; car l'envoi en possession n'est ordonné que par un jugement (1), et il rend les possesseurs comptables de leur administration envers l'absent, en cas qu'il reparaisse ou donne de ses nouvelles ! ! ! Je crois qu'il suffit d'énoncer de pareils résultats, pour démontrer combien est fautif le système dont une inflexible nécessité les fait sortir.

Mais voyons de plus près l'argumentation de la cour royale de Paris.

L'art. 2123, dit-elle, ne fait aucune distinction entre les jugemens prononçant une condamnation pécuniaire actuelle, et ceux qui n'imposent qu'une obligation de faire, toujours résoluble en argent pour le cas d'inexécution; et comme le jugement qui commet un administrateur provisoire pour prendre soin de la personne et des biens du défendeur à l'interdiction, impose à cet administrateur provisoire l'obligation de gérer et de ren-

(1) Art. 121.

dre compte de sa gestion, nécessairement le jugement de nomination doit entraîner hypothèque pour sûreté de cette obligation. Ainsi raisonne la cour royale. Mais n'y a-t-il pas, au fond de ses aperçus, une étrange confusion d'idées?

Le jugement qui nomme un curateur à une succession vacante et à un absent, ou un administrateur provisoire à un défendeur à l'interdiction, n'oblige pas la personne désignée à accepter ce mandat. En cas de refus de la part de cette dernière, on ne peut la contraindre à se charger d'une gestion qu'elle entend répudier. Le jugement de nomination n'a pas plus de valeur coércitive qu'une simple procuration donnée à un particulier par un particulier. Que faut-il donc pour qu'il y ait contrat, et par conséquent une cause d'obligation? Il faut qu'à la nomination se joigne l'acceptation. C'est par l'acceptation seule, que la convention est liée, qu'elle prend le caractère et engendre les devoirs du mandat.

Il est donc faux de dire que le jugement de nomination emporte avec lui obligation de gérer, de rendre compte, de payer le reliquat : tous ces effets implicites de la chose jugée sont des chimères. Pour qu'elle les engendre, il lui faut l'adhésion d'un élément nouveau, de l'acceptation de la partie. Il suit de là que l'hypothèque judiciaire ne saurait protéger les droits de celui à qui le compte doit être rendu ; car l'hypothèque judiciaire n'est qu'une sanction donnée à l'autorité de la chose jugée : elle ne prête main-forte qu'aux condamnations et aux ordres impératifs émanés de la justice seule ; mais elle reste à l'écart dans les cas où un jugement n'est rien par lui-même, et où il faut qu'il attende le concours volontaire d'une tierce personne, pour devenir quelque chose d'actif. L'adage vulgaire, et presque toujours vrai, est qu'on contracte en jugement ; mais, ici, l'axiome reste sans application. Le jugement, loin de former un contrat, n'est que l'un des termes de la convention : il n'a de vertu que si une volonté libre vient lui apporter le second terme dont il est dépourvu. Auparavant, il manque d'un des élémens nécessaires à tout acte : il n'est que la pierre d'attente d'un tout qui n'a pas encore été créé. Or, je demande si le mandat, indirectement issu d'un tel jugement, n'est pas tout aussi volontaire que judiciaire, et s'il n'est pas contraire à la raison de donner les effets d'un jugement à ce qu'un jugement est incapable de produire.

La cour de Paris a cru répondre à cette objection en disant que l'acceptation n'est qu'une condition suspensive qui, une fois intervenue, a un effet rétroactif et fait considérer l'obligation comme parfaite, dès l'instant même où le jugement a été rendu : mais il est assurément difficile d'être plus mal inspiré. Comment la cour de Paris a-t-elle pu oublier que le consentement de la personne avec laquelle on contracte est un des élémens essentiels de la convention, et que, tant que le consentement est inconnu, il n'y a pas l'ombre de contrat? Comment a-t-elle pu voir un contrat conditionnel dans un acte où une seule des parties a parlé? Par quelle étrange préoccupation a-t-il

échappé à sa sagacité qu'un contrat, même conditionnel, n'existe que par l'accord de deux volontés :
duorum in idem placitum consensus (1) ?

Au compte de la cour royale de Paris, il faudrait
donc dire que, lorsqu'on traite avec une personne
éloignée et qu'on lui propose, par exemple, de
lui acheter une maison, le contrat remonte à la
date de la proposition, de telle sorte que l'acceptation du vendeur aura pour conséquence de l'obliger, avant même qu'il n'ait parlé!!! Où en sommes-nous, si les vérités les plus élémentaires du
droit se trouvent ainsi compromises?

Pothier avait examiné, dans l'ancienne jurisprudence, une question voisine de celle que nous
discutons. On va voir que sa décision est une réfutation péremptoire de l'arrêt de la cour royale
de Paris.

On sait que, dans le droit antérieur à la révolution, tout contrat authentique emportait avec
lui une hypothèque générale sur tous les biens
présens et à venir (2). L'acte authentique faisait
donc à peu près ce que nos jugemens de condamnation font aujourd'hui. Eh bien! Pothier se demande si une procuration passée par-devant
notaires donne au mandant hypothèque sur les
biens du mandataire, et il n'hésite pas à se prononcer pour la négative. « Car, dit-il, ce n'est pas
» par la procuration que le mandataire, qui n'y
» est pas présent, s'oblige envers le mandant; ce

(1) V. Pothier, *Mandat*, n° 86.
(2) *Suprà*, n° 392.

» n'est que par l'acceptation qu'il fait depuis la
» procuration. C'est pourquoi, à moins que cette
» acceptation ne se fît aussi par un acte devant
» notaire, le mandant ne peut avoir d'hypothèque
» sur les biens du mandataire (1). » La similitude
de cette espèce avec la nôtre est frappante. Le
jugement de nomination équivaut à la procuration : c'est le *spondes-ne* des Romains. L'acceptation est la réponse, le *spondeo*, et comme elle n'a
rien de judiciaire, elle repousse l'hypothèque dans
notre espèce, comme elle l'exclut dans l'hypothèse tout-à-fait analogue de Pothier.

Ces argumens ne s'appliquent pas à un cas dont
je parlais tout à l'heure, à celui des envoyés en
possession provisoire des biens d'un absent ; car
ce sont eux qui sollicitent l'envoi en possession,
et le tribunal ne l'ordonne que sur leur demande
(art. 120 Code civ.). Mais ce qui répond au
système qui voudrait, l'arrêt de la cour de Paris
à la main, faire peser sur leurs biens une hypothèque générale, c'est que le jugement qui les
nomme n'est pas un jugement de condamnation (2);
c'est que ce jugement ne statue pas sur la question
de responsabilité, laquelle n'a pas été déduite *in
judicio*; c'est que l'art. 2123 ne crée l'hypothèque
judiciaire qu'*en faveur de celui qui a obtenu le jugement*, et qu'ici c'est précisément en faveur des
envoyés en possession que le jugement a été rendu,
car ils triomphent dans leur demande. Au surplus,

(1) *Mandat*, n° 66.
(2) *Suprà*, n°438.

ce qui achève de lever tous les doutes, c'est que, d'après l'art. 120, l'envoi en possession ne peut être exécuté qu'autant que l'envoyé a donné caution pour sûreté de son administration. Or, quel rôle jouerait une hypothèque générale, quel secours donnerait-elle à l'absent, déjà suffisamment garanti par l'interposition de la caution? que ferait d'ailleurs l'absent de cette hypothèque? Il faudrait qu'elle fût inscrite. Qui l'inscrira pour lui? Il n'est plus représenté que par l'envoyé en possession, qui a intérêt à ne pas charger ses biens d'une inscription et qu'aucune loi n'oblige, après tout, à prendre cette mesure.

Ces observations me paraissent donc démontrer, avec la dernière évidence, que le législateur n'a nullement entendu soumettre l'envoyé en possession à une hypothèque générale, bien que l'envoi en possession le rende comptable à l'égard de l'absent; car autre chose est d'être déclaré comptable par suite d'un jugement rendu après résistance, ou d'être comptable en vertu d'une disposition de la loi, qu'on n'entend pas éluder.

Or, je crois que ce résultat est un argument de plus à ajouter à ceux que j'ai fait valoir ci-dessus, pour exempter de l'hypothèque judiciaire tous les administrateurs que la loi fait nommer par des jugemens, sans les soumettre à une hypothèque légale.

441. *Quid juris* d'un jugement qui reçoit caution judiciaire? Les biens de cette caution ne se trouvent pas hypothéqués par ce jugement; car il ne prononce contre elle aucune condamnation; les

obligations tacites auxquelles la caution est soumise résultent de la loi, et non du jugement, qui ne fait que la recevoir (1).

Suivant M. Persil, on doit même dire que le jugement qui ordonne au débiteur de donner caution, ne soumet ses biens à aucune hypothèque judiciaire. Ce qui le prouve, ajoute cet auteur, c'est qu'après avoir prévu le cas où le débiteur ne trouverait pas de caution, l'art. 2041 ajoute qu'il pourra donner à sa place un gage ou nantissement suffisant.

Or si, par l'effet du jugement, le créancier eût eu une hypothèque judiciaire, la loi n'eût pas accordé cette dispense. C'eût été, en effet, restreindre le droit du créancier, le limiter à une chose spéciale, alors qu'il aurait eu une hypothèque générale par la prononciation du jugement. Ainsi parle M. Persil (2).

Je ne sais si cette opinion est bien exacte.

Le jugement qui ordonne de fournir caution, impose au débiteur une obligation explicite.

Il doit remplir cette obligation sous l'hypothèque de tous ses biens, puisqu'un jugement ne peut astreindre à une obligation sans que tous les biens y soient immédiatement affectés.

Mais il ne faut pas croire que cette hypothèque ait pour objet de répondre du paiement de l'obligation principale. Elle ne garantit que les

_____

(1) Persil, Q., t. 1, p. 278, art. 517 et suiv. du Code de procédure civile. *Contrà*, Dalloz, Hyp., p. 171, n° 3.

(2) Quest., t. 1, p. 279.

dommages et intérêts, auxquels l'obligé pourrait être astreint, faute de fournir la caution ordonnée.

C'est pourquoi cette hypothèque a un tout autre objet que le gage ou nantissement, qui, d'après l'art. 2041 du Code civil, doit être fourni par celui qui ne peut trouver de caution solvable; car ce gage doit garantir le paiement de l'objet principal. Ainsi il n'y a, dans ce système ni confusion d'hypothèque ni lésion d'intérêts : ce sont des garanties différentes pour des cas différens.

Par exemple : Pierre, fermier, s'est obligé, par convention, à me fournir une caution. Il refuse, et j'obtiens contre lui un jugement qui le force à remplir son obligation, c'est-à-dire à me donner la caution promise.

Nul doute qu'à défaut par lui d'obtempérer, je pourrai obtenir des dommages et intérêts. Ce sont ces dommages et intérêts qui seront couverts par l'hypothèque résultant du jugement qui ordonne que la caution sera fournie.

Mais l'hypothèque ne s'étendra pas au-delà; et, dès le moment que Pierre m'aura donné caution, c'est-à-dire qu'il aura exécuté le jugement, mon hypothèque générale cessera, et je n'aurai plus de garantie que dans la caution seule.

S'il ne trouve pas de caution, il devra me donner un gage suffisant. C'est pour le forcer à arriver à ce résultat, que le jugement m'a donné hypothèque judiciaire. Cette dernière hypothèque n'est pas le but : elle est le moyen. Aussitôt le gage fourni, l'hypothèque générale doit disparaître.

Il est cependant des cas où le jugement, qui ordonne que caution sera fournie ne porte pas hypothèque : c'est lorsque le défaut de présenter cette caution ne se résout pas en dommages et intérêts, mais en une autre peine, dont la garantie ne peut être effectuée par une hypothèque.

Par exemple, le juge ordonne-t-il que le jugement sera exécuté provisoirement, moyennant caution ? Si celui qui a obtenu gain de cause ne donne pas caution, sa peine sera qu'il ne pourra passer outre à l'exécution du jugement ; l'on conçoit qu'alors il n'est soumis à aucune hypothèque.

Ainsi encore, un jugement accorde un délai à celui qu'il condamne, moyennant qu'il fournira caution. S'il ne fournit pas cette caution, sa peine sera la perte de ce bénéfice, et l'on conçoit encore que l'hypothèque ne puisse se présenter ici comme garantie.

441 *bis*. Un jugement qui homologue un concordat, et ordonne aux parties de l'exécuter, est un jugement portant hypothèque générale au profit de ceux qui l'ont obtenu sur les biens de ceux qu'il soumet à des obligations. Il en est de même de tous les *arrêts convenus*, ou autrement dit d'*expédiens*. Une condamnation, quoique consentie, n'en est pas moins une condamnation. *Confessus pro judicato habetur* (1).

441 *ter*. Mais un jugement d'*adjudication* n'emporte pas d'hypothèque. Ce n'est pas là un juge-

_____

(1) Bruxelles, 8 mai 1822. Répert., t. 16, p. 402. Idem, 9 janvier 1807. Dalloz, Hyp., p. 173, n° 8, et p. 188.

ment de condamnation; ce n'est pas même un jugement rendu sur contestation : c'est moins un jugement qu'une formalité judiciaire requise pour donner à un acte une plus grande solennité (1).

442. Un jugement qui ordonne réglement d'un mémoire d'ouvrier n'emporte pas d'hypothèque, d'après ce que j'ai dit n° 439. C'est l'avis de M. Persil (2). Il n'y a pas là de condamnation prononcée, et notre article ne doit s'entendre que d'un jugement emportant *condamnation,* ainsi que je l'ai exposé au n° 438.

La créance résultant du mémoire peut se trouver éteinte par compensation, ou par prescription, ou par novation. Le juge, en ordonnant, par avant faire droit, le réglement du mémoire, n'a pas entendu trancher les questions qui se rattachent à ces points divers. Il ne se lie pas par les mesures successives auxquelles il croit nécessaire d'avoir recours pour découvrir la vérité ; il laisse le fond tout-à-fait intact, et c'est cependant au moment même où il s'abstient de prononcer en définitive, qu'on voudrait que son jugement produisît hypothèque générale sur les points mis en réserve!!! Quelle confusion d'idées! quel oubli des vrais principes sur la cause de l'hypothèque judiciaire!!

442 *bis.* On a élevé la question de savoir si un

(1) Grenier, t. 1, n° 200. Delvincourt, t. 3, notes de la p. 158, n° 7. Persil, art. 2123, n° 11. V. au surplus les principes rappelés au n° 438.

(2) Quest., Hyp. jud., § 2. *Contrà,* M. Dalloz, *Hypoth.,* p. 172, n° 4.

jugement portant prohibition d'aliéner des immeubles, jusqu'à ce que des opérations de liquidation fussent faites entre parties, entraîne hypothèque judiciaire. On ne conçoit pas qu'il ait pu y avoir du doute à cet égard. Le jugement dont il s'agit imposait l'*obligation de ne pas faire*, et par conséquent l'hypothèque judiciaire y était attachée pour servir de garantie aux dommages et intérêts qui pouvaient en résulter (1).

Mais remarquez bien que, dans un cas pareil, l'hypothèque doit disparaître aussitôt qu'il est prouvé par l'événement que l'obligation, dont elle était l'accessoire, a été remplie. Le contraire a cependant été jugé par arrêt de la cour de Montpellier du 27 novembre 1826, confirmé par arrêt de la section des requêtes du 4 juin 1828 (2). Dans l'espèce que je rapportais au commencement de ce numéro, la cour royale a décidé que l'inscription hypothécaire valait non seulement pour sûreté des dommages et intérêts à réclamer pour violation de la prohibition, mais encore pour sûreté du reliquat de compte à intervenir. Mais je ne pense pas qu'une exagération aussi arbitraire du principe de l'hypothèque judiciaire, soit faite pour convertir les esprits à ce frêle et dangereux système de condamnations éventuelles et conditionnelles, qui substitue des fictions forcées à la vérité, qui fait parler le juge alors qu'il s'abstient de juger, qui rêve des titres hypothécaires là où le jugement ne voit encore que des doutes.

(1) Cassat., 4 juin 1828. Dalloz, 28, 1, 263. Sirey, 28, 1, 347.
(2) Dal., *loc. cit.* Sirey, *id.*

442 *ter.* On demande ce qu'il faut décider d'un jugement qui, sur une opposition à des actes d'exécution, ordonne que *les poursuites seront continuées.*

Si l'obligation qui a donné lieu aux poursuites était contestée, et que le jugement, après l'avoir reconnue valable, ordonnât la continuation des poursuites, cette décision entraînerait hypothèque judiciaire. Il y aurait obligation résultant d'un jugement.

Mais si l'opposition, sans mettre en doute l'obligation principale, était fondée sur un vice de forme dans le commandement ou dans la procédure, le jugement qui ordonnerait la continuation des poursuites après avoir rejeté les moyens de nullité, ne produirait pas d'hypothèque. C'est une distinction fort juste faite par M. Dalloz. Au surplus, on peut consulter là-dessus un arrêt de la cour de cassation du 29 avril 1823, et un arrêt de la cour de Nîmes du 5 janvier 1831 (1), qui paraissent rentrer dans la première branche de distinction.

442 *quat.* On a agité, devant la cour de Grenoble, la question de savoir si un bordereau de collocation, délivré à un créancier chirographaire dans un ordre ouvert sur le prix des biens du débiteur, confère hypothèque judiciaire contre l'adjudicataire; mais, par arrêt du 28 mai 1831 (2), cette cour a sagement annulé l'inscription prise par ce

_____

(1) Dal., Hyp., p. 179, et note. Dal., 31, 2, 96.
(2) D. 32, 2, 63. Sirey, 32, 2, 95.

créancier mal conseillé. Quoique le bordereau de collocation soit l'expédition *parte in quâ* du procès-verbal d'ordre, qui est une véritable décision judiciaire, il est néanmoins manifeste qu'aucune vertu hypothécaire ne vient s'attacher à lui contre l'adjudicataire. Ce dernier ne subit, en effet, aucune condamnation : il ne conteste pas ; il ne résiste pas à ses obligations ; il attend que l'ordre des rangs soit fixé entre les créanciers. Ce serait donc une véritable absurdité que de vouloir le grever d'une hypothèque judiciaire. Il ne faut pas oublier que cette sanction de la chose jugée n'a lieu que pour les droits déduits en jugement et qui motivent une condamnation, soit qu'elle soit convenue entre les parties, soit qu'elle soit débattue par un sentiment d'injustice. Or, où est ici la possibilité d'une condamnation contre l'adjudicataire? Que lui importent les débats qui s'élèvent entre les créanciers sur leur rang? En quoi sa position peut-elle être aggravée par le procès-verbal d'ordre qui, ainsi que l'indique son titre, ne fait que statuer sur des questions de préférence auxquelles il est totalement étranger?

Vainement on objecterait que, puisque le procès-verbal d'ordre ne peut être clos qu'après une sommation de contredits (art. 755 Code proc. civ.) faite aux créanciers produisans , et que cette faculté de contredire appartient aussi à l'exproprié, on doit décider que l'admission de la créance forme une reconnaissance de la légitimité de la dette, laquelle suffit, comme nous le verrons tout à l'heure, pour faire naître l'hypothèque. En supposant que cette reconnaissance implicite produise tous les résultats de la reconnaissance expresse faite en jugement, et dont une décision judiciaire donne solennellement acte, comment ne voit-on pas que rien de tout cela ne peut être opposé à l'adjudicataire pour qui toute cette procédure n'est d'aucun intérêt, et qui reste spectateur passif en dehors de ce mouvement?

443. Les jugemens qui portent reconnaissance ou vérification de signatures apposées à des actes sous seing privé, donnent naissance à l'hypothèque judiciaire (1).

Mais il faut prendre garde à une chose; c'est que ces jugemens n'entraînent hypothèque, qu'autant que les actes sous seing privé dont ils tiennent les signatures pour reconnues, renferment des obligations exigibles. Car si le jugement était rendu avant l'échéance ou l'exigibilité, il ne pourrait pas être pris d'inscription, il faudrait attendre que l'époque convenue dans la stipulation fût arrivée et échue, sans paiement de la part du débiteur.

Telle est la disposition de la loi du 5 septembre 1807.

Avant elle, la cour de cassation jugeait que les reconnaissances obtenues par jugement, même avant l'exigibilité de l'obligation, avaient hypothèque judiciaire du jour de ce jugement (2).

---

(1) Sur le sens du mot *jugement*, V. nos 448, 446, etc.
(2) 5 février 1806, 17 janvier 1807, 17 mars 1807. Dalloz, Hyp., p. 188, et p. 185, n° 5.

Mais l'on sentit que cette jurisprudence, qui du reste ressortait d'une saine intelligence des dispositions de la loi (*infrà*, n° 470), pouvait avoir des inconvéniens. C'était soumettre à une hypothèque celui qui n'avait pas voulu en donner une dans la convention, et à qui, néanmoins, un terme avait été accordé par cette même convention; et, ce qu'il y a de pis, c'était l'y soumettre avant de savoir s'il manquerait ou non à ses engagemens, et faire par conséquent une brèche injuste à son crédit.

Il y avait encore à cela un autre vice; c'est qu'on éludait la spécialité de l'hypothèque conventionnelle. Il eût suffi, en effet, d'avoir un acte sous seing privé, et, en obtenant un jugement de reconnaissance avec l'exigibilité, on se fût sur-le-champ assuré une hypothèque générale (1).

La loi du 3 septembre 1807 remédia à ces inconvéniens par les dispositions que j'ai rappelées tout à l'heure. L'une des parties ne peut plus se faire constituer des hypothèques contre la teneur de la convention : le créancier qui a négligé de stipuler une hypothèque conventionnelle ne peut en obtenir une judiciaire, qu'autant que l'obligation est exigible, et que le débiteur n'y a pas satisfait.

On sent néanmoins que si l'acte sous seing privé, contenant délai de paiement, renfermait une clause par laquelle il serait convenu que le créancier pourrait se pourvoir en reconnaissance

(1) Grenier, t. 1, p. 419.

d'écriture avant l'exigibilité, et acquérir par là hypothèque judiciaire, cette convention serait valable et ferait cesser la prohibition de la loi (1).

Pour une plus grande exactitude, je crois devoir rappeler le texte précis de la loi du 3 septembre 1807. Elle est conçue en deux articles fort courts.

« Art. 1. Lorsqu'il aura été rendu un jugement » sur une demande en reconnaissance d'obligation » sous seing privé, formée avant l'échéance ou l'exi- » gibilité de ladite obligation, il ne pourra être pris » aucune inscription hypothécaire en vertu de ce » jugement, qu'à défaut de paiement de l'obli- » gation, après son échéance ou son exigibilité, à » moins qu'il n'y ait eu stipulation contraire.

» Art. 2. Les frais relatifs à ce jugement ne pour- » ront être répétés contre le débiteur que dans le » cas où il aurait dénié sa signature.

» Les frais d'enregistrement seront à la charge du débiteur, tant dans le cas dont il vient d'être » parlé que lorsqu'il aura refusé de se libérer après » l'échéance ou l'exigibilité de la dette. »

Cette loi est modelée sur une déclaration du 2 janvier 1717 (2), qui prescrivait, *pour les billets de commerce seulement*, des mesures analogues à celles que la loi du 3 septembre 1807 a prescrites pour billets quelconques, soit de commerce ou autres. Ce que cette déclaration avait fait pour prévenir le discrédit des commerçans, la loi nouvelle l'a éta-

(1) Art. 1, loi du 3 septembre 1807.
(2) Dalloz, Hyp., p. 185, n° 5.

bli pour l'intérêt de tous. Ce n'est pas que cette
déclaration soit encore en vigueur. La cour de
cassation a décidé, par un arrêt du 6 avril 1809,
qu'elle est abrogée (1), et la loi du 3 septembre 1807,
loin de l'avoir rétablie, a été au contraire destinée
à la remplacer avec plus d'étendue. Mais il est
bon en jurisprudence de rappeler les analogies,
les points de contact et les origines. L'interprétation peut y gagner autant que l'histoire du droit.

443 *bis*. D'après l'ordonnance de Moulins, l'hypothèque judiciaire avait lieu, *dès-lors et à l'instant de la condamnation contradictoire donnée en
dernier ressort, et du jour de la prononciation.*

En sorte qu'il n'était pas besoin de signifier le
jugement. C'est aussi ce qui résultait de l'art. 11,
titre 35, de l'ordonnance de 1607.

On peut dire avec certitude qu'il en est de même
d'après le Code civil ; il fait résulter l'hypothèque
des jugemens contradictoires, et ne modifie ce principe par aucune condition, si ce n'est cependant
que l'hypothèque doit être inscrite, et qu'elle ne
prend rang que du jour de l'inscription. Or, puisque l'hypothèque résulte des seuls jugemens, il
s'ensuit qu'on peut prendre l'inscription après la
prononciation, et avant signification, enregistrement, etc.

On opposerait en vain l'art. 147 du Code de procédure civile, qui dispose que « s'il y a avoué en
» cause, le jugement ne pourra *être exécuté* qu'a-

_____

(1) C'est aussi l'opinion de M. Grenier, t. 1, n° 199. Sirey,
9, 1, 182. Dalloz, Hyp., p. 197, et p. 186, note.

» près avoir été signifié à avoué , à peine de nul-
» lité , et que les jugemens provisoires et définitifs
» qui prononceront des condamnations seront en
» outre signifiés à la partie , à personne ou domi-
» cile , avec mention de la signification à l'avoué. »

Mais prendre inscription en vertu d'un jugement, ce n'est pas l'exécuter , c'est faire un acte
conservatoire (1).

Dira-t-on , si le jugement n'est ni levé ni enregistré, qu'il faut pour prendre inscription représenter au conservateur l'expédition authentique du
jugement (2) , et qu'ainsi l'inscription prise sans
cette production est vicieuse ?

On répond que cette formalité n'est exigée que
dans l'intérêt du conservateur des hypothèques ,
pour sa garantie , et qu'il peut renoncer à exiger
la représentation du titre, si d'ailleurs il est certain qu'il existe (3).

433 *ter*. D'après l'ordonnance de Moulins , citée
tout à l'heure, l'hypothèque judiciaire ne résultait que de jugemens rendus *en dernier ressort*.

Mais des remontrances ayant été faites , le roi
fit , le 10 juillet 1566, une déclaration pour modifier l'ordonnance en cette partie. Par l'art. 11 de
cette déclaration , il fut dit que l'hypothèque au-

(1) *Suprà* , n° 365. Grenier, t. 1, p. 410. Merlin, t. 17,
Hyp. , 68. Delvincourt , t. 3, p. 158, n° 7 , notes. Dalloz,
Hyp., p. 173. Ainsi jugé, cassat., 9 décembre 1820, et arrêt
du 29 novembre 1824, portant cassation (Dalloz, Hyp., p. 174,
175). Toulouse, 27 mai 1830 (Dalloz, 31, 2, 26).

(2) Art. 2148.

(3) Répert., t. 17, Hyp., p. 70. *Infrà*, n° 677.

rait lieu et effet du jour de la sentence, si elle était
confirmée par arrêt, ou *d'icelle*, s'il n'y avait appel.
Tels sont aussi les principes d'après le Code civil.
Ainsi, quoique le jugement soit rendu en premier ressort, rien n'empêche qu'on ne prenne inscription. L'inscription suit le sort de l'appel : elle
croule avec le jugement s'il est réformé, ou subsiste avec lui s'il est maintenu.

- Lorsque le jugement est maintenu sur certains
points et réformé sur d'autres, l'inscription vaut
pour les parties de la décision qui sont confir-
mées.

Si le jugement de première instance condamne
à payer 10,000 francs, et que sur l'appel la condamnation soit restreinte à 5,000 francs, on demande de quel jour datera l'hypothèque. Sera-ce
du premier jugement, ou bien de l'arrêt rendu
sur l'appel ? et par suite, l'inscription prise en
vertu du jugement en premier ressort vaudra-t-elle
jusqu'à concurrence des 5,000 francs portés en la
sentence d'appel ?

Auzanet prétend que l'hypothèque ne commence que du jour de l'arrêt en dernier ressort,
et il cite une décision qui l'a ainsi jugé.

Mais cette opinion n'est pas soutenable ; l'arrêt
qui adjuge une partie de la somme portée par la
sentence, confirme la sentence à cet égard, et il
ne l'infirme que pour le surplus. *In eo quod plus
sit, semper inest et minus* (1). L'hypothèque doit

(1) L. *In eo, Dig. de reg. juris.*

donc remonter au jour du jugement en premier ressort (1).

444. A l'égard des jugemens par défaut, c'était une difficulté dans l'ancienne jurisprudence de savoir si l'hypothèque datait du jour de la prononciation, ou du jour de la signification. Car l'ordonnance de Moulins, en donnant hypothèque du jour de la condamnation, ne distinguait pas si le jugement était rendu contradictoirement ou par défaut.

Mais l'ordonnance du mois d'avril 1667, titre des Requêtes civiles, art. IX, décida que les jugemens par défaut ne donneraient hypothèque que du jour de la signification aux procureurs. On considéra que souvent les jugemens par défaut sont rendus par surprise sur des exploits non signifiés, et dont ceux qui sont condamnés n'ont pas connaissance (2).

Mais les lois nouvelles n'ont pas renouvelé cette disposition. Elles la proscrivent, au contraire : car dans le projet de Code civil, dressé par la commission, on lisait (3) une disposition par laquelle il était dit que « les jugemens par défaut n'emportent hypothèque que du jour de leur signification », et cette disposition fut retranchée. D'où

(1) Ferrières, sur Paris, art. 170, § 3, nos 3, 4, 5. Pothier, Orléans, t. 20, no 17. Persil, art. 21, 23, Grenier, t. 1, no 196.

(2) Ferrières, Paris, art. 170, § 3, no 6. Pothier, Orléans, t. 20, no 16. Arrêt de la cour de cassation du 13 février 1809. Dalloz, Hyp., p. 174.

(3) Titre des Hyp., ch. 2, sect. 5, art. 29.

il suit que notre article fait dépendre l'hypothèque des seuls jugemens contradictoires ou par défaut. C'est en ce sens que la jurisprudence (1) s'est prononcée.

Au surplus, il est bon de savoir que la cour de Riom, par arrêt du 9 avril 1807 (2), a décidé qu'un jugement par défaut ne confère hypothèque qu'après la signification. Mais cet arrêt isolé est trop contraire à l'esprit de la loi pour faire jurisprudence. La cour dont il émane en a d'ailleurs rendu deux autres en sens contraire (3).

Ce que j'ai dit du cas où un jugement en premier ressort est modifié sur l'appel, s'applique au cas où un jugement par défaut est réformé sur l'opposition (4).

445. Ferrières examine la question de savoir si, pour que les jugemens portent hypothèque, il faut qu'ils aient été rendus par des juges compétens, et il résout que si les juges étaient incompétens *ratione materiæ*, comme s'ils jugeaient hors de leur ressort, quoique du consentement des

(1) Besançon, 12 août 1811 (Den., 12, 2, 31). Rouen, 7 décembre 1812 (S., 13, 2, 367). Cassat., 21 mai 1811 (Den., 11, 1, 288). Je n'ai pu trouver ces arrêts au mot Hypothèque de la collection Dalloz. Grenier, t. 1, p. 410.

(2) Sirey, 7, 2, 646. Dalloz, Hyp., 174.

(3) 6 mai 1809. 17 avril 1824. Dalloz, *loc. cit.* Répert., t. 17, p. 68, col. 2.

(4) Pothier, Orléans, t. 20, n° 17. Si on laisse périmer le jugement par défaut, faute d'exécution dans les six mois, l'inscription est comme non avenue. Bruxelles, 6 mars 1822. Dal., Hyp., 176.

parties, la sentence serait nulle, et ne pourrait pas produire d'hypothèque (1).

Cependant Ferrières lui-même, dans son Commentaire sur l'art. 170, § 4, au supplément intitulé « Questions proposées aux mercuriales du parlement concernant la matière des hypothèques », rapporte que les anciens de l'ordre des avocats, consultés par messieurs du parlement, furent d'avis que les sentences emportent hypothèque, soit qu'elles aient été données par juges compétens ou *incompétens.* D'Héricourt dit aussi (2) : « C'est même » un usage certain que la sentence rendue par un » juge *incompétent* de connaître d'une affaire, » donne hypothèque au créancier du jour qu'elle » est intervenue, quand la partie a procédé volon- » tairement devant le juge incompétent. »

Ces deux opinions paraissent contraires. Je crois cependant qu'on peut les concilier, en distinguant quel est le genre d'incompétence qui se fait remarquer dans le jugement.

S'il s'agit d'une incompétence personnelle, *à ratione personæ*, ou d'une incompétence *à ratione materiæ*, mais cependant dans un cas où le consentement des parties a pu proroger la juridiction, alors l'opinion de d'Héricourt doit être suivie.

Mais s'il s'agit d'une incompétence telle que le consentement des parties n'a pu proroger la juridiction, alors l'opinion de Ferrières est seule préférable.

(1) Sur Paris, *loc. cit.*, n° 5.
(2) Vente des immeubles, ch. 11, s. 2, n° 30.

Ceci toutefois demande des explications.

Deux individus consentent à procéder devant un tribunal qui n'est ni celui de leur domicile, ni celui de l'objet litigieux. Le juge était incompétent *ratione personæ*. Mais la volonté des parties a prorogé sa juridiction : il est devenu compétent, et nul doute que son jugement ne produise hypothèque.

À l'égard de la compétence *ratione materiæ*, on a coutume de dire qu'elle est d'ordre public, puisqu'elle tient à l'ordre des juridictions, et que la volonté des parties ne peut y déroger. Mais cette proposition, vraie en un sens, ne l'est pas dans tous les cas, et, pour apprécier l'étendue qu'elle doit avoir, il faut distinguer le juge dont la compétence est limitée *ad certam summam*, du juge dont la compétence est limitée *ad certum genus causarum*.

Quand le juge est délégué *ad certam summam*, c'est-à-dire quand il est institué pour juger des contestations qui ne s'élèvent pas au dessus d'une certaine valeur, comme les juges municipaux chez les Romains et les juges de paix en France, la volonté des parties peut le rendre juge de sommes plus considérables. « Judex qui *ad certam summam* judicare jussus est, etiam de re majori judicare potest, si inter litigatores conveniat. » L. 74, § 1. *De judiciis*. L. 28, D. *Ad municip.* (1).

Ainsi, si les parties y consentent, le juge de paix pourra juger des sommes d'une valeur supérieure

(1) Favre, Code, liv. 3, t. 22, déf. 46. Papon, liv. 7, t. 7, n° 32. Voët, *ad Pand.*, *De judiciis*, n° 85.

non seulement à 150 fr., mais encore à 1000 f., etc.
C'est ce qui a été jugé par un arrêt de la cour
de cassation, du 3 frimaire an 9, rapporté par
M. Merlin (1).

La raison en est (comme le dit M. Henrion de
Pensey dans une note communiquée à M. Merlin
et rapportée par ce dernier (2) que le juge de paix
devant qui les parties s'accordent à porter une demande à fin de paiement de 300 fr., étant déjà
investi du pouvoir de juger jusqu'à concurrence
de la moitié de cette somme, a, par ses attributions
légales, le germe, le principe de l'autorité qui lui
est nécessaire pour rendre un jugement sur le total : il suffit de développer un principe existant,
et de proroger une juridiction légalement établie.

D'où il faut conclure que si le juge délégué
usque ad certam summam est saisi, par le consentement des parties, d'une demande portant sur
une somme supérieure, son jugement sera légal et
devra porter hypothèque judiciaire.

Mais lorsque le juge est délégué *ad certum ge-*
nus causarum, comme un tribunal de commerce,
un conseil de guerre, un tribunal criminel, un
juge de paix en matière possessoire, la volonté
des parties ne peut le rendre habile à juger tout ce
qui sort de ce cercle; au-delà, il n'est plus qu'une
personne privée, et comme la loi seule peut créer
une juridiction nouvelle, il s'ensuit que les parties ne peuvent lui soumettre leurs différends qu'à
titre d'*arbitre*, et non pas à titre de juge. Autre-

(1) Hyp., p. 836, col 1.
(2) Rép., Hyp., p. 835, col. 1.

ment, ce ne serait pas proroger une juridiction, ce serait en établir une qui n'a aucun principe d'existence. (Henrion et Merlin, *loc. cit.*)

Et puisque le juge seul peut rendre des jugemens, puisque l'hypothèque ne peut dépendre de décisions rendues par des personnes sans caractère, il s'ensuit qu'un jugement infecté du vice d'incompétence dont je parle, serait inefficace pour la constitution de l'hypothèque judiciaire.

Ainsi, qu'un juge de paix rende un jugement au pétitoire, qu'un tribunal de commerce prononce sur des contestations qui ne se lient pas aux matières commerciales, ce seront des décisions arbitrales, si les parties s'en contentent; mais l'hypothèque ne pourra en découler.

A la vérité, les décisions arbitrales donnent hypothèque judiciaire; mais ce n'est, comme on le verra tout à l'heure, qu'autant quelles sont homologuées par le juge (1).

446. Dans l'ancienne jurisprudence française, on tenait pour maxime que l'on pouvait demander la reconnaissance d'une écriture devant tout juge quelconque, pourvu qu'il ne fût pas juge ecclésiastique; c'est ce que l'on faisait résulter de l'art. 92 de l'ordonnance de 1539, et de l'art. 10 de l'ordonnance de Roussillon de 1563. Basnage (2) dit que

(1) On peut consulter sur cette question M. Merlin, Répert. v° Hypothèq., p. 833, col 1; M. Grenier, t. 1, p. 417, et M. Persil, Rég. hyp., art. 2123, n° 3. Il semble que M. Dalloz ne goûte pas cette doctrine, Hyp., p. 172, n° 7. Mais je la crois seule raisonnable.

(2) Normandie, art. 546. *Junge* Bourjon, t. 2, p. 534, n° 18. Lamoignon, tit. des Act. pers. et hyp., art. 30 et suiv.

les obligations sous seing privé peuvent être reconnues devant les juges consuls, bien qu'elles
ne soient pas conçues pour marchandises ou fait
de commerce; devant les maîtres des requêtes de
l'hôtel; même devant les juges d'élection.

La raison de cette jurisprudence est que, dans
le système suivi à cette époque, l'hypothèque s'attachait de plein droit à tout acte authentique, et
qu'un acte privé devenait authentique dès qu'il
était reconnu devant un officier public quelconque.

Mais aujourd'hui il n'en est plus de même;
la reconnaissance d'écriture faite par jugement
ne peut produire hypothèque, qu'autant que le
juge aurait été compétent pour condamner le débiteur à payer le montant du billet. Car un jugement qui tient pour reconnu un acte sous seing
privé, prononce une véritable condamnation, et
il ne peut y avoir de condamnation légale qu'autant qu'elle émane d'un juge ayant pouvoir de
la loi.

Ainsi, dit M. Merlin (1), la reconnaissance faite
d'un écrit privé devant une cour de justice criminelle, ou devant un conseil de guerre, ne peut
pas être considérée, quant aux effets hypothécaires,
comme une reconnaissance faite en jugement.

Mais cette reconnaissance pourrait, sans difficulté, se faire devant un juge de paix, quelle que
fût la somme portée dans le billet, pourvu qu'il y

(1) Répert., vº Hyp., p. 834, col. 1. M. Dalloz n'approuve
pas cette opinion, Hyp., p. 172.

eût consentement des parties. Car, de même que la volonté des parties peut le rendre juge de la demande à fin de paiement de la somme, de même elle peut lui demander acte de la reconnaissance de la signature, qui n'est qu'un préliminaire pour arriver à la condamnation (1).

447. Les décisions de l'autorité administrative, rendues dans les limites du pouvoir des fonctionnaires dont elles émanent, confèrent l'hypothèque judiciaire, quand elles prononcent une condamnation (2).

Ainsi, sont accompagnés d'hypothèque judiciaire, les contraintes décernées par l'administration des douanes (3); les ordonnances du roi, rendues en conseil d'état, sur des matières contentieuses; les arrêts des conseils de préfecture, d'où résulte une condamnation au profit d'un tiers ou de l'état, etc. (4).

Mais il ne faut pas assimiler à un jugement administratif une contrainte décernée par un receveur de l'enregistrement, bien que rendue exécutoire par le juge de paix. C'est si peu un jugement, qu'une simple opposition suffit pour mettre cet acte en litige devant les tribunaux ordinaires (5).

(1) Répert., *loc. cit.*, p. 836, col. 1 et 2. Grenier, t. 1, p. 417 et 427. Cass., 22 décembre 1806. Dal., Hyp., 187.

(2) Avis du conseil d'état des 29 oct. 1811 et 24 mars 1811. Dal., Hyp., p. 173. Grenier, t. 1, n° 9, p. 17.

(3) Avis précité de 1811. Loi de 1791, 16, 22 août, t. 13, art. 23.

(4) Arrêt de Rouen, 22 mai 1818. Dal., Hyp., p. 180.

(5) Cassat., 28 janvier 1828. Dalloz, 28, 1, 108, 109.

448. Toutes les fois qu'un juge de paix décide comme juge, et prononce des condamnations, ses sentences emportent hypothèque judiciaire.

Mais aux fonctions de juge, ce magistrat réunit celles de conciliateur. Alors ses pouvoirs changent avec son rôle. Il ne peut plus prononcer de condamnations, et les aveux et reconnaissances contenues dans un procès-verbal de conciliation, n'ont d'autre force que celle des obligations privées (1), elles excluent l'existence de l'hypothèque judiciaire.

La question s'est offerte de savoir si le procès-verbal d'un juge de paix, devant qui un débiteur se présente volontairement pour reconnaître sa signature, et qui donne acte au créancier de cette reconnaissance, doit être considéré comme *jugement* ou comme *acte de conciliation*. M. Merlin pensait que, dans le doute, on devait se prononcer pour la validité de l'hypothèque; qu'ainsi, il fallait décider que c'était là un *jugement* rendu d'accord entre les parties, un jugement *convenu*; et que, quoique la somme reconnue excédât la compétence du juge de paix, on devait dire qu'il y avait eu prorogation de juridiction. Mais, par arrêt du 22 décembre 1806 (2), la cour de cassation en décida autrement, et cassa le jugement qui avait déclaré que ce procès-verbal constituait un jugement.

(1) Art. 54 du Code de procédure civile. Conf. du Code civil, t. 7; p. 167. Répert., Hyp., sect. 2, § 2, art. 4. Grenier, t. 1, n° 202. Dalloz, Hyp., p. 185, n° 2.

(2) Répert., Hyp., p. 835 à 837. Dalloz, Hyp., p. 187.

En effet, le créancier n'avait pas requis *acte en jugement* de la connaissance du débiteur; rien ne prouvait qu'il eût *voulu proroger* la juridiction du juge de paix, ni même qu'il eût été présent à la reconnaissance.

En général, cependant, de pareilles reconnaissances faites devant un juge de paix par toutes les parties présentes et donnant leur consentement, doivent être considérées comme faites *en jugement*, et c'est ce qui a lieu dans la pratique.

449. Les décisions arbitrales n'emportent hypothèque qu'autant qu'elles sont revêtues de l'ordonnance judiciaire d'exécution.

La raison en est que la sentence des arbitres n'est qu'un acte privé, tant qu'elle n'est pas homologuée (1). On ne peut donc prendre inscription que lorsque le juge leur a donné la qualité d'acte de l'autorité publique et de jugement, au moyen de l'homologation.

450. J'ai dit ci-dessus, n° 443, que l'hypothèque est acquise du jour du jugement. Ce principe, consacré par notre article, sert à terminer une controverse qui partageait les anciens auteurs, et qui consistait à savoir si l'hypothèque, pour les dommages et intérêts et pour l'amende, occasionés par un délit, doit dater du jour de la condamnation ou du jour de la perpétration du crime.

Les uns voulaient que, dès que le crime est

(1) Despeisses, part. 3, sect. 3, n° 12. Pothier, Hyp. Quest. de droit de Merlin, v° Hyp. Grenier, t. 1, p. 430. Dalloz, Hyp., p. 174. Cass., 25 prairial an 2. Dal., Arbitrage, p. 769.

commis, tous les biens du criminel soient obligés envers le fisc pour l'amende, et envers la partie pour ses intérêts civils (1).

D'autres voulaient que l'hypothèque ne commençât que du jour de la contestation en cause.

Mais la commune opinion était que l'hypothèque ne datait que du jour de la sentence (2).

En effet, il n'y a pas de doute que le criminel ne soit obligé pour les amendes et les intérêts civils du jour du délit; mais ce n'est qu'une obligation personnelle qui ne produit pas d'hypothèque sur les biens. L'hypothèque ne peut donc résulter que de la sentence, qui fixe la quotité des dommages et intérêts de l'amende.

C'est ce qui fut reconnu par une déclaration du roi, du 13 juillet 1700, rapportée par Ferrières (3).

451. Je dois parler maintenant des jugemens rendus par des tribunaux étrangers.

Suivant notre article, l'hypothèque ne peut résulter des jugemens rendus en pays étrangers, qu'autant qu'ils ont été déclarés exécutoires par un tribunal français, sans préjudice des dispositions contraires qui peuvent être dans les lois politiques ou dans les traités. Pour éclaircir cette matière, il faut distinguer trois cas : ou le jugement a été rendu entre Français; où il a été rendu entre

(1) D'Argentrée sur Bretagne, art. 188, gl. n° 2. Tiraq., *De retract. conv.*, § 5, gl. 4, n°ˢ 1 et suiv.

(2) Guy-Pape, q. 535. Leprestre, cent. 1, ch. 41. Ferrières, Paris, art. 160, § 3, n° 11.

(3) *Loc. cit.*

un Français et un étranger; ou bien entre deux étrangers.

Lorsque le jugement a été rendu entre Français, on ne conteste plus aujourd'hui ce point de droit public, savoir : que les tribunaux français ne doivent déclarer un jugement rendu par des juges étrangers, exécutoire, qu'après examen et connaissance de cause. C'est à eux à juger de la légitimité de l'exécution, et à voir si elle contrarierait les lois de la France et les droits du souverain (1).

L'ordonnance de 1629 portait ce qui suit :

Art. 121. « Nonobstant les jugemens rendus en » pays étrangers, nos sujets contre lesquels ils ont » été rendus pourront de nouveaux débattre leurs » droits comme entiers devant nos tribunaux. »

On concluait de cet article que, dans aucun cas, les jugemens rendus contre un Français, en pays étrangers, ne pouvaient être revêtus, en France, d'un *pareatis ;* qu'ils étaient considérés comme non existans; qu'on ne pouvait en faire aucun usage, et qu'il fallait venir par action nouvelle.

Mais notre article est rédigé d'une manière toute différente de l'ordonnance de 1629. Il suppose qu'on doit toujours s'adresser au tribunal français, non par une nouvelle action, mais pour faire rendre le jugement exécutoire, c'est-à-dire pour le faire revêtir d'un *pareatis.* Seulement ce *pareatis* ne peut être octroyé qu'après avoir pris connaissance de la justice et de la régularité du jugement.

(1) MM. Grenier, t. 1, p. 438; Merlin, Quest. de droit. v° Réunion ; Dalloz, Droits civils, p. 484.

Il suit de là que le jugement rendu en pays étranger entre Français, ne peut produire l'hypothèque en France, qu'autant qu'un tribunal français l'a rendu exécutoire, après examen.

§. Lorsque le jugement a été rendu entre un Français et un étranger, il y en a qui distinguent si le Français a été demandeur ou défendeur.

S'il a été demandeur, Boullenois (1) soutient, contre la lettre de l'ordonnance de 1629, que le Français ne peut plus demander la révision. Mais son opinion n'a jamais eu de fondement ni de créance, comme le prouve M. Merlin (2) par une foule d'autorités. L'indépendance des états veut, en effet, qu'un jugement émané de juges étrangers n'ait aucune force en France, où toute justice émane du roi.

Mais ici se présente une question; l'on demande si cette faculté de demander la révision, peut être seulement demandée par les sujets du roi qui y ont été parties, ou bien s'il elle est aussi ouverte à l'étranger qui a plaidé contre un Français.

Autrefois on pensait que le droit de faire rejuger la contestation appartenait au seul Français. C'est ce qu'on faisait résulter de l'art. 121 de l'ordonnance de 1629. Telle était l'opinion du chancelier d'Aguesseau, et de tous les auteurs qui ont écrit avant les lois nouvelles (3).

Même depuis le Code civil, beaucoup d'auteurs

(1) T. 1, p. 646, Traité des statuts.
(2) Q. de droit, v° Jugement, p. 21.
(3) Julien, Statuts de Provence, t. 2, p. 442. Boniface, t. 3, liv. 1, t. 1, ch. 4. Boullenois, Statuts réels, t. 606.

très-graves ont énoncé le même principe (1). Mais
depuis, la question s'étant présentée à la cour de
cassation, et y ayant été discutée avec profondeur,
il a été jugé que la révision peut être demandée
par l'étranger comme par le Français (2). En effet,
les termes de notre article sont si généraux, qu'ils
ne paraissent comporter aucune exception.

D'ailleurs, comme on le disait dans une consultation distribuée par M. Grappe, Darrieux,
Tripier et Billecocq, le législateur ne considère
nullement les qualités accidentelles des parties
qui ont figuré au procès : il ne considère que
l'extranéité du pouvoir dont le jugement est l'ouvrage. M. Merlin, d'abord partisan de la première
opinion l'a abandonnée pour adopter la nouvelle
opinion de la cour suprême.

§. Si le jugement a été rendu entre étrangers,
par les juges d'une puissance étrangère, et qu'on
veuille l'exécuter en France, ou sur des biens situés
en France, on pourra également demander la révision. Car, si un étranger peut la solliciter contre
un Français, à plus forte raison peut-il la réclamer contre un étranger.

Autrefois, les tribunaux français donnaient un
simple *pareatis*, *sans connaissance de cause*. Ils se
fondaient sur ce que l'ordonnance de 1629 ne

(1) Malleville, art. 2123, et 14 du Code civil. Pigeau, t. 2,
p. 36. Berriat, liv. 3, sect. 2. Carré, t. 2, p. 179. Merlin,
Répert., v° Jugement, § 2, et Souveraineté, § 6.

(2) 19 avril 1819. Dal., Droits civils, p. 497. Sirey, 19, 1,
488. Merlin, Q. de droit, v° Jugement, p. 28. Grenier, t. 1,
p. 441.

parlait, dans son art. 121, que des sujets du roi. Aussi, dans une affaire où il s'agissait de l'application de cette ordonnance, la cour de cassation a-t-elle décidé, par un arrêt du 7 janvier 1806 (1), la question dans un sens conforme à cette opinion. Mais notre article a introduit un droit nouveau, ainsi qu'on vient de le voir par l'arrêt de la cour de cassation du 19 avril 1819; et la difficulté s'étant reproduite sous le Code civil, entre deux étrangers, la cour de cassation s'est prononcée pour la révision par un arrêt du 14 juillet 1825 (2), et a décidé que la cour d'Aix avait pu refuser le *pareatis* qu'on lui demandait.

452. Les jugemens rendus par nos consuls dans les lieux où il s'en trouve d'établis, sont bien, si l'on veut, des jugemens rendus en pays étranger; mais comme ils émanent d'un officier français, on doit les assimiler aux jugemens rendus en France (3).

453. Si un jugement était rendu par des arbitres, en pays étranger, entre un Français et un aubain, il n'y aurait pas lieu à révision; il faudrait seulement demander au tribunal français le *pareatis*. On en sent facilement la raison. Le juge arbitre est du choix des parties. Ce n'est pas comme homme revêtu d'une autorité publique qu'il a prononcé, mais comme homme sage. Il n'a fait que remplir le mandat des parties.

(1) Rép., v° Jugement, § 8. Dalloz, Droits civils, p. 488.
(2) Dal., 25, 1, 364.
(3) D'Héricourt, Vente des immeubles, chap. 2, sect. 2 n° 30.

A proprement parler, l'arbitre n'est pas un juge. Horum *propriè judicium non est*, dit Cujas (1). Ainsi sa décision doit être tirée de la classe des jugemens proprement dits, et il ne reste qu'un arbitrage, qui n'a besoin, pour être exécuté, que du *pareatis*. Peu importe qu'il ait été rendu par des étrangers. Rien n'empêche qu'un étranger ne soit amiable compositeur (2).

454. Les principes qui s'opposent à ce qu'un jugement rendu par un tribunal étranger puisse recevoir exécution en France, cessent tout-à-fait lorsqu'il y a des conventions contraires dans les traités.

Par les traités conclus entre la France et le corps Helvétique le 1er juin 1658, le 28 mai 1777 et le 2 fructidor an 6, il a été convenu que les jugemens définitifs *en matière civile*, ayant force de chose jugée, et rendus par les tribunaux français, seront exécutoires en Suisse, *et réciproquement*, après qu'ils auront été légalisés par les envoyés respectifs (3).

Le traité du 24 mars 1760 entre la France et les états du roi de Sardaigne porte ce qui suit, art. 22.

« Pour étendre la réciprocité qui doit former le

____

(1) Sur la loi 1, D. *De recept.*

(2) L. 8, C. *De judœis*. M. Mourre, Req. à la cour de Paris. Arrêt de cette cour du 16 décembre 1809. Quest. de droit, v° Jugement, p. 39. Grenier, t. 1, n° 213. Dalloz, Arbitrage, p. 770.

(3) Rép., Jugement, § 8, et Q. de droit, v₀ Jugement, p. 21. V. aussi une ordonnance du roi, du 31 décembre 1828, qui renouvelle cette disposition.

» nœud de cette correspondance aux matières con-
» tractuelles et judiciaires, il est encore convenu :
» 1° que de la même manière que les hypothèques,
» établies en France par actes publics ou judiciai-
» res, sont admises dans les tribunaux de S. M.
» le roi de Sardaigne, l'on aura aussi pareil égard
» dans les tribunaux de France, pour les hypo-
» thèques qui seront constituées à l'avenir par con-
» trats publics, par ordonnances ou jugemens,
» dans les états de S. M. le roi de Sardaigne; 2° que
» pour favoriser l'exécution réciproque des arrêts
» ou jugemens, les cours suprêmes déféreraient,
» de part et d'autre, *à la forme du droit*, aux ré-
» quisitions qui leur seront adressées à ces fins,
» même sous le nom desdites cours; enfin que,
» pour être admis en jugement, les sujets respec-
» tifs ne seront tenus, de part et d'autre, qu'aux
» mêmes cautions et formalités qui s'exigent de
» ceux du propre ressort, suivant l'usage de cha-
» que tribunal (1). »

Deux questions se sont présentées sur cette convention.

La première est de savoir si elle est encore en
vigueur : dans une consultation délibérée par
MM. Jouhaud, Tripier et Dupin, il a été soutenu
que le traité de 1760 avait été anéanti par la conquête, et que ses dispositions ne pourraient être
invoquées qu'autant qu'une convention nouvelle
les aurait fait revivre. Car, disaient Grotius (2) et

(1) Code diplom.
(2) Liv. 2, ch. 15, § 14.

Puffendorff (1), « Fœdus tacitè renovatum intel-
» ligi non debet; non enim facilè præsumitur nova
» obligatio. » Or, d'après l'art. 1 de la loi du 1er mars
1793, tout traité d'alliance ou de commerce existant entre l'ancien gouvernement français et les
puissances avec lesquelles la république était en
guerre, ayant été annulé, le traité de 1760 s'est
trouvé compris dans l'abrogation. Depuis 1793
aucune convention entre la France et le Piémont
n'a renouvelé les dispositions de celui de 1760.
Les deux peuples, disent les avocats consultans,
rentrent donc dans les termes du droit commun.

Cette opinion ne manque pas de vraisem-
blance (2); néanmoins la cour de cassation, devant qui elle fut proposée, dans l'affaire du sieur
Ricardi contre sa femme, a évité de se prononcer
sur ce point, et a décidé la contestation par d'autres motifs (3).

La deuxième difficulté à laquelle a donné lieu
le traité de 1760, c'est de savoir si, en supposant
qu'on doive le considérer encore comme subsistant, les tribunaux français conservent le droit
d'examen des jugemens rendus par les tribunaux
piémontais et sardes?

L'affirmative a été décidée par un arrêt de
la cour d'Aix du 12 août 1824, confirmé ensuite

---

(1) Liv. 8, ch. 9, § 11.
(2) Vattel, liv. 2, § 202, dit que lorsqu'un état est sub-
jugué, tous ses traités périssent avec la puissance qui les avait
contractés.
(3) Dal., 25, 1, 365.

par un arrêt de la section des req. du 14 juillet 1825 (1).

La cour de Grenoble a également décidé, par arrêt du 9 janvier 1826 (2), que les tribunaux français conservent le droit d'examen, et elle en a usé pour refuser l'exécution d'un jugement rendu par le juge mage de Chambéry.

En effet, l'art. 23 de la convention de 1760 dit que, pour favoriser l'exécution des jugemens, les tribunaux des deux nations déféreront réciproquement *à la forme de droit*, aux réquisitions qui leur seront adressées aux fins d'exécution. De là suit, d'un côté, la nécessité de lettres rogatoires de la part des tribunaux sardes, et de l'autre l'obligation aux cours auxquelles elles sont présentées, de n'y déférer qu'à la forme de droit, c'est-à-dire qu'autant que l'exécution qu'on veut obtenir en France n'a rien de contraire aux lois du royaume et à notre droit public. Si l'on avait voulu que les jugemens d'un pays fussent exécutoires dans l'autre, on n'aurait pas exigé l'intervention de leurs tribunaux pour n'accorder l'exécution qu'*à la forme de droit*. Ainsi on ne peut prendre inscription hypothécaire en France, en vertu d'un jugement sarde, qu'autant qu'un tribunal français a donné pouvoir de l'exécuter.

455. Les événemens qui se sont passés sous nos yeux, depuis plus de trente ans, ont amené tant de bouleversemens d'états, tant de démembremens

(1) Dal., 25, 1, 365.
2) Dal., 26, 2, 30.

ou de conquêtes; nous avons vu tant de tribunaux étrangers qui sont devenus français, puis redevenus étrangers, que l'influence de leurs jugemens présente une source de difficultés nombreuses qu'il convient d'aplanir.

456. Et d'abord, un jugement rendu par un tribunal français, entre un Français et un étranger, devient-il exécutoire de plein droit contre cet étranger, si son pays est ensuite réuni au territoire français?

Cette question s'est présentée à la cour de cassation. La dame *de Champigny*, Française, avait obtenu deux arrêts du parlement de Paris portant condamnation à différentes sommes contre la famille *Selys*, de Liége. La dame de Champigny avait vainement cherché à procurer dans le pays liégeois l'exécution de ces jugemens. En l'an 7, lorsque ce pays fut réuni à la France, elle pensa que ses tentatives auraient plus de succès, prétendant que, les deux pays étant fondus en un seul, il n'y avait plus de barrières ni d'obstacles à l'exécution de arrêts dont elle se prévalait. Après avoir successivement échoué devant le tribunal de première instance et devant la cour de Liége, elle se pourvut en cassation : mais ses efforts ne furent pas plus heureux, et, sur les conclusions de M. Merlin, il fut décidé, par arrêt du 18 thermidor an 12, que la réunion n'avait pu nuire aux habitans de Liége, qu'elle n'avait pu modifier leurs droits, en un mot, qu'ils avaient été réunis avec *leurs droits, leurs actions et leurs exceptions* (1).

(1) Q. de droit, v° Réunion. Grenier, t. 1, n° 218, p. 451.

457. Je viens d'examiner la thèse à l'égard d'un étranger ; il est évident, par raison de réciprocité, que si un Français était frappé d'un jugement en pays étranger, la réunion de ce pays à la France ne le priverait pas du droit de faire rejuger la chose en France ; car ses droits et ses exceptions sont restés les mêmes.

458. Si un étranger a obtenu un jugement contre un Français, à l'époque où le tribunal qui a prononcé la condamnation était réuni à la France, la séparation qui a été opérée depuis, n'a pu faire disparaître ni ce jugement ni ses effets hypothécaires. En effet, lorsque la séparation s'est opérée, elle ne s'est faite que sous la réserve de tous les droits acquis, et de toutes les actions et exceptions des particuliers ; par cette grande raison, que les changemens survenus relativement au lien politique des deux pays peuvent bien changer les droits de souveraineté, mais nullement les droits des citoyens (1).

C'est pourquoi je vois beaucoup de difficultés dans un arrêt de la cour de Paris du 29 mars 1817 (2), qui décide qu'un arrêt rendu le 20 juillet 1812, au profit du marquis de Crouza contre la duchesse de Mortemart, par la cour impériale de Gènes, qui faisait alors partie du territoire français, ne peut recevoir d'exécution en France depuis la séparation de Gènes et sa réunion au Piémont. L'arrêt se fonde sur ce que, par l'effet de ce démem-

(1) M. Grenier, t. 1, n° 220, p. 459.
(2) Sirey, 18, 2, 172.

brement, Gènes est devenue étrangère à la France,
et que les jugemens rendus par la ci-devant cour
impériale ne peuvent s'exécuter que dans le pays
génois et au nom du souverain de Gènes ; qu'ils ne
peuvent par conséquent s'exécuter sur les terres
de la domination de France, et qu'il faut venir
par nouvelle action.

Le jugement du tribunal de la Seine, qui avait
embrassé un système contraire, me paraît bien
préférable, et c'est peut-être le cas de dire, avec
Ulpien : « Nonnunquam (usus appellandi) benè
» latas sententias in pejus reformat (1). » En effet,
la cour de Gènes était cour française lorsqu'elle
a rendu son jugement. Le pays génois avait été
incorporé au territoire français par ce genre d'accession dont parle Grotius (2) , « Idemque censen-
» dum de regnis quæ non fœdere, aut eo duntaxàt
» quod regem communem habeant, *sed verâ uni-*
» *tate junguntur.* » Le jugement a dû par conséquent avoir force d'exécution en France. La séparation n'a pu enlever au marquis de Crouza ce
droit acquis.

Dira-t-on qu'il y a quelque chose d'extraordinaire à mettre, en tête d'un arrêt de la cour de
Gènes, le *mandons et ordonnons* au nom du roi.

Mais à l'époque où le jugement a été rendu,
Gènes n'était-elle pas française ? Ne sont-ce pas des
juges français qui ont prononcé ? Le roi des Français doit donc le faire exécuter en son nom ; il est

(1) L. 1, Dig., *De appellat.* Pothier, Pand., t. 3, p. 544.
(2) *De jure pacis et belli,* lib. 3, c. 8, n° 2, et c. 15, n° 3.

de son domaine ; et si cet arrêt a été rendu par une cour française, il ne faut pas le traiter comme un arrêt étranger.

On disait, dans l'intérêt de la dame de Morte-mart, que, si on voulait faire exécuter le juge-ment en France, il n'y aurait pas de juge compé-tent pour statuer sur les difficultés de l'exécution. Car la connaissance de l'exécution appartient au juge qui a connu du jugement, c'est-à-dire à un juge devenu génois (art. 472 du Code de procé-dure criminelle).

Cette objection est sans doute considérable ; mais on peut dire que, lorsque la loi renvoie pour l'exécution aux juges qui ont rendu la décision, elle suppose qu'ils sont toujours restés les juges des parties.

M. Grenier (1) voit les mêmes inconvéniens que moi sur cet arrêt de la cour de Paris, et je me plais à dire que son opinion n'a pas peu contribué à me confirmer dans celle que j'ai énoncée, et que j'ai vu suivre en Corse, pour l'exécution d'un arrêt rendu par la cour de Florence, alors que la Toscane faisait partie intégrante du territoire français. Au surplus, je ne dois pas laisser ignorer un fait dont on pourra peut-être argumenter contre l'opinion de M. Grenier et la mienne : c'est que madame de Mortemart, s'étant pourvue en cassation contre l'arrêt de la cour de Gènes, son pourvoi fut re-jeté, *parce que*, dit la cour de cassation, *le pays*

(1) T. 1, n° 221.

génois était désormais étranger à la France (1).

459. Lorsqu'un pays est occupé par l'ennemi, qu'il y établit des tribunaux, et y fait rendre la justice, les arrêts rendus par ces tribunaux ont la même force que s'ils étaient émanés des juges institués par le souverain légitime : on ne doit donc pas les considérer comme émanés de tribunaux étrangers ; ils doivent produire hypothèque de plein droit, et sans aucune révision ou examen préalable ; c'est ce qui a été jugé par différens arrêts.

Le premier est de la cour royale de Bordeaux, en date du 25 janvier 1820.

La colonie française de Sainte-Lucie, long-temps avant sa cession à l'Angleterre, par le traité du 3o mai 1814, avait été occupée par les Anglais qui y avaient établi des magistrats. Un jugement ayant été rendu, le 1er août 1812, par le sénéchal de Sainte-Lucie, nommé par les Anglais, celui qui avait obtenu gain de cause voulut, en 1816, poursuivre en France l'exécution de cette sentence. Mais on lui opposa que le jugement émanait d'un tribunal étranger. Sur ce différend, la cour de Bordeaux pensa que la colonie de Sainte-Lucie, quoique occupée par les Anglais, avait dû être comptée au nombre des colonies françaises jusqu'à la cession faite par le roi de France, son légitime souverain ; que, la cession étant postérieure à la sentence, il s'ensuivait que celle-ci émanait

(1) Un arrêt de la cour d'Aix du 10 avril 1823 (Sirey, 37, 2, 171) nous paraît, par la manière dont il est motivé, prêter appui à notre opinion.

d'un tribunal français, et pouvait par conséquent recevoir exécution en France (1).

En effet, les jugemens qui sont rendus pendant l'occupation doivent avoir la même force que s'ils eussent été rendus par l'autorité légitime, les peuples ne pouvant pas se passer de justice (2).

Le second a été rendu par la cour royale de Corse, sous la présidence de M. le chevalier Mézard. Il s'agissait de savoir si les jugemens rendus par les tribunaux anglo-corses, pendant l'occupation de la Corse par les Anglais en 1794, pouvaient recevoir exécution en France, depuis l'évacuation opérée par les Anglais en 1796. Malgré une lettre de M. Merlin, alors ministre de la justice, qui décidait que ces jugemens devaient être considérés comme non avenus, la cour pensa que rien ne pouvait les empêcher de produire tout leur effet. Je regrette de n'avoir pas entre les mains le texte de cet arrêt, qui a été rédigé par M. Mézard avec une force de pensées et de style, qui se fait remarquer dans tout ce qui sort de la plume de ce magistrat.

La question a été jugée encore à Bastia, et dans le même sens, par arrêt du 3 janvier 1824. Le pourvoi contre cet arrêt, auquel le premier avait préparé les voies, a été rejeté par un arrêt de la cour de cassation du 6 avril 1826 (3), dont voici les motifs :

(1) Dal., 25, 1, 272.

(2) D'ailleurs l'occupation militaire ne soustrait pas un pays à son légitime souverain. Vatel, liv. 3, c. 13, § 197. Sainte-Lucie était donc restée, de droit, pays français.

(3) Dal., 26, 1, 245.

« Attendu qu'on ne peut assimiler les jugemens
» prononcés entre des nationaux, *inter incolas*,
» par les juges locaux d'un pays accidentellement
» soumis aux armes d'une puissance qui l'a con-
» quis, aux jugemens rendus en pays étranger
» contre des étrangers, *advenas*, ou contre des
» Français y résidant, lesquels, sans sanction en
» France, ne peuvent y être exécutés que de l'auto-
» rité des tribunaux français.

» Attendu qu'une coutume aussi universelle
» qu'ancienne chez les peuples civilisés, et deve-
» nue une maxime incontestable du droit des gens,
» c'est que les faits, les actes, les contrats, les ju-
» gemens intervenus entre les habitans pendant
» l'occupation d'un pays conquis, et revêtus du
» sceau de l'autorité publique (qui n'est jamais cen-
» sée défaillir dans les sociétés humaines) restent
» obligatoires, et sont exécutoires après la retraite
» du conquérant, comme ceux intervenus avant la
» conquête, à moins qu'il n'ait été contrairement
» stipulé par des traités, ou que, par des lois for-
» melles, il n'ait été dérogé à l'usage consacré par
» le droit public de l'Europe;

» Attendu qu'une lettre ministérielle, qui rap-
» pelait une décision inauthentique du gouverne-
» ment de l'an 4, sous le prétexte d'interprétation
» de la déclaration d'indivisibilité du territoire de
» la république, écrite dans la constitution de
» l'an 3, ne pouvait (comme l'ont remarqué les
» juges de la cause) intervertir ou abroger des prin-
» cipes admis depuis des siècles par le suffrage

» unanime des nations, dans l'intérêt et pour la
» conservation de l'ordre social. »

Enfin, cette jurisprudence a reçu une nouvelle
sanction par un arrêt de la cour de cassation du 13
juin 1826, qui décide que les actes faits à la Gua-
deloupe, pendant l'occupation, en vertu de l'ordonnance anglaise du 22 septembre 1810, sont
valables (1).

459 *bis.* Quel est l'effet hypothécaire d'un jugement obtenu par un créancier chirographaire, contre la succession de son débiteur? Pour résoudre
cette question, il faut distinguer. Si la succession
est acceptée sous bénéfice d'inventaire ou si elle
demeure vacante, il est alors certain qu'un créancier chirographaire ne peut pas obtenir contre elle
des jugemens portant hypothèque (2). La raison
en est que, dans l'un et l'autre cas, l'héritier béné-
ficiaire et le curateur ne sont pas personnes légitimes pour grever la succession d'hypothèques
conventionnelles, et que les jugemens obtenus
contre eux ne peuvent produire plus d'effets que la
convention. D'ailleurs, la vacance de la succession,
et l'acceptation sous bénéfice d'inventaire, font
présumer qu'il y a déconfiture; et il est de règle
que, dans ce cas, les droits des créanciers restent
tels qu'ils étaient à la mort du débiteur, et que
l'un ne peut acquérir sur l'autre des garanties
qu'il n'avait pas avant le décès.

Mais il en est autrement si la succession est ac-

(1) Dal., 26, 1, 306, 307.
(2) Art. 2146 du Code civil.

ceptée purement et simplement. Il y a alors un óu plusieurs héritiers qui représentent le défunt; ils peuvent être actionnés pour leur part et portion ; l'hypothèque judiciaire frappe sur les biens qu'ils amendent de la succession et sur leurs biens personnels (1).

Je croyais cette opinion incontestable, lorsque j'ai vu que M. Grenier, se fondant sur un arrêt de la cour de cassation du 19 février 1818 (2), a soutenu qu'un créancier, chirographaire au moment du décès de son débiteur, ne pouvait acquérir d'hypothèque, au préjudice des autres créanciers chirographaires, sur les biens de la succession échus aux héritiers purs et simples. M. Grenier convient bien qu'on peut obtenir des jugemens portant hypothèque sur les biens personnels des héritiers, mais non pas sur les biens héréditaires. Et il invoque, à l'appui de son sentiment, Dénizart (vo *Hypothèque*, nos 45 et 46), qui dit que, *le droit des uns et des autres s'étant trouvé égal au moment de la mort du débiteur commun*, l'antériorité ou postériorité des condamnations ne change point leurs qualités de chirographaires.

J'avoue qu'il m'est impossible de comprendre une doctrine exposée d'une manière si incomplète. Par l'acceptation de l'hérédité, les héritiers purs et simples ont appréhendé chacun une part et portion virile, qui est entrée dans leur patri-

(1) Ferrières, Dict. de prat., vo Hyp. Lamoignon, des Act. pers. et hyp., art. 40. Bourjon, t. 2, p. 539, no 41.

(2) Dalloz, Hyp., 179.

moine et a fait confusion avec leurs biens propres.
Les condamnations obtenues contre eux (pour leur
part et portion seulement) par l'un des créanciers
chirographaires du défunt, ont rendu ce dernier
créancier personnel de chacun des héritiers; et
qu'on ne dise pas qu'il a acquis *sur la succession*
des droits qu'il n'avait pas auparavant; ce n'est
plus de la succession qu'il est créancier, c'est de
chacun des héritiers purs et simples. Dès lors, son
hypothèque judiciaire a dû frapper à la fois sur les
biens personnels de chacun de ces héritiers, et sur
leur portion afférente des biens héréditaires, parce
que tous ces biens n'ont formé qu'un tout confus
et intime par l'acceptation pure et simple. L'héritier représente le défunt : de même que le créancier chirographaire le plus alerte à faire condamner le débiteur originaire, aurait obtenu contre
lui une hypothèque judiciaire préférable aux droits
des chirographaires, de même le créancier a pu
actionner l'héritier pur et simple sans qu'on puisse
s'en plaindre. Car *hæres personam defuncti sustinet ;*
seulement, s'il eût fait condamner le débiteur de
son vivant, il pourrait poursuivre chacun de ses
héritiers hypothécairement pour le tout ; au lieu
que, n'ayant obtenu de condamnation que contre
les héritiers, il ne peut les poursuivre hypothécairement que pour leur part et portion, par la
raison que l'action personnelle était divisée, lorsque l'action hypothécaire s'est réalisée. Ainsi l'a-
dition pure et simple a formé un nouvel état de
choses, qui a transporté sur les héritiers les droits
des créanciers de la succession. Ce n'est pas la suc-

cession qui a été condamnée, c'est le patrimoine de l'héritier. Le créancier a donc cessé d'être créancier de la succession; il n'est que créancier personnel de l'héritier.

Je sais bien que dans ce cas les autres créanciers, demeurés simples chirographaires, peuvent demander la séparation des patrimoines, s'ils y sont à temps. Par là, ils font sortir les biens héréditaires du patrimoine des héritiers, et laissent les biens personnels de ces derniers seuls responsables des condamnations obtenues contre eux (1). Alors le créancier, qui a obtenu les jugemens, ne peut plus se prévaloir de la confusion des patrimoines, pour soutenir que son hypothèque s'étend aux biens héréditaires; alors les créanciers chirographaires peuvent lui objecter avec raison le principe *que la succession* ne peut pas être plus grevée après la mort du débiteur, qu'elle ne l'était au moment du décès; alors ils peuvent lui dire *que le droit des uns et des autres, s'étant trouvé égal à l'époque de la mort du débiteur commun*, doit rester le même : alors aussi je comprends la doctrine de M. Grenier et l'arrêt dont il se prévaut. Mais tant qu'on laissera la confusion dans les patrimoines, et qu'on n'usera pas du bénéfice de la loi, je ne pourrai me déclarer partisan de cette égalité parfaite dont on parle, égalité qui est incompatible avec l'effet que la loi attache à tout jugement de condamnation, et à l'acceptation pure et simple d'une succession (2).

(1) Arg. d'un arrêt de la cour de cass. du 9 décembre 1823. Den., 23, 1, 500.

(2) Le sentiment que j'exprime ici a été soutenu devant la

Pour me résumer, je dirai donc : Oui, sans doute, la succession étant ouverte, les créanciers chirographaires peuvent empêcher l'un d'entre eux d'acquérir hypothèque sur les biens de la succession acceptée purement et simplement ; mais, pour cela, il faut qu'ils demandent la séparation des patrimoines ; sans quoi, le créancier porteur d'un jugement contre les héritiers acquerra hypothèque pour leur part et portion sur les biens de la succession, qui sont devenus leurs biens propres par l'effet de l'adition.

Et voilà pourquoi je trouve que l'arrêt de la cour de cassation, du 19 février 1818, dont parle M. Grenier, a été mal rendu (1). Car les créanciers chirographaires n'avaient pas demandé la séparation des patrimoines. La cour de cassation me paraît être rentrée dans les vrais principes, dans un arrêt du 9 décembre 1823 (2). Mais cet arrêt est intervenu dans une espèce un peu différente de celle qui m'occupe maintenant. Aussi je me contente d'en tirer pour la difficulté actuelle un argument et de simples inductions.

cour de cassation par M. l'avocat-général Laplagne-Barris, et embrassé par M. A. Dalloz (v. D. 33, 1, 353, note 4). C'est une raison de plus pour que j'y persiste.

(1) M. Delvincourt est aussi de cet avis, t. 3, note 7 de la p. 158.

(2) Den., 23, 1, 500.

SECTION III.

DES HYPOTHÈQUES CONVENTIONNELLES.

ARTICLE 2124.

Les hypothèques conventionnelles ne peuvent être consenties que par ceux qui ont la capacité d'aliéner les immeubles qu'ils y soumettent.

SOMMAIRE.

460. L'hypothèque ne peut être consentie que par ceux qui ont capacité pour aliéner.

461. De la femme mariée sous le régime de la communauté. De celle qui est mariée sous le régime dotal. De celle qui est séparée de biens, ou marchande publique.

462. La nullité de l'hypothèque de la femme peut être opposée par elle, par son mari, par leurs héritiers et par les créanciers de la femme.

463 bis. Les communes et autres établissemens publics ne peuvent hypothéquer sans ordonnance du roi. Renvoi pour les mineurs.

463 ter. Si le mort civil peut hypothéquer. Ancienne jurisprudence. Droit romain. Dissentiment avec M. Merlin.

464. On ne peut hypothéquer la chose d'autrui. *Quid* si ultérieurement cette chose ainsi hypothéquée vient à appartenir à l'auteur de l'hypothèque? Renvoi.

COMMENTAIRE.

460. L'hypothèque, étant une aliénation d'une portion du domaine de la chose, ne peut être con-

sentie que par ceux qui ont la capacité d'aliéner (1).
Tels étaient aussi les principes de l'ancienne jurisprudence (2).

461. Je parlerai d'abord des femmes mariées.

Pour savoir si la femme mariée peut hypothéquer son bien, il faut distinguer si elle est mariée
ou non sous le régime dotal.

Lorsque la femme n'est pas mariée sous le régime dotal, on trouve dans l'art. 217 le principe
régulateur de la matière. « La femme, même non
» commune ou séparée de biens, ne peut donner,
» aliéner, *hypothéquer*, etc., sans le concours du
» mari dans l'acte, ou son consentement par écrit. »

A l'égard de la femme mariée sous le régime
dotal, il faut distinguer ses biens paraphernaux
d'avec les biens constitués en dot.

Les biens paraphernaux, d'après ce qu'on vient
de voir par l'art. 217 du Code civil, ne peuvent
être hypothéqués qu'avec l'autorisation du mari (3).

A l'égard des biens dotaux, c'est-à-dire de ceux
qui constituent le fonds dotal, la femme ne peut
les hypothéquer, même avec la permission de son
mari.

L'art. 1554 du Code civil porte en effet : « Les
» immeubles constitués en dot ne peuvent être
» aliénés ou *hypothéqués* pendant le mariage, ni
» par le mari, ni par la femme, ni par les deux con-
» jointement, sauf les exceptions qui suivent. »

(1) Je me suis livré à plus de détails sur cette matière dans
mon commentaire *de la Vente*, nos 165 et suiv.

(2) Basnage, Hyp., ch. 3, n° 3.

(3) Art. 1576 du Code civil.

Ces exceptions sont écrites dans les art. 1555,
1556, 1557, 1558. Je n'en dis pas davantage ici.
Car les développemens dans lesquels je pourrais
entrer appartiennent moins à mon sujet qu'à la
matière des dots. Je renvoie seulement à ce que
j'ai eu occasion de dire ci-dessus, n° 436 *bis* (1).

On a demandé si la femme mariée sous le régime
dotal, venant à obtenir la séparation des biens,
cùm maritus vergit ad inopiam (art. 1563 du Code
civil), peut hypothéquer le fonds dotal.

Il faut décider que, malgré la séparation, ou la
restitution de la dot obtenue par la femme, la dot
n'en conserve pas moins son caractère, et reste

---

(1) Je dois cependant indiquer une question qui a été diversement jugée ; c'est celle de savoir si la faculté stipulée dans
le contrat de mariage d'*aliéner* l'immeuble dotal, comprend,
de droit, la faculté de l'*hypothéquer*.

La cour de cassation s'est décidée pour la négative ; par
plusieurs arrêts du 22 juin 1836, Sirey, 36, 1, 433, Dalloz, 1,
201, rendu sur les conclusions conformes de M. le procureur-
général Dupin, dont le réquisitoire est rapporté dans les deux
Recueils que nous venons de citer ; du 31 janvier 1837 (Sirey,
37, 1, 190. Dalloz, 37, 1, 106) ; du 16 août 1837 (Sirey, 37,
1, 800. Dalloz, 37, 1, 401).

Junge Lyon, 10 juillet 1837 (Sirey, 37, 2, 466). Par ce
dernier arrêt, la cour de Lyon est revenue sur la jurisprudence
qu'elle avait suivie précédemment (V. Recueil de Dalloz, 36,
2, 24).

M. Teissier, dans son *Traité de la Dot*, décide, au contraire,
que la faculté d'*aliéner* comprend celle d'*hypothéquer*.

V. Sur les droits de la femme mariée sous le régime dotal,
relativement à l'hyp. de la dot, plusieurs espèces rapportées
par Dalloz, 37, 2, 181 et 182.

inaliénable ; car cette restitution n'est qu'une séquestration de la dot, une sûreté pour empêcher la dissipation du bien de la femme. Telle est l'opinion unanime des auteurs qui ont écrit sur le régime dotal (1).

Je ne dois pas terminer ce qui regarde les femmes mariées, sans parler de la femme qui est marchande publique.

La femme marchande publique ne peut hypothéquer ses biens dotaux (art. 7 Code de commerce) ; car le principe de l'inaliénabilité de la dot ne cède devant aucune considération.

Mais, à l'égard de leurs autres immeubles, les femmes marchandes publiques peuvent les grever d'hypothèques (art. 7 Code de commerce).

C'est en ce sens, et avec les modifications résultant de l'art. 7 du Code de commerce, que doit être interprété l'art. 220 du Code civil, dont la rédaction trop générale pourrait être la source de graves erreurs, si on s'attachait à la lettre plus qu'au sens et à l'esprit.

462. Lorsqu'une femme mariée, commune ou non commune, hypothèque ses biens sans l'autorisation de son mari, elle peut faire annuler cette hypothèque. Son mari a le même droit, ainsi que les héritiers de l'un et de l'autre (art. 225 du Code civil).

Mais on a agité la question de savoir si la nul-

(1) Olea, *De cessione jurium*, t. 3, Q. 7, n° 22. Donadeus, *De renuntiatione*, c. 21, n° 40. Cassat., 19 août 1819. Sirey, 20, 1, 19. Dalloz, Mariage (contrat de), p. 347, note, n° 2. Grenier, t. 1, n° 85.

lité fondée sur le défaut d'autorisation pouvait être opposée par les créanciers de la femme. M. Toullier a soutenu la négative, sur le motif que c'est un droit attaché à la personne de la femme (1). Mais cette opinion inadmissible a été réfutée par les auteurs de la Thémis (2) et par M. Merlin (3); M. Toullier lui-même l'a plus tard abandonnée (4).

En effet, sans vouloir discuter ici cette question, je me bornerai à dire que des textes très-positifs établissent que le défaut d'autorisation peut être opposé par d'autres que la femme (5); ce n'est donc pas un droit personnel.

463. *Quid* si, après la dissolution du mariage, la femme venait à ratifier l'hypothèque par elle donnée sans autorisation? Pourrait-on dire que l'hypothèque ne doit commencer à prendre existence que du moment de la ratification, ou bien que la ratification produit un effet rétroactif, jusqu'au jour de la première hypothèque? Je traiterai ailleurs cette difficulté (6).

463 *bis*. Les communes, les hospices et autres établissemens de main-morte ne peuvent hypothéquer leurs biens sans une ordonnance du roi (7).

Quant aux mineurs, voyez l'art. 2126, qui en traite spécialement.

(1) T. 7, p. 167 et suiv.
(2) T. 6, p. 42.
(3) Q. de droit, Hyp., p. 414.
(4) T. 7, p. 679, note 1.
(5) L. 18, § 5 et 19. Dig., *De minor.* Arg., l. 5, C. *De te mp. in integ. rest.* Art. 225 du Code civil.
(6) *Infrà,* nº 487 et suiv.
(7) V. mon commentaire *de la Vente,* nₒ 171 et suiv.

463 *ter*. Les individus morts civilement sont-ils dans l'incapacité d'hypothéquer? On peut dire en leur faveur qu'ils ne sont pas incapables des actes du droit des gens, qu'ils peuvent commercer, acheter des immeubles avec leur gain, et les vendre; que par conséquent il semble qu'ils puissent hypothéquer (1). C'est ce qui avait lieu dans le droit romain.

« Deportatus civitatem amittit, non libertatem :
» et speciali quidem jure civitatis non fruitur, jure
» tamen gentium utitur; emit enim et vendit, locat,
» conducit, permutat, fœnus exercet, et cætera
» similia, et posteà quæsita *pignori dare potest*. »
L. 150. *De inter. et releg. et deport.* (2).

C'est aussi le sentiment de Richer (3), et il est adopté sans discussion par M. Merlin (2).

Je ne crois pas devoir le partager. En France, l'hypothèque ne peut être établie que par une convention revêtue de formes solennelles et *du droit civil.* Ce n'est pas comme chez les Romains, où elle s'établissait sans formalités. Dès-lors, je crois qu'il n'est pas possible qu'un mort civil vienne emprunter les formes du droit civil, pour en revêtir ses engagemens. Qu'il soit admis à la participation de tous les actes qui, comme vente, échange, mandat, sont du pur droit des gens, et peuvent se passer des *formes civiles;* je le conçois et je l'admets. Mais il me

____

(1) J'ai dit, *suprà*, que l'hypothèque était en soi du droit des gens, nos 392 et 392 *bis*.

(2) Pand. de Pothier, t. 3, p. 522.

(3) Liv. 3, art. 1, ch. 1, p. 205.

(4) Répert., t. 17, Mort civile, p. 158.

semble qu'il répugne à la raison que le mort *civil*, qui est exclu de la société *civile*, lui demande le secours de ses solennités. Il n'y a, au surplus, aucune contradiction entre ce que j'ai dit ci-dessus de l'étranger (1), et l'opinion que je propose ici. L'étranger n'est pas mort civil : il se marie, il peut faire des donations, en un mot il participe à tous les actes du droit des gens, bien que le droit civil les ait soumis à certaines formalités spéciales. Mais le mort civil ne peut se marier, il ne peut faire des donations. Retranché de la communauté *civile*, tout ce qui emprunte quelque chose du *droit civil* me paraît lui devoir être interdit (2).

464. De même qu'on ne peut vendre la chose d'autrui, de même on ne peut hypothéquer une chose dont on n'est pas propriétaire.

Mais que faudrait-il décider, si ultérieurement cette chose venait à appartenir d'une manière légale à celui qui précédemment l'avait hypothéquée sans qu'il en fût propriétaire?

Sur cette question, qui partage le auteurs, voyez ce que je dirai sur l'art. 2129.

(1) N.ᵒˢ 392 et 392 *bis*.
(2) Les droits dont nous jouissons découlent de trois sources, du droit naturel ou des gens ; du droit naturel ou des gens modifié par le droit civil ; du pur droit civil. L'étranger n'est privé en France que des droits découlant du pur droit civil ; mais le mort civil, placé à un degré inférieur, est exclu de toute participation aux droits organisés ou modifiés par le droit civil. Il ne peut prendre part qu'aux contrats laissés sous l'empire du pur droit des gens.

ARTICLE 2125.

Ceux qui n'ont sur l'immeuble qu'un droit suspendu par une condition, ou résoluble dans certains cas, ou sujet à rescision, ne peuvent consentir qu'une hypothèque soumise aux mêmes conditions ou à la même rescision.

SOMMAIRE.

465. Cet article est fondé sur le principe que nul ne peut transmettre à autrui plus de droits qu'il n'en a lui-même.

466. Explication de la maxime *resoluto jure dantis, resolvitur jus accipientis.*

467. Lorsqu'un héritier se fait restituer contre son acceptation, que deviennent les hypothèqnes qu'il a créées avant sa restitution en entier ?

468. *Quid juris* des hypothèques constituées par l'héritier apparent? Le véritable héritier peut-il les faire annuler ? Opinions diverses à ce sujet. Examen de la question d'après le droit romain et le droit français. Objections contre l'opinion de M. Merlin. Raisons différentes de celles de M. Toullier. Il faut décider que les hypothèques ne sont pas valables.

468 *bis.* Dans le cas où le donateur a déguisé la donation sous forme de vente, si le prétendu acquéreur a constitué des hypothèques pendant sa jouissance, elles doivent être résolues, si l'héritier à réserve fait réduire cette donation déguisée comme excessive. Dissentiment avec la cour de cassation.

468 *ter.* Examen du cas où le droit de celui qui a constitué l'hypothèque est *suspendu* par une condition. Distinction entre la condition *suspensive* et la condition *réso-*

COMMENTAIRE.

465. Cet article est fondé sur cette maxime connue, « que nul ne peut transmettre à autrui plus de droits qu'il n'en a lui-même. » Si le droit de celui qui a conféré hypothèque est suspendu par une condition, l'hypothèque doit être subordonnée à la même condition. Il en est de même pour le cas d'une condition résolutoire, ou pour le cas d'une cause de rescision. L'hypothèque sera résolue si la condition arrive, ou si, par la rescision, le droit de celui qui a donné l'hypothèque vient à être éteint. *Resoluto jure dantis, resolvitur jus accipientis.* Ainsi le décidaient les lois romaines. « Purè vendito, et in diem addicto fundo, si melior » conditio allata sit, res pignori esse desinit, si » emptor eum fundum pignori dedisset. » L. si ex duobus, § ult. Dig., *De in diem add.*

466. Mais cette maxime, *resoluto jure dantis, resolvitur jus accipientis,* n'est pas tellement générale qu'elle ne soit soumise à des exceptions. Il n'est pas toujours vrai qu'une hypothèque soit résolue, lorsque celui qui l'a conférée voit son droit anéanti.

Loyseau a traité cette matière avec les développemens les plus lumineux (1).

Voici ses termes : « Il est une très-belle théorie » du droit, à savoir que quand la résolution se fait » pour *cause nécessaire*, alors les hypothèques, » contractées depuis le contrat sont résolues; mais » quand elle se fait par la volonté de celui qui les

_____

(1) Déguerp., liv. 6, ch. 3, n° 6.

» a contractées, alors elles ne se peuvent résoudre,
» afin qu'il ne soit en la puissance du débiteur
» d'amortir l'hypothèque quand il le voudra; qui
» est la distinction qu'il faut tenir pour générale,
» en tous les cas auxquels cette question peut
» écheoir (1).

» Elle est prise en la loi 3ᵉ, D. *Quid. mod. pig.*
» *vel hypoth. solv.* « Si res distracta fuerit sic, nisi
» intrà certum diem meliorem conditionem ven-
» ditor invenisset, fueritque tradita, et fortè em-
» ptor, antequàm melior conditio offerretur, hanc
» pignori dedit, finitur pignus, meliore conditione
» allatâ; quanquàm ubi sic res distracta est, *nisi*
» *emptori* displicuisset, finiri pignus non putem. »
La glose en rend la raison, « *quia in debitoris*
» *arbitrio* esse non debet, an res sit obligata, necne. »

Il n'est cependant pas toujours facile de discerner quand la résolution du contrat est *ex causâ vo-*
luntariâ, vel ex causâ necessariâ. Bartole lui-même
s'y est trompé (2).

Il pense en effet que s'il y a lésion d'outre moitié, les hypothèques doivent tenir en cas de rescision du contrat, par la raison, dit-il, que la cause
de la résolution est volontaire; car il dépend de
l'acheteur de suppléer le juste prix.

(1) Quoi qu'en dise Loyseau, il y a quelques exceptions. Par
exemple, lorsque l'envoyé définitif est obligé, par le retour
de l'absent, de lui rendre les biens. Alors, quoiqu'il ne les lui
rende pas volontairement, cependant les actes faits *medio tem-*
pore subsistent (art. 132 du Code civil). Mais cette exception
a été déterminée par des motifs particuliers.

(2) Sur la loi 2, C. *De rescind. vend.*

Mais Balde et beaucoup d'autres (1) ont réfuté cette opinion, par cette observation décisive, que si l'acheteur supplée et augmente le prix, c'est faire un nouveau contrat, et non pas garder l'ancien marché; d'où il suit qu'on ne peut rien reprocher de volontaire à l'acheteur. Il se tient au contrat tel qu'il a été stipulé. C'est une cause nécessaire et indépendante de sa volonté, qui détruit son titre. Le sentiment de Balde a été adopté par notre article.

On doit dire aussi, par la même raison, que les hypothèques données par un fermier, pour sûreté de son administration, cessent de plein droit lorsque le fermier a rendu ses comptes à l'expiration de son bail. La résolution se fait ici *ex causâ necessariâ*, par la force de la convention.

De même, si Pierre donne un immeuble à Caïus, à condition qu'il bâtira une chapelle sur cet immeuble, et qu'après avoir concédé des hypothèques sur cet immeuble, Caïus refuse d'accomplir la charge de la donation, la résolution que Pierre fera prononcer de la donation annulera les hypothèques créées *medio tempore* (2). Cette résolution s'opère en effet *ex necessitate pacti impressi in ipsâ*

---

(1) Salicet. Paul de Castro. Alexandre. Alciat. Neguz., *De pignorib.* 1, membr. 5, part. n$_0$ 43. Tiraqueau, *De retractu convent.*, § 3, gl. 1, n$_0$ 12. Socin le jeune, conseil 119, n° 16, lib. 2. Fachin., Controv., lib. 2, cap. 23. Loyseau, Déguerp., liv. 6, ch. 3, n$_0$ 6. Pothier, Orléans, t. 20, n$_0$ 57. Voët, liv. 20, t. 6, n° 9.

(2) Art. 954 du Code civil.

rei traditione, et par conséquent en vertu d'une cause *antiqua et primæva.*

Au contraire, lorsque la résolution s'opère pour une cause volontaire, les hypothèques concédées *medio tempore* doivent subsister.

On en a vu un exemple dans l'espèce de la loi 3ᵉ, D. *quib. mod. pignus vel hypoth. solv.*

On peut encore apporter un autre exemple dans le cas où une donation est révoquée pour cause d'ingratitude; alors les hypotheques subsistent (1). Car, dit Loyseau (2), « cette ingratitude » consiste en quelque action qui est volontaire. » Aussi que cette révocation procède d'une cause » depuis survenue, et non d'une cause exprimée, » et d'un caractère imprimé lors de la tradition de » la chose (3). »

467. Ces principes et ces détails servent à décider la question suivante.

Titius, majeur de vingt-un ans, a accepté une succession qu'il croyait opulente. Mais il découvre postérieurement un testament, qui était resté inconnu lors de l'acceptation, et qui absorbe, en libéralités faites à des tiers, plus de la moitié de la succession. Titius obtient sa restitution contre son acceptation, conformément à l'art. 783 du Code civil, et il répudie. Mais pendant qu'il possédait les biens, il a donné des hypothèques. Quel en sera le sort depuis sa répudiation? seront-elles résolues? seront-elles valables?

(2) Art. 958 du Code civil.
(2) Déguerp., liv. 6, ch. 3, nₒ 10.
(3) Autre exemple dans mon comment. *de la Vente*, nº 575.

On peut dire, pour la résolution, que cet héritier, en répudiant la succession, est censé n'avoir jamais été héritier, et que dès-lors les hypothèques par lui consenties sont censés non avenues. Mais il faut tenir que les hypothèques sont valables.

La raison en est que, *medio tempore*, Titius était vrai et légitime propriétaire des biens, et que par conséquent il a pu les aliéner, *uti perfectis dominis competit*. La restitution n'a pu effacer cette qualité de propriétaire. Elle procède d'une cause volontaire, *ex causâ voluntariâ;* c'est Titius lui-même qui l'a sollicitée sans aucune cause obligatoire. Son propre fait ne doit pas nuire à ses créanciers.

C'est ce que les lois romaines décident positivement à l'égard d'un mineur qui se fait restituer contre son acceptation. « Quemamodùm per » contrarium, *quùm minor restituitur ad adeundam* » *hæreditatem*, quæ anteà gesta erunt per curato- » rem bonorum, decreto prætoris, ad distrahenda » bona secundum juris formam constitutam, rata » esse habenda , Calpurnio Flacco Severus et » Antonius rescripserunt. » L. 22, D. *de minor. vig.* (1).

Aussi Pothier (2) a-t-il ainsi expliqué les effets de la restitution.

« Restitutionis autem effectus eò tantùm pro- » ducitur, ut qui adversùs aditam hæreditatem

(1) Pothier, Pand. , t. 1, p. 151, n° 62.
(2) Pand., t. 1, p. 151, n° 62. Sur la loi 31, Dig. *De minorib.*

» restituitur, hæreditariis actionibus non conve-
» niatur ; non verò eò produci potest, ut reverà
» hæres non fuerit. » A cette autorité on peut joindre celle de Furgole (1).

468. Il est une autre question non moins importante et plus difficile, c'est de savoir si, lorsqu'un héritier apparent vient à être évincé par
l'héritier véritable, les hypothèques qu'il a accor-
dées à des tiers, pendant sa jouissance, sont valables au regard de l'héritier véritable, ou si au
contraire elles sont résolues.

Trois opinions se sont ouvertes à cet égard dans
le cas de vente. 1° Un arrêt de la cour de Caen, du
21 février 1814, confirmé par un arrêt de rejet (2)
de la cour de cassation, du 3 août 1815, décide
que la vente doit être maintenue *toutes les fois qu'il
est reconnu que le tiers est de bonne foi.* La cour de
cassation établit dans ses considérans que cette
décision est fondée sur une ancienne jurisprudence, conforme au droit romain (3), et soutenue
par les motifs les plus puissans d'ordre et d'intérêt public (4).

Cette jurisprudence consiste dans un arrêt du

(1) Test., t. 4, p. 63, n° 100.
(2) Sirey, 15, 1, 86.
(3) Denevers dit *droit commun ;* MM. Merlin et Toullier
disent *droit romain ! !*
(4) Il existe un autre arrêt conforme de la cour de Paris du
1er mai 1830. Dalloz, 30, 2, 217. Mais il a été cassé par un
arrêt du 26 août 1833, dont je parle dans mon commentaire
de la vente, t. 2, n° 960. On y trouvera de nouveaux détails
sur toute cette question.

pàrlement de Rouen, du 19 juin 1739, rapporté
au Répertoire, v° Succession, S. 1, § 5, n° 2, et
un arrêt de la cour de Paris, du 14 fructidor an 12,
rapporté au même recueil, v° Bâtard, S. 2, § 4.
Mais ces deux arrêts constituent-ils une jurisprudence? Je ne le crois pas, d'après la loi 38 au D.
de legib.

2° La seconde opinion est celle de M. Merlin,
dans ses *Questions de droit*, v° Héritier, § 3. Il est
d'avis que la vente de l'*hérédité* est toujours attaquable contre les tiers par les héritiers véritables
Mais à l'égard d'un objet singulier de l'hérédité,
M. Merlin pense que la vente doit être maintenue
dans un cas à raison de la bonne foi du vendeur:
c'est lorsque le vendeur a consommé le prix sans
devenir plus riche. Alors, dit M. Merlin, on ne
peut actionner les tiers détenteurs. Car si on les
actionnait, ils auraient leur recours contre le
vendeur, et l'action en délaissement retomberait
en définitive sur ce dernier. Cependant il ne peut
pas être tenu de ce dont il ne s'est pas enrichi.
Donc les acquéreurs sont à l'abri de toute attaque,
par l'exception tirée *ex personâ venditoris* (1).

3° Un troisième avis a été embrassé par M. Toullier. Cet auteur, se fondant sur l'art. 2125 du Code
civil, qui veut qu'on ne puisse transférer à autrui
plus de droits qu'on n'en a soi-même, s'élève avec
force contre le maintien des ventes faites par l'hé-

(1) M. Malpel adopte, avec quelques modifications, l'opinion de M. Merlin dans son traité des successions, et il cite à
l'appui de sa doctrine quatre arrêts du parlement de Toulouse,
rendus en 1773, 779, 1780, 1788.

ritier putatif, quelle que soit la bonne foi de celui-ci ou de l'acquéreur. Ce dernier système, qui paraît être celui de Lebrun (1), est adopté par M. Grenier (2). C'est aussi celui qui me paraît devoir l'emporter. Mais, pour le prouver, il faut entrer dans des détails d'autant plus importans, que MM. Toullier et Grenier, adversaires de M. Merlin, ne me semblent pas l'avoir combattu sur le terrain qu'il a choisi. Jetons d'abord un coup d'œil sur la législation romaine.

Tous les interprètes s'accordaient à dire qu'on pouvait agir par la pétition d'hérédité contre celui qui détenait l'hérédité, *pro hœrede*, *vel pro possessore*, c'est-à-dire contre celui qui, se croyant héritier, s'était emparé des biens de la succession, soit à cause d'un testament nul qu'il réputait bon, soit parce qu'il présumait être le successible le plus rapproché; ou bien contre celui qui, étant interrogé sur son titre de possession, n'avait autre chose à répondre si ce n'est : *possideo quia possideo*; ou bien enfin contre celui qui avait acheté sciemment du faux héritier (3).

Comme les possesseurs sont de bonne foi ou de mauvaise foi, la loi sur la pétition d'hérédité avait fait une différence entre les uns et les autres. Cette différence était particulièrement marquée dans le

(1) Liv. 3, ch. 4, n° 57.
(2) Hyp., t. 1, p. 101 et suiv.
(3) Perez, lib. 3, t. 31, n° 9. Corvinius, *Enarrat.*, *eod. loc.*, p. 120. Favre, C., lib. 3, t. 21, déf. 8. Voët, lib. 5, t. 3, n° 7.

sénatus-consulte dont le texte est rapporté dans la loi 20, § 6, D. *de petit. hæred.* (1).

Le possesseur de bonne foi, c'est-à-dire celui qui avait un juste sujet de se croire héritier, n'était tenu que jusqu'à concurrence de ce en quoi il s'était enrichi, « eos autem qui justas causas ha-
» buissent quare bona ad se pertinere existimâs-
» sent, usque eò duntaxat, quò locupletiores ex
» eâ re facti essent. »

S'il avait vendu des biens héréditaires, il n'était tenu que de rendre le prix et pas la chose (2); si ce prix était perdu, si l'héritier putatif de bonne foi l'avait dépensé, et même dilapidé, pensant qu'il ne faisait qu'abuser d'une chose sienne, il n'était pas obligé de le payer. Car le sénatus-consulte ne l'obligeait à rendre que ce en quoi il s'était enrichi (3).

Mais à l'égard du possesseur de mauvaise foi, il en était autrement; il devait rendre la chose même qu'il avait vendue, ou ce qu'il en avait reçu en principal et intérêts; mais s'il avait eu un juste sujet de la vendre dans l'intérêt de l'hérédité, comme pour payer les dettes ou les frais funéraires (4), il n'était tenu que de ce qu'il avait vendu en plus ou en moins de la véritable valeur de la chose (5).

---

(1) Pand. de Pothier, t. 1, p. 204, nº 29.

(2) Pothier, Pand., t. 1, p. 205, nº 34.

(3) Idem, p. 207, nº 41. Voët, *loc. cit.*, nº 18.

(4) L. 20, § 2 et 12, Dig., *De petit. hæred.* Pothier et Voët, *loc. cit.*

(5) L. 20, § 2, Dig., *De petit. hæred.* Voët, nº 18.

On voit la grande différence de position que la
loi avait mise entre l'un et l'autre possesseur. On
avait voulu favoriser autant que possible le possesseur de bonne foi. La loi 25, § 1, s'en explique clairement en ces termes : « Consuluit senatus bonæ
» fidei possessoribus, ne in totum damno affician-
» tur, sed in id duntaxàt teneantur in quo locu-
» pletiores facti sunt. »

En effet, un père de famille a juste sujet de se
croire héritier : il s'empare de la succession, la
gère, en dispose comme d'une chose à lui appartenant ; devra-t-il être scrupuleusement recherché
par le véritable héritier, qui ne s'est pas présenté,
qui l'a laissé posséder tranquillement pendant de
longues années? Il est très-probable que si le possesseur de bonne foi eût su que la chose ne lui
appartenait pas, il aurait agi avec plus de prudence,
et n'aurait rien dissipé ; mais, se croyant maître de
la chose, il a pu en user *ut moderator et arbiter*.
Ainsi raisonnaient les jurisconsultes romains (1).

Aussi avaient-ils interprété de la manière la plus
large ces mots, *locupletior factus est*, dont parle le
sénatus-consulte. Pour être censé s'être enrichi,
il ne suffirait pas que le vendeur eût reçu le prix
de la chose ; car il pouvait l'avoir consommé, et
n'en être pas plus riche. Il fallait que le prix fût
encore existant au moment de l'action ; *id quod
durat*, dit la loi 23. D. *De petit. hœred* (2).

(1) Favre, *Rationalia*, sur la loi 25, § 11, D. *De petit.
hœred.*

(2) Favre, *loc. cit.*, sur cette loi.

Mais si cette interprétation était équitable en théorie, dans la pratique elle était sujette à tant d'inconvéniens, qu'elle était d'une application presque impossible.

Écoutons Pothier (1).

« Il est très-difficile d'en faire l'application dans » la pratique, n'étant guère possible de connaître » si le possesseur de bonne foi, qui a reçu des » sommes d'argent des débiteurs de la succession » et du prix de la vente des effets, et qui les a » employés, se trouve plus riche au moment de » la demande en pétition d'hérédité. Il faudrait » pour cela entrer dans le secret des affaires des » particuliers, ce qui ne doit pas être permis. Il a » fallu, *dans notre pratique française*, s'attacher à » une règle sur cette matière, qui est que personne » ne devant être présumée dissiper ce qui fait le » fonds d'un bien qu'il croit lui appartenir, le por- » sesseur des biens d'une succession est censé avoir » profité de tout ce qui lui est parvenu des biens » de cette succession, et en profite encore au temps » de la pétition d'hérédité, à moins qu'il ne fasse » apparoir du contraire.

» C'est pourquoi, lorsque le possesseur de bonne » foi a été condamné de rendre les biens de la suc- » cession au demandeur, il doit lui donner compte » de toutes les sommes qu'il a reçues, soit des dé- » biteurs de la succession, soit du prix de la vente » des effets de la succession, et généralement de » tout ce qui lui est parvenu. »

(1) De la propriété, nº 429.

Ces principes de notre pratique française sont en effet plus conformes à la loi 18, D. *quod metûs causa.*

On vient de voir ce qui concerne l'action *directe* en pétition d'hérédité.

Je passe maintenant à un nouvel ordre de choses, et j'examine si le véritable héritier peut revendiquer les biens contre les *tiers acquéreurs* qui les possèdent.

Les Romains, comme chacun sait, tenaient beaucoup à la forme des actions, et ne s'en écartaient que pour de grandes raisons d'équité.

Lorsqu'un propriétaire voulait avoir sa chose possédée ou acquise de bonne foi par un tiers, il devait exercer l'action en revendication, qui était une action réelle, *specialis in rem* (1). L'héritier, étant seul propriétaire véritable de la chose, pouvait donc la revendiquer dans les mains de ceux qui en étaient détenteurs, tant que ceux-ci n'avaient pas acquis de prescription (2).

Cependant, pour que l'acquéreur de bonne foi ne fût pas inquiété gratuitement, on avait voulu que, toutes les fois que le vendeur était prêt à indemniser le véritable héritier, le tiers détenteur pût repousser la demande en revendication, en disant : *convenias venditorem qui respondere tibi* » *paratus est* (3). »

(1) V. Dig., *De rei vindicat.*

(2) L. 7, C. *De petit. hæred.* Pothier, Pand., t. 1, p. 201, n₀ 16.

(3) Accurse et Bartole, sur la loi 25, § 17. Dig., *De petit.* » *hæred.*

Mais l'action vendicatoire entraînait après elle des inconvéniens : la position du demandeur y était très-dure. Il devait prouver non seulement qu'il était héritier du défunt, et que la chose faisait partie de l'hérédité, mais encore que le défunt en était le maître. De plus, dans l'action de revendication, le possesseur de bonne foi n'était tenu des fruits que du jour de la demande (1).

Au contraire, l'action en pétition d'hérédité était plus avantageuse à l'héritier réel. Dans l'action en pétition d'hérédité, il lui suffisait de prouver qu'il était héritier, et que la chose était dans les biens du défunt. Le défendeur devait rendre tous les fruts, depuis la mort du défunt.

Ces deux actions ne produisaient donc pas le même émolument. Le véritable héritier n'avait pas le même avantage à poursuivre les tiers par l'action vendicatoire, qu'à poursuivre l'héritier apparent par la pétition d'hérédité.

Frappés de cet inconvénient, les jurisconsultes romains se demandèrent si dans certains cas on ne pourrait pas donner l'action utile en pétition d'hérédité contre les tiers détenteurs.

Lorsque ces tiers détenteurs n'avaient que des choses singulières de l'hérédité, cela n'était pas possible; l'action en revendication pouvait seule compéter.

Mais lorsque le tiers détenteur avait acheté toute l'hérédité, on vit plus de facilité à l'assimiler à

---

(1) Perez, C., lib. 3, t. 31, n° 12. Favre, *Rationalia*, l. 13, § 4, *De petit. hæred.*

un héritier. Dés lors, afin que le demandeur ne fût pas obligé d'intenter autant d'actions en revendication qu'il y avait de choses spéciales dans la succession, on lui permit, PAR ÉQUITÉ, d'intenter l'action utile en pétition d'hérédité contre l'acquéreur de l'hérédité. Comme Favre le prouve fort bien dans ses *Rationalia* sur la loi 13, § 4, c'était faire fléchir les principes, et donner au véritable héritier une latitude contraire aux règles du droit. Mais enfin cette extension est écrite dans la loi 13, § 4, D. *de petit. hæred.* Du reste, le véritable héritier pouvait toujours, malgré ce bénéfice, rentrer dans le droit commun, et exercer l'action en revendication, s'il le jugeait plus convenable.

Maintenant je dois dire à quelles modifications était soumise la faculté de rédiger cette action utile contre l'acquéreur de l'hérédité.

Si l'acquereur avait acheté de mauvaise foi, et s'il avait su que l'hérédité n'appartenait pas au vendeur, il était tenu, dans tous les cas, de l'action utile en pétition d'hérédité (1).

Mais si l'acquéreur était de bonne foi, alors il n'était soumis à l'action utile que lorsque le véritable héritier n'avait pas de recours contre l'héritier apparent. Ce recours pouvait lui manquer en effet, soit que l'héritier apparent n'existât plus, et qu'il n'eût pas laissé d'héritiers, soit qu'il eût vendu à vil prix une hérédité opulente (2), soit

(1) L. 13, § 8, Dig., *De petit hæred.* L. 126, D., *De reg. juris.* Pothier, Pand., t. 1, p. 201, n. 13.

(2) Accurse et Bartole, sur la loi 13, § 8, Dig., *De petit. hæred.*

enfin qu'il fût devenu insolvable, comme je le dirai plus bas (1).

Pour bien entrer dans l'esprit de ce système, il faut connaître la loi 13, § 4, D. *de petit. hæred.* Elle pose la question suivante :

Titius vend une hérédité dont il se croyait possesseur légitime. La pétition utile d'hérédité devra-t-elle être donnée contre l'acheteur, afin que le demandeur ne soit pas obligé d'intenter autant d'actions qu'il y a de choses héréditaires?

Il est certain, dit Ulpien, que le vendeur est tenu de l'action en petition d'hérédité; car il possède le prix, et à raison de la possession du prix, il est censé posséder l'hérédité. Dans ce cas, il semble que ce soit contre lui que le véritable héritier doive se diriger.

Mais supposons que le vendeur n'existe plus; ou bien supposons un autre cas, savoir, que le vendeur a vendu l'hérédité à un prix fort au dessous de sa valeur. Comme il est de bonne foi, il ne sera tenu que jusqu'à concurrence de ce dont il a profité. Faudra-t-il donc que le véritable héritier perde le surplus? Ou bien pourra-t-il recourir contre l'acheteur? Caïus Cassius pense que l'action utile en pétition d'hérédité peut être intentée contre cet acheteur.

Tel est le sens véritable de cette loi. C'est ainsi que l'entendent Bartole, la glose, Fachinée (2),

(1) L. 13, § 4, Dig., *De petit. hæred.*
(2) Controv., lib. 1, c. 4.

Perez (1), Pothier (2). Tout en posant le principe
que l'action utile en pétition d'hérédité peut être
intentée contre l'acheteur, principe contenu dans
les § 9 et 10 de la loi 13, D. *de petit. hæred.*, elle ne
la donne pas dans tous les cas. Au contraire, toutes les fois que le véritable héritier peut être in-
demnisé par le vendeur, c'est contre lui qu'il doit
se diriger. « Sed ità demùm, dit Vinnius, empto-
» rem conveniri placet, si aliter res petitori salva
» esse non potest, aut si non expediat petitori hæ-
» reditatem à venditore peti, quem directâ peti-
» tione teneri certum est (3). »

Bien plus, plusieurs auteurs pensent même que
lorsque le véritable héritier ne peut être rendu
indemne par le vendeur, il n'a d'action contre
l'acquéreur que dans deux cas : 1° lorsque le vendeur n'existe plus; 2° lorsque, la vente ayant été
faite à vil prix, le véritable héritier ne pourrait
recouvrer qu'une faible partie de la valeur de sa
chose, si on ne lui permettait pas d'actionner l'acquéreur. C'est ce que disent très-expressément
Fachinée (4) et Perez (5); Bartole et la glose semblent ne leur être pas contraires.

Néanmoins, je pense que les deux cas dont parle
le § 4 de la loi 13 sont plutôt indicatifs que limi-
tatifs, et qu'Ulpien, qui adopte l'avis de Cassius,

(1) Lib. 3, t. 31, n° 12.
(2) Pand., *loc. cit.*
(3) *Partitiones juris*, lib. 3, C. 32, p. 339, col. 2, et
Quæst. select., lib. 1, c. 23.
(4) *Loc. cit.*
(5) Lib. 3, t. 31, n° 12.

a voulu poser des exemples pour établir que le véritable héritier peut recourir contre le tiers acquéreur de l'hérédité, toutes les fois qu'il ne peut maintenir d'une autre manière l'intégrité de ses droits, ou qu'il a un intérêt réel à agir contre cet acquéreur.

On vient de voir que c'était l'avis de Vinnius; c'est aussi celui de Favre (1), qui se demande quelle différence il peut y avoir entre le cas où le vendeur n'existe plus, et le cas où il est dans la misère et l'insolvabilité. « Quid enim refert an ven-
» ditor non exstet, puta mortuus sine hærede, an
» verò exstet quidem, sed adeò inops et egenus ut
» adhùc inanis futura sit actio quæ contrà eum
» instituetur?... igitur fatendum erit omni casu
» teneri emptorem. »

Voilà ce qui concerne la pétition *utile* de l'hérédité contre le tiers acquéreur. Favre est loin d'approuver qu'on l'ait introduite dans le droit. Il attribue cette innovation à une fausse équité de Tribonien plutôt qu'à Ulpien, et il pense que dans aucun cas la pétition *utile* n'aurait dû être accordée contre l'acquéreur. Car cet acquéreur possède avec un juste titre, et l'action en pétition d'hérédité ne peut être intentée contre celui qui possède avec titre. Favre, qui est toujours enclin à traiter Tribonien avec sévérité, le rend responsable de ce renversement des principes, et soutient qu'il aurait fallu réserver à l'héritier réel la simple action en revendication.

(1) *Rationalia,* sur la loi 13, § 4.

Je viens d'examiner le cas où l'hérédité entière a été vendue.

J'examine maintenant avec les lois romaines celui où il n'a été vendu que des choses particulières de l'hérédité.

Il est certain qu'alors on ne pouvait pas intenter l'action utile en pétition d'hérédité contre celui qui possédait, *jure emptionis*, une chose particulière de l'hérédité. On ne pouvait intenter contre lui que la revendication spéciale, ainsi que je l'ai dit ci-dessus (1).

Mais cependant cette règle générale avait ses exceptions. Voyons en quoi elles consistent.

J'en ai signalé une tout à l'heure. Elle avait lieu lorsque le faux héritier était prêt à indemniser le véritable. Alors l'acquéreur pouvait dire à celui-ci : Recourez contre l'héritier apparent qui m'a vendu. L. 25, § 17 : « Quid tamen si is, qui vendidit, paratus sit ità defendere hæreditatem, » ut perindè atque si possideret, conveniatur ? » incipit exceptio locum habere ex personâ emp- » torum. »

La seconde exception était prévue par le même § 17 de la loi 25.

Le président Favre avertit dans ses *Rationalia* que ce texte est difficile à bien interpréter, et Bartole avait dit avant lui la même chose dans sa note sur cette loi : *Difficilis est.*

En voici le sens, d'après Pothier dans ses Pandectes.

(1) L. 7, C. *De petit. hæred.* Pothier, Pand., t. 1, p. 201, n° 16.

Un héritier apparent, qui possède l'hérédité de bonne foi, vend certains objets faisant partie de cette hérédité, et il en consomme le prix sans aucun dol, de manière qu'il ne s'enrichit pas même de ce prix. On demande si le véritable héritier pourra exercer l'action vendicatoire contre les acheteurs, et s'il l'intente, on demande encore si les acheteurs ne pourront pas lui opposer l'exception « *quòd præjudicium fieri non debet inter ac-* » *torem et eum qui vendidit.* »

Je dois m'arrêter ici pour faire connaître l'objet de cette exception dont il est mention dans la loi 1, § 1, D. *famil. ercisc.*, et qui a du rapport avec celle dont parlent les lois 16, D. *De except.*, et 7 D. *De hæred. petit.* (1).

Dans le droit des Pandectes, la connaissance de la pétition d'hérédité appartenait au tribunal des centumvirs. Il était défendu aux autres tribunaux d'en connaître, même indirectement ou incidemment; en sorte que si, dans des affaires particulières relatives à la succession, il s'élevait un débat où la qualité d'héritier était mise en question, le tribunal saisi devait surseoir et renvoyer au tribunal des centumvirs (2), afin que cette question arrivât intacte à ceux-ci (3).

Justinien abrogea cette exception, *ne hæreditati præjudicium fiat*, par la loi dernière au C. *de petit.*

(1) Pothier, Pand., t. 1, p. 304, n₀ 15.
(2) Sur le tribunal des centumvirs. V. Cujas, 20, observ. 20.
(3) Favre, *Rationalia*, l. 7, Dig., *De hæred. petit,* Merlin, Q. de droit. V. Héritier, § 3, n° 1.

hæredit. (1). Mais à l'époque où Ulpien écrivait, elle subsistait encore, et ce jurisconsulte s'en fait d'abord une raison de douter. Il se demande si dans l'espèce le demandeur en revendication ne peut être repoussé par l'exception dont il s'agit, et si on ne peut le renvoyer à faire juger d'abord sa qualité avec le vendeur. Qu'a de commun la revendication intentée par le véritable héritier contre les tiers, avec la pétition d'hérédité à intenter plus tard contre le vendeur ? Le vendeur de bonne foi semble désintéressé dans ce débat sur la revendication : car il ne peut être actionné pour le prix, puisqu'il l'a consommé de bonne foi. On ne pourra donc lui opposer ce qui aura été jugé sur les biens revendiqués ; et dès-lors, en quoi la pétition d'hérédité se trouverait-elle préjugée entre le véritable héritier et le vendeur ?

Cependant ne peut-on pas répondre que l'exception pourra être proposée avec fruit ? Car si l'acquéreur est évincé, il exercera son recours contre son vendeur, et il arrivera par là que celui-ci se trouvera tenu indirectement du prix. Or, on a vu tout à l'heure qu'il ne pouvait pas être recherché pour le prix, puisqu'il l'avait consommé de bonne foi.

Mais le demandeur répliquera : Qu'importe que vons ayez ou non un recours contre le vendeur ? Il n'en est pas moins vrai que, celui-ci ne possédant rien de la succession, je ne peux l'actionner devant le tribunal des centumvirs ; je ne peux donc ja-

(1) Pothier, Pand., t. 1, p. 202, n° 19.

mais faire juger avec lui cette qualité d'héritier que vous me contestez. Votre exception serait injuste !! elle me mettrait dans une position telle que je ne pourrais agir contre vous à cause de l'exception, et que je ne pourrais non plus agir contre votre vendeur puisqu'il ne possède rien de l'hérédité (1).

Telles sont les objections que se fait Ulpien dans le sens du demandeur et du défendeur, d'après l'interprétation donnée par Favre à ses paroles laconiques.

Maintenant voici comment il résout la question: « Et puto posse res vindicari, nisi emptores re- » gressum habeant ad bonæ fidei possessorem. »

Il décide donc que si l'acquéreur n'a pas de recours contre le vendeur, on pourra exercer la revendication; mais que si l'acquéreur a un recours en garantie, il n'y aura pas lieu à la revendication, afin que l'économie du sénatus-consulte ne se trouve pas dérangée.

Je remarque ici que cette décision d'Ulpien est tout-à-fait indépendante de l'exception, *ne præjudicium fiat hæreditati ;* le jurisconsulte a prouvé que cette exception était injustement invoquée. Mais, en donnant au demandeur gain de cause sur ce point, Ulpien le condamne par un autre moyen absolu. Le juge doit se déclarer compétent : il ne doit pas renvoyer aux centumvirs ; mais il doit débouter le demandeur, toutes les fois que l'acquéreur aura un recours contre le vendeur qui ne se

---

(1) Favre, *Ration.*, sur la loi 25, § 17. Merlin, *loc. cit.*, suit le commentaire de ce jurisconsulte.

sera pas enrichi, et cela d'après le sénatus-consulte qui ne veut pas que l'héritier apparent soit tenu à plus que ce dont il s'est enrichi.

J'ai dû faire cette remarque, afin qu'on ne s'imagine pas que la loi que j'ai analysée est abrogée par la loi dernière, au C. *de hæred. petit.* Tous les docteurs reconnaissent que Justinien n'y a pas dérogé. Aussi Bartole se garde-t-il de dire que c'est par l'exception *ne præjudicium*, etc., que l'acquéreur gagne sa cause. Il dit : « Emptor potest uti excep-» tione ex personâ venditoris, ne bonæ fidei pos-» sessor teneatur ultrà quàm sit locupletior. »

D'où il suit que l'empereur a pu abolir l'exception *ne præjudicium*, etc.; mais que l'exception *ex personâ venditoris* a toujours subsisté.

On peut conclure de l'ensemble de la loi 25, § 17, que le véritable héritier peut, en principe général, intenter l'action vendicatoire contre l'acquéreur d'une chose singulière de l'hérédité, de même qu'on lui a permis, par équité, d'intenter l'action en pétition d'hérédité contre celui qui a acquis toute l'hérédité.

Mais la loi 25, § 17, présente une exception dont ne parle pas la loi 13, § 4.

C'est que lorsque le vendeur de bonne foi a consommé sans dol le prix qu'il avait reçu pour la chose héréditaire, on ne peut actionner l'acquéreur. Car, en actionnant l'acquéreur, on agirait indirectement contre le vendeur, qui serait toujours tenu de l'action en garantie. Or, par cette action en garantie, il devrait payer le prix, et cependant l'action en pétition d'hérédité ne pourrait avoir pour effet de lui faire payer ce prix. Car par cette action il n'est tenu que *in quantum locupletior factus est*. En un mot, le vendeur a-t-il consommé le prix de bonne foi ? alors point d'action en revendication contre l'acheteur, et Accurse ne trouve aucune injustice à cette décision. Car en matière de pétition d'hérédité, le prix tient lieu de la chose, et, le prix étant consommé, la chose est censée ne plus exister : « Prætereà cùm pretium » sit loco rei et amittatur, res ipsa amissa vide- » tur. »

Les interprètes du droit romain ont fort agité la question de savoir si cette exception, établie pour le cas où il s'agit de la vente de certains objets héréditaires, est applicable au cas où l'héritier apparent a vendu toute l'hérédité, et où l'action utile en pétition d'hérédité peut être exercée.

Acccurse et Bartole pensent que l'exception *ex personâ venditoris*, ne doit être admise que lorsqu'il s'agit de la vente d'objets singuliers de l'hérédité. M. Merlin suit leur opinion ; mais les raisons qu'il donne pour justifier ce sentiment sont extrêmement faibles, et M. Toullier les a réfutées dans sa dissertation imprimée à la fin de son neuvième volume.

Favre, dans ses *Rationalia* sur la loi 13, § 4 (lettre A), sur les mots : *Ne singulis judiciis vexetur*, rejette sans hésiter la doctrine de Bartole et d'Accurse. Voici son argumentation : « Puis- » qu'il est vrai de dire que Tribonien, bien plutôt » qu'Ulpien, a, contre les règles du droit, établi » l'action utile, en remplacement de l'action spé-

» ciale *in rem* , qui ne voit combien il serait ab-
» surde de soutenir que l'action utile eût plus d'ex-
» tension que l'action revendicatoire spéciale ?
» Peut-on admettre que la condition de celui qui
» a vendu de bonne foi soit moins mauvaise, parce
» que l'acheteur sera actionné par l'action spéciale
» plutôt que par l'action utile en pétition d'héré-
» dité ? Dans l'un et l'autre cas , la bonne foi du
» vendeur doit faire qu'il ne soit pas tenu au-delà de
» ce dont il a profité : c'est à raison de ce principe
» que , lorsqu'il y a simple action revendicatoire ,
» on ne veut pas que le véritable héritier puisse
» recourir contre l'acheteur , afin que le vendeur
» ne soit pas tenu indirectement : il doit en être
» de même dans le cas où l'on intente l'action
» utile..... D'ailleurs Tribonien a donné pour l'une
» des raisons principales de la décision qu'il pré-
» sente dans la loi 13, § 4, qu'il n'était pas juste
» que le demandeur fût obligé à intenter autant
» d'actions qu'il y avait de choses , *ne singulis ju-*
diciis vexetur, et qu'il valait mieux , *par équité* ,
» recourir à l'action utile , qui d'un seul coup em-
» brasse tout ce qui a été aliéné. Il suit de là que
» lorsque l'action vendicatoire ne peut être exer-
» cée contre les tiers, à raison de l'exception tirée
» *ex personâ venditoris* , on ne peut intenter non
» plus contre eux l'action *utile* en pétition d'hé-
» rédité. »

Ces raisons me semblent convaincantes, et je ne
fais pas de difficulté à admettre l'opinion de Favre.

Voici donc en résumé quelle est toute la théorie du droit romain sur cette matière.

En thèse générale, le véritable héritier peut intenter l'action spéciale *in rem*, contre le tiers acquéreur d'un objet singulier de l'hérédité.

Il peut aussi intenter l'action *utile* en pétition d'hérédité, contre celui qui a acheté l'hérédité tout entière.

Mais ces principes ont deux exceptions.

La première a lieu lorsque le véritable héritier trouve un recours suffisant auprès du vendeur de l'hérédité. Alors le tiers acquéreur peut lui dire : « Actionnez l'héritier apparent de qui j'ai acheté » de bonne foi, et qui peut vous indemniser. »

Là seconde a lieu lorsque l'éviction éprouvée par l'acheteur donnerait lieu à une action en garantie, dont l'issue serait de faire supporter à l'héritier apparent de bonne foi, une condamnation plus forte que s'il était actionné directement.

De tout ceci il résulte que la cour de cassation se serait trompée d'une manière très-grave, si elle eût avancé, comme MM. Toullier et Merlin le lui font dire, que la jurisprudence qu'elle a adoptée dans son arrêt, *est conforme au droit romain.* On ne peut maintenant douter que la faculté de rechercher le tiers détenteur ne fût un des principes des lois romaines; en effet, il est de règle générale que tout propriétaire puisse revendiquer sa chose là où il la trouve, lorsqu'il ne s'est pas laissé forclore par la prescription.

Cette règle est vivante dans notre législation. Il y est écrit de toutes parts que celui qui est dépouillé, peut se faire réintégrer dans ce qui lui appartient.

Il me reste à examiner si les deux exceptions

consacrées par les lois romaines doivent être
adoptées par notre jurisprudence.

Voyons d'abord pour la première. Doit-on permettre aux tiers récherchés d'exiger que l'héritier
réel discute d'abord le faux héritier de qui ils ont
acquis ?

Favre, dans son commentaire sur la loi 25,
§ 17, *Ration. de petit. hœred.*, trouve que cette exception est injuste. « Sed etsi velit venditor hære-
» ditatem in solidum defendere, adeòque solidum
» offerre petitori, *nulla tamen ratio est cur prohi-
» bendus sit petitor singulas res ab emptoribus
» vindicare*, cùm ipsius intersit res singulas po-
» tiùs quàm pretia earum habere, vera et integra. »
Il va même jusqu'à croire que le § *quid tamen* de
la loi 25, § 17, est une interpolation de Tribonien,
qui s'est permis d'altérer témérairement et sans
réflexion le texte d'Ulpien.

Si, à une époque où le droit romain faisait loi,
Favre voulait secouer le joug du § *quid tamen,*
comme contraire aux principes et à la raison,
combien à plus forte raison devons-nous peu y tenir, nous qui n'admettons les lois romaines que
comme raison écrite, et qui les rejetons lorsqu'elles sont contraires à l'équité ou aux principes?
L'acheteur ne peut avoir d'autres droits que son
vendeur. Si le vendeur n'était pas propriétaire,
l'acheteur n'est donc pas propriétaire non plus,
tant qu'il n'a pas prescrit. Donc le véritable propriétaire pourra revendiquer la chose entre ses
mains ; quel motif y aurait-il à admettre dans l'espèce cette exception de discussion, lorsque dans

tous les autres cas il est clair que le tiers détenteur ne serait pas fondé à l'invoquer?

Je pense donc que l'exception doit être rejetée.

Je passe à la seconde exception. L'acquéreur pourra-t-il repousser l'action du véritable héritier toutes les fois que cette action aura pour résultat indirect de faire supporter à l'héritier apparent une condamnation plus forte que s'il était poursuivi directement par la pétition d'hérédité?

Favre s'élève encore avec force contre cette exception (1); il la trouve injuste, parce qu'elle porte un véritable dommage à l'héritier réel. « Quid enim » peccavit verus hæres propter quod dominium rei » suæ, ab alio distractæ, amittere debeat, aut si » dominus remanet, a vindicatione arceri quæ » dominis omnibus jure communi conceditur? »

Cette rigueur envers l'héritier réel, qui n'a commis aucune faute, et qui cependant se trouve placé pour ainsi dire hors du droit commun, l'entraîne à penser qu'un jurisconsulte aussi sage qu'Ulpien ne peut l'avoir consacrée. Il conjecture que le texte a été altéré; et comme sa hardiesse ne craint aucun obstacle, il ose le corriger en substituant le mot *etsi* au mot *nisi* que porte le texte : ainsi, au lieu de lire, « et puto posse res vindicari, » nisi emptores regressum habeant ad bonæ fidei » possessorem », il lit, *etsi emptores*, etc. Après avoir justifié cette correction par des remarques grammaticales fort ingénieuses, il enseigne que le

_____

(1) *Rationalia*, sur la loi 25, § 17, Dig., *De petit. hæred.*

principe, que le tiers acquéreur peut être actionné par le véritable héritier, *ne doit être soumis à aucune exception.* « Verius est igitur, omni modo et » omni casu competere vero hæredi vindicatio- » nem, tùm quoque cùm emptores regressum ad- » versùs venditorem habent. » Si les interprètes lui disent que cette décision est contraire à l'esprit du sénatus-consulte, en ce que l'héritier apparent se trouvera tenu, même au-delà de ce en quoi il s'est enrichi, il répond que cette objection est peu fondée, et voici son raisonnement. Le sénat a voulu que, lorsque le possesseur de bonne foi de l'hérédité était actionné *comme héritier*, il ne fût pas tenu de payer au-delà de ce en quoi il s'était enrichi. Mais lorsque les acquéreurs exercent leurs recours contre lui, ce n'est pas comme héritier, c'est comme vendeur qu'il se trouve atteint. Ce n'est pas par l'action en pétition d'hérédité qu'on le recherche, c'est par l'action *ex empto.* On ne blesse donc en aucune manière le sénatus-consulte, qui ne parle pas de ce cas, et qui n'a voulu ni pu vouloir que celui qui a vendu ne soit pas soumis à un recours en garantie.

Je dois relever ici une erreur de M. Toullier. Il prétend que Favre a imaginé sa correction pour concilier la loi 25, § 17, avec la loi 13, § 4. Mais c'est se méprendre sur le système de ce savant magistrat. Favre n'a jamais vu de contrariété entre ces deux lois. En prenant même le texte tel qu'il est, il prouve sur la loi 13, § 4, que ces deux lois s'interprètent l'une par l'autre, et que si l'on admet l'exception *ex personâ venditoris*, dont

parle la loi 25, § 17, on doit l'appliquer aussi à la
loi 13, § 4.

Quel a donc été le but de Favre en proposant la
correction dont j'ai parlé ? Son but unique a été
de combattre cette exception, *ex personâ venditoris*, contre laquelle sa raison se soulevait, et c'est
pour y parvenir qu'il fait plier le texte devant ses
conjectures audacieuses. Mais comme sa correction n'est autorisée par aucun manuscrit, on doit
la rejeter, et il est plus sage de s'en tenir au texte.
Seulement je m'empare de sa doctrine, abstraction faite de quelques subtilités dans lesquelles il
est obligé de se perdre pour éluder des textes
formels ; et en voyant un jurisconsulte aussi illus-
tre, choqué de ces mêmes principes qu'on voudrait
introduire dans notre jurisprudence, je suis autorisé à dire qu'il y a quelque chose qui dit hautement
que l'exception dont je parle ne satisfait pas le bon
sens. Aussi *Grænevegen* pense-t-il, dans son traité
De legibus abrogatis, qu'elle ne doit pas être suivie (1) ; et, d'accord en cela avec Favre, il dit : « Id
» quod nostrum est sine facto nostro ad alium
» transferri non potest ; ideòque puto res vindicari
» posse, licèt emptores ad bonæ fidei possessores
» regressum habeant. »

On va voir maintenant que les principes de
notre droit français n'ont jamais admis l'exception
ex personâ venditoris.

J'ai dit ci-dessus que, d'après le droit romain,
pour que l'héritier apparent pût être soumis à la

_____

(1) *De petit. hæred.,* l. 25, § 17.

pétition d'hérédité, il fallait non seulement qu'il
eût reçu le prix de la chose vendue, mais encore
que le prix se trouvât entre ses mains au moment
de l'action. Car s'il l'avait dissipé de bonne foi, il
n'était soumis à aucun recours. C'est pour cela,
quoi qu'en dise Favre, qu'on avait senti la nécessité
de mettre un frein aux actions contre les tiers
possesseurs. Mais on a vu aussi plus haut que jamais
en France on n'avait admis la décision des lois
romaines sur le sens de ces mots *locupletior factus est*. C'est Pothier qui l'atteste dans le passage
ci-dessus transcrit. Il suffit que le vendeur ait reçu
le prix pour qu'il soit censé être plus riche, et
pour qu'il soit obligé d'en tenir compte dans la
pétition de l'hérédité. Donc il peut y être aussi
obligé indirectement par la voie du recours en garantie. Donc, dans notre pratique française, l'exception *ex personâ venditoris*, qu'opposerait le
tiers acquéreur, serait sans fondement. Reste donc
le principe général que les lois romaines ont consacré, savoir, que l'on peut agir directement contre
le tiers acquéreur de l'hérédité. Les exceptions
ont disparu.

La décision de la cour de Caen, du 21 février
1814, confirmée par l'arrêt de la cour de cassation, du 5 août 1815, porte cependant « que ce-
» lui qui a acquis d'un héritier apparent doit être
» maintenu, toutes les fois qu'il est reconnu qu'il
» a fait son acquisition de bonne foi. »

Mais M. Toullier a fort bien prouvé que cette
décision est contraire à tous les principes. Depuis
quand la bonne foi a-t-elle suffi pour acquérir la

chose d'autrui? ne faut-il pas de plus un titre et une possession paisible de 10 ou 20 ans?

La cour de Caen cite un arrêt, du 19 juin 1739, qui l'a ainsi décidé : elle s'appuie sur l'autorité des jurisconsultes normands. Mais une erreur ne peut jamais devenir la vérité, quoiqu'elle soit répétée par plusieurs bouches. Je démontre d'ailleurs, dans mon commentaire *de la Vente* (1), que cet arrêt s'écarte de la loi 25, § 17. D. *De petit. hæredit.*, plutôt qu'il ne la confirme. Il donne à la bonne foi de l'acheteur un effet auquel les jurisconsultes romains n'ont jamais pensé.

On dit enfin, pour dernière raison, que l'héritier putatif de bonne foi était, au moment où il a vendu, un héritier véritable à l'égard des tiers ; que tout ce qu'il a fait doit être par conséquent sanctionné, et que l'héritier réel, qui ne s'est pas présenté, doit laisser les choses dans l'état où il les trouve.

La preuve du vice de ce raisonnement résulte de l'art. 1696 du Code civil, portant que le vendeur d'une hérédité est tenu de garantir sa qualité d'*héritier*. La loi suppose donc que l'acquéreur peut être inquiété parce qu'il n'a pas acheté du véritable héritier. Elle suppose donc que la qualité d'héritier prise par quelqu'un qui n'en a que l'apparence, peut donner lieu à des recours? et d'où vient ce recours? de l'acquéreur évincé par le véritable héritier.

Et puis, dans quelle confusion ne se jette-t-on

(1) T. 2, n° 960.

pas? on traite le véritable héritier comme celui
dont l'*absence a été déclarée*, et qui ne reparaît
qu'après trente ans (art. 132 du Code civ.) On assimile l'héritier apparent, c'est-à-dire celui qui
n'a pour lui que son erreur, à l'héritier de l'absent
qui a été mis en *possession définitive*, et qui, aux
yeux des tiers, a eu *mission de la loi* pour disposer des biens comme héritier (art. 129 et 132).
Peut-on confondre ainsi des positions si différentes? le véritable héritier, par cela seul qu'il ne s'est
pas présenté, est-il *un absent*, et son absence a-
t-elle duré trente ans? parce qu'on se sera donné
le tort de ne pas faire déclarer son absence, parce
qu'on aura trouvé plus simple d'envahir ses biens,
il faudra qu'il soit traité plus sévèrement que l'absent véritable, dont les propriétés ne peuvent être
ni *vendues* ni *hypothéquées* (art. 128) tant que dure
l'envoi en possession provisoire, et que trente ans
ne se sont pas écoulés depuis cet envoi.

Enfin la maxime : *resoluto jure dantis, resolvitur jus accipientis*, répond à toutes les objections.
L'héritier apparent n'a jamais eu de droits réels ;
il n'en a jamais eu, même dans le cas le plus favorable de tous, savoir, lorsqu'il est appelé par la loi
et exclu par un testament caché ; mais en supposant qu'il en ait eu , ils se trouvent éteints et résolus par la production du testament ; dès-lors doivent se trouver éteints et résolus les droits qu'il a
conférés à des tiers. Car la résolution s'opère ici
d'une manière forcée, *ex causâ necessariâ*, ainsi
que je l'ai dit plus haut en donnant l'interprétation

de la maxime *resoluto jure dantis, resolvitur jus accipientis* (1).

Maintenant on pourra facilement se décider sur cette question grave et controversée, où l'équité veut introduire de vaines considérations, pour faire fléchir les vrais principes. De nouveaux développemens aux idées que je viens d'émettre se trouvent dans mon commentaire *de la Vente* (2), où je rapporte des arrêts récens, et surtout une décision de la cour de cassation, du 26 août 1833 (3), qui est de nature à assurer le succès définitif de notre opinion (4).

J'ai traité ce point de droit sous le rapport des aliénations. Mais, en prenant de la discussion à laquelle je me suis livré tout ce qui peut s'appliquer à la constitution d'hypothèque par l'héritier apparent, on verra que la solution doit être la même, et que les hypothèques créées par cet héritier doivent disparaître lorsque le véritable héritier se présente.

(1) N° 465.
(2) T. 2, n° 960.
(3) Dalloz, 33, 1, 307.
(4) Arrêt conforme de la cour d'Orléans, du 27 mai 1836 (Dalloz 36, 2, 149).

Mais la cour de cassation a jugé avec raison, le 30 mars 1836 (Sirey, 36, 1, 506), que les hypothèques consenties par le propriétaire apparent, jouissant en vertu d'un acte public de vente, sont valables et conservent effet au profit des créanciers de bonne foi, vis-à-vis du propriétaire réel, qui ne puise son droit que dans une contre-lettre, titre toujours dépourvu d'effet à l'égard des tiers.

468 bis. Il s'est présenté une question voisine de la précédente.

Titius fait à Sempronius une donation déguisée sous la forme d'une vente. Sempronius constitue des hypothèques sur les biens qu'il reçoit par ce moyen, au profit des créanciers de bonne foi.

Mais après la mort de Titius ses héritiers à réserve prouvent que la vente faite à Sempronius contient une donation déguisée, et la font réduire comme excessive. On demande si les hypothèques consenties *medio tempore,* par Sempronius seront effacées par la réduction.

L'affirmative est clairement décidée par l'art. 929 du Code civil, qui veut que les immeubles à recouvrer par l'effet de la réduction rentrent dégagés des hypothèques créées par le donataire.

Néanmoins la cour de cassation (1) a décidé le contraire, par la raison que les tiers avaient dû considérer Sempronius comme acquéreur à titre onéreux, en vertu d'un acte de vente publiquement exécuté, et que leur bonne foi devait les défendre de l'éviction résultant d'une décision postérieure à l'acquisition de leurs droits, et qui établissait que cette vente n'était qu'une donation déguisée.

Mais il m'est impossible d'adopter cette décision. Elle viole l'art. 929 du Code civil non moins ouvertement que l'art. 2125. Elle attribue à *la*

(1) Dal., 27, 1, 96. Arrêt du 14 décembre 1826. C'est un arrêt de rejet. J'ai déjà signalé la tendance de la cour de cassation vers les rejets. Je ne doute pas qu'elle n'eût rejeté le pourvoi formé contre un arrêt qui aurait décidé le contraire.

bonne foi des créanciers des effets destructifs des droits sacrés des légitimaires! C'est un véritable bouleversement (1)!

Supposez, par exemple, que Sempronius, au lieu d'hypothéquer, ait revendu. Les légitimaires auraient donc dû respecter aussi les ventes, à cause de la bonne foi des sous-acquéreurs! La cour de cassation aurait donc repoussé les enfans en vertu des mêmes principes! Mais avec cette jurisprudence, que deviendra le droit de légitime et la prohibition de disposer au-delà d'une certaine quotité?

Je pense qu'il serait digne de la haute mission de la cour de cassation de tenir la main avec plus de fermeté au maintien des véritables principes du droit.

468 *ter*. Jusqu'à présent nous nous sommes occupés plus spécialement du cas où l'immeuble se trouvait dans les mains de celui qui a constitué l'hypothèque, mais y était cependant grevé d'une condition résolutoire qui pouvait l'en faire sortir. Telle est la position de l'héritier apparent, du vendeur apparent, de l'acquéreur qui a lésé le vendeur d'outre-moitié, etc.

Mais notre article prévoit un autre cas : c'est celui où le droit sur l'immeuble est *suspendu* par une condition, ce qui suppose nécessairement que celui qui constitue l'hypothèque ne détient pas

_____

(1) Je trouve dans M. Tarrible (Rép., Hyp., sect. 2, § 3, art. 3, n° 5) une opinion conforme à la mienne sur le fond de cette question.

encore l'immeuble, ne l'a pas encore dans son domaine, et n'a qu'une espérance qu'il y entrera.

Ainsi Titius me donne l'immeuble A, si tel vaisseau arrive des Indes. Je ne suis pas encore propriétaire : je ne le serai qu'autant que la condition se réalisera. Mais, en attendant, je pourrai constituer des hypothèques sur l'immeuble dont il s'agit; seulement, ces hypothèques suivront le sort de mon droit : si la condition arrive et que mon droit se consolide, l'hypothèque se consolidera aussi. Si, au contraire, la condition n'arrive pas et que mon droit s'évanouisse, l'hypothèque périra avec lui (1).

Ceci posé, il semblerait au premier abord que notre article est en opposition avec l'art 2129 qui exige que l'immeuble *appartienne actuellement* au débiteur pour qu'il y constitue une hypothèque valable. On peut se demander s'il n'y a pas antinomie entre cette disposition et notre article qui permet l'hypothèque d'une chose qui ne nous appartiendra que si telle ou telle condition se réalise. Mais ce sont là des scrupules exagérés. Il ne faut pas prendre le mot *appartenir* dont se sert l'article 2129 dans un sens trop restreint(2): « Verbum » illud *pertinere*, dit la loi 181 Dig. *De verb. signif.*, » latissimè patet... *pertinere* ad nos etiàm ea dici- » mus quæ esse possint. »

468 *quat.* Ce que nous venons de dire est en

----

(1) Voy. *infrà*, n° 471, la définition que Cujas donne de la condition.

(2) *Infrà*, n° 520.

opposition avec l'opinion de M. Grenier (1), mais conforme à celle de M. Tarrible (2) et de M. Dalloz (3).

M. Grenier se pose cette espèce, que je formule de la manière suivante pour la rendre plus claire : Pierre est propriétaire de l'immeuble A, mais sous la condition résolutoire de la rendre à Jacques, si ce dernier parvient à sa vingt-cinquième année. M. Grenier pense que la faculté d'hypothéquer n'est attribuée qu'au *propriétaire actuel*, à Pierre, dont le droit est soumis à la condition ; mais que le propriétaire éventuel, Jacques, ne pourra hypothéquer, parce que ce n'est pas lui qui *détient l'immeuble.*

Pour arriver à cette conclusion, M. Grenier, qui a entrevu toute la force des expressions de notre article, « *ceux qui n'ont sur l'immeuble qu'un* » *droit suspendu par une condition,* » croit devoir leur donner une interprétation inouïe jusqu'à ce jour. D'après lui, Pierre, propriétaire actuel, a un droit qui n'est soumis qu'à une condition *suspensive ! !* *Il détient l'immeuble sous une condition suspensive ! !* C'est à lui que s'applique notre article. Quant à Jacques, il ne peut s'en prévaloir.

J'avoue que cette manière de qualifier les clauses dont il s'agit, me frappe d'étonnement. Qu'est-ce qu'une *condition suspensive?* Toutes les notions les plus élémentaires me répondent que c'est celle

(1) T. 1, p. 324.
(2) Hyp., sect. 2, § 3, art. 3, n° 5.
(3) Hyp., p. 120, n° 6.

qui *suspend* l'effet de la disposition jusqu'à l'événement d'un fait futur. Tant que l'événement n'est
pas arrivé, tant que la condition est pendante,
la chose n'est pas due (1) : le créancier n'en jouit
pas : elle est détenue par le débiteur (2). Le créancier ne peut en demander la délivrance que lorsque la condition est accomplie. Auparavant, il
n'a qu'une espérance sur la chose, *spes est debitum iri.*

Est-ce là la position de Pierre? Loin que l'effet
de son droit soit *suspendu*, Pierre jouit au contraire de tous ses avantages. Il détient la chose; il
en recueille les fruits comme propriétaire; il n'a
pas eu besoin d'attendre que l'événement de la
condition fût arrivé pour demander la délivrance.
La chose lui a été délivrée sur-le-champ. Il a bien
plus qu'une espérance, puisqu'en réalité il retire
actuellement tous les émolumens de la propriété.
A la vérité, il y a bien quelque chose qui est *en
suspens* dans la position de Pierre : c'est, non pas
la *disposition*, puisqu'elle produit tous ses effets,
mais *la résolution*, qui est *suspendue* sur sa tête,
et qui dépend de tel événement incertain (3), Mais
je pense que M. Grenier n'ira pas jusqu'à dire que
cette circonstance fait que *le droit de Pierre est
suspendu;* car c'est son *obligation* de rendre la
chose qui est *suspendue*, tandis que son *droit de
jouir* est *actuel!* Ainsi, ces expressions de notre

(1) L. 41, Dig., *De fond. et demonst.*
(2) L. 32, § 1, *De leg.* 2°.
(3) V. *infrà*, n° 469.

article, « ceux qui ont sur l'immeuble *un droit* » *suspendu par une condition*, etc., » ne le concernent ni dans ce que la clause a de *présent*, ni dans ce qu'elle a de *suspensif*.

Appliquez au contraire à Jacques la définition incontestable que nous avons donnée de la condition suspensive, et vous verrez que c'est lui dont le *droit* est *suspendu* par une condition de ce genre, et que M. Grenier a complétement changé les positions.

Quelle est donc la véritable condition qui affecte le droit de Pierre? C'est une condition *résolutoire*, c'est-à-dire celle qui ne suspend pas l'effet de la disposition, mais qui l'anéantit dans le cas d'un événement futur. Pierre a été saisi de l'objet donné, comme si la disposition eût été pure et simple; il peut en disposer; il en jouit comme le ferait un propriétaire : seulement, son droit peut être anéanti, si l'événement se réalise.

Le droit de Pierre est donc soumis à une *condition résolutoire*. Le droit de Jacques est soumis à une *condition suspensive*.

Le droit du premier est réglé par ces expressions de notre article : « ceux qui n'ont sur l'immeuble » qu'un droit résoluble dans certain cas, peu- » vent, etc. »

Le droit du second est réglé par cette autre disposition du même article : « ceux qui n'ont sur » l'immeuble qu'un droit *suspendu* par une condi- » tion, etc. »

Tous deux peuvent hypothéquer. Seulement, l'hypothèque suivra les chances que la condition fera subir au propriétaire actuel et au propriétaire futur.

S'il était vrai que Pierre fût soumis à une condition suspensive, si l'on devait adopter l'interprétation de M. Grenier, il s'ensuivrait qu'on devrait effacer de notre article ce qui a rapport aux conditions résolutoires ; il s'ensuivrait que toute condition résolutoire serait l'équivalent d'une condition suspensive, et que le législateur serait tombé dans un pléonasme inutile ; tandis qu'au contraire il s'est servi de mots pleins de sens, et dont le but est de marquer la séparation profonde qui existe entre les conditions suspensives et les conditions résolutoires.

Concluons donc : ou l'on doit rejeter l'interprétation de M. Grenier et adopter celle que nous proposons, ou bien l'art. 2125 est dépourvu de portée dans ses premières dispositions.

469. C'est sous l'empire de ces préoccupations que M. Grenier a examiné la question de savoir si celui qui a sur un immeuble un droit de réméré ou de rescision, peut l'hypothéquer. Il se détermine, comme de raison, pour la négative ; mais nos principes nous conduisent à une opinion diamétralement opposée, et conforme à celle de M. Tarrible (1).

En effet, le vendeur à réméré a sur l'immeuble un droit suspendu par une condition, un droit subordonné à l'exercice du droit de retour. Il peut

_____

(1) Hyp., sect. 2, § 3, art. 3, n° 5. Dalloz, Hyp., p. 120, n° 6, et 189, n° 3.

donc constituer sur cet immeuble des hypothèques subordonnées à la même condition.

La cour de Besançon a cependant fait prévaloir
l'opinion de M. Grenier, dans les considérans d'un
arrêt du 22 novembre 1823 (1). Elle se fonde sur
le principe que le vendeur n'a pas la propriété de
l'immeuble; que cette propriété réside tout entière sur la tête de l'acquéreur; que le vendeur à
réméré n'a pas dans l'immeuble de droit suspendu
par une condition, parce qu'il n'y a pas de droit en
suspens dans un contrat fait sous une clause résolutoire.

Ces motifs me paraissent sans solidité. Qu'importe que la cour de Besançon prouve que la propriété réside sur la tête de l'acquéreur! Qui nie
cette circonstance? Par cela seul que le vendeur à
réméré n'a sur l'immeuble qu'un droit suspendu
par une condition, on reconnaît qu'il n'est pas
propriétaire et qu'il n'a qu'un *espérance* pour le
devenir. Mais, d'après notre article, il n'est pas
nécessaire d'être *actuellement propriétaire* d'une
chose pour l'hypothéquer (2). On peut l'hypothéquer, même quand on n'a sur elle qu'un droit suspendu par une condition. A moins qu'on ne veuille
dire avec M. Grenier, qu'en parlant des *conditions
suspensives*, l'art. 2125 n'a entendu parler que de
conditions résolutoires, et que les conditions réso-
sutoires sont des conditions suspensives.

(1) Dal., 1826, 1, 44.
(2) Les mots : *actuellement appartenant* de l'art. 2129 ne
sont pas synonymes, en effet, de ceux-ci : *être actuellement
propriétaire. Suprà,* n° 468 *ter,* et *infrà,* n° 510.

La cour de Besançon ajoute qu'il n'y a pas de droit en suspens, dans un contrat fait sous une condition résolutoire. Sans doute! à l'égard de l'acquéreur dont le marché est grevé d'une clause résolutoire, il n'y a rien de suspensif dans la convention. Il jouit, il cultive, il récolte, il agit en un mot, comme propriétaire actuel. Mais l'acquéreur n'est pas le seul qui figure dans le contrat de vente à réméré. Il y a aussi le vendeur; et le simple bon sens dit que la clause qui, pour l'acquéreur, forme une disposition résolutoire, est en même temps, pour le vendeur, une disposition *suspensive*. L'acquéreur a promis au vendeur de lui rendre la chose, s'il exerce le réméré dans tel délai : c'est là pour le vendeur une condition suspensive. On n'a qu'à jeter les yeux sur le traité de Tiraqueau, *De retractu conventionali*, et l'on verra si, dans une foule de cas, il ne parle pas du droit de rachat comme d'un droit soumis à une condition, et, par conséquent, à une condition *suspensive*, puisque l'exercice en est *suspendu* par un événement futur (1). Rien de plus ordinaire dans les contrats, que ce mélange de dispositions qui contiennent pour les uns des clauses résolutoires, et pour ceux-ci des conditions suspensives. Nous en avons vu un exemple au numéro précédent. De plus, examinée en elle, la condition résolutoire contient toujours quelque chose de *suspensif*. La résolution y est *suspendue;* elle dépend d'un événement futur, qui peut la faire arriver. Mais il y

_____

(1) § 1, glose 2, n°s 22, 50, etc.

a cette différence entre elle et la condition suspensive, que celle-ci suspend *la disposition*, tandis que
celle-là suspend *la résolution* (1). Eh bien! ce droit
de résolution, qui est suspendu, ce droit de résolution, qui peut faire rentrer la chose dans les
mains du vendeur, si tel événement se vérifie, ce
droit est un de ceux dont parle notre article; et
l'hypothèque est très-possible sur l'immeuble affecté de cette clause au profit du vendeur.

Au reste, la cour de Besançon n'avait pas à traiter en thèse cette question : il ne s'agissait pas de
savoir si le vendeur à réméré avait pu valablement
hypothéquer l'immeuble sur lequel il avait action.
Pareille convention n'était pas intervenue; la
seule question du procès était de savoir si le vendeur à réméré avait pu vendre son action sans
que ses créanciers, ayant hypothèque générale,
pussent se plaindre : ce qui était bien différent.
On jugea, avec raison, que ces créanciers étaient
sans qualité pour inquiéter le cessionnaire du
vendeur; car la vente de l'action était vente d'une
chose non atteinte par l'hypothèque; et quant à
l'immeuble objet de cette action, l'hypothèque ne
pouvait l'atteindre, puisque le débiteur ne l'avait
pas fait rentrer dans son patrimoine (2). La condition à laquelle l'hypothèque était soumise ne s'é-
tait pas réalisée. Le pourvoi contre l'arrêt de la
cour de Besançon fut rejeté par arrêt de la cour

(1) Cette remarque a été faite par Ricard, dans son traité
des dispositions condit.
(2) *Suprà*, n° 435.

de cassation, du 22 décembre 1825 (1). J'approuve cette décision de la cour suprême; mais les considérans ne me paraissent pas tous irréprochables (2).

469 *bis*. L'héritier peut aussi concéder hypothèque éventuelle sur les biens qui pourront lui obvenir par le partage, mais qu'il possède encore par indivis. C'est ce que la cour de cassation a reconnu, quoique cependant par forme d'énonciation, dans un arrêt du 6 décembre 1826 (3).

Ce que je dis d'un héritier s'applique à tout communiste quelconque.

Mais on conçoit que l'hypothèque ne peut dépasser la portion afférente par le partage. Le contraire avait lieu cependant dans le droit romain. Un fonds est commun entre Pierre et moi : je l'hypothèque. Malgré le partage intervenu plus tard, l'hypothèque subsistera indivisément sur la totalité de l'héritage, d'après les lois romaines (4), qui, se fondant sur la subtilité du droit, ne voulaient pas que le créancier qui avait un droit sur tout l'héritage, pût le perdre par le partage. « Illud tenen-

» dum est, si quis communis rei partem *pro indi-*

» *viso* dederit hypothecæ, divisione factâ cum so-

(1) Dal., 26, 1, 43.

(2) Je reviens sur cette question dans mon commentaire *de la Vente*, et j'y réfute un arrêt de la cour de Bordeaux du 5 janvier 1833, qui suit l'opinion de M. Grenier (V. le t. 2, n° 740).

(3) Dal., 27, 1, 83. *Suprà*, n° 289.

(4) L. 6. § 8, Dig., *Com. divid.* L. 7, § dernier, *Quib. modis pignus.* L. 3, § dernier, Dig., *qui potior.*

» cio, non utique eam partem creditori obligatam
» esse quæ ei obtingit, qui pignori dedit; sed
» utriusque pars *pro indiviso*, pro *parte dimidiâ*
» manebit obligata. »

En France ces lois ne sont pas suivies; on y tient
depuis long-temps pour maxime qu'*après le partage*(1), l'hypothèque est fixée à la portion échue
au débiteur (2). Il n'est pas juste que l'héritage
de tous soit saisi pour la dette d'un seul; c'est ce
qui résulte de l'art. 2205 du Code civil (3).

470. Je viens d'examiner le sort de l'hypothèque,
quand elle se lie à un immeuble sur lequel le droit
du propriétaire est *suspendu* ou *résoluble*.

(1) C'est donc avec raison que la cour royale d'Aix a décidé, le
23 janvier 1835 (Dalloz, 35, 2, 102; Sirey, 35, 2, 267) que le
créancier inscrit sur la part indivise que son débiteur possède dans
une succession, ne peut être colloqué sur le prix de la vente
des immeubles de cette succession, qu'autant que les droits du
cohéritier débiteur ont été déterminés par un acte de partage.

(2) Je retrace les vicissitudes de ce point de droit dans mon
commentaire *de la Vente*, nos 11, 177 et 207.

(3) M. Grenier, t. 1, p. 333, 334. Le Code hollandais a
érigé cette opinion en loi. L'art. 1243 est ainsi conçu : « La
» part indivise dans un immeuble commun peut être grevée
» d'hypothèque. Après le partage de l'immeuble, l'hypothèque
» n'affectera que la partie échue au débiteur qui l'a consentie,
» hors le cas d'exception énoncé en l'art. 1403. » Cet article
1403 correspond à la première partie de l'art. 1167 de notre
Code civil (*Revue étrangère*, par M. Fœlix, t. 1, p. 647).

On sait, au surplus, que si, par l'événement du partage, le
cohéritier débiteur se trouvait aportionné en meubles, les immeubles qui seraient tombés aux lots des autres co-partageans,
seraient affranchis de toutes hypothèques du chef de leur
cohéritier débiteur (Art. 883 du C. c.).

Pour compléter cette matière, j'anticiperai sur l'art. 2132, et puisque j'ai parlé de conditions, j'examinerai le sort de l'hypothèque quand elle se lie à une obligation conditionnelle ou résolutoire, ou à terme.

L'hypothèque, étant une convention accessoire à une obligation principale, doit en subir les modifications. Si l'obligation principale est pure et simple, l'hypothèque le sera aussi. Si l'obligation est conditionnelle, l'hypothèque sera subordonnée à la même condition.

Mais ceci exige quelques développemens.

Une obligation peut être à terme ou conditionnelle.

470 *bis.* Voyons ce qui concerne le terme.

Comme le terme ne suspend pas l'obligation, et qu'il retarde seulement le paiement, l'hypothèque portée au contrat aura tout son effet du jour même de ce contrat. La raison en est que l'obligation prend naissance à la date du pacte intervenu entre les parties, et que l'hypothèque, étant un accessoire de l'obligation principale, naît précisément avec elle, à moins de clauses contraires (1).

Cependant il y a une exception à cette règle.

Lorsqu'on obtient un jugement portant reconnaissance d'écriture d'une obligation sous seing privé avec terme, ce jugement, d'après les principes stricts, devrait produire hypothèque générale, sur-le-champ, pour sûreté de l'obligation.

(1) Voët, lib. 20, t. 4, n° 30. L. 1, dig., *Qui potior.* Grenier, t. 1, n° 21.

Mais on a vu ci-dessus (1) qu'une loi spéciale, celle du 3 septembre 1807, en a décidé autrement; j'en ai fait connaître les motifs.

471. Je passe à ce qui concerne les conditions.

Parmi les très-nombreuses espèces de conditions, on distingue principalement les conditions suspensives et les conditions résolutoires. Ce sont celles dont il est seulement nécessaire de s'occuper ici.

La condition suspensive est ainsi appelée parce qu'elle suspend l'obligation.

Lorsque la condition suspensive est pendante, l'obligation est suspendue.

Lorsqu'elle arrive, l'obligation se vérifie, et, par un effet rétroactif, elle est censée avoir été pure et simple dès le commencement.

Lorsqu'elle manque, l'obligation manque avec elle, et c'est comme s'il n'avait jamais été contracté d'obligation.

Ce sont ces différens effets des conditions que Cujas a exprimés dans cette phrase remarquable par sa concision pleine de sens, « conditio est » causa apposita legato, quâ existente legatum de- » betur, deficiente perimitur, suspensâ suspen- » ditur. »

472. Reprenons ces trois effets.

Lorsque la conditions est encore pendante, l'obligation n'est pas encore née : le créancier n'a qu'une simple espérance, il n'y a pas encore de droit.

(1) N° 443.

L'hypothèque reste donc suspendue de même que l'obligation.

Mais comme, malgré l'effet suspensif, le créancier peut prendre toutes les mesures conservatoires (1) de ses droits, il suit nécessairement de là qu'il pourra prendre inscription, parce que l'inscription n'est autre chose qu'un acte conservatoire (2).

C'est ce que le Code civil a reconnu en termes positifs. L'art. 2134, que j'analyserai plus tard, dit que, *si la créance est conditionnelle pour son existence*, le créancier pourra requérir l'inscription.

Ainsi, si je stipule que vous me paierez 20,000 francs, sous l'hypothèque de l'immeuble Cornélien, si le bâtiment qui vous apporte des fonds arrive des Indes, je puis prendre inscription dès le jour du contrat, pour sûreté du paiement de la somme.

Si le bâtiment arrive, l'obligation devient pure et simple, et l'obligation rétroagit au temps de la convention, et mon inscription subsiste dans toute sa force.

Mais si le bâtiment n'arrive pas, parce qu'il fait naufrage aux Indes, alors il n'y a plus d'obligation, et mon inscription devient sans effet; car, *resoluto jure dantis, resolvitur et jus accipientis.*

Ces principes paraissent simples, mais ils se compliquent souvent de circonstances qui donnent lieu à des exceptions, et apportent dans l'application de nombreux embarras.

(1) Ricard, Disp. cond., n° 185.
(2) *Suprà*, n° 365, 443 *bis*, art. 2132.

Pour résoudre ces difficultés, il faut faire une distinction entre les conditions casuelles, les conditions potestatives et les conditions mixtes.

Je suppose qu'on connaît la définition de ces trois genres de condition.

473. Lorsque la condition est casuelle, c'est-à-dire qu'elle dépend du hasard, elle produit toujours un effet rétroactif. « Si conditio est casualis, » existente conditione, obligatio retrotrahitur, » dit Bartole, sur la loi *Qui Balneum*, D. *qui potior in pign.* (1).

Voët s'en explique clairement : « Sed et secundò observandum, non existentis diei aut conditionis principali obligationi adjectæ, *sed hypothecæ constitutæ tempus inspiciendum esse, si modò ea principali obligationi inveniatur apposita, quæ invito debitore impleri potest* (2).

Ainsi, par exemple, si l'héritier donne hypothèque sur ses biens pour les legs qui sont dus sous condition, il ne pourra hypothéquer ces mêmes biens à des tiers au préjudice des créanciers des legs, en sorte que si la condition se réalise, les légataires qui auront pris inscription dès le jour de la constitution d'hypothèque, seront préférés aux créanciers postérieurs. Car, pour juger de l'existence légale de l'hypothèque, il ne faut pas considérer le jour où la condition casuelle est arrivée, mais le jour du contrat. Cet exemple

_____

(1) Ferrières, Cout. de Paris, art. 170, § 1, n° 28. Cujas, sur la loi *Qui Balneum*, D., § 1, *Qui potior*.

(2) Liv. 20, t. 4, n° 30.

est donné par Voët, *loc. cit.* Il est tiré de la loi 9, § 2, D. *qui potior.*

Ainsi encore, Pierre donne hypothèque sur ses biens, moyennant une condition casuelle, d'où dépend l'obligation principale. Jacques, son créancier, prend inscription avant l'échéance de la condition. Postérieurement, Pierre hypothèque purement et simplement ses biens à François, qui prend inscription ; et, quelque temps après, la condition se vérifie. Vainement François voudrait-il prétendre la préférence sur Jacques, sous prétexte que le droit de ce dernier dépendait d'une condition qui ne s'est vérifiée que postérieurement à son inscription. Car la condition, en se vérifiant, a donné un effet rétroactif à l'obligation conditionnelle : « Quia conditio existens perindè habetur ac si illo » tempore, quo stipulatio interposita est, sine con- » ditione facta esset (1).

474. Mais si l'obligation dépendait d'une condition potestative, alors l'hypothèque ne rétroagirait pas : elle prendrait seulement naissance du jour de l'accomplissement de la condition.

« Si conditio est casualis, existente conditione, » obligatio retrotrahitur, *secùs, si est potestativa.* », dit Bartole, sur la loi 9, D. *qui potior.*

C'est d'après cette seconde règle que Basnage a dit : « Si vous vous obligez de me payer 100 écus, » lorsque vous irez à Paris, en ce cas, comme il est » en votre liberté d'y aller ou de n'y aller pas, et » que l'effet de cette promesse dépend de votre

_____

(1) Voët, liv. 20, t, 4, n° 30.

» seule volonté, et qu'il est en votre pouvoir de
» me payer ou de ne me payer point, parce que
» vous n'êtes obligé qu'en cas que vous alliez à
» Paris, cette obligation ne commence d'être que
» du moment que la condition est avenue, et par
» conséquent ne pouvant avoir un effet rétroactif,
» l'hypothèque ne commence de naître que de ce
» temps-là, l'obligation conçue en ces termes-là
» n'ayant non plus de force que si l'on avait parlé
» en cette manière, *cùm volueris, aut si volue-*
» *ris* (1).

A ces autorités, je ne puis m'empêcher de joindre celle de Cujas et celle de Voët.

Le premier dit (2) :

« Pignus rectè contractum est, licet nondùm
» cœpisset deberi ex stipulatione, quandò certum
» erat debitum iri si existeret conditio, nec pote-
» rat *promissor* suo facto stipulationem infirmari,
» vel conditioni afferre impedimentum, videlicèt si
» erat conditio collata in casum vel *in potestatem*
» *stipulatoris*, non in potestatem promissoris; nam
» si in *potestate promissoris*, non antè intelligitur
» contracta pignoris obligatio, quàm ipse promis-
» sor conditionem impleverit; et cui res antè con-
» ditionem impletam fuerit obligata, *is potior erit.*
» Sed si fuerit *casualis* vel *in potestate stipulatoris*,
» pignoris obligatio *ab initio* consistit, et postea-

_____

(1) Hyp., ch. 11. Arg. de l'art. 1174 du Code civil. Il n'y
a d'obligation valable que lorsque la condition est remplie.
Voy. *infrà*, n° 589.

(2) Sur la loi Balneum, Dig., *Qui potior*, § 1.

» quàm exstiterit conditio, perindè erit atque si
» purè concepta stipulatio fuisset. »

Le second s'explique ainsi (1) :

« Quod si ex adverso ea obligationis, cui dies
» aut conditio adjecta fuit, natura sit, ut invito
» debitore nasci nequeat, contrà dicendum fuerit,
» eum potiorem fore, cui pignus tempore poste-
» riore pro debito puro constitutum, antequàm
» conditio prioris obligationis exstitisset; veluti, si
» cum alio ante convenerit, ut, *si ab eo pecunia*
» *acciperetur, res ei obligata esset*, et forte prius-
» quàm numeraretur, alii res pignori data sit. Po-
» terat enim is, qui ità priori pignus obligaverat,
» non accipere ab eo pecuniam, ac suâ habebat in
» potestate, an accipiendo se ei obstringat, adeo-
» que, eo invito, neque conditio impleri potuisset
» neque debitum nasci (l. 1, § 1, l. 9, § 1, l. 11, *qui*
» *potior*). Quinimò ante numerationem, tempore
» medio, neque pura neque conditionalis obligatio
» principalis suberat, sed tantùm spes fore ut
» principaliter contraheretur, *ac proindè necesse*
» *erat pignus quoque inane esse*, quippe quod, sine
» purâ aut conditionali obligatione præcedente,
» subsistere non poterat... Nec suprà dictis adver-
» satur responsum Papiniani in l. 1, *qui potior.*
» Cùm ibi facti species proponatur, quâ alius pro
» muliere dotem promiserat, et cùm dotem reddi
» pactus esset, in restitutionis securitatem pignus
» à marito constitutum fuerat; quo casu, licèt
» primâ facie videri posset, in arbitrio mariti esse,

(1) N° 30.

» an et quousquè dotem accipiendo velit de dote
» reddendâ obligatus esse, exemplo ejus cui pecu-
» nia ex mutuo numeranda erat; contrà tamen
» placuit eum non posse dotem promissam non
» acceptare; neque enim marito permittendum
» erat id efficere, ut mulier minùs dotata sit, at-
» que ità non suo tantùm juri sed et uxoris favori
» renuntiare : undè cùm hæc obligatio talis esset,
» ut et invito marito nasci posset, meritò ex ipso
» pignore constitui momento, jus prælationis pro
» dote tributum fuit. *Donell. De pignorib.*, cap. 12,
» vers. *prioris autem generis* (1). »

On voit par tout ceci quel est le fondement de cette doctrine. C'est que, l'obligation principale étant nulle lorsqu'elle est contractée sous une condition potestative de la part de celui qui s'oblige (art. 1174 du Code civ.), l'hypothèque qui lui est accessoire est nulle également; *inane est pignus*, dit Voët. Ce n'est que lorsque la condition vient à s'accomplir, qu'alors il commence à y avoir un contrat sérieux ; ce n'est donc aussi que dès ce moment que l'hypothèque prend naissance.

475. Quant aux conditions mixtes, elles sont assimilées aux conditions casuelles (2). Elles produisent par conséquent un effet rétroactif.

Telle est entre autres la doctrine du savant Hofacker, professeur de l'université de Tubinge (3). « Conditione verò obligationi principali adjectâ, » si quidem potestativa est, ante existentiam ejus,

(1) Je reviendrai, *infrà*, n_0 579, sur ce texte de Papinien.
(2) Basnage, ch. 12. Grenier, t. 1, n° 25.
(3) *Principia juris*, n° 1206.

»efficax non fit pignoris constitutio : sin casualis
»vel *mixta sit,* efficaciam pignus habet ex tempore
»initæ conventionis (1). »

476. Ces principes servent à résoudre les difficultés qui se présentent dans la pratique, sur la
naissance des hypothèques, dans les obligations
constitutionnelles.

M. Merlin, *Questions de droit,* vᵒ *Hypothèque,*
§ 3, pose la question suivante :

« Quel est l'effet de l'inscription hypothécaire
»prise par Titius, sur un contrat passé devant no-
»taires, entre lui et un manufacturier, par lequel
»il s'est obligé, de fournir à celui-ci des matières
»brutes que le manufacturier s'est obligé, de son
»côté, de fabriquer pour le compte de Titius, en
»lui affectant un immeuble pour sûreté des ma-
»tières, jusqu'à la concurrence d'une somme dé-
»terminée ? »

Après avoir hésité sur cette difficulté dans une
première édition des Questions de droit, M. Merlin convient, dans sa troisième édition, qu'il s'est
trompé, et il décide que dans cette espèce l'hypothèque a pris naissance au jour de la convention.
On doit en effet approuver cette solution.

C'est que, dans cette convention, l'hypothèque
n'est soumise qu'à cette seule condition, *si Titius
créancier livre les marchandises au manufacturier.*
Or, cette condition, quoique potestative à l'égard
de Titius, ne rend pas l'obligation nulle. Car Titius

(1) Q. de droit de Merlin, Hyp., col. 2, p. 398, *ad notam.*
Infrà, application de cette règle, nᵒ 580.

n'est pas le débiteur, et, d'après l'art. 1174 du
Code civl, l'obligation n'est infectée de nullité
qu'autant qu'elle a été contractée sous une condition potestative, de la part de celui qui s'oblige (1).

Ici, celui qui s'oblige, c'est-à-dire le manufacturier, est forcé de recevoir les marchandises. Il y
a un *vinculum juris*, dont il ne peut s'affranchir.
Donc Titius aura pu prendre inscription sur lui
dès le moment du contrat.

477. Mais par quel moyen le créancier, qui a
fait les envois de marchandises, en justifiera-t-il
le montant à l'égard des tiers? faudra-t-il qu'il
constate les livraisons par des actes authentiques?
Pourra-t-il les prouver par des actes sous seing
privé?

M. Persil pense que la justification doit se faire
par acte authentique. M. Grenier est incertain sur
la question (2). Mais c'est mal à propos qu'il cite
M. Merlin comme conforme à l'opinion de M. Persil. Car cet auteur, revenant de sa première doctrine, enseigne positivement, dans la 3ᵉ édition
de ses Questions de droit (3), que la justification
peut se faire par des *actes sous seing privé*. « La loi
» dit-il, exige l'authenticité dans le titre constitutif
» de l'hypothèque; mais elle se borne là, et pour
» étendre sa disposition jusqu'aux pièces nécessai-
» res pour régler et liquider la créance ainsi hy-
» pothéquée, il faudrait être législateur. » Je ren-

(1) *Suprà*, nº 474, texte de Cujas et de Voët.
(2) T. 1, nº 27.
(3) Hyp., p. 397, col. 2.

voie à ce que je dirai sur cette question sur l'article 2127 (1).

478. Que doit-on décider dans l'espèce suivante?

Pierre, banquier à Paris, promet à Jacques de lui ouvrir un crédit de 100,000 francs, et Jacques s'oblige par acte authentique à lui fournir une hypothèque spéciale jusqu'à concurrence des valeurs fournies. De quel jour doit compter l'hypothèque? est-ce du jour du contrat, ou seulement des époques successives auxquelles ont été effectuées les avances promises (2)?

Cette stipulation d'hypothèque est évidemment soumise à la condition, *si Jacques qui en est débiteur fait usage du crédit.*

Or, c'est là une question potestative de la part du débiteur : donc, l'accomplissement de la condition ne pourra pas produire d'effet rétroactif : donc, l'hypothèque ne prendra naissance qu'au fur et à mesure de paiemens réalisés (3); ou bien si celui à qui le crédit a été ouvert en a usé en tirant des lettres de change, l'hypothèque ne se réalisera qu'au fur et à mesure des présentations à l'acceptation, qui font cesser la condition potestative et produisent un lien de droit définitif.

(1) N₀ 508.

(2) V. *infrà,* nº 656 *bis.*

(3) Merlin, Q. de droit, Hypothèque , § 3, n₀ 2. M. Sirey a aussi traité cette question dans son volume 14, 2, 58. Mais il faut se tenir en garde contre l'interprétation qu'il donne de la loi 1, Dig., *qui potior,* dont on a vu le sens d'après Voët. *Suprà,* nº 474.

La loi 11 au *D. qui potior.*, en contient une décision formelle (1). « Potior est in pignore qui
» priùs credidit pecuniam et accepit hypothecam,
» *quamvis cum alio antè convenerat ut si ab eo pecu-*
» *niam acceperit, sit res obligata, licet ab hoc posteà*
» *accepit :* poterat enim , licet antè convenit , non
» accipere ab eo pecuniam. »

Aussi Voët rapporte-t-il qu'il a été décidé par les jurisconsultes de Hollande, qu'un cabaretier ayant hypothéqué sa maison pour sûreté de livraisons de bières qui lui seraient faites par un brasseur, l'hypothèque ne prenait rang que du jour où le cabaretier avait reçu les livraisons, et au prorata de leur valeur (2).

Il suit de là que, si le débiteur de l'hypothèque, avant de faire usage du crédit à lui offert , hypothéquait son bien à d'autres créanciers qui prissent sur-le-champ inscription, ces nouvelles hypothèques seraient préférables , et le débiteur ne pourrait les rendre sans effet en usant postérieurement de son crédit (3).

Par exemple ,

Pierre m'ouvre un crédit de 100,000 francs, par un contrat authentique du 25 mars 1826, et je lui promets une hypothèque sur ma terre du *Val*

(1) Pand. de Pothier, t. 1, p. 569, n° 3, et les notes.
(2) *Ad Pand.*, *qui potior*, n° 30.
(3) Toullier, liv. 3, t. 3, ch. 4, n° 546. Merlin, Q. de droit, p. 406, col. 1. Dal., Hyp., p. 204 et 205. Ancienne jurispr. Domat, liv. 3, t. 1, sect. 1, art. 4. Pothier, Hyp., chap. 1 , sect. 2, §3.

d'Enfer. Pierre fait inscrire son hypothèque le 25 mars 1826.

Avant que je fasse usage de ce crédit, j'hypothèque la même terre à Caïus, qui prend inscription le 1er avril 1826. Je ne reçois des sommes d'argent de Pierre qu'en juin même année. Nul doute que l'inscription de Caïus ne le rende préférable à Pierre, lequel n'a pu prendre d'inscription valable qu'à compter des paiemens par lui réalisés.

479. M. Grenier (1) pense cependant qu'il n'est pas exact de dire que l'hypothèque n'a commencé que du moment où j'ai puisé dans la caisse de Pierre, et que cette hypothèque doit remonter au jour du contrat. Car, dit-il, *le banquier qui ouvre le crédit est obligé d'en fournir le montant à son correspondant*, et il cite la loi *Qui dotem*, 1, D, *qui potior*.

Mais M. Grenier oublie ici les principes qu'il a si bien professés (2), c'est-à-dire que quand l'obligation est soumise à une condition potestative de la part du débiteur de l'hypothèque, l'hypothèque ne commence que du jour de l'accomplissement de la condition. Or, il est certain que le correspondant n'a promis hypothèque que sous la condition potestative de sa part qu'il ferait usage du crédit. Il faut attendre que la condition se réalise par des paiemens effectifs, ou par la présentation de lettres de change à l'acceptation, ou de toute

(1) T. 1, n° 296. Joignez MM. Persil, Quest., t. 1, ch. 4; Favard et Villargues, dans leurs Répert., v° Hyp.; Pardessus, t. 4, p. 281.

(2) T. 1, n° 23.

autre manière équivalente, pour que l'hypothèque prenne naissance.

Qu'importe que le banquier soit obligé? Ce n'est pas lui qui est le débiteur de l'hypothèque. Il en est au contraire le créancier. M. Grenier me paraît confondre ici deux personnes, qu'il faut soigneusement distinguer l'une de l'autre.

Quant à la loi *Qui dotem*, 1, au D. *qui potior.*, qu'il me permette de dire qu'il n'en a pas bien apprécié l'esprit. Le débiteur de l'hypothèque sur la validité de laquelle *Papinien* avait à se prononcer, était obligé, formellement et sans condition potestative, à recevoir la dot pour laquelle il avait promis hypothèque. On peut voir l'interprétation que Voët donne à cette loi, d'après la commune opinion. J'ai rapporté plus haut ses propres expressions (1).

M. Grenier me semble aussi dans l'erreur lorsqu'il croit que l'arrêt de la cour de cassation du 26 janvier 1814, qu'on trouve rapporté tout au long aux Questions de droit de M. Merlin (2), est tout-à-fait décisif en faveur de son opinion.

Dans l'espèce de cet arrêt, Manoury avait ouvert un crédit de 100,000 francs au sieur Bonvoisin, qui lui avait hypothéqué son domaine de *Belle-Etoile*. Le 6 mai 1808, inscription au bureau des hypothèques.

Bonvoisin tire des lettres de change, qui sont

_____

(1) N° 474, et Pothier, Pand., t. 1, p. 569, n° 2, et la note.

(2) V. aussi Dalloz, Hyp., p. 214 et 215, et la note, p. 205.

acquittées par Manoury, jusqu'à concurrence de 97,208 fr.

Ce n'est que le 13 octobre 1808 que Bonvoisin consent des hypothèques à des tiers sur le domaine de Belle-Etoile.

Bonvoisin était tombé en faillite, ces nouveaux créanciers prétendirent que Manoury était sans droit, et que son hypothèque était nulle, par la raison qu'à l'époque où elle avait été inscrite, le contrat n'était obligatoire pour aucune des parties.

Ce système fut successivement proscrit par la cour de Caen et par la cour de cassation.

Et il devait l'être nécessairement, puisque, à l'époque où les nouvelles hypothèques avaient été créées, le débiteur avait fait usage de son crédit, et procuré par conséquent l'accomplissement de la condition potestative. Ainsi l'hypothèque de Manoury avait eu une existence légale avant que le droit des hypothèques postérieures ne fût ennore né (1).

Il ne faut pas se dissimuler cependant que les motifs donnés par la cour de Caen et par la cour de cassation rentrent dans le système de M. Grenier. Ces deux cours font abstraction de ce fait décisif, savoir, que la numération des deniers avait précédé l'hypothèque conférée aux tiers. Elles raisonnent comme si le contrat eût produit un lien de droit, non seulement pour le prêteur, mais encore pour l'emprunteur, quand même celui-ci n'aurait pas encore fait usage de son crédit!! Mais,

----

(1) C'est ainsi que M. Merlin interprète cet arrêt.

à mon avis, les principes s'opposeront toujours à de pareilles assertions.

480. Quelques esprits rigides (1) ont prétendu que l'inscription, étant prise avant les paiemens qui seuls forment entre le prêteur et le débiteur le lien hypothécaire, devait être annulée comme prématurée. En effet, ont-ils dit, l'inscription n'est qu'une mesure conservatoire. Or, comment peut-on conserver une hypothèque qui n'a pas encore d'existence, pas plus que l'obligation dont elle est l'accessoire? Car, d'après l'art. 1174 du Code civil, toute obligation est nulle lorsqu'elle a été contractée sous une condition potestative de la part de celui qui s'oblige.

Néanmoins il faut répondre que l'inscription est valable. La nullité dont il s'agit dans l'art. 1174 n'est pas radicale et absolue. La preuve en est que si celui qui s'oblige remplit la condition, le contrat a toute sa force, et il n'est pas nécessaire de passer un nouvel acte. Il y a un lien de droit, qui confirme le contrat, du jour où celui qui s'oblige a accompli la condition. La nullité est couverte, et il n'est plus temps de l'opposer.

L'inscription sera protégée par les mêmes raisons. Elle sera l'accessoire d'une obligation hypothécaire qui ne sera plus attaquable dès le moment que le lien de droit sera formé.

D'ailleurs qui pourrait s'en plaindre? il n'y aurait que les tiers. Mais où serait leur intérêt? Car

(1) M. Delvincourt, t. 3, p. 159, n° 3. M. Battur, t. 2, n° 283.

nous convenons que l'inscription ne doit prendre rang que du jour où l'obligation a été purifiée et confirmée.

Or, de deux choses l'une : ou ces tiers ont obtenu hypothèque avant l'événement de la condition potestative, ou ils l'ont obtenue après.

S'ils l'ont obtenue avant, leur hypothèque inscrite prend la préférence sur celle du créancier sous condition potestative.

S'ils l'ont obtenue après, comme le lien de droit était formé avant la constitution de leur hypothèque, ils ne peuvent pas se plaindre d'une inscription qui leur a fait connaître l'hypothèque valable qui les primait.

480 *bis*. A l'égard des conditions *résolutoires* qui affectent les obligations, j'ai peu de chose à en dire d'après ce que j'ai fait connaître ci-dessus de ce genre de conditions (1). Je me borne à ajouter ici que, lorsqu'elles arrivent pour résoudre l'obligation, elles résolvent en même temps l'hypothèque qui en était l'accessoire (2).

ARTICLE 2126.

Les biens des mineurs, des interdits, et ceux des absens, tant que la possession n'en est déférée que provisoirement, ne peuvent être hypothéqués que pour les causes et dans

(1) N°⁵ 468 *ter* et suiv.
(2) Art. 2180, *infrà*.

les formes établies par la loi , ou en vertu de jugemens.

SOMMAIRE.

493. Quoique la nullité soit *ipso jure*, n'étant que *relative*, la ratification produit un effet rétroactif à l'égard des tiers.

494. Objections réfutées.

495. La ratification produit en général un effet rétroactif. Exception en faveur des tiers.

496. Mais cette exception n'a lieu que lorsque l'acte ratifié est nul d'une nullité absolue, ou qu'il est fait *à non domino*.

497. *Secùs*, s'il s'agit d'une nullité relative.

498. Les anciens auteurs, en établissant que la ratification ne nuisait pas aux tiers, n'ont dit cela que dans le cas de nullités absolues ou d'actes faits *à non domino*. Erreur de M. Grenier à cet égard.

499. Réponse à une objection tirée de l'article 1338, et à un arrêt de la cour de Nancy.

500. Tout ceci s'applique aux prodigues.

501. Et aux femmes mariées qui ratifient les actes souscrits par elles sans autorisation maritale. *Quid* dans l'ancienne jurisprudence?

502. Que doit-on penser d'une opinion de M. Grenier, qui pense que le silence gardé pendant dix ans par le mineur ne valide pas l'acte *ab initio* à l'égard des tiers?

COMMENTAIRE.

481. Les biens des mineurs, comme ceux des majeurs, sont soumis à l'hypothèque judiciaire, d'après la disposition finale de notre article. On n'a jamais douté de cette règle dans l'ancienne jurisprudence, et elle se trouvait même consignée dans les lois 3, § 1, D. *de reb. eorum qui sub tutelâ*, et dans la 7, § 10, D. *quib. ex causis*.

On sent aisément que dans cette matière on ne pouvait créer de privilége pour le mineur; en effet, lorsque ses droits ont été débattus sous les yeux du juge, on n'a pas à craindre que la fraude ait abusé de son âge pour lui faire engager témérairement ses immeubles; sans cela personne ne voudrait traiter avec les mineurs (1).

482. Il n'y a pas de doute non plus que les biens du mineur ne puissent être frappés d'hypothèque légale; « diversum est, dit Voët, si de pignore, non » conventionali, sed legali quæstio fit, *quippe quo* » *etiam pupillaria bona gravari posse obtinuit* (2), » et c'est ce qui résulte de la loi 2, D. *de reb. cor.*, et de la loi 2, au D. *in quib. causis.*

485. Mais. en ce qui concerne les hypothèques conventionnelles, la loi a dû environner le mineur de formalités protectrices pour le mettre à l'abri des piéges de la mauvaise foi.

D'après le droit romain, le tuteur de l'impubère ou le curateur du pubère ne pouvaient hypothéquer seuls les biens du mineur confié à leurs soins; il fallait l'intervention de l'autorité du magistrat (3).

A la vérité, dans des temps plus anciens, on voit, par des textes empruntés aux écrits du jurisconsulte Scévola, que les tuteurs ou curateurs avaient seuls le droit d'hypothéquer les biens des mineurs (4). Mais l'empereur Sévère fit changer cet état de choses par un sénatus-consulte qui

(1) Cujas, Code, *Si major factus alien.*?

(2) Tit. *De reb. cor.*, n° 4.

(3) L. 1, § 2, Dig., *De reb. cor.* Pand., t. 2, p. 160, n° 1. Voët, *De reb. cor.*, n°ˢ 1 et 9.

(4) L. 47, § 1, *De minor.*, et 20, *De auct. tutor.* Pothier, Pand., t. 2, p. 160, note *a.* Voët, *loc. cit.*

n'exigea d'abord l'intervention du magistrat que pour les héritages rustiques et suburbains. Plus tard, Constantin exigea que l'autorisation du magistrat fût requise pour tous les héritages quelconques urbains ou ruraux (1).

Il n'y avait pas d'exception à cette obligation pour les mineurs émancipés. « Eos qui veniam æta- » tis à principali clementiâ impetraverunt vel im- » petraverint, non solùm alienationem, sed etiam » hypothecam minimè posse sine decreti interposi- » tione rerum suarum immobilium facere jube- » mus. » L. 3, C. *de his qui veniam ætatis.*

D'après le Code civil, art. 457, le tuteur (même le père ou la mère) ne peut hypothéquer les biens immeubles du mineur sans y être autorisé par un conseil de famille, et cette autorisation ne peut être donnée que pour cause d'une nécessité absolue ou d'un avantage évident.

Le mineur émancipé n'a pas une plus grande liberté que le mineur non émancipé. D'après les art. 483 et 484 du Code civil, il ne peut hypothéquer ses biens qu'en observant les formalités imposées pour cela aux mineurs non émancipés (2).

L'ancienne jurisprudence française contenait à cet égard les mêmes dispositions (3).

484. Les mineurs marchands autorisés sont placés, par le Code de commerce, dans une po-

(1) L. 22, C. *De administ. tutor.* Pothier, Pand., t. 2, p. 161, n° 4. Voët, *loc. cit.*, n° 1.

(2) Grenier, t. 1, p. 64, n° 37. Merlin, Q. de droit, v° Hypothèque, p. 411. *Contrà* M. Duranton, t. 3, n° 673.

(3) Pothier, Orléans, t. 9, n° 23. Argou, t. 1, liv. 1, ch. 8.

sition différente; par l'art. 6 de ce Code, ils peu-vent seuls hypothéquer leurs immeubles (1).

485. Les interdits pour cause de fureur, dé-mence, imbécillité, sont dans la même catégorie que les mineurs non émancipés (art. 509 du Code civil.)

Ceux qui sont pourvus d'un conseil judiciaire ne peuvent hypothéquer leurs biens sans l'assis-tance de ce conseil (art. 499 et 513 du Code civil).

486. Quant aux absens, l'art. 128 du Code civil dit positivement que les parens qui jouissent des biens des absens, en vertu de l'envoi en posses-sion provisoire, ne peuvent les hypothéquer.

Les tiers n'ont donc d'autre ressource que de prendre la voie d'actionner devant les tribunaux ceux qui jouissent des biens des absens par suite de l'envoi provisoire, et d'obtenir contre eux des jugemens qui imprimeront sur les biens l'hypo-thèque judiciaire (2).

487. Je passe à la question si importante et si controversée de savoir si, lorsqu'une hypothèque consentie par l'un des incapables que je viens d'é-numérer, est ratifiée par lui lorsque son incapa-cité cesse, elle doit compter du jour de la ratifi-cation, ou bien si cette ratification produit un effet rétroactif, et valide le contrat à l'époque de sa date.

(1) Grenier, n° 38, t. 1. Dalloz, Hyp., p. 189.
(2) Répert., v° Hyp., sect. 2, § 3, art. 6, n° 2; Grenier, t. 1, n° 40.

Pour se former des idées claires sur cette question, il faut d'abord examiner quel est le genre de vice que produit l'omission des formalités requises pour habiliter les conventions des incapables, dont il vient d'être question.

Occupons-nous d'abord des mineurs.

488. Il est indispensable de jeter, avant tout, un coup d'œil sur le droit romain.

Les lois romaines divisaient, comme l'on sait, la minorité en deux époques.

L'une, qui comprenait depuis la naissance jusqu'à quatorze ans pour les mâles, et douze ans pour les filles; c'était l'impuberté (1).

Pendant le temps de l'impuberté, le mineur était soumis à un tuteur. Il ne pouvait alors contracter aucune obligation, *même naturelle*, à moins cependant qu'il ne se fût enrichi (2). Il était dans la double incapacité de conduire sa personne et de gérer ses biens (3).

L'autre époque commençait à la puberté et finissait à vingt-cinq ans. L'adulte mineur était censé capable de conduire sa personne; mais en ce qui concerne ses biens, on ne présumait pas la même capacité, et il pouvait sur sa demande recevoir un curateur pour gérer sa fortune (4).

(1) L. final., C. *Quando tutor. esse inst. quib. modis tutel. finit.* M. Ducaurroy, t. 1, p. 222, n° 263.

(2) L. 43 et 59, Dig., *De oblig.* Cujas, sur la loi 59 citée, et sur la loi 127, *De verb. oblig.* Pothier, Pand., t. 3, p. 276, n° 17.

(3) M. Ducaurroy, t. 1, p. 225, n° 268.

(4) M. Ducaurroy, t. 1, p. 225, n° 268. Voy. les Instit. de

Quoique pourvu d'un curateur, le mineur pubère avait le pouvoir de s'obliger personnnellement sans l'intervention de ce protecteur de ses intérêts. Il était lié par les contrats qu'il souscrivait.

« Puberes sine curatoribus suis possunt ex sti- »pulatu obligari », l. 101, D. *De verb. oblig.* (1).

Je dis *personnellement ;* car, comme le fait observer Cujas, le curateur n'étant donné que pour les biens et pas pour la personne, on n'avait pas besoin de son intervention pour obliger la personne.

Mais le mineur ne pouvait disposer de sa chose, ni l'obliger, sans l'assistance du curateur ; car c'était précisément pour veiller sur la chose que celui-ci était préposé. Aussi voyons-nous, par la loi *si curatorem habens*, C. *de in integ. restit.*, que le mineur ayant un curateur ne pouvait, sans son assistance, obliger ses biens (2).

Ainsi, ce serait une erreur de croire que, par le droit romain, le mineur adulte pouvait s'obliger seul, valablement dans tous les cas, sauf la restitution en entier, s'il y avait lésion. Sans doute, s'il n'avait pas demandé la nomination d'un curateur, les actes qu'il avait passés seuls n'étaient su-

---

Justinien, liv. 1, t. 23, *De curat.*, n° 2. *Item inviti adolescentes curatores non accipiunt* , ainsi que le comment. de Janus à Costa sur ce passage, qui a fort occupé les interprètes.

(1) Cujas, sur cette loi. Pothier, Pand., t. 3, p. 293, n° 18, et note *c.* Voët, *De verb. oblig.*, n° 4, *De minorib.*, n° 52.

(2) Fachin, Cout., liv. 3, ch. 9. Voët, *De minorib.*, n° 52.

jets qu'à rescision (1). Mais lorsqu'il était dans les liens de la curatelle, il en était autrement. Il ne pouvait que contracter des obligations qui contenaient la simple prestation d'un fait personnel; quant à celles qui entraînaient la diminution de son avoir (2), elles étaient nulles; il n'était pas nécessaire que le mineur *se fît restituer;* il suffisait que le curateur ne fût pas intervenu.

« Fateor, dit Cujas (3), *res suas* puberem non » alienare sine curatoris auctoritate. Nam curatori » rerum administratio commissa est, at *in perso-* » *nam puberis* curator potestatem non habet : » pubes enim *est suæ tutelæ,* ideòque *de sua per-* » *sonâ* promittere potest sine curatore suo, *item-* » *que nubere.* (L. *sciendum,* D. *de ritu nuptiar.*) Si- » militer puberi solvitur rectè, sine tutoris aucto- » ritate. Idem in judicio jusjurandum defert sine » curatore. (L. *nam postea,* § *si minor.,* Dig. *de* » *jure.*) Imò et mulieri *puberi,* tutorem habenti, » sine tutore solvitur rectè, auctore Tullio *in Topic.* » Rursùs puber solvit et restituit sine curatore suo. » (L. 1, § *fin. ad. s. c. Trebell.*) Pubes adit hære- » ditatem sine curatore. (L. *cum in,* § *ult.* Dig., *de* » *appellat.*) Denique ea quæ *personam suam* spec- » tant, is solus administrat. Res suas, veluti præ- » dia, aut mancipia, aut mobilia, non item. »

(1) V. mon comment. *de la Vente,* t. 1, n° 166. Huberus, sur le D. *De minoribus,* n° 2. *Et sanè,* dit-il, qui non habent curatores, eos obligari posse.

(2) *Quæ trahunt post se rei familiaris diminutionem ad sui Implementum* (Voët, *loc. cit.*).

(3) Sur la loi 101, *De verb. oblig.*

Ainsi, lorsque le mineur placé sous curatelle avait emprunté de l'argent sans l'assistance de son curateur, il n'était pas tenu de le rendre s'il ne s'en était pas enrichi; car l'obligation était nulle, et le remède de la restitution n'était pas nécessaire (1).

Ce n'est pas tout. On a vu que, pour l'aliénation ou l'hypothèque des immeubles, il fallait le décret du magistrat. Faute de ce décret, l'aliénation était nulle *ipso jure*, dit Voët (2), et l'on n'avait pas besoin d'examiner s'il y avait ou non lésion. L. 2, 10, 11, 15, 16, C. *De prædiis minor.* On peut consulter le titre du Code « *Si major factus alienat.* », avec le commentaire de Cujas et la glose de Godefroy, et l'on verra que ces jurisconsultes ne cessent de répéter que le défaut de décret produit une nullité de plein droit, *ipso jure.*

489. Mais si le mineur, parvenu à sa majorité, gardait le silence pendant cinq ans sur les actes nuls qu'il avait passés en minorité, le vice était couvert, et l'on considérait ces actes comme valides *ab initio.* Telle est la disposition formelle de la loi 3, au C. *Si major factus alienat. fact. sine decreto ratam hab.* « Ideòque præcipimus, si per » quinque continuos annos post impletam mino- » rem ætatem, id est, post 25 annos connume- » randos nihil conquestus est super tali aliena-

---

(1) Voët, *loc. cit.*

(2) *De reb. cor.*, n° 9. *Ipso jure*, c'est-à-dire, ici, sans qu'il fût nécessaire de prouver une lésion. V. **Rép. de jurisprud.**, **v° Nullité**, p. 674, 675.

» tione, is qui eam fecit, *vel hæres ejus*, minimè
» posse retractari eam, occasione prætermissionis
» decreti, sed sic teneri, quasi *ab initio* legitimo
» decreto fuisset res alienata. »

Et remarquons que cette ratification pouvait
être donnée par le mineur, non seulement par son
silence pendant le délai voulu par la loi, mais encore par une volonté expressément déclarée. Favre (1) dit que le mineur pouvait ratifier la vente
nulle faite par lui, *aut pacto expresso, aut longi
temporis silentio*, et qu'alors « confirmaretur ex
» post facto venditio, quæ ab initio non valuisset. »
Voët tient le même langage sur le titre *De reb. eor.
qui sub.* (2).

Quelle peut être la raison de cet effet rétroactif
donné par les lois romaines à la ratification *expresse ou tacite* d'un acte qu'elles déclarent cependant nul *ipso jure*? C'est évidemment que cette
nullité n'était pas absolue, qu'elle n'était établie
qu'en faveur du mineur (3). Ainsi, comme l'acte
subsistait déjà avec plénitude d'obligation envers
certaines personnes, il n'y avait rien d'extraordinaire à ce que la ratification du mineur eût pour
effet de le mettre à l'abri de critique, comme s'il
eût été valable dès le commencement.

Mais cette ratification produisait-elle n effet
rétroactif, non seulement entre les part. s contractantes, mais encore à l'égard des tiers?

(1) Code, lib. 4, t. 33, déf. 3.

(2) V. aussi Merlin, Q. de droit, Hyp., § 4, p. 413, col. 2.

(3) Favre, Code, lib. 4, t. 33, déf. 3. *Contractus claudi-
cabat*, dit-il.

On verra plus bas les raisons de douter et de décider. Je me borne à remarquer ici que la loi ne distingue pas; qu'elle dit d'une manière absolue que la ratification tacite valide le contrat *ab initio*, et que par conséquent cela doit s'entendre des tiers comme des parties contractantes.

490. Voyons si les principes sont les mêmes dans le droit français (1).

Augeard (2) cite un arrêt du parlement de Paris du 19 février 1704, qui décida, en conformité des lois romaines, que l'aliénation des biens d'un mineur sans les formalités voulues *était nulle de plein droit*. L'arrêt prononça « *sans qu'il soit besoin de » s'arrêter aux lettres de rescision.* » Et Bretonnier approuve cette décision (3).

La ratification que le mineur faisait d'un pareil contrat, le validait cependant *ab initio*.

Mais on n'était pas d'accord sur la question de savoir si cette ratification d'une hypothèque donnée en minorité, produisait un effet rétroactif *à l'égard des tiers*, ou si elle devait seulement compter du jour de la ratification.

Cependant un arrêt du parlement de Paris, du 23 juillet 1667, rapporté au Journal du Palais (t. 1, p. 10), jugea que la ratification devait produire un effet rétroactif à l'égard des tiers, et consacra les principes du droit romain.

---

(1) Je suis revenu sur cette question dans mon commentaire *de la Vente.* J'engage à y recourir (t. 1, n° 166).

(2) T. 1, Arrêt 46, p. 392.

(3) Sur Henrys, t. 2, p. 262.

Néanmoins, cet arrêt était en opposition avec un arrêt du parlement de Bretagne du 15 novembre 1652, et un autre arrêt du parlement de Rouen du 6 février 1668, rapportés par Basnage (1). On peut consulter cet auteur, qui, embarrassé de la question, s'est créé des distinctions peu satisfaisantes pour l'esprit. En général, c'est un guide peu sûr, qui manque d'ordre et de méthode, et dont le savoir est très-superficiel; mais Pothier, qui a vu la chose en véritable jurisconsulte, marche au but d'un pas plus ferme et plus assuré.

« Il en est autrement, dit-il, lorsqu'ayant con-
» tracté moi-même en minorité, sous l'hypothèque
» de mes biens, je ratifie en majorité. Car, en ce
» cas, ce n'est pas ma ratification qui produit l'hy-
» pothèque; elle ne fait que confirmer celle que le
» contrât avait produite, et empêcher qu'il ne soit
» sujet à rescision (2). »

Je laisse de côté les opinions de Mornac (3), de Ferrières (4), et d'autres jurisconsultes anciens, et j'arrive au Code civil.

491. MM. Grenier, Merlin et Toullier ont traité cette question. Le premier pense que la ratification ne nuit pas aux tiers, et que l'hypothèque ne peut prendre naissance que du jour de la ratification (5).

(1) Hyp., ch. 3.
(2) Orléans, t. 20, n₀ 24.
(3) Sur la loi 16, *De pignorib.*
(4) Sur Paris, art. 239, glose 2, n° 32.
(5) T. 1, n° 42 et suiv.

Au contraire, MM. Merlin et Toullier sont d'a-
vis que l'hypothèque prend naissance depuis le
contrat primitif (1).

C'est à cette seconde opinion que je me range,
quoique je n'adopte pas toutes les propositions de
ces deux auteurs (2).

492. Par le droit français comme par le droit romain, l'hypothèque consentie par le mineur, sans
les formalités voulues par la loi, est nulle *ipso
jure*, et il peut faire prononcer cette nullité par
les tribunaux, sans prouver aucune lésion.

Il est vrai que M. Merlin soutient (3) que, par
le Code civil, ce n'est plus par *la voie de nullité*,
mais par la voie *de rescision*, que le mineur, devenu majeur, peut réclamer contre les hypothèques consenties sans les formalités requises.

Mais il m'est impossible de souscrire à cette doctrine, que je crois fondée sur un abus de mots.

Tout le monde sait la différence qui existe entre
la nullité et *la rescision*.

« L'action en nullité, dit M. Proudhon, n'exige
» la preuve d'aucune lésion, parce qu'il est de la
» nature des choses qu'un acte nul ne produise
» aucun effet contre l'intérêt de celui pour lequel
» la nullité est établie par la loi... Dans l'action en

(1) Q. de droit, § 4, Hyp. Droit civil, t. 7, n° 565.
(2) L'opinion de M. Grenier a été adoptée par M. Dalloz,
Hyp., p. 190. Elle est professée par M. Persil, art. 2124,
n° 12, et par M. Delvincourt, t. 3, n° 6, p. 159. Voyez, au
surplus, la discussion contenue dans mon commentaire *de la
Vente*, t. 1, n° 166.
(3) *Loc. cit.*, p. 414.

» rescision, au contraire, il faut prouver la lésion, » à moins qu'on ne soit dans quelque cas où elle » soit présumée de droit (1). »

La même distinction est enseignée par M. Toullier (2), qui prouve fort bien qu'il y a nullité *ipso jure*, et non pas lieu à rescision, lorsqu'un mineur procède sans les formalités voulues par la loi.

Cette différence entre l'action en rescision et l'action en nullité est écrite en termes très-clairs dans l'article 1304 du Code civil, où il est dit que le temps de ces deux actions court contre le mineur, à compter de sa majorité. Elle résulte aussi de l'art. 1311.

Mais, dit M. Merlin, l'article 1305 porte : « La » simple lésion donne lieu à la rescision en faveur » du mineur non émancipé, contre toutes sortes » de conventions ; et en faveur du mineur éman- » cipé, contre toutes sortes de conventions qui ex- » cèdent les bornes de sa capacité, ainsi qu'elle est » déterminée au titre de la minorité, de la tutelle » et de l'émancipation. »

Donc, ajoute-t-il, la vente que le mineur éman- cipé fait de ses immeubles, sans observer ces for- malités, étant au nombre des conventions qui excèdent sa capacité, il s'ensuit que ce mineur émancipé ne pourra revenir contre ce qu'il a fait, que par rescision. Donc la vente, l'aliénation, l'hy-

(1) T. 2, p. 282, Traité des personnes. Consultez, au surplus, mon commentaire *de la Vente*, t. 2, nos 685 et suiv. On y trouvera une dissertation approfondie sur les *nullités* et les *rescisions*.

(2) T. 6, n° 106, et t. 7, n° 572.

pothèque qu'il a consenties sans observer ces formalités, ne sont pas nulles de plein droit. Donc il en est de même à l'égard du mineur non émancipé; car il ne peut y avoir de différence entre l'un et l'autre.

J'ose croire que M. Merlin est tombé ici dans une erreur évidente.

L'article 1305, en prononçant le mot *de lésion*, annonce par là qu'il ne s'occupe pas des voies de nullité à employer contre les contrats des mineurs. Il ne les envisage que sous le rapport du dommage que le mineur a pu en éprouver. Dès lors, il est clair qu'il les suppose valables dans la forme.

Ceci posé, quel a été le but de l'art. 1305? Qu'a-t-il voulu dire? Le voici.

Lorsqu'un contrat est passé par un mineur, *quoiqu'il soit valable en la forme,* néanmoins le mineur pourra se faire restituer pour *simple lésion.* A la vérité, le Code n'a pas été aussi loin que l'ancienne jurisprudence, dont les inconvéniens faisaient dire à Henrys (1) : « Vainement on aura » observé les formalités, avis de parens, rapports » d'experts, décrets du magistrat, tout cela n'em- » pêchera pas que le mineur ne puisse rentrer » dans son bien, *s'il se trouve quelque lésion......* » *Il n'y a pas d'assurance plus grande que d'ache-* » *ter l'immeuble du mineur plus cher qu'il ne* » *vaut.* » Pour éviter cet abus, le Code n'admet pas *la simple lésion* dans les aliénations des immeubles des mineurs valables en la forme (2): il ne

(1) T. 2, p. 257, et Bretonnier sur Henrys, *loc. cit.*
(2) Art. 1314.

l'admet pas non plus dans les cas de partage (1), d'acceptation de donation (2) et autres cas expressément exceptés (3). Mais dans toutes les autres circonstances où le législateur n'a pas déclaré que l'accomplissement de telles ou telles formalités faisait assimiler les mineurs aux majeurs, la règle générale est que, quoique l'acte soit valable en la forme, le mineur pourra se faire restituer s'il y a simple lésion (art. 1305 du Code civil, art. 481 du Code de procédure civile), tandis qu'il faut que le majeur prouve une *lésion énorme*. Encore le majeur n'est-il restituable pour lésion énorme que dans le cas de partage (887 du Code civil) et de vente (1671 du Code civil). Dans les autres contrats, même celui d'échange, il n'est pas restituable (1707 du Code civil) (4).

Quant au mineur émancipé, comme il peut faire des actes d'administration, et qu'à cet égard il est assimilé au majeur, il ne sera restituable que dans le cas où un majeur le serait lui-même.

(1) Idem, et art. 466, 840.

(2) Art. 463.

(3) Art. 1309, 1398, 481, 487, 1308.

(4) M. Toullier, t. 7, n° 574. Nous rappellerons ici qu'il existe sur la nullité et la rescision des actes qui concernent les mineurs, des divergences d'opinions dont M. Merlin n'est pas le seul organe. M. Duranton a développé sur ce point un système sur lequel il est, jusqu'à ce jour, resté seul de son avis (Traité des contrats). Nous nous écarterions de notre plan si nous discutions plus longuement cette question , dont les faces diverses ont été exposées dans Thémis, t. 3, p. 548, et t. 5, p. 130. Il faut consulter aussi mon commentaire *de la Vente*, t. 1, n° 166.

Mais dans tous les autres actes où sa capacité n'a pas plus d'étendue que celle du mineur, quoiqu'il ait passé ces actes avec l'assistance de son curateur et suivant les formalités voulues par la loi, il sera restitué pour simple lésion de même qu'un mineur non émancipé (1).

Tel est le véritable sens de l'art. 1305. On doit le prendre *secundum subjectam materiam*, et non pas lui donner une application détournée de la pensée du législateur. Au surplus, on voit par plusieurs autres textes du Code civil que l'action en *nullité* est la seule qu'il faille employer contre les obligations des mineurs passées sans les formalités de la loi.

C'est ce que prouve l'art. 2012 du Code civil, qui porte qu'on peut cautionner « l'obligation, » encore qu'elle puisse être *annulée* par une excep-» tion personnelle à l'obligé, par exemple dans le » cas de minorité. »

C'est ce que prouve encore, par un argument irrésistible, l'art. 502 du Code civil, portant : « L'in-» terdiction ou la nomination d'un conseil aura » son effet du jour du jugement. Tous actes passés » postérieurement par l'interdit, ou sans l'assis-» tance du conseil, seront *nuls de droit.* » Il n'est pas possible de mettre une différence entre le mineur et ceux qui sont ou interdits ou sous l'assis-

----

(1) M. Toullier, t. 7, n° 576. Mais si le mineur émancipé a passé ces actes sans l'assistance de son curateur ou sans les formalités voulues par la loi, ils seront *nuls de droit.* Rennes, 17 novembre 1836 (Sirey, 37, 2, 354).

tance d'un conseil. La loi assimile toujours ces individus les uns aux autres.

L'erreur de M. Merlin me paraît donc établie par ces textes et ces rapprochemens décisifs, et je m'étonne que M. Toullier (1) ait cru devoir donner des éloges sans restriction au passage de M. Merlin, qui contient cette confusion de choses si clairement distinctes.

Tenons donc pour constant que le défaut d'autorisation vicie l'acte passé en minorité d'une nullité *ipso jure*, de même que dans le droit romain (2).

493. Mais puisqu'il est constant que cette nullité n'est pas absolue, qu'elle n'est que relative, il faudra dire avec la loi romaine que la ratification par le silence gardé pendant dix ans, validera l'acte *ab initio*.

Et puisque le silence produit cet effet important, combien à plus forte raison ne sera-t-il pas produit par la ratification expresse, émanant de la volonté libre, réfléchie, d'un majeur, que sa bonne foi porte à imprimer le sceau de l'inviolabilité à ses engagemens de conscience et d'honneur ?

494. Mais, dit-on (3), le mineur devenu majeur ne peut, par son fait, dépouiller les créanciers qui

---

(1) T. 7, n° 569, note 1.

(2) Cass., 16 janvier 1837 (Sirey, 37, 1, 102. Dalloz, 37, 1, 62). Arrêt de Rennes du 17 novembre 1836 (Sirey, 37, 2, 354).

(3) C'est l'objection de Basnage, Hyp., ch. 3; de Ferrières, sur Paris, art. 239, glose 2, n° 32; de M. Grenier, t. 1, n° 44; et de tous les partisans de l'opinion de M. Merlin que je combats.

ont contracté avec lui (dans l'intervalle du premier contrat à la ratification) du droit d'exercer à sa place l'action en nullité qui lui était ouverte. Cette ratification leur porte un véritable préjudice ; il est d'ailleurs de principe que la ratification ne peut avoir d'effet au préjudice des tiers.

La réponse me paraît facile à faire.

D'abord, il est trop absurde de dire que le mineur devenu majeur ne peut, par son fait, priver ses créanciers du droit d'exercer à sa place l'action en nullité; car il résulterait de ce système, qu'un débiteur ne pourrait jamais user de ses droits, sans consulter la masse de ses créanciers; ce qui serait le mettre dans un état d'interdiction véritable, et entraver la liberté des contrats dans un majeur. Que les créanciers puissent exercer les droits de leur débiteur, tant que ces droits subsistent ou sont ouverts, il n'y a à cela nulle difficulté; mais cette faculté leur est interdite lorsque ces droits ont cessé d'exister en la personne de leur débiteur, et par le fait de ce débiteur. Ils sont obligés de respecter ses actes, à moins qu'il n'y ait eu fraude de sa part, auquel cas ils peuvent exercer l'action révocatoire paulienne (1).

495. En second lieu, c'est un principe certain que la ratification produit un effet rétroactif, « re- » trò currere ratihabitionem ad illud tempus quo

____

(1) Art. 1167 du Code civil. Q. de droit, Hypoth., p. 419, col. 2.

» convenit, » dit la loi 16, au D. *De pignorib. et hypothecis* (1).

Il y a à la vérité une exception remarquée par tous les auteurs. C'est que la ratification ne produit pas d'effet rétroactif à l'égard des tiers (2).

C'est pourquoi Mornac dit : « Distinctio tamen, » et in scholâ et in foro ; perpetua hæc est, ut » nimirùm si agatur de præjudicio tertii, retrò » trahatur numquam ratihabitio ; secùs, si de solo » ratificantis damno (3). »

496. Mais s'il est vrai que la ratification n'a pas d'effet rétroactif au préjudice des tiers, il ne faut pas croire que ce soit dans tous les cas et sans exception aucune. Cette règle n'est vraie que dans deux circonstances, savoir : 1° lorsque l'acte ratifié est d'une nullité absolue ; car, n'ayant eu aucune existence légale avant la ratification, on ne peut créer au préjudice des tiers une fiction qui ferait remonter la validité de cet acte à une époque où ils avaient juste sujet de le croire nul.

2° Lorsque le contrat qu'on ratifie a été passé *à non domino*, ou par une personne qui n'était pas munie de pouvoirs, comme dans le cas de la loi 16, au D. *De pignorib. et hypoth.*

« Si *nesciente domino*, res ejus hypothecæ data » sit, deindè posteà dominus ratum habuerit, di-

(1) V. aussi l. *Licet*, Dig., *de jud.*, et l. *ult.*, C., *ad S. C. maced.*

(2) Tiraqueau, *De retract. gent.*, glose x, § 1, n° 69. Il cite une foule d'autorités suivant son usage. Maynard, t. 2, liv. 7, c. 33, etc.

(3) Sur la loi 16, Dig., *De pig. et hyp.*

» cendum est, hoc ipso quod ratum habet, voluisse » eum, retrò currere ratihabitionem ad illud tem- » pus quo convenit. » On suppose que, par la ratification, les choses sont mises dans les mêmes termes que si celui qui ratifie avait donné originairement un mandat « *ratihabitio mandato æquiparatur.* »

Mais cette rétroactivité ne peut préjudicier aux tiers. En effet, l'hypothèque donnée *à non domino* sur le bien que le véritable propriétaire leur a plus tard engagé, n'était rien pour eux, à l'époque où ils ont traité avec ce dernier, qui n'avait encore rien ratifié. C'est seulement du jour de la ratification que le propriétaire réel est censé avoir créé l'hypothèque, puisque auparavant elle lui était étrangère, et qu'elle émanait d'une personne sans pouvoir. De quel droit le propriétaire pourrait-il donner un effet rétroactif à cette hypothèque au préjudice de droits acquis (1) ?

497. Mais, comme Pothier le fait remarquer (2), on ne peut dire la même chose d'un contrat passé par un mineur. Car ce contrat n'est pas nul *absolument;* il n'est nul qu'à l'égard du mineur, tandis qu'il lie d'un lien de droit indissoluble ceux qui y ont pris part et adhéré (3).

Je ne puis m'empêcher de citer encore un autre

(1) C'est dans ce sens qu'il faut entendre un arrêt de la cour de cassation du 6 juillet 1831 (Dall., 31, 1, 228 et 229). Il s'agissait d'une vente de la chose d'autrui qui avait été ratifiée. V. aussi mon commentaire *de la Vente,* t. 1, p. 237.

(2) Orléans, t. 20, n° 24.

(3) Ulp., l. 13, § 29, Dig., *De act. emp.*

passage de Pothier, tiré de son traité des retraits (1);
on y verra clairement marquée la différence d'effet
de la ratification entre les actes nuls d'une nullité
relative, et ceux qui sont nuls d'une nullité absolue.

« Lorsque la vente a été faite *par un autre que*
» *par le propriétaire*, quoique la tradition soit in-
» tervenue, ce n'est que du jour du consentement
» donné à la vente par ce propriétaire, qu'il y a
» ouverture au retrait, au profit de la famille de
» ce propriétaire. Car ce n'est que par ce consen-
» tement qu'il est censé vendre, et que l'héritage
» est mis hors de la famille.

» Lorsqu'un mineur a vendu son héritage pro-
» pre, et que, devenu majeur, il ratifie, c'est du
» jour du contrat de vente que le retrait est ouvert.
» Car la nullité de l'aliénation des héritages des mi-
» neurs n'est pas une nullité absolue, mais relative,
» et en faveur du mineur seulement. L'acte n'est
» nul que dans le cas auquel le mineur, ou ceux
» qui succèdent à ses droits, jugeraient à propos
» de s'en plaindre, et d'avoir un recours aux lettres
» de rescision ; l'acte par lequel il ratifie en majo-
» rité, est un acte par lequel il renonce à s'en
» plaindre. Mais ce n'est pas par cet acte, c'est par
» la vente qu'il a faite de son héritage, qu'il l'a mis
» hors de sa famille, et c'est cette vente qui donne
» ouverture au retrait et non à la ratification. »

On voit que dans le premier cas, c'est-à-dire
lorsque la vente est faite *à non domino*, et où par

(1) Nos 123 et 124.

conséquent il y a nullité absolue, la ratification ne produit pas d'effet rétroactif au préjudice des tiers qui veulent exercer le retrait. Il sont admis à le demander dans l'année de la ratification (1).

Au contraire, lorque la nullité est relative, comme dans le second cas, la ratification produit un effet rétroactif au préjudice des tiers. Ce n'est pas du jour de la ratification que le retrayant doit calculer le délai du retrait, mais du jour de la vente originaire. On ne peut rien trouver de mieux marqué que cette différence, et rien de plus applicable à la question que j'examine.

498. Il est étonnant que M. Grenier, qui a cherché à l'approfondir, n'ait pas saisi cette nuance (2); en effet, on voit que les anciens docteurs, en enseignant la règle fondée sur la raison (3), que la ratification ne produit pas d'effet rétroactif *au regard des tiers*, ne l'ont jamais appliquée qu'aux actes nuls d'une nullité absolue, ou faits *à non domino*. C'est ainsi que Bartole, qu'on ne cesse de citer, et qui dit que «*actus medius interveniens im-*

(1) C'est aussi ce que prouve Tiraqueau, par la raison qu'en ce cas la ratification ne produit pas d'effet rétroactif, § 1, glose x, n°ˢ 66 et suiv.

(2) Elle n'a échappé ni à M. Merlin, Q. de droit, Hypoth., p. 413, ni à M. Toullier, t. 7, n° 563, p. 666.

(3) Ils avaient aussi voulu l'étayer des lois romaines; car, à cette époque, on voulait tout rattacher à des textes. Mais les lois qu'ils citaient (*Si partem*, § dernier, *quemad. servit. amitt.*, l, 1, § *si quis filium* 7, D., *si tab.*, *tut. nullæ ext.* l. xi, § 1, D., *Qui potior in pig.*) ne paraissent guère faites pour justifier leur sentiment.

» *pedit ratihabitionem retrotrahi*, » ne s'appuie de
ce principe que pour décider la question de savoir
si la ratification donnée par un propriétaire à une
vente *faite sans son autorisation*, produit un effet
rétroactif à l'égard des tiers. C'est aussi ce cas que
la glose envisage, ainsi que la plupart des auteurs.
Tiraqueau, qui développe longuement la règle de
non-rétroactivité à l'égard des tiers, et Maynard,
ne la considèrent non plus que dans l'hypothèse
où la vente ratifiée avait été faite *à non dómino*,
cas qui est le même que celui dont parle Pothier
dans le passage cité tout à l'heure. Il ne faut donc
pas étendre au cas d'une nullité relative ce qui
n'a été créé que pour les nullités absolues. Car c'est
seulement à l'égard de celles-ci que l'on peut dire
que la rétroactivité est *une fiction*, et que la fiction ne peut nuire au tiers (1). Mais à l'égard des
nullités relatives, il n'y a pas réellement *fiction*.
On ne peut pas dire que l'acte n'existait pas avant
la ratification, puisqu'il obligeait déjà l'une des
parties par un lien indissoluble.

499. Objectera-t-on l'art. 1338, qui, en parlant
de la ratification des actes nuls ou sujets à rescision, dit qu'il ne sera plus possible de les attaquer,
sans préjudice néanmoins des droits des tiers?

Mais, en réservant les droits des tiers, cet article
n'a nullement voulu dire que la ratification ne dût
jamais produire d'effet rétroactif à l'égard des tiers.

(1) Par exemple, la légitimation, qui n'est qu'une fiction,
ne produit pas d'effet rétroactif à l'égard des tiers. Tiraqueau,
De ret. gent., § 1, glose x, n° 71. Arrêt de la cour de cassat.
du 11 mars 1811 (Dall., 11, 1, 175).

J'ai dit que, dans le cas de nullité absolue, la ratification ne produisait pas d'effet rétroactif à l'égard
des tiers. Eh bien! c'est ce droit des tiers que
l'art. 1338 a cru devoir réserver, afin, dit M. Toullier (1), qu'on n'abusât pas de l'omission de cette
réserve dans un article dont la disposition est générale. Qui prouve donc cette objection, qui cependant paraît si décisive à M. Dalloz, puisque
nous convenons qu'il y a des cas où les tiers ne
peuvent pas être préjudiciés par la ratification?

M. Grenier étaie sa doctrine d'un arrêt de la
cour de Nancy, du 1er mai 1812 (2). Mais cet arrêt
paraît avoir été déterminé par une opinion que
M. Merlin avait enseignée dans la première édition
de ses Questions de droit, et qu'il a ensuite abandonnée (3).

500. Tout ce que je viens de dire des mineurs
s'applique aux prodigues qui ratifient, lorsqu'ils
ont recouvré la plénitude de leurs droits, les hypothèques consenties par eux, à l'époque où ils
étaient pourvus d'un curateur, et c'est ce qu'a jugé

(1) T. 7, n° 570, p. 684.
(2) Dalloz, Hyp., p. 192.
(3) Il ne faut pas regarder comme contraire à notre doctrine
l'arrêt de cassation du 16 janvier 1837, cité n₀ 492, *in fine*.

Dans l'espèce de cet arrêt, le majeur n'avait ratifié la vente
par lui faite pendant la minorité qu'après avoir, depuis sa majorité, consenti à un tiers une seconde vente du même immeuble.

Le vendeur n'ayant plus aucun droit sur l'objet vendu du
moment où il en avait transmis régulièrement la propriété à
un tiers, ne pouvait, au moyen d'une ratification, attribuer
au premier acquéreur un droit qu'il n'avait plus lui-même.

la cour de Paris par arrêt du 14 prairial an 10 (1).

501. A l'égard des femmes mariées qui s'obligent sans l'autorisation de leurs maris, et qui, étant veuves, ratifient ces obligations, il faut se décider par les mêmes règles que pour les mineurs.

A la vérité, dans l'ancienne jurisprudence française, les contrats passés par la femme sans autorisation étaient censés nuls d'une nullité absolue, et la femme ne pouvait s'obliger *seule ni obliger les autres*. De sorte que la plupart des auteurs tenaient que la ratification donnée par la femme n'avait pas d'effet rétroactif à l'égard des tiers (2).

Mais comme, d'après les principes du Code civil, la nullité d'un acte passé par une femme mariée, sans autorisation maritale, est purement relative (art. 225 du Code civ.), il s'ensuit que l'on ne peut se dispenser d'assimiler les femmes mariées aux mineurs, pour les effets de leurs ratifications (3). M. Grenier professe à tort une opinion contraire (4).

502. J'ai dit ci-dessus que le laps de dix ans, écoulé sans que le mineur se fût pourvu par la voie de nullité contre l'obligation souscrite par lui sans autorisation, purge le vice de cette obligation, qui est censée avoir été valable *ab initio*. On a vu que telle était la décision formelle de la

---

(1) Sirey, 2. 2, 293. Dalloz, Hyp., p. 191, note.

(2) Pothier, Orléans, t. 10, ch. 8; Oblig., n° 50; Retraits, n° 125.

(3) Toullier, t. 7, n° 571. Merlin, Q. de droit, Hyp., p. 418, col. 2, n° 5.

(4) T. 1, n° 43.

loi 3, au *C. si minor factus ratam*, et jamais à ma connaissance, il n'était venu dans la pensée d'aucun auteur de la contrarier (1).

Mais MM. Battur et Grenier (2) ont eu l'idée de soutenir que l'hypothèque attachée au contrat ainsi purgé et validé, ne devait pas valoir *ab initio*, et qu'elle ne pouvait commencer à compter que du jour où la prescription de dix ans est terminée; qu'il fallait par conséquent lui préférer toutes les hypothèques intermédiaires contractées d'une manière valable.

Je crois qu'il est inutile, après la discussion qui précède, de réfuter cette opinion. On sait d'ailleurs que la prescription accomplie produit toujours un effet rétroactif (3).

ARTICLE 2127.

L'hypothèque conventionnelle ne peut être consentie que par un acte passé, en forme authentique, devant deux notaires, ou devant un notaire et deux témoins.

SOMMAIRE.

503. L'hypothèque pouvait, chez les Romains, être consentie verbalement. L'écriture n'y était requise que pour la

---

(1) Basnage, Hyp., ch. 3. Arrêt de Rouen, 20 août 1689. Merlin, *loc. cit.* Persil, art. 2126, n° 4.

(2) Battur, t. 1, p. 128. Grenier, t. 1, p. 91, n° 47.

(3) V. mon comment. *de la Prescription*, t. 1 et 2, n°s 489 et 826.

preuve. Mais une hypothèque par acte public l'emportait toujours sur une hypothèque par acte privé.

5o4. En France, l'hypothèque résultait dans l'ancienne législation de tout acte authentique. Elle était toujours générale de plein droit.

5o5. Aujourd'hui, l'hypothèque conventionnelle est spéciale. Il faut qu'elle soit expressément stipulée dans un acte notarié.

5o5 *bis*. *Quid* des actes administratifs publics ? Peuvent-ils contenir stipulation d'hypothèque?

5o6. L'acte sous seing privé ne produit hypothèque que lorsqu'il est reconnu. Il peut être reconnu devant notaire. Le simple dépôt suivi de procès-verbal suffit.

5o7. Du sort de l'hypothèque contenue dans un acte public, *mais non enregistré.*

5o8. Les actes qui liquident une créance indéterminée déjà inscrite, ne doivent pas être publics.

5o9. Ainsi le mandataire qui a pris inscription sur les biens du mandant pour paiement de ses honoraires, déboursés et avances, n'est pas tenu à prouver ses actes de gestion par des actes publics.

5io. On peut constituer hypothèque par procureur. Mais le procureur est-il obligé de montrer une procuration authentique pour que les biens de son mandant soient valablement hypothéqués? Conflit d'opinions. La négative est préférable.

COMMENTAIRE.

5o3. Caïus nous apprend que, chez les Romains, l'hypothèque pouvait être établie verbalement, et que l'écriture n'était employée que pour la preuve. «Et ideò et sine scripturâ si convenit ut hypo-
» theca sit, et probari poterit, res obligata erit
» de quâ conveniunt. Fiunt enim de his scripturæ,

» ut quod actum est, per eas faciliùs probari pos-
» sit. Et sine his autem valet quod actum est , si
» habeat probationem (1). »

Néanmoins, on sent qu'entre créanciers du
même débiteur, il eût été difficile d'établir quel
était celui qui avait pour lui l'antériorité, s'il n'y
eût eu que des obligations verbales. Aussi les lois
disaient-elles que l'on préférait le créancier qui
aurait un titre passé devant les officiers publics ,
à celui qui n'en aurait pas, bien que son droit pût
être antérieur. Il était aussi préféré à celui qui
n'avait qu'un titre sous seing privé d'une date antérieure; car un titre privé ne peut avoir de
date certaine ni d'effet contre les tiers qui n'y
ont pas été parties. Cependant on assimilait à un
écrit authentique l'acte sous seing privé souscrit
par trois personnes *integræ opinionis* (2).

M. Grenier(3) paraît croire que depuis la loi 11,
au C. *qui potior*, ce fut *une nécessité* d'établir l'hypothèque par acte public. Ceci me semble une
erreur. L'hypothèque valait toujours entre le
créancier et le débiteur, quand même elle eût
été consentie sans solennité. Seulement, comme
de pareilles conventions ne pouvaient être oppos-
sées aux tiers, il fut établi que celui qui avait un
acte authentique primerait celui qui n'avait
qu'un acte privé. Voët expose cet état de choses

(1) L. 4, Dig., *De pignorib. et hyp.* Pothier, Pand., t. 1,
p. 557, n° 6.

(2) L. 11, C. *qui potior.* Tiraqueau, *Retract. convent.*, § 1,
glose 7, n° 43. Voët, *De pignorib.*, n° 9. Cujas, 8, obs. 13.

(3) T. 1, n° 6.

avec clarté. « Modum quod attinet ad solemnitatem
» hypothecæ tùm specialis tùm generalis consti-
» tuendæ, jure quidem romano, *privatâ potuisse*
» *auctoritate* fieri , extra dubium est; ut tamen jure
» potior fuerit habitus creditor, licèt tempore pos-
» terior, cui publico instrumento, vel privato qui-
» dem, sed trium testium fide dignorum subscrip-
» tione munito, quàm cui aliâ privatâ scripturâ,
» testium trium subscriptionem non habente, hy-
» potheca constituta erat (1). » M. Dalloz est tombé
dans la même erreur que M. Grenier (2).

Au surplus, il fallait que l'acte authentique, ou
bien l'acte privé souscrit de trois témoins, dont
on voulait se prévaloir pour prétendre une hypothèque, en portât une convention expresse; mais
il ne fallait pas que la convention d'hypothèque
fût accompagnée du dessaisissement de la chose
hypothéquée, l'hypothèque ne différant du gage
que parce que, dans le contrat de gage, le débiteur livrait la chose, au lieu que dans le contrat
d'hypothèque il restait en possession (3).

504. En France, sauf quelques exceptions (4),
l'hypothèque était censée attachée, de droit, à tout
acte authentique; on supposait que les parties en
avaient sous-entendu la stipulation, alors qu'elles
ne s'en étaient pas expliquées. Cet état de choses
paraissait monstrueux au président Favre (5). En

(1) L. 20, t. 1, n₀ 9.
(2) Vᵒ Hyp., p. 194.
(3) *Suprà*, nᵒ 7.
(4) *Infrà*, nᵒ 558.
(5) *De errorib. pragmat. decad.* 1.

effet, ce jurisconsulte ne pouvait se persuader qu'une hypothèque *conventionnelle* pût exister *sans convention*. Mais nos praticiens, appliquant, sans trop la comprendre, la maxime *qui s'oblige oblige le sien*, n'en avaient pas moins fait passer en usage que l'hypothèque était censée avoir été consentie, même dans les contrats où il n'en était pas question, pourvu qu'ils fussent authentiques (1),

Le droit commun de la France était donc que l'hypothèque ne pouvait découler que des actes publics, et je dois remarquer que les actes sous seing privé, quoique revêtus de la signature de plusieurs témoins, ne pouvaient jamais rivaliser avec eux, à moins qu'ils n'eussent été reconnus en justice ou par devant notaires (2).

505. Le Code civil n'a pas voulu que l'hypothèque conventionnelle fût sous-entendue de plein droit dans tous les actes authentiques. Ce système eût été contraire au système de spécialité qui fait la base du régime hypothécaire actuel. Comme il est indispensable de désigner les héritages qui seront frappés de l'hypothèque, il s'ensuit que la stipulation d'hypothèque doit toujours être exprimée; ainsi, il y a nécessité d'une convention explicite.

Il faut, de plus, que la convention par laquelle le débiteur accorde une hypothèque à son créancier, soit contenue dans un acte notarié, c'est-à-dire,

(1) Maynard, liv. 3, ch. 2. Basnage, Hyp., ch. 4. Pothier, Orléans, t. 20, no 6.
(2) *Infrà*, n° 506.

aux termes de la loi du 25 ventôse an 11, dans un acte reçu par deux notaires, ou bien par un notaire et deux témoins. Je renvoie pour les formalités des actes publics à la loi du 25 ventose an 11 sur le notariat, à l'avis du conseil d'état du 20 juillet 1810 (1).

505 *bis*. Un acte authentique, mais qui ne serait pas notarié, par exemple un procès-verbal de conciliation devant un juge de paix, serait insuffisant pour constituer une hypothèque valable (art. 54 Code de procédure civile).

Quid des actes passés par les autorités administratives dans le cercle de leurs attributions ?

La loi du 23 octobre 1790 (2) portait : « Le mi- » nistère des notaires ne sera nullement nécessaire » pour la passation desdits baux (3) ni pour tous » les actes d'administration. *Ces actes*, ainsi que » les baux, seront sujets au contrôle, et *ils empor-* » *teront hypothèque et exécution forcée.* »

Cette loi se référait au principe qui dominait alors et en vertu duquel l'hypothèque générale était attachée, de droit et sans convention, à tout acte authentique. Elle n'entendait pas créer une hypothèque légale d'une nouvelle espèce. C'était à titre d'hypothèque conventionnelle sous-entendue, qu'elle faisait sortir de l'acte administratif doué de l'authenticité, la garantie hypothécaire que tous les contrats notariés portaient avec eux.

(1) Répert., Acte public.
(2) Art. 14, t. 2.
(3) C'est-à-dire des baux relatifs aux biens nationaux.

Mais on sait que la loi du 11 brumaire an 7 adopta un autre système, celui de l'hypothèque spéciale, et que nul acte authentique ne peut produire à l'avenir hypothèque conventionnelle, qu'autant que cela aurait été expressément convenu.

La loi du 11 brumaire an 7 avait été plus loin. Elle avait voulu, dans son art. 3, que l'hypothèque conventionnelle résultât d'*un acte notarié*. Notre article exige la même condition. De là, la question de savoir si les actes administratifs ont pu désormais contenir stipulation d'hypothèque, et même si de plein droit ils ont continué, malgré l'établissement de la spécialité du régime hypothécaire, à entraîner une hypothèque générale conventionnelle.

Examinons d'abord cette difficulté par rapport aux baux, et commençons par les baux passés par les administrateurs des établissemens publics de bienfaisance et autres.

On sait que les corps, communautés et établissemens publics, tant ecclésiastiques que laïques, conservés par les lois de la révolution, pouvaient consentir des baux n'excédant pas neuf années, et que ces baux pouvaient être passés aux enchères en présence d'un membre du directoire de district ou d'un membre du corps municipal (1). Plus tard, ces formalités furent changées, et le décret du 12 août 1807 voulut que les baux à ferme des hospices et autres établissemens publics de bienfaisance ou d'instruction publique soient faits aux

(1) Répert., v° Bail, § 18. Lois des 5 novembre 1790, t. 2, art. 13, et 5 février 1791.

enchères, *par devant un notaire* désigné par le préfet du département. L'art. 1 ajoute, dans son paragraphe final : » Le droit d'hypothèque sur tous
» les biens du preneur y sera stipulé par la dési-
» gnation, conformément au Code civil. » Mais
quel était, avant la publication de ce décret, l'effet
hypothécaire des baux aux enchères passés en
présence de l'autorité administrative? Empor-
taient-ils, dans l'origine, hypothèque générale,
comme les contrats notariés? Dans le cas d'affirmative, la loi de brumaire an 7, et plus tard le
Code civil, ne leur avaient-ils pas enlevé cette
vertu comme à tous les contrats? Ne fallait-il pas
que la convention d'hypothèque fût faite par devant notaire? Du moins, les baux administratifs
ne durent-ils pas contenir mention d'une affectation hypothécaire spéciale en harmonie avec le
régime de l'an 7 et du Code civil?

La première de ces question me paraît peu susceptible de difficulté. La loi du 23 octobre 1790,
qui soumettait les actes administratifs au contrôle, et leur donnait hypothèque et exécution
parée, y répond d'une manière catégorique. Mais
ce qui est plus frappant encore de vérité, c'est
que la loi du 11 brumaire an 7, substituant l'hypothèque spéciale conventionnelle à l'hypothèque
générale de plein droit, a nécessairement ôté aux
actes administratifs dont nous nous occupons
toute la puissance d'hypothèque virtuelle et générale que leur donnait la loi de 1790. Assimilés
en tout aux actes notariés par cette dernière loi,
par quelle anomalie eussent-ils conservé une force

hypothécaire que la législation nouvelle enlevait à ceux-ci?

L'art. 56 de la loi de brumaire an 7 ne portait-il pas d'ailleurs cette disposition remarquable , « Les deux lois des 9 messidor an 3 , ensemble » *toutes les lois, coutumes et usages antérieurs sur les* » CONSTITUTIONS *d'hypothèque* demeurent abrogés.»

Vainement opposerait-on un avis du conseil d'état rendu le 12 août 1807 (le même jour que le décret qui exige le ministère des notaires pour la passation des baux des établissemens publics), avis dans lequel on lit « que les baux précédem- » ment passés aux enchères , soit devant les auto- » rités administratives , soit devant les commissions » des hospices, étant faits en vertu des lois exis- » tantes, emportent voie parée et *donnent hypothè-* » *que sur les immeubles* (1). Mais il faut faire attention que le conseil d'état suppose évidemment que les baux en question contiennent une convention expresse d'hypothèque. C'est ce qui résulte de la conclusion à laquelle il arrive. « *En* » *conséquence, toutes les inscriptions* faites en vertu » des expéditions desdits baux doivent avoir leur » effet, *comme si ces actes eussent été faits par devant* » *notaire.* » Il suit de cette assimilation du bail administratif à l'acte notarié , que le conseil d'état reconnaît implicitement la modification apportée à la loi du 23 octobre 1790 par la loi du 11 brumaire an 7. C'est, du reste, ce qui a été décidé

(1) Voyez-le dans M. Grenier, t. 1, n° 11, et dans M. Dalloz, Hyp., p. 195.

par arrêt de la cour de cassation du 3 juillet 1817 (1), et par un arrêt de la cour de Bruxelles du 27 août 1807 (2). Je m'étonne qu'une décision contraire ait été rendue par la cour de Paris (3).

Reste à savoir si la stipulation d'hypothèque a pu être légalement formée par une convention contenue dans des baux passés dans la forme administrative autorisée et seule pratiquée avant le décret du 12 août 1807. Le doute vient de ce que la loi du 11 brumaire an 7 voulait que l'hypothèque conventionnelle résultât d'un acte notarié, et que l'art. 2127 du Code civil, plus explicite encore, n'accorde restrictivement la puissance hypothécaire qu'à l'acte notarié. La cour de cassation n'a pas voulu trancher la difficulté lors de son arrêt du 3 juillet 1817. Mais on a vu que le conseil d'état n'hésitait pas à décider que l'on avait pu déposer une convention valable d'hypothèque dans l'acte de bail légalement passé dans les formes administratives et sans ministère de notaire (4).

(1) Dalloz, Hyp., p. 169.

(2) Sirey, 7, 2, 342.

(3) Arrêt du 6 messidor an 10 (Sirey, 3, 2, 463. Dalloz, Hyp., p. 196).

(4) Décision conforme du ministre de la justice, en date du 27 messidor an 7 (Sirey, 7, 2, 342). Il disait : « Il aurait été » sans doute à désirer que la loi du 11 brumaire an 7 se fût » expliquée positivement sur ce point, au lieu de ne faire mention que des créances résultant d'actes notariés. Mais il est » *évidemment dans le vœu de la loi de ne point refuser à des* » *actes passés par des corps administratifs pour des objets de* » *leur compétence toute l'authenticité et la force qu'elle reconnaît à ceux des notaires et des tribunaux.*» Mais le ministre

Comment concilier cependant cette interprétation avec la loi de l'an 7 , et surtout avec l'art.
2127 du Code civil, qui, statuant en termes pro-
hibitifs , ne se contente pas d'un acte authentique, mais exige impérieusement que l'authenticité vienne du ministère du notaire? La difficulté
d'opérer cette conciliation redouble surtout si l'on
compare l'affectation de ces deux lois à ne parler
que des actes notariés, avec l'art. 17 de la loi du
9 messidor an 3, qui permettait de faire découler
l'hypothèque de tout *acte public de la juridiction
volontaire ou contentieuse ! !* Et comme ce dernier
système a été abrogé en termes exprès par l'art.
56 de la loi du 11 brumaire an 7 , il me paraît
évident dès-lors qu'il a été dans la pensée des lois
nouvelles d'enlever aux autorités administratives
le droit de recevoir des conventions d'hypothèque.
Le décret du 12 août 1807 a même reconnu d'une
manière implicite ce grave changement, puisqu'il
renvoie aux notaires la réception des baux et les
stipulations hypothécaires qu'il peut être utile d'y
insérer. Or, quelle autorité peut avoir contre cette
induction , fortifiée par la lettre du Code, un avis
du conseil d'état qui n'a pas été inséré au Bulletin des lois ?

Ira-t-on chercher un argument dans l'art. 1712
du Code civil, qui décide que les baux des biens
nationaux , des biens des communes et des éta-

de la justice aurait-il pu en dire autant du Code civil , dont
l'article 2127 est tout-à-fait exclusif, et parle bien plus énergiquement que la loi de l'an 7?

blissemens publics sont soumis à des règlemens
particuliers ? Mais qu'importe cet article ? qui
songe à contester ses réserves? quelle influence
peuvent-elles avoir sur la constitution d'hypothèque , droit spécial réglé par un titre du Code
civil tout différent du titre du bail ? Que les baux
énumérés dans l'article 1712 se singularisent par
des anomalies, nous l'accordons!! Mais est-ce à
dire que les constitutions d'hypothèque qui intéressent les communes , la nation, les hospices,
soient hors du droit commun ? Ne serait-ce pas
fausser les lois du raisonnement que d'argumenter
du cas du bail au cas d'hypothèque ? Au surplus,
faisons attention que lorsque l'art. 1712 du Code
civil a été édicté, la loi du 11 brumaire an 7 avait
déjà opéré une révolution et produit tous ses
effets, et qu'il n'est pas présumable que l'art. 1712
ait voulu faire allusion à un ordre de choses
ruiné. Enfin, pour que l'art. 2127 et la loi de l'an
7 pussent se plier au sens que leur a prêté l'avis
non officiel du conseil d'état, il faudrait qu'ils
continssent cette restriction significative qu'on lit
dans l'art. 1248 du Code hollandais. « L'hypo-
» thèque ne peut être consentie que par acte no-
» tarié, *excepté dans les cas où la loi indiquera ex-*
» *pressément un autre mode de l'établir* (1). » Mais où
trouver , dans nos lois françaises, une disposition
équivalente à celle-ci ?

Ce que je viens de dire des baux des établissemens publics s'applique aux baux des biens do-

(1) *Revue étrangère*, t. 1, p. 648.

maniaux dont la forme est réglée par l'art. 14 du
t. 2 de la loi du 28 octobre 1790. Plus d'hypothèque générale attachée de plein droit aux baux
passés par l'administration pour ces sortes de
biens : la spécialité s'y oppose. Plus de possibilité
de stipuler une hypothèque conventionnelle dans
des baux administratifs : l'art. 2127 y met obstacle
par ses dispositions restrictives. Le ministère des
notaires est désormais nécessaire pour ajouter
l'hypothèque à un contrat de bail résultant d'un
acte de l'administration.

Ces actes ne sont pas les seuls que l'administration a le droit de faire, et qui, quoique authentiques, sont cependant impuissans pour donner
à une convention hypothécaire un caractère de validité. Par exemple, un décret du 29 mai 1811 (1)
décide qu'un acte de remplacement fait par un
préfet, dans lequel un sieur Boursier s'était engagé
à payer au sieur Roulot une somme de 4,400 fr.,
pour sûreté de laquelle Boursier avait hypothéqué
une maison sise à Paris, ne donnait à Roulot aucun droit hypothécaire ; que, pour acquérir hypothèque conventionnelle, ce dernier aurait dû
faire passer l'acte dont il s'agit devant notaire. Je
ne sais si ce décret est dû à une des lueurs passa-
gères de légalité qui, quelquefois, portaient Na-
poléon à comprimer la tendance envahissante de
son administration. Quoi qu'il en soit, cet acte
demeure ; il nous appartient, et nous y voyons
la preuve de tout ce qu'il faut rabattre de cet

_____

(1) Bulletin des Lois, t. 7, 4ᵉ série, p. 2.

art. 14 du t. 2 de la loi du 28 octobre 1790, qui voulait que *les actes administratifs* eussent la même puissance que les actes notariés.

Reste l'examen d'une dernière question : c'est celle qui consiste à savoir si les marchés passés par les autorités administratives avec les entrepreneurs, marchands, ouvriers et fournisseurs produisent hypothèque sur les biens de ceux-ci. Voyons, avant tout, le texte de la loi qui sert de base aux prétentions de l'administration pour échapper à l'art. 2127 du Code civil. La loi du 4-9 mars 1793 est ainsi conçue : « Art. 3. Quoi-» que les marchés (avec les entrepreneurs, mar-» chands, ouvriers et fournisseurs) soient passés » par des actes sous signatures privées, la nation » aura néanmoins hypothèque sur les immeubles » appartenant aux fournisseurs et à leurs caution-» nemens, à compter du jour où les ministres au-» ront accepté les marchés. » Ainsi, d'après cette disposition, l'état avait une hypothèque générale de plein droit par la force de l'acceptation minis-térielle qui donnait au marché son authenticité : c'était la reproduction du système déjà consacré par l'art. 14 du t. 2 de la loi du 28 octobre 1790. Dès-lors il semble que la loi du 11 brumaire an 7 et le Code civil aient dû l'entraîner dans le même néant que celui-ci. Néanmoins la cour de Paris a cru pouvoir décider, par arrêt du 29 mars 1830 (1), que l'adjudication de travaux de construction, passée par le préfet du Bas-Rhin à un sieur Du-

(1) Sirey, 30, 2, 230.

plan, emportait *privilége ou simple hypothèque non déterminée*, et que le Code civil, loin d'ébranler la loi du 4-9 mars 1793, en avait au contraire confirmé les dispositions par son art. 2098. Mais je crois qu'il est difficile de trouver un arrêt où les vrais principes de la matière soient plus ouvertement méconnus. On demande à la cour royale de Paris si l'hypothèque dont parle la loi de 1793 a été abolie par les lois subséquentes, et elle va chercher sa réponse dans l'art. 2098, qui n'est relatif qu'aux *priviléges*, qui ne réserve les droits du trésor royal que pour *les priviléges*. C'est la première fois peut-être qu'il est arrivé de confondre deux droits aussi distincts que l'hypothèque et le privilége. Et où donc la cour royale de Paris a-t-elle vu que la loi de 1793 parle de privilége? Depuis quand est-il permis de mettre sur la même ligne, et d'unir comme équipollens, *un privilége ou une simple hypothèque non déterminée.?*

Le privilége écarté, et en se renfermant dans le cercle d'une simple hypothèque, voici, si je ne me trompe, ce que la cour royale de Paris aurait dû voir. De deux choses l'une : ou la loi de 1793 a voulu donner à l'état une hypothèque légale sur les biens des fournisseurs, ou elle n'a entendu qu'attribuer à l'acceptation ministérielle les effets hypothécaires que tous les actes authentiques produisaient alors. Dans le premier cas, sa disposition est abolie par l'art. 2121 du Code civil, qui ne donne d'hypothèque légale à l'état que sur les biens des comptables (1). Dans le second cas,

(1) *Suprà*, n° 430.

qui est le plus probable, la spécialité a anéanti les hypothèques non déterminées attachées de plein droit par l'ancienne jurisprudence à toutes les conventions authentiques.

Mais que devrait-on décider si le marché passé par le préfet contenait une stipulation d'hypothèque spéciale? La cour de cassation vient de décider, par arrêt du 12 janvier 1835 (1), portant cassation d'un arrêt de Pau du 16 juin 1632 (2), qu'une telle constitution d'hypothèque est valable. Il s'agissait dans l'espèce d'une adjudication, faite en la forme administrative, des travaux à faire au lazareth de Bayonne. L'adjudicataire, par acte sous seing privé passé avec le préfet, avait déclaré hypothéquer différens immeubles pour garantie de l'exécution de ses obligations. L'arrêt de la cour de cassation est ainsi conçu : « Vu l'art. 14 » de la loi du 28 novembre 1790, les art. 1 et 3 de » la loi du 4 mars 1793, et les art. 2127, 2132 du » Code civil ;

 » Attendu que de la combinaison des lois ci-» dessus visées, il résulte que le ministère des no-» taires n'est point nécessaire pour les marchés » passés avec l'administration, et que les actes ad-» ministratifs contenant les stipulations relatives » auxdits marchés portent hypothèque ;

 » Attendu que, dans l'espèce, il s'agit de la va-» lidité d'une inscription prise par le préfet du dé-» partement des Basses-Pyrénées, au sujet de

(1) Sirey, 35, 1, 13.
(2) Sirey, 32, 2, 572. Dall., 33, 2, 95.

» l'adjudication faite au sieur Romain Lagarde,
» pour la construction d'un lazareth maritime à
» Bayonne, suivant sa soumission acceptée par le
» conseil de préfecture de ce département; qu'ainsi,
» sous ce premier rapport, quoique l'acte ne soit
» pas notarié, *il est hors de doute que l'inscription est*
» *valable ;...* CASSE. »

Cet arrêt a d'abord un grand défaut, c'est qu'il répond aux argumens serrés et pressans de l'arrêt de la cour de Pau par une pétition de principe. La cour de cassation a beau dire, pour colorer probablement l'exiguité de ses motifs, que l'opinion qu'elle consacre *est hors de doute.* C'est là une assertion, et non pas une excuse ; car la question est vivement controversée, comme le prouve l'arrêt de la cour royale; et d'ailleurs la cour de cassation, qui ne doit sa haute considération qu'à ses hautes lumières, sait mieux que personne que, dans notre siècle, l'autorité ne se conquiert que par la raison, et que la raison, toute puissante qu'elle est, doit se donner la peine de prouver ce qu'elle avance, sous peine de trouver des incrédules.

La cour de cassation se borne donc à affirmer que le ministère des notaires n'est pas nécessaire pour les marchés passés avec l'administration; et, ce qui me paraît fort, elle asseoit cette proposition sur la conciliation de la loi de 1790 avec l'art. 2127 du Code civil. Mais ce qu'elle appelle une *combinaison* de ces deux lois n'est autre chose qu'un pêle-mêle des dispositions les plus hétérogènes, et un démenti donné à l'art. 2127. Com-

ment donc! cet art. 2127 décide que l'hypothèque
conventionnelle *ne peut être consentie* QUE par un
acte notarié, et l'on prétendra faire valoir à sa
face des hypothèques consenties par acte non notarié! On maintiendra sans modification la loi de
1790, et l'on ne conviendra pas qu'au moins en
ce qui concerne les stipulations d'hypothèque, les
marchés passés par l'état avec ses entrepreneurs
et fournisseurs doivent être notariés! On ne voudra tenir nul compte ni du langage restrictif du
Code civil, seule loi complète et vivante sur la
constitution de l'hypothèque, ni de l'art. 2115,
qui n'admet l'hypothèque que lorsqu'elle se présente avec les formes voulues par la loi!! Il faudra laisser inaperçues ces paroles énergiquement
prohibitives de l'art. 2127, lorsqu'on sait cependant qu'à l'époque où elles ont été formulées, la
question actuelle était déjà pendante, et que les
ministres prétendaient que la loi du 11 brumaire
an 7 était trop vague pour la faire décider contre
l'administration!! Eh bien! je le demande, y a-
t-il de l'amphibologie dans l'art. 2127? Parle-t-il
d'une manière énonciative des actes notariés
comme l'art. 2 de la loi de brumaire an 7? Pourquoi sa pensée est-elle exprimée d'une manière
plus sévère? Y avait-il des actes non notariés autres
que ceux de l'administration qui prétendissent à
l'hypothèque? N'est-il pas certain que les contrats
administratifs étaient les seuls à vouloir rivaliser
avec les actes notariés? Dès-lors, n'est-il pas clair
qu'en se renfermant dans une formule absolue et
exclusive, l'art. 2127 a voulu précisément et hau-

tement condamner l'opinion de l'administration et ramener à l'unité la constitution de l'hypothèque?

Telle est mon opinion. J'y persiste, non par une obstination mesquine, mais parce que les raisons qui entraînent ma conviction ne sont pas même effleurées par la décision de la cour de cassation. Je ne change pas au gré d'un arrêt, surtout lorsque cet arrêt est vide de motifs.

566. Quant aux actes sous seing privé qui concèdent hypothèque, ils sont destitués d'effet. Ils ne peuvent servir de base à une inscription, qu'autant qu'ils ont été reconnus en jugement. Mais alors l'hypothèque qui les accompagne est plutôt une hypothèque judiciaire (1) qu'une hypothèque conventionnelle.

On demande si, lorsque la reconnaissance de l'acte sous seing privé se fait par devant notaire, lorsque, par exemple, les parties déposent chez un notaire l'acte sous seing privé, et qu'il en est dressé procès-verbal, cet acte sous seing privé devient authentique, et peut produire hypothèque.

L'affirmative n'est pas douteuse. Voici en effet ce qu'on lit dans la discussion qu'a subie au conseil d'état l'art. 2127 (2).

« M. Duchâtel demande qu'on attribue à la ré-
» connaissance de la signature, lorsqu'elle est faite
» devant notaires, la même force que lorsqu'elle
» est faite en jugement.

» M. Berlier dit qu'il n'y a point de motif pour

(1) *Suprà*, n° 443.
(2) Procès-verbal de la séance du 5 ventose an 12.

» admettre cet amendement. En effet, s'il s'agit
» d'un titre sous seing privé, dont la reconnais-
» sance ait été poursuivie en justice, l'art. 2123 y
» pourvoit. L'hypothèque en ce cas devient judi-
» ciaire. Si, au contraire, il s'agit d'un titre sous
» seing privé, que toutes les parties intéressées
» aient porté à un notaire pour lui donner la forme
» authentique par la transcription, *l'annexe*, ou
» une nouvelle rédaction, l'article en discussion
» suffit. Car l'acte notarié donne ouverture à l'hy-
» pothèque, et dès ce moment elle peut être ac-
» quise, en observant les formalités prescrites par
» la loi.

» M. Treilhard dit que les actes sous seing privé
» deviennent des actes devant notaires, pourvu
» que la reconnaissance ait lieu de la part de ceux
» contre qui elle fait preuve. S'ils n'étaient déposés
» que par l'une des parties, *à moins que ce ne fût*
» *le débiteur*, la reconnaissance ne serait pas com-
» plète.

» L'article est adopté. »

C'est en effet ce qui avait lieu dans l'ancienne
jurisprudence. On y regardait comme authentiques les actes sous seing privé *reconnus* devant notaires par *le débiteur*. Ils produisaient hypothèque
du jour de la reconnaissance (1). On doit dire la
même chose du cas où l'acte a été, non pas reconnu,
mais déposé chez un notaire du consentement des
parties. Il y a alors reconnaissance implicite. Cette
vérité si palpable a été consacrée par un arrêt de la

(1) Basnage, Hyp., ch. 12. Pothier, Orléans, t. 20, n° 13.

cour de cassation (1) du 11 juillet 1815. M. Merlin en rapporte l'espèce (2) et en approuve la décision. M. Grenier l'adopte également (3), et je ne puis concevoir que quelques auteurs (4) y aient trouvé des difficultés. La question s'est présentée à la cour de Caen dans une espèce où le dépôt avait été fait chez un notaire *par le créancier seul,* mais par suite d'une clause de l'acte sous seing privé portant : « Pour le reconnaître et déposer devant no-
» taires et le faire revêtir des formalités voulues par
» la loi, les parties se donnent réciproquement
» pouvoir, *en présence comme absence,* sans qu'il
» soit besoin d'intimation. » Ainsi le créancier avait été le mandataire du débiteur pour opérer ce dépôt. Par arrêt du 22 juin 1824 (5) la cour de Caen décida que le dépôt était valable et que l'acte était authentique et suffisant pour donner existence à l'hypothèque. Les motifs de cet arrêt sont péremptoires, et, quoi qu'en dise M. Dalloz (6), la décision me paraît devoir être approuvée.

507. Quel serait le sort d'une hypothèque consentie dans un acte notarié, mais non enregistré dans les délais ?

Cette question divise les auteurs.

MM. Merlin (7) et Grenier (8) sont d'avis que l'acte

(1) Dalloz, Hyp., p. 200.
(2) Répert., t. 16. Hyp., p. 404.
(3) T. 1, nos 67, 68.
(4) M. Paillet, sur l'art, 2127. M. Delv., t. 3, p. 159.
(5) Dalloz, 25, 2, 112.
(6) Hyp., p. 194, n° 6.
(7) Rép., Enreg., § 4, et t. 16, Hyp., p. 406.
(8) Hyp., t. 1, n° 17.

notarié, qui n'est pas enregistré dans les délais, ne peut valoir que comme acte sous seing privé, et qu'il n'a fixité de date et ne produit hypothèque qu'à compter du jour de l'enregistrement.

Ils se fondent sur l'art. 9 de la loi du 5 décembre 1790, relative à l'organisation de l'enregistrement ; cet article est ainsi conçu : « A défaut d'enre- » gistrement dans les délais fixés, un acte passé » devant notaires *ne pourra valoir que comme acte* » *sous seing privé.* L'acte, ayant reçu la formalité » omise, acquerra la fixité de la date et l'hypothè- » que, à compter du jour de l'enregistrement.»

Ce qui était conforme à l'édit du mois de mars 1693, qui (dit son préambule) avait organisé le contrôle, pour *constater la date des actes* et leur *donner plus de force et d'authenticité* (1). Néanmoins il faut dire que, sous l'empire de cet édit, plusieurs auteurs voulaient que le contrôle, en quelque temps qu'il fût fait, produisît effet rétroactif, et que l'hypothèque remontât au jour de l'acte (2).

Mais l'opinion de MM. Merlin et Grenier est combattue par M. Favard Langlade (3), par les auteurs du Dictionnaire de l'enregistrement (4), par M. Rolland de Villargues (5), et par M. Dalloz (6). Deux arrêts l'ont même condamné, l'un de la cour

(1) Dalloz, Enregist., p. 1, n° 1.
(2) D'Héric., ch. 11. sect. 2, n°37. Soutlages, Hyp., p. 56. M. Grenier, *loc. cit.*
(3) Rép., acte notarié, § 1, n° 3.
(4) V° Acte, p. 33.
(5) Jurisprudence du notariat, 1828, p. 147.
(6) Hyp., p. 196, n° 16.

de cassation du 23 janvier 1810 (1), l'autre de la cour de Bourges du 17 mai 1827 (2), qui est motivé avec force et qui discute la question avec étendue (3).

Ce second sentiment me paraît préférable. En effet, la loi de 1790 a été abrogée par la loi du 22 frimaire an 7, qui s'est contentée de soumettre à une amende le notaire coupable du défaut d'enregistrement dans les délais prescrits. C'est le motif donné par l'arrêt de la cour de cassation du 23 janvier 1810. Mais il faut entrer dans quelques développemens pour prouver cette vérité.

La loi de 1790 avait entendu faire de l'enregistrement une mesure qui ne fût pas absolument fiscale. Elle avait voulu qu'il servît « *à constater les dates,* » *l'ordre des hypothèques, les nuances des conven-* » *tions,* les époques et les conditions de la propriété; » enfin qu'il imprimât un caractère inaltérable, en » fixant les volontés et en garantissant la fidélité » réciproque (4). » C'est pourquoi l'art. 2 portait : « *Les actes des notaires et les exploits des huissiers* » *seront assujettis, dans toute l'étendue du royaume,* » *à un enregistrement, pour assurer leur existence et* » *constater leur date.* »

(1) Je ne l'ai pas trouvé dans l'ouvrage de M. Dalloz. M. Roland de Villargues le rapporte dans sa Jurisprudence du notariat, p. 148.

(2) Villargues, *loc. cit.*, 1829, p. 641, 642, 643 (Sirey, 29, 2, 109).

(3) Dans le même sens, autre arrêt de la cour royale de Toulouse du 12 décembre 1835 (Dalloz, 36, 2, 95. Sirey, 36, 2, 432).

(4) Rapport fait à l'assemblée constituante par le comité d'imposition, le 24 novembre 1790.

On a vu que c'était aussi sous prétexte *d'assurer la date des actes*, que l'édit de 1693 avait fait du contrôle une formalité indispensable dans l'ancien régime. Cet édit avait presque opéré une révolution. Il avait soulevé une foule d'oppositions. Plusieurs villes, plusieurs provinces avaient obtenu ou *gratuitement* ou *moyennant finance* d'en demeurer affranchies. On peut citer la Flandre, le Hainaut, le Cambresis, l'Artois, l'Alsace, et surtout la ville de Paris (1). On voit, par le rapport du comité d'imposition de l'Assemblée constituante, avec quelle opiniâtreté les notaires de Paris s'opposèrent à la formalité de l'enregistrement, à laquelle l'Assemblée voulait les soumettre comme les autres notaires de France; mais leurs réclamations ne furent pas écoutées, et la loi de 1790 les assujettit au principe d'uniformité qui dominait tout, dans la législation régénérée de la France.

L'enregistrement fut donc invoqué comme mesure tendant à fixer *la date des actes;* la main du notaire ne suffisait pas. Aussi, lorsque l'Assemblée constituante organisa le notariat, dans sa définition des fonctions des notaires, elle se borna à dire que ces officiers imprimaient à l'acte *l'authenticité*, sans parler de la date. « Il sera établi dans tout »le royaume des fonctionnaires publics chargés »de recevoir tous les actes, et de leur donner le »caractère *d'authenticité* attaché aux actes pu-»blics (2). »

(1) Répert., v° Enregistrement.
(2) Loi du 6 octobre 1791.

Quoi qu'il en soit, il me semble que la loi de 1790 ne faisait autre chose que colorer une mesure fiscale par un faux prétexte d'utilité, lorsqu'elle disait que l'enregistrement donnait aux actes publics la fixité de la date. Elle exigeait, en effet, que l'acte notarié fût présenté à l'enregistrement dans les dix jours *qui suivront la date* (art. 8), et l'on sait que si cette présentation était faite, l'acte prenait rang et date, non du jour de l'enregistrement, mais du jour de la date apposée par le notaire (1). Dès-lors, quelle garantie cet enregistrement offrait-il contre les antidates? Qui répondait que le notaire n'avait pas choisi une date plutôt qu'une autre? Combien d'antidates possibles dans ce laps de dix jours, qui était porté à vingt pour les lieux qui n'étaient pas le siége d'un bureau? Quand la loi dit que les actes sous seing privé n'ont de date certaine que du jour de l'enregistrement, je vois alors une règle précise, appliquée logiquement et arrivant aux résultats auxquels elle tend. L'enregistrement est tout, le dire des parties n'est rien, quant à la date. Mais quand on me dit qu'un acte, pourvu qu'il soit enregistré dans les dix jours, prendra date de l'époque indiquée par le notaire, et non pas de l'époque de l'enregistrement, je ne conçois plus que l'enregistrement soit un moyen de *constater la date*.

La loi du 22 frimaire an 7, qui a refondu toutes les lois antérieures sur l'enregistrement, n'a pas

(1) Arrêt de la cour de cassation du 1er brumaire an 13. Dict. de l'Enreg., v° Acte.

répété les dispositions de la loi de 1790, dont je viens de parler. Faut-il s'étonner qu'elle soit rentrée dans le vrai, en mettant de côté ce charlatanisme de fixité de dates, qui n'était que dans les mots?

L'art. 73 de cette loi a même abrogé d'une manière générale et absolue la loi de 1790. Il porte : « *Toutes les lois rendues sur les droits d'enregistre-* » *ment, et toutes dispositions d'autres lois y relatives* » *sont abrogées.* »

MM. Merlin et Grenier font ici une objection que la cour de Grenoble traite de *subtilité dénuée de tout fondement raisonnable.* Ils disent : l'art. 73 n'a abrogé que ce qui était relatif *aux droits* d'enregistrement, mais non à la formalité elle-même ; il n'a parlé que de ce qui, dans les lois précédentes, était purement fiscal ; il laisse subsister tout ce qui y est étranger.

Cette objection tombe devant les termes de la loi de l'an 7, qui abroge non pas certaines dispositions des lois *rendues sur les droits d'enregistrement,* mais les lois elles-mêmes, dans leur entier et dans toutes leurs parties, afin qu'il n'y ait plus qu'un Code de l'enregistrement, renfermé dans la loi nouvelle. Or, la loi de 1790 est une loi *sur les droits d'enregistrement.* Lorsque la commission des impositions de l'Assemblée constituante présenta le projet qui devint depuis la loi de 1790, elle dit dans son rapport : « C'est d'après ces réflexions » que nous avons rédigé le projet de décret que » nous vous soumettons *sur les droits* appelés si » improprement domaniaux. » Et ce projet porte

l'intitulé suivant : « *Projet de décret sur* LE DROIT
» *d'enregistrement des actes civils et judiciaires*, et
» des titres de propriété. »

Ouvrons d'ailleurs la loi de 1790 elle-même :
dans son article premier, elle abroge *les droits de
contrôle* et tous autres de même nature.

Dans l'art. 2, elle établit la formalité de l'enregistrement, et ajoute : « A raison de cette formalité,
» il sera payé *un droit dont les proportions seront ré-
» glées ci-après.* »

Dans l'art. 3, elle divise les actes de propriété
en trois classes pour la perception *du droit* d'enregistrement.

Les art. 4 et 5 déterminent les bases *du droit*
d'enregistrement sur ces différens actes.

L'art. 6 impose deux fois la somme *du droit* sur
la valeur des objets omis dans les déclarations des
parties.

L'art. 7 indique sur quelles classes et sections
du tarif *la somme du droit sera réglée.*

Les art. 8 et 9 indiquent dans quels délais les
actes doivent être présentés à l'enregistrement; ils
déterminent des peines contre les actes dont l'enregistrement a été retardé, et aussi des peines
contre les officiers retardataires, et les notaires
sont astreints à payer *deux fois les droits;* d'où il
suit que cet art. 9, dont s'appuient MM. Merlin et
Grenier, aboutit positivement à une disposition
sur les droits d'enregistrement!!

L'art. 10 s'occupe des *droits* sur les actes *judiciaires.*

Puis viennent plusieurs dispositions sur les droits

auxquels sont assujettis les actes sous seing privé, sur les déclarations de succession, sur l'établissement des bureaux pour l'enregistrement, sur la prescription des actions en supplément *de droits*, ou en restitutions *de droits*, et l'on arrive à l'art. 21 portant : « La perceptions *des droits d'enregistre-* » *ment réglés par le présent décret* et par *le tarif an-* » *nexé* n'aura aucun effet rétroactif. »

L'article final s'occupe de « *l'introduction et de* » *l'instruction des instances relatives à la perception* » *des droits d'enregistrement* ».

Et c'est en présence de pareilles dispositions, qu'on viendrait soutenir que la loi de 1790 n'est pas essentiellement et fondamentalement *une loi rendue* (comme le dit l'art. 73 de la loi du 22 frimaire an 7) sur *les droits d'enregistrement ! ! !*

Cette loi est donc abrogée, et aucune de ses parties ne doit survivre à la disposition générale de la loi de l'an 7, qui abroge tout ce qui est « *loi* » *rendue sur les droits d'enregistrement.* » La loi de 1790 est un corps complet où tout se lie, où la matière est organisée dans un esprit homogène. De deux choses l'une : ou elle n'est pas abrogée du tout, ce que personne n'oserait prétendre, ou elle est abrogée dans son entier.

Mais comparons l'art. 9 de la loi de 1790, avec les articles correspondans de la loi du 22 frimaire an 7.

Cet article, partant du principe posé dans l'art. 2 et rappelé ci-dessus, disait que l'acte non enregistré dans les delais fixés *ne vaudrait que comme acte sous seing privé,* que le notaire serait responsable de l'omission envers les parties, et qu'il paierait le double droit; que cependant l'acte, ayant reçu après coup la formalité requise, acquérait fixité de date et hypothèque à compter du jour de l'enregistrement.

Puis venait un paragraphe relatif aux actes d'huissiers. Ils sont *déclarés nuls* à défaut d'enregistrement; et les huissiers sont condamnés à une amende de 10 fr. pour chaque exploit non enregistré.

Les auteurs de la loi du 22 frimaire an 7 se sont occupés de la sanction pénale des dispositions qu'ils ordonnaient dans les art. 33, 34 et suivans.

L'art. 34 est relatif aux huissiers : il leur impose une amende de 25 fr., et, de plus, une somme équivalente au montant du droit de l'acte non enregistré. Puis il s'arme des mêmes rigueurs que l'art. 8 de la loi de 1790, et il *déclare nuls* l'acte et le procès-verbal non enregistrés dans les délais. Voici donc l'art. 8 de cette loi reproduit dans la loi nouvelle. Le législateur de l'an 7 l'avait sous les yeux ; il y a puisé sa règle de conduite, en ce qui concerne les huissiers.

En a-t-il été ainsi à l'égard des notaires? Nullement. Ici, le législateur abandonne tout-à-fait les erremens de l'art. 8, et, dans son art. 33, il se borne à condamner ces officiers ministériels à une amende et au paiement du droit; mais il ne dit plus que l'acte non enregistré ne vaudra que comme acte privé, et qu'il n'acquerra fixité de date et hypothèque, que du jour de l'enregistrement

tardif. Pourquoi donc cette imitation de la loi de
1790 en ce qui concerne les huissiers, et cette dis-
semblance en ce qui concerne les notaires? N'est-il
pas clair que le nouveau système rejette les principes de l'ancien sur la valeur de l'enregistrement,
quant à la fixité des dates des actes notariés? Il me
semble impossible de rien répondre de concluant
à un rapprochement aussi frappant.

Veut-on maintenant savoir la cause de ce changement de système?

D'abord il n'était pas exact de dire, comme le
faisait la loi de 1790, que l'enregistrement donnait
aux actes notariés la fixité de la date; j'ai prouvé
ci-dessus que les dispositions de cette loi étaient
en opposition avec ses promesses.

De plus, nous avons vu tout à l'heure que les
auteurs de la loi de 1790 avaient appelé à leur secours la formalité de l'enregistrement *pour constater l'ordre des hypothèques.* Mais tout cela était devenu inutile par la loi du 11 brumaire an 7, qui
avait réorganisé le régime hypothécaire, et qui
avait voulu que l'hypothèque fût toujours spéciale, et que *l'ordre des hypothèques dépendît de
l'ordre des inscriptions.*

Enfin la crainte des antidates, qui avait servi
de thèse au législateur de 1790, devait beaucoup
moins frapper les auteurs de la loi du 22 frimaire
an 7, puisque la loi du 11 brumaire de la même
année faisait dépendre les transmission de propriété, non pas du jour des actes notariés, mais
du jour de la transcription de ces actes dans les
bureaux du conservateur.

Sous tous ces rapports, les peines portées par la loi de 1790 devenaient donc inutiles et gênantes, et l'on conçoit qu'elles aient été abrogées.

Aussi, voyez la loi du 25 ventose an 11 sur le notariat. « Les notaires, dit-elle, sont des fonction- » naires publics établis pour recevoir tous les actes » et contrats auxquels les parties doivent ou veu- » lent faire donner le caractère d'authenticité at- » taché aux actes de l'autorité publique, et pour » *en assurer la date*, en conserver le dépôt, en dé- » livrer des grosses et des expéditions. »

Ainsi la date d'un acte ne dépend plus de son enregistrement : c'est le notaire qui, par le caractère dont il est revêtu, assure aux dates leur fixité. Voilà donc la loi de 1790 abrogée par la loi du 11 ventose an 11, comme elle l'avait été par la loi du 22 frimaire an 7, et ces deux dernières lois se rencontrent dans le même système. Notez que les expressions de la loi de l'an 11 sont d'autant plus remarquables qu'elles ajoutent à la loi de 1791 sur le notariat, qui se taisait sur la fixité des dates apposées par les notaires ; car elle s'en rapportait au principe posé dans les art. 2 et 8 de la loi de 1790. La démonstration est donc maintenant complète.

Il ne faut pas se le dissimuler, au surplus, les dispositions relatives à l'enregistrement (dont je ne veux pas nier l'utilité sous d'autres rapports) n'ont jamais été un préservatif contre les antidates, puisque l'enregistrement opéré en temps utile, a toujours produit un effet rétroactif à la date apposée par le notaire. Le véritable remède contre les antidates est dans les répertoires que tiennent les notaires, et sur lesquels ils doivent inscrire jour par jour, sans blanc ni interligne, les actes qu'ils reçoivent (1). C'est ce que disait Loyseau, en se plaignant des inconvéniens qui résultaient, de son temps, de l'oubli où était tombée l'ordonnance de 1535, qui prescrivait la tenue de pareils répertoires. Après avoir rappelé des exemples d'antidates et de faux, il ajoutait (2) : « Pour donc obvier » à ces deux méchancetés, à sçavoir de l'antidate, » et du changement de la feuille du milieu...., il » serait très-nécessaire de renouveler les ordonnances qui enjoignent aux notaires de faire des » registres continus. »

Concluons de tout ceci que l'hypothèque doit toujours remonter à la date de l'acte public, pourvu que, dans un délai quelconque, cet acte soit présenté à l'enregistrement, et que dès-lors l'inscription prise avant l'enregistrement (ce qui pourrait arriver dans le cas d'une fausse mention de l'enregistrement) doit produire tout son effet.

508. J'ai dit ci-dessus (3) que l'on peut prendre inscription en vertu d'une convention conditionnelle, et quoique le montant de l'obligation ne soit pas encore liquidé.

J'ai cité pour exemple le cas d'un particulier qui s'est obligé de fournir à un manufacturier des matières brutes, lesquelles matières le manufacturier s'est obligé de son côté à fabriquer pour le compte

(1) Art. 49 de la loi du 22 frimaire an 7. Art. 14 de la loi de 1790, sur l'Enregistrement. Ordonn. de 1535.

(2) Off., liv. 2, ch. 5, nos 73, 74, 75.

(3) Nos 471 et suiv., 476, etc.

de ce propriétaire, en lui donnant une hypothèque sur ses biens pour une somme déterminée. J'ai dit que, quoique cette convention dépendît des livraisons ultérieures à faire par le propriétaire, elle était obligatoire à l'égard du manufacturier.

Mais j'ai annoncé au n° 477 que les auteurs n'étaient pas d'accord sur la question de savoir si le propriétaire devait justifier ses fournitures par des quittances authentiques ou par des actes sous seing privé.

M. Persil pense que des quittances par acte public sont nécessaires (1). M. Merlin est d'avis que des quittances sous seing privé suffisent, et l'on peut voir que M. Grenier, malgré ses incertitudes, est enclin à suivre cette seconde opinion.

Je pense qu'on doit la préférer.

Il faut distinguer ici deux choses, l'acte qui constitue l'hypothèque, et l'acte qui liquide la créance.

L'acte constitutif de l'hypothèque doit être authentique, et cela a eu lieu dans l'espèce proposée.

Mais pourquoi la même condition serait-elle exigée pour la liquidation de la créance? La loi ne la requiert pas.

Les tiers pourraient-ils se plaindre? mais sur quoi donc seraient fondées leurs doléances? L'inscription leur a fait connaître l'acte authentique, qui est la cause efficiente de l'hypothèque; ils ont pu apprécier l'importance des obligations dans lesquelles leur débiteur se trouvait déjà engagé. L'in-

_____

(1) M. Dalloz est aussi de ce sentiment, Hyp., p. 205, n° 20.

scription leur a fait également connaître le montant
par évaluation du capital de la créance. De quel
droit exigeraient-ils quelque chose de plus? Ils
ont dû, par tous ces documens, se tenir pour avertis, et ils ne peuvent être reçus à critiquer des
actes qu'ils ont connus quand ils ont traité avec
le débiteur, et qu'ils doivent respecter, à moins
qu'ils ne fassent valoir des moyens de fraude.

509. C'est par ces principes qu'on doit décider
la question de savoir si, un mandant ayant consenti
hypothèque au profit de son mandataire, pour le
paiement de ses indemnités, de ses salaires, avances ou frais, le mandataire doit prouver par des
actes authentiques qu'il est créancier de ces indemnités, salaires, avances ou frais.

La négative est incontestable.

Le mandataire a fait inscrire l'acte public qui
lui donne hypothèque sur les biens du mandant:
l'inscription évalue la créance éventuelle. Les tiers,
qui ont traité avec le mandant, ont connu tout ce
qu'ils ont dû connaître. On ne demande pas à leur
débiteur plus que ce que l'inscription a annoncé
qu'il devait, et ils seraient mal reçus à critiquer
une inscription sous l'influence de laquelle ils se
sont cependant déterminés à contracter. La liquidation de la créance du mandataire est une affaire
de lui au mandant, et rien n'empêche que les
actes sous seing privé n'y soient admis.

Toutefois dans l'ancienne jurisprudence, Raviot
sur Perrier (1) voulait que les actes de gestion fus-

_____
(1) Quest. 90, n° 31.

sent constatés d'une manière authentique ; mais les raisons sur lesquelles il se fonde ont été fort bien réfutées par M. Merlin (1). On peut y ajouter celle-ci : c'est que dans l'ancienne jurisprudence, où l'hypothèque était occulte, on ne pouvait se montrer sévère sur les actes justificatifs de la liquidation de la créance. Mais aujourd'hui que l'hypothèque est publique, que l'on connaît d'avance le créancier et l'évaluation de la créance, on ne peut soupçonner facilement la fraude, et les tiers qui viennent tardivement critiquer ce qu'on leur a fait connaître en temps utile sont dans une position peu favorable (2).

510. L'hypothèque conventionnelle peut sans contredit être consentie par procureur.

Mais le mandataire qui n'a qu'une procuration sous seing privé, peut-il constituer une hypothèque valable sur les biens de son mandant, ou bien faut-il que sa procuration soit authentique?

M. Merlin (3) soutient avec force, contre un arrêt de la cour de cassation du 27 mai 1819 (4), la nécessité que la procuration soit authentique; voici comment il raisonne : sans doute l'acte authentique passé par le mandataire constitue l'hypothèque. Mais il ne la constitue pas seul. Il ne la constitue que par son identification avec le mandat; ce n'est que dans le mandat qu'est le consentement de qui il tire toute sa force. Isolé du mandat, il

(1) Quest. de droit, v° Hyp., p. 397, col. 2.
(2) M. Grenier, t. 1, n° 29.
(3) Répert., t. 16, Hyp., 392, col. 1.
(4) Dall., Hyp., p. 201, Sirey, 19, 1, 324.

n'est rien, le consentement qu'il énonce manque
de preuves; il n'y a plus de consentement légalement donné à l'hypothèque (1).

Je crois que la meilleure réponse à cette doctrine
subtile, se trouve dans les considérans de l'arrêt de
la cour de cassation.

« Attendu que le mandat à l'effet de consentir
» une hypothèque, et l'acte constitutif de cette
» hypothèque, sont deux choses tout-à-fait dis-
» tinctes.

» En ce qui concerne le mandat, attendu que le
» Code établit comme une règle générale que tout
» mandat, quel qu'en soit l'objet, peut être donné
» par acte sous signature privée, et que s'occupant
» dans une disposition ultérieure du mandat à
» l'effet de consentir hypothèque, il ne déroge point
» à la règle qu'il vient d'établir; il dit, et rien de
» plus, que ce mandat doit être exprès, et que
» dans l'espèce ce mandat est exprès.

» En ce qui concerne l'acte constitutif de l'hypo-
» thèque, attendu que cet acte est authentique, et
» consenti par un mandataire spécialement auto-
» risé à grever d'hypothèque les biens de son man-
» dant, rejette. »

La cour de Caen, de qui émanait l'arrêt confirmé
par la cour de cassation, a persisté dans sa jurisprudence par un arrêt du 22 juin 1824 (2).

Enfin la cour de cassation a mis le sceau à sa
jurisprudence par un nouvel arrêt du 5 juillet

(1) M. Grenier semble partager cet avis, t. 1, n° 68, p. 143.
(2) Dalloz, 25, 2, 112.

1827 (1), et la majorité des auteurs partage son opinion (2).

En effet, toutes les fois que la loi a voulu déroger à la règle que la nomination d'un procureur peut se faire par acte privé, elle s'en est exprimée (3). Mais lorsqu'elle ne l'a pas fait, on reste dans le droit commun (4). C'est ainsi qu'il a été décidé par arrêt de la cour de Toulouse du 19 août 1824 (5), que le donateur peut se faire représenter à la donation par un mandataire muni d'une procuration sans authenticité, par la raison que la loi qui exige un mandat authentique de la part du donataire pour l'acceptation de la donation par procureur (6), n'exige pas la même formalité pour assurer la légalité du concours du représentant du donateur. En général, on reproche à notre législation d'être trop formaliste. Ne multiplions pas les solennités, n'embarrassons pas la jurisprudence de nullités extrinsèques, tant que la loi ne s'en sera pas clairement expliquée.

ARTICLE 2128.

Les contrats passés en pays étrangers ne peuvent donner d'hypothèques sur les biens de

(1) Sirey, 28, 1, 105. Dalloz, 27, 1, 295.
(2) MM. Persil, art. 2127, n° 6; Battur, Hyp., t. 1, n°167; Delvincourt, t. 3, p. 163, n° 6 ; Villargues, Hyp., p. 137.
(3) Art. 36, 66, 932, etc.
(4) Art. 1985.
(5) Dalloz, 1826, 1, 226.
(6) Art. 932.

France, s'il n'y a des dispositions contraires à ce principe dans les lois politiques ou dans les traités.

SOMMAIRE.

COMMENTAIRE.

511. L'hypothèque, quant à la manière de l'acquérir, est du droit civil (1). Elle ne peut découler que d'actes à qui le droit civil a attribué la vertu

_____
(1) *Suprà*, n°⁵ 429 et 392.

de la produire. Nous avons vu sous l'article précédent qu'il fallait un acte notarié.

Notre article, continuant à traiter le même sujet, ajoute que les officiers publics appartenant à une puissance étrangère ne peuvent imprimer l'hypothèque sur les biens situés en France. La raison en est, suivant Mornac (1), que l'acte passé en pays étranger, quoique revêtu des formes solennelles voulues en ce pays, ne vaut en France que comme acte sous seing privé. « *Obligatio extrà Galliam* » *contracta, pro simplici chirographo est in Gallia* »

Sans doute, les actes passés par des officiers publics étrangers font foi en France. Ils ont, comme le dit Pothier (2), *une autorité de créance.* Mais ils n'ont pas l'autorité publique *de pouvoir*, qui est nécessaire pour imprimer le droit d'hypothèque sur les biens des contractans. Nous n'admettons en France d'autorité publique de cette espèce que celle qui émane du roi.

Quelques personnes s'étonnent cependant qu'un testament passé en pays étranger ait la puissance de changer l'ordre des successions réglé par la loi nationale, de dépouiller les héritiers du sang d'une hoirie qui faisait leur espérance, pour l'attribuer à un individu sans lien de parenté avec le défunt, et qu'un acte de constitution d'hypothèque reste sans effet, si les officiers d'un prince étranger l'ont reçu! Pourquoi cette condescendance d'une part en faveur d'un acte si grave, et

(1) Sur la loi dern. Dig., *De jurid.*, n° 11.
(2) Orléans, t. 20, n° 9.

cette rigueur de l'autre contre un acte qui l'est beaucoup moins? D'ailleurs, est-il absolument indispensable de permettre aux testamens de se multiplier, et n'est-il pas bien plus nécessaire que le contrat d'hypothèque, si favorable au commerce, si utile dans toutes les relations d'affaires, soit dégagé d'entraves inutiles puisées dans des susceptibilités diplomatiques assez frivoles?

On conçoit cependant que, dans l'ancienne législation, on ait adopté à l'égard de l'hypothèque la maxime de Mornac. L'hypóthèque découlait de l'authenticité même de l'acte; elle était un effet *de la puissance publique* inhérent à la forme du contrat; alors il était possible de comprendre qu'une pareille puissance ne s'attachât pas aux actes passés par des officiers étrangers; et les raisons données par Pothier sont toutes décisives (1). Mais ont-elles la même force quand on les applique au système adopté par le Code civil sur l'hypothèque conventionnelle? Notre hypothèque conventionnelle résulte de *la convention et de la volonté des parties.* L'autorité *de créance* qui s'attache au contrat ne suffit-elle pas? N'est-ce pas assez qu'il soit constant que la partie a voulu obliger sa propriété et la grever d'une charge?

A ces raisons, qui ne manquent pas de force, on peut opposer cependant cette considération, qu'un acte de constitution d'hypothèque se résout

(1) Voilà pourquoi encore elles restent dans toute leur énergie à l'égard de l'*hypothèque judiciaire*, qui est un privilége découlant de la puissance publique, et attaché à certains actes de l'autorité (*Suprà*, n° 429).

toujours *en exécution*, et que l'exécution forcée des contrats est un attribut réservé à la puissance publique du pays où cette exécution doit avoir lieu (1). L'expropriation est une mesure des plus graves (2). On n'arrache pas une propriété à un citoyen, sans que la société en conçoive quelques inquiétudes. La puissance nationale inspire seule assez de confiance pour qu'on lui ait réservé exclusivement le droit d'ordonner ce moyen de contrainte; il ne peut donc résulter que d'actes émanés des délégués du prince, et jamais de contrats passés devant des officiers étrangers.

Mais remarquez que notre article va plus loin, il ne se borne pas à dénier la voie exécutive aux hypothèques concédées en pays étranger; il refuse de reconnaître comme valable la stipulation d'hypothèque elle-même; cette stipulation est inefficace, d'après notre texte. Or, c'est en quoi je trouve que le Code s'est montré beaucoup trop sévère (3).

512. Au surplus, dans l'ancienne jurisprudence française, la question tranchée par le Code civil était fort controversée (4).

L'ordonnance de 1629 (art. 121) avait en vain décidé que les contrats et obligations reçus ès royaumes et souverainetés étrangères, pour quelque cause que ce soit, n'auraient aucune hypo-

(1) Art. 546 du Code de procédure civile.
(2) Montesq., Esprit des lois, liv. 6, ch. 2.
(3) Le Code napolitain s'est montré moins injuste. Voy. la préface. Mais le Code hollandais a adopté le principe de notre article. V. son article 1249, dans la *Revue étrangère*, t. 1, p. 649.
(4) Hyp. de Basnage, ch. 12.

II.   20

thèque ni exécution en France, et tiendraient lieu
de simples promesses.

Mais cette ordonnance ne fut jamais observée
au parlement de Paris, ni citée comme loi dans les
plaidoiries des avocats (1). La défaveur qui s'attachait presque toujours à un enregistrement forcé,
l'avait fait repousser dans le ressort d'autres parlemens, malgré la sagesse de ses dispositions.

Livrés à l'arbitraire de leurs opinions indivi-
duelles, les jurisconsultes s'étaient donc divisés.
Les uns pensaient que l'hypothèque, étant du
droit des gens, devait résulter des actes reçus en
pays étranger, ainsi que l'avaient décidé Chopin
(2) et Loyseau (3).

D'autres, en adoptant le principe que l'hypothèque est du droit civil, quant à la manière de
l'acquérir, tenaient pour certain que l'hypothèque ne pouvait être admise en France que lorsqu'elle résultait d'actes authentiques reçus par
des officiers soumis à la souveraineté du roi; mais
ils faisaient une exception pour les contrats de mariages et les actes de tutelle, à cause de la faveur
de la dot, et des biens des mineurs. Tronçon (4),
Chopin (5), Mornac (6), Bouguier (7), rapportent

(1) Mém. de Talon, t. 3, p. 329. Pothier, Louage, n° 186,
et sur Orléans, t. 20, n° 9. Grenier, Hyp., t. 1, n° 14, p. 20.
Mon comment. *de la Prescription*, t. 2, n°ˢ 1005 et 1006.

(2) Sur Anjou, liv. 3, t. 3, ch. 3.

(3) Off., liv. 1, ch. 6, n° 104.

(4) Sur Paris, art. 165.

(5) Sur Paris, liv. 3, t. 2, p. 20.

(6) Sur la loi *extrà*, Dig., *De jurid.*

(7) Lettre C, n° 7.

des arrêts qui l'ont jugé de la sorte, et depuis l'ordonnance de 1629 Boullenois pensait que ce sentiment devait être suivi (1).

Cependant, avant comme depuis l'ordonnance
de 1629, il y avait un bon nombre d'esprits judi-
cieux qui soutenaient que nul acte passé hors du
royaume ne pouvait produire en France une hypothèque, et qui n'apportaient à cette règle aucune except on (2).

Mais il faut convenir que la jurisprudence était
trop douteuse, et les avis trop partagés, pour qu'on
ne désirât pas vivement, lors de la rédaction du
Code civil, qu'une décision formelle vînt mettre
fin à ces discussions.

C'est ce qu'a fait notre article, en adoptant la
disposition de l'art. 121 de l'ordonnance de 1629.

Seulement l'hypothèque pourra résulter d'actes
passés hors du royaume, si cela a été stipulé dans
les traités.

512 *bis.* Mais qui doit faire celui que est porteur
d'un acte public passé en pays étranger, et portant
hypothèque à son profit?

M. Dalloz lui conseille de faire assigner le débiteur devant un tribunal français, d'obtenir jugement contre lui, et de prendre inscription en vertu
de ce jugement. Cet auteur ne pense pas que le créan-

---

(1) T. 1, p. 631. C'était aussi l'avis de Bourjon, t. 2, 538.
(2) Brodeau, sur Paris, art. 107 et 166, et sur Louet, lettre H, § 5. Malicostes, sur Maine, art. 186. Lamoignon, Hyp.,
art. 25, rapporté *suprà*, n° 429. Pothier, Orléans, t. 20, n° 9.
Arrêt de Paris, de 1737, au Répert., v° Hyp., p. 718, n° 8.

cier puisse se présenter seul devant le tribunal français, pour faire apposer à son contrat le *pareatis*. Car, dit-il, ce serait vouloir attacher l'hypothèque aux contrats passés en pays étranger, tandis que l'art. 2128 les prive absolument de la faculté de produire hypothèque en France : il ne les regarde que comme de simples promesses, capables seulement de servir de base à une action judiciaire (1).

Il paraît que telle est aussi l'opinion de M. Grenier (2).

Elle est la seule qu'on doive admettre. Il en serait autrement, sans doute, si l'article 2128 s'était borné à refuser à l'hypothèque constituée en pays étranger la voie exécutive. Mais, comme je l'ai dit au n° 512, le Code considère comme non écrite une pareille stipulation d'hypothèque. Le créancier n'a donc pas de secours à puiser dans son contrat. Un simple *pareatis* ue lui suffit pas : il faut qu'il recoure à l'hypothèque judiciaire.

513. Insistons maintenant d'une manière plus particulière sur l'effet hypothécaire des contrats de mariage passés en pays étranger.

Nous avons vu tout à l'heure la diversité d'opinions qui régnait dans l'ancienne jurisprudence.

M. Grenier considère la question comme simplifiée par notre article (3), et il fait une distinction qui prouve que cet article laisse la difficulté entière. Ou il s'agit, dit-il, de deux étrangers ma-

(1) Hyp., p. 195, n° 12.
(2) Hyp., t. 1, p. 26, n° 16.
(3) Hyp., t. 1, p. 530, n° 247.

riés en pays étranger, et alors leur contrat ne produit en France aucune hypothèque; ou il s'agit d'un Français marié en pays étranger, et la femme pourra réclamer, sur les biens de son mari situés en France, l'hypothèque légale pour les conventions contenues dans son contrat de mariage. Je demande en quoi notre article a pu aider à une pareille solution.

M. Dalloz propose la même distinction (1). Sans en discuter en ce moment le mérite, essayons de montrer l'influence de notre article sur la question proposée.

Comme on le verra plus tard (2), l'hypothèque de la femme date quand il y a contrat, non du jour du mariage, mais du jour du contrat.

Mais quand il s'agit d'un contrat de mariage fait à l'étranger, il me paraît impossible de rattacher l'hypothèque à ce contrat; ce serait placer dans le contrat la cause de l'hypothèque. Ce serait par conséquent se mettre en opposition avec notre article, qui ne veut pas qu'un contrat passé à l'étranger serve d'auxiliaire à une hypothèque en France.

Mais suit-il de là que la femme sera tout-à-fait destituée d'hypothèque légale? Non, sans doute!

La femme n'a pas besoin de recourir à son contrat pour avoir hypothèque. Le fait de son mariage est, à lui tout seul, la cause principale d'hypothèque légale. Ainsi, ce que ne fera pas le contrat, la célébration du mariage l'opérera (3).

(1) Hyp., p. 196, n° 15.
(2) *Infrà*, n° 578.
(3) Argument d'un arrêt de la cour de cassation du 1ᵉʳ fé—

Ceci posé, il est évident qu'il est indifférent que le mariage ait été solennisé en France ou en pays étranger. Car le mariage contracté en pays étranger est valable, si l'on a observé les formalités voulues dans ce pays. La loi française y croit comme à un fait incontestable. En admettant le fait, elle admet nécessairement aussi l'hypothèque légale qui en résulte (1). Telle était la doctrine de M. Lamoignon. Il avait remarqué avec sa sagacité habituelle la différence qui existe entre la femme dont le contrat a été fait en France, et celle dont le contrat a été formalisé en pays étranger. Cette différence git tout entière dans la date. « Les actes et juge-
» mens passés et rendus en pays étrangers n'em-
» portent hypothèque en France, *quoique ce fût*
» *contrats de mariage* et actes de tutelle ; mais l'hy-
» pothèque n'aura lieu que *du jour de la célébration*
» *du mariage* et de la gestion de la tutelle (2). »

Voilà les véritables principes. Le contrat de mariage pourra sans doute être invoqué pour fixer la nature et l'étendue des droits de la femme, mais non pas comme source de l'hypothèque. C'est le fait seul du mariage qui en sera la cause.

513 *bis*. Mais faudra-t-il qu'à l'appui de son acte de mariage, la femme qui a épousé un Fran-

vrier 1816, dans l'espèce duquel la femme était, à la vérité, mariée en France, *mais n'avait qu'un contrat sous seing privé*. Le contrat fut admis seulement comme moyen de liquider les apports de la femme (Dalloz, Hyp., p. 128).

(1) V. la *Revue de législation et de jurisprudence*, t. 1, p. 278. M. Wolowski adopte cette opinion.

(2) Des Hyp., art. 25.

çais prouve qu'elle s'est conformée aux dispositions de l'art. 171 du Code civil? Faudra-t-il que,
dans les trois mois de son retour en France, l'acte
de célébration de son mariage soit transcrit sur
le registre public des mariages du lieu de son domicile?

Un arrêt de la cour de cassation, du 6 janvier
1824 (1), a jugé l'affirmative. Il décide que, quoique le mariage d'un Français et d'une étrangère
contracté en pays étranger soit valable, l'hypothèque légale qui en résulte ne peut avoir lieu contre
des tiers en France, qu'en se conformant aux règles
prescrites par les lois françaises et notamment
par l'art. 171 du Code civil.

M. Dalloz blâme cette décision rendue contre
sa plaidoirie, et qui, au surplus, n'est qu'un arrêt
de rejet.

Je suis disposé à partager l'opinion de cet auteur (2). L'art. 171 est purement réglementaire; il
ne prononce pas de peine contre l'omission des
dispositions qu'il prescrit. Cette omission n'empêche pas le mariage d'être valable, et la cour de cassation le reconnaît elle-même dans ses considérans.
Les formalités de l'art. 171 n'ont été prescrites que
par mesure de précaution pour faciliter la recher-

(1) Dalloz, Hyp., p. 144 et 133, n° 3.
(2) On peut invoquer à l'appui un arrêt de Montpellier du
3 juin 1830 (Dall., 31, 2, 31). Mais dans cette espèce, il y
avait une circonstance particulière : il s'agissait d'une femme
divorcée qui avait déposé en France, dans les registres de l'état
civil, son acte de divorce. La cour pensa que ce dépôt équiva-
lait aux formalités prescrites par l'art. 171 du Code civil.

che de l'acte de mariage; mais, encore une fois, elles ne sont pas de l'essence du mariage, qui subsiste sans elles. Or, c'est au fait du mariage, c'est à sa célébration seule, que l'hypothèque doit sa naissance. Admettre la validité du mariage comme le fait la cour de cassation, et ne pas admettre les conséquences du mariage, c'est tomber dans une manifeste contradiction. C'est comme si, en déclarant un mariage régulier, on refusait de regarder comme légitimes les enfans qui en sont issus. De même que la légitimité, l'hypothèque est un des effets du mariage. Pour nier l'existence de l'hypothèque, il faut nier l'existence du mariage. Sans quoi, on prête à la loi des rigueurs qu'elle n'a pas eues, et l'on se place en dehors de la saine logique.

Ajoutez que faire dépendre l'hypothèque de l'accomplissement des formalités de l'art. 171, ce serait la subordonner à la vigilance du mari, et remettre entre ses mains le sort des garanties que la loi donne à la femme. Or, c'est là un résultat qui contrarie le système du Code sur l'hypothèque légale (1).

(1) Notre opinion a été consacrée par un arrêt de Bordeaux du 28 octobre 1837, qui n'a pas encore été rapporté ni par Dalloz ni par Sirey, mais que l'on trouve au recueil des arrêts de cette cour, t. 12, p. 581.

« Attendu, y est-il dit, que l'art. 171 ne prononce aucune » peine, aucune sorte de nullité pour l'omission de la formalité » qu'il exige ; que le principe, la cause de l'hypothèque étant » dans le mariage, il faut, tant qu'on n'annule pas le mariage, » respecter l'hypothèque qui en est la conséquence nécessaire » et forcée, hypothèque, au surplus, dont la validité ne saurait dépendre du caprice du mari. »

513 *ter*. Arrivons maintenant à la distinction de MM. Grenier et Dalloz, entre les épouses étrangères et les épouses françaises mariées hors de France. Les unes et les autres ont-elles hypothèque sur les immeubles de leurs maris situés dans le royaume? ou bien n'y a-t-il que l'épouse du Français qui puisse réclamer sur eux le bénéfice de l'hypothèque légale?

L'opinion de MM. Grenier et Dalloz me paraît absolument fausse. M. Dalloz oublie même qu'il a professé le contraire dans une autre partie de son ouvrage (1). Ces deux auteurs pensent que l'hypothèque légale, étant une concession du droit civil, n'a été introduite qu'en faveur des régnicoles, mais qu'elle ne peut profiter aux femmes étrangères, parce que le droit civil n'a pas parlé pour elles, mais bien pour les nationaux.

J'ai déjà eu occasion de toucher une question semblable (2). Elle consistait à savoir si un mineur étranger, dont la tutelle aurait été déférée en pays étranger, pourrait avoir hypothèque sur les biens de son tuteur situés en France, et j'ai pensé, contre l'opinion de M. Grenier, et avec l'appui de doctrines et de raisons qui me paraissent imposantes, que le mineur dont il s'agit peut se prévaloir du bénéfice de la loi française pour recourir sur les immeubles français appartenant à ce tuteur.

Ici les raisons sont absolument les mêmes.

(1) V° Loi, p. 884, n° 36, § 4.
(2) *Suprà*, n° 429.

Il n'est nullement exact de dire que l'hypothèque est tellement du droit civil, que les étrangers
ne puissent y participer (1). Car si le principe était
vrai, il devrait être général, et il faudrait l'appliquer non seulement aux hypothèques légales, mais
encore aux hypothèques judiciaires, qui sont aussi
une concession de la loi ; aux hypothèques conventionnelles, qui tiennent du droit civil leurs
formes constitutives ; aux priviléges sur les immeubles, qui ne sont que des hypothèques privilégiées, et qui ont par conséquent la même origine ; aux priviléges sur les meubles, qui sont des
affectations sur la chose, et qui tiennent leur faveur de certaines qualités qu'il a plu au législateur
de placer à tel ou tel rang de préférence. Or, jamais
les deux auteurs que je m'efforce de combattre
n'iront jusqu'à soutenir que toutes les hypothèques, soit légales, soit judiciaires, soit conventionnelles, soient hors des droits auxquels un étranger
peut prétendre en France ; ils n'entreprendront
pas de dire qu'un jugement rendu par les tribunaux français au profit d'un étranger, ne produit
pas en sa faveur une hypothèque judiciaire (espèce
d'hypothèque légale) sur les biens du condamné.
Ils ne refuseront pas à l'étranger qui aliène un immeuble qu'il possède en France, le privilége du
vendeur. En un mot, ils reconnaîtront qu'en or-
ganisant le système des hypothèques et des priviléges, le législateur n'a pas entendu travailler exclusivement pour les nationaux, mais qu'il a voulu

(1) *Suprà*, n°. 392 *bis*.

que ce système s'étendît à tous ceux qui sont propriétaires d'immeubles en France.

Quelle en est la raison? c'est, comme je le disais au n° 429, que la loi qui règle les hypothèques est un *statut réel*, et qu'à ce titre elle affecte tous les immmeubles français, sans s'informer si ce sont des régnicoles ou des étrangers qui en sont propriétaires.

MM. Grenier et Dalloz sont donc partis d'un faux principe, d'un principe auquel ils ne voudraient certainement pas donner toute l'extension qui est cependant virtuellement en lui. Pour nous, nous conclurons qu'il n'y a pas de différence, quant à l'hypothèque, entre le Français et l'étranger qui possède les immeubles en France. Cette proposition nous paraît désormais évidente.

Ceci étant une fois admis, il importera peu que le fait dont la loi française fait le fondement de l'hypothèque ait eu lieu en France ou en pays étranger. Il suffit que ce fait existe, et que la loi française y ajoute autorité de créance. On conçoit sans doute que nous ne voulons pas parler ici de contrats passés en pays étrangers, ni de jugemens rendus par des tribunaux qui ne sont pas français, puisque la loi française déclare expressément qu'elle ne leur attribue aucune vertu hypothécaire, même à l'égard des Français qui les ont obtenus. Mais il en est autrement d'une tutelle ou d'un mariage. Ce sont là des faits que la loi française accepte pour valables, quand ils ont été consommés avec les formalités voulues dans le pays où ils ont eu lieu. Ce sont des positions civiles qu'elle reconnaît pour légitimes, et auxquelles elle consent à prêter appui. Eh bien! par cela seul qu'elle les homologue de plein droit, il s'ensuit qu'elle sanctionne tous les effets civils qu'elles produisent; et quand un étranger possède des immeubles en France, et qu'un autre étranger vient demander au statut réel qui les régit, d'agir sur eux, il ne fait rien de blessant pour la nationalité française; il s'incline au contraire devant la souveraineté de la loi du pays; il la prend pour sa règle : il consent à ce qu'elle réalise toutes ses conséquences sur les biens qu'elle affecte.

En un mot, l'étranger participe comme le Français au bénéfice de l'hypothèque. Comme le Français, il l'acquiert pour les conventions qu'il passe en France, pour les jugemens qu'il obtient en France, pour le mariage qu'il contracte en France. Comme le Français, il ne peut y prétendre pour les jugemens et contrats obtenus et passés en pays étranger. Mais comme le Français, la femme étrangère pourra, en vertu de son mariage, même contracté en pays étranger, invoquer la loi française qui place sous le coup d'une hypothèque légale les biens que le mari possède en France. Tout cela est la conséquence de ces deux règles incontestables : la première, que l'hypothèque est du droit des gens, et que, malgré tout ce qu'il y a de civil dans la manière dont elle s'acquiert, les étrangers n'en ont jamais été exclus. La seconde, que le statut qui frappe d'hypothèque légale les immeubles du mari est un *statut réel*, et agissant par conséquent sur les immeubles, sans s'informer qui les possède (1).

Telle est aussi l'opinion de M. Merlin (2); il combat avec force un arrêt de la cour supérieure de Liége, du 16 mai 1823, qui a jugé le contraire. Il faut du reste remarquer que dans la discussion la femme ne s'était pas attachée à faire ressortir le moyen tiré des deux raisons sur lesquelles j'insistais tout à l'heure.

La question s'est présentée dans l'ancienne jurisprudence, à l'occasion des droits hypothécaires que la princesse *de Carignan* réclamait, en vertu de son contrat de mariage *passé à Turin*, sur les

(1) « Attendu, dit fort bien la cour de Bordeaux, dans l'ar-
» rêt cité au n° 512 *bis*, qu'il importait peu que le mariage
» eût été contracté en pays étranger, et même que la femme
» fût étrangère ; que les contrats de mariage étant du droit
» des gens, et la loi par laquelle les biens des maris, situés en
» France, se trouvaient frappés de l'hypothèque *constituant un*
» *statut réel*, il n'y avait jamais lieu de *s'occuper des person-*
» *nes auxquelles cette loi devait profiter.* »

Je dois dire que ce sont les anciens principes qu'invoque ici la cour de Bordeaux pour en faire l'application à un mariage contracté avant le Code civil. Mais il est évident que la nouvelle législation n'a rien changé à cette théorie du droit des gens et du statut réel.

La cour, d'ailleurs, les déclare ensuite applicables sous l'empire du Code civil en décidant que l'hypothèque de la dame Ganseford reçut, par la promulgation de ce Code, le complément dont elle avait besoin, et qui lui manquait sous la loi du 11 brumaire an 7, sous laquelle cette dame n'avait pas *pris inscription.*

(2) Rép., t. 17, v° Remploi.

biens que son mari, le prince de Carignan, possédait en France. Un arrêt du parlement de Paris,
du 4 septembre 1744, prononça contre les créanciers en faveur de la femme. Mais ceux-ci se pourvurent au grand conseil, et, *après partage*, l'arrêt
fut cassé à la majorité d'une *seule voix* (1) : on voit
qu'un tel arrêt ne peut être d'un bien grand poids.

J'engage au surplus à se rappeler l'arrêt du parlement de Lorraine que j'ai cité ci-dessus, n°429,
et qui est rendu sur un cas analogue, dans un sens
favorable aux principes que j'ai développés.

ARTICLE 2129.

Il n'y a d'hypothèque conventionnelle valable que celle qui, soit dans le titre authentique constitutif de la créance, soit dans un
acte authentique postérieur, déclare spécialement la nature et la situation de chacun des
immeubles actuellement appartenant au débiteur, sur lesquels il consent l'hypothèque
de la créance. Chacun de tous ses biens présens peut être nominativement soumis à l'hypothèque.

Les biens à venir ne peuvent pas être hypothéqués.

SOMMAIRE.

513. Importance de notre article. Il pose le fondement de la
spécialité, et prépare les élémens desquels résulte la
publicité.

(1) Rép., t. 5, v° Hyp., p. 787, col. 2.

514. Mais il pousse les précautions à l'excès. Renvoi au numéro 536 *bis*.

515. L'hypothèque générale conventionnelle est aujourd'hui prohibée par la loi. On ne peut hypothéquer les biens *à venir*. Effets de cette nullité.

516. Dans l'ancienne jurisprudence, et par les lois romaines, l'hypothèque des biens présens et à venir était permise.

517. Peut-on hypothéquer la chose d'autrui ?

518. Cette hypothèque était nulle par le droit romain. Il fallait que le débiteur fût propriétaire de la chose au moment de la convention.

519. Raison pour laquelle on pouvait vendre et non hypothéquer la chose d'autrui. Aujourd'hui, à plus forte raison, l'hypothèque sur la chose d'autrui est nulle.

520. Sens de ces mots, *appartenant à*, dont se sert notre article.

521. Mais quel sera le sort de l'hypothèque consentie sur la chose d'autrui, si celui qui l'a promise en devient propriétaire *ex post facto ?* Principes du droit romain. On décidait qu'il se faisait alors *reconciliatio pignoris*.

522. Si le débiteur, *devenu propriétaire*, vendait l'immeuble, le créancier hypothécaire pouvait agir contre le tiers acquéreur par l'action hypothécaire. Lois à cet égard. Opinion de Cujas, qui traite de rêverie la doctrine contraire enseignée par Accurse.

523. Et c'est ainsi qu'on le jugeait dans l'ancienne jurisprudence française. Arrêt du parlement de Paris du 14 août 1601.

524. On doit décider de même sous le Code civil. Raisons à cet égard.

524 *bis*. *Quid* à l'égard du créancier hypothécaire dont le droit est postérieur à la consolidation de la propriété ?

525. Ce qui vient d'être dit a lieu, soit que le créancier sût ou non, au moment de la convention, que la chose hypothéquée n'appartient pas au débiteur. Opinions contraires réfutées.

526. *Quid* du cas où un créancier hypothécaire du véritable propriétaire critique l'hypothèque consentie par le faux propriétaire devenu maître légitime de la chose ?

527. *Quid juris* lorsque le véritable propriétaire devient héritier de celui qui a hypothéqué la chose qui ne lui appartient pas ? Lois romaines contraires à ce sujet. Efforts des interprètes pour les concilier. Il faut dire qu'il y a antinomie, et que l'opinion de Modestin doit être préférée à celle de Paul.

528. L'hypothèque consentie sous condition que tel bien m'appartiendra, est valable.

529. Celui qui est porteur d'un acte sous seing privé non enregistré, duquel il résulte qu'il a acheté un immeuble, peut-il critiquer les hypothèques que son vendeur aurait consenties postérieurement par acte public ? Peut-il dire qu'elles sont consenties *à non domino ?* Doctrine de M. Toullier à cet égard.

530. L'acquéreur, par acte sous seing privé, est en général l'ayant-cause du vendeur, de même que celui à qui le vendeur a donné hypothèque. Mais il arrive quelquefois que celui qui est ayant-cause sous un rapport, ne l'est pas sous l'autre. Celui qui a en sa faveur une hypothèque en vertu d'un titre authentique, n'est pas ayant-cause dans le sens de l'art. 1322 du Code civil.

531. L'opinion de M. Toullier est isolée et nouvelle. Elle est condamnée par les lois romaines, par Paul de Castro, Tiraqueau et autres.

532. Réponse à l'objection qu'on ne peut transmettre à autrui plus de droits qu'on n'en a soi-même.

533. Exemple tiré de l'article 1743 du Code civil.

534. Arrêts pour et contre sur la matière.

535. Suite.

536. Suite.

536 *bis.* Il ne faut exiger, à peine de nullité, la mention de la nature et situation de l'immeuble, qu'autant que l'omission aurait occasioné un dommage.

COMMENTAIRE.

513. L'art. 2129 du Code civil est un des plus importans du titre des hypothèques, puisqu'il fait de la spécialité une condition indispensable de la constitution de l'hypothèque conventionnelle.

Dans l'ancienne jurisprudence, lorsque l'hypothèque était occulte, la spécialité ne pouvait être une nécessité; ce n'était qu'un accident dépendant de la volonté des parties.

Il fallait qu'elle fût nominativement stipulée, et c'est ce qu'on faisait très-rarement, parce que l'hypothèque spéciale devenait le plus souvent funeste au créancier, en ce que ce dernier était obligé de discuter l'hypothèque spéciale, avant d'attaquer les biens soumis à l'hypothèque générale, qui était toujours de droit; car la convention d'une hypothèque spéciale ne dérogeait pas à la générale (1).

Aujourd'hui, au contraire, l'hypothèque doit être publique. Il fallait donc déterminer par une indication spéciale les immeubles qui en sont grevés.

On voit que le législateur prépare dans notre article les élémens de l'inscription dont il sera question plus tard, et qui porte l'hypothèque à la connaissance du public. Il exige que l'acte constitutif de la créance, ou bien un acte authentique postérieur, désigne la nature et la situation de chacun des immeubles hypothéqués, afin que ces indications soient répétées dans l'inscription

(1) *Infrà*, n° 762.

II   21

Ainsi la spécialité prépare l'inscription ; l'inscription assure la publicité.

514. On pourra cependant trouver que le Code a poussé jusqu'à l'excès les précautions qu'il a prises pour la spécialité de l'hypothèque. Pourquoi exiger, par exemple, *dans tous les cas*, la désignation de la nature et de la situation des immeubles ? Lorsqu'un individu hypothèque tous ses biens présens, n'est-ce pas une formalité surabondante que de le contraindre à préciser en quoi consistent ces biens, et où ils sont situés ? Les tiers n'en savent-ils pas assez, lorsqu'ils sont informés que tous les biens, sans exception, de celui avec qui ils contractent, sont déjà hypothéqués ?

Que le législateur ait exigé une désignation spéciale du lieu de la situation et de la nature de l'immeuble, lorsqu'on hypothèque un champ, un pré, un terrain quelconque isolé, je le conçois. On n'aurait pu, sans ces renseignemens, arriver à une connaissance précise de l'objet.

Mais montrer la même exigence lorsque l'hypothèque frappe sur tous les biens présens du débiteur, c'est assurément porter la prudence jusqu'à l'exagération. Il est certain qu'on aurait pu arriver à une publicité suffisante sans ces détails minutieux (1).

515. Une des conséquences les plus importantes de la spécialité, c'est que l'hypothèque générale conventionnelle se trouve prohibée par le Code.

(1) M. Grenier, préface, p. xxvi. V. *infrà*, n° 536 *bis*, et ma préface, p. lxviij.

Plusieurs motifs ont déterminé le législateur :

1° D'abord il n'a pas voulu que le débiteur pût facilement engager toute sa fortune, sachant bien que les emprunteurs passent facilement par toutes les conditions qu'on leur impose, pourvu qu'on leur prête de l'argent (1).

2° Ensuite il a voulu empêcher l'accumulation de plusieurs hypothèques sur le même immeuble. Car leur concours entraîne toujours des discussions dispendieuses (2).

3° Enfin (et ce motif est le plus décisif) il a voulu favoriser les effets de la publicité. Car, comme je viens de le dire, de la spécialité découle, dans l'esprit du Code, la publicité. Or, l'hypothèque générale étant celle qui comprend les biens *présens et à venir* du débiteur, comment pourrait-on indiquer dans l'obligation la nature et la situation de biens qui ne sont pas encore dans le domaine du débiteur ?

Aussi notre article dit-il *que les biens à venir ne peuvent pas être hypothéqués.*

Ainsi, une hypothèque générale est nulle par le Code civil, non seulement à l'égard des tiers qui ont intérêt à la critiquer, mais encore à l'égard du débiteur lui-même, qui peut se faire relever de la témérité qui lui a dicté un engagement qui ne remplit pas le vœu de la loi. Elle peut aussi être attaquée par les héritiers du débiteur (3).

(1) Répert., Hyp., p. 910.

(2) Rep., *loc. cit.*

(3) M. Grenier, t. 1, n° 65. M. Chabot, sur l'art. 873, n° 13. Arrêt de Riom du 6 janvier 1820. Denev., 20, 2, 12.

Mais le débiteur qui aurait consenti une hypothèque générale, nulle aux termes de la loi,
pourrait-il se refuser à donner à son créancier une
hypothèque spéciale qui lui tînt lieu de garantie?
L'affirmative a été jugée par arrêt de la cour d'Aix
du 16 août 1811 (1). Mais cet arrêt paraît dur à
M. Grenier (2), qui aimerait mieux suivre un arrêt
de la cour de Riom du 25 mai 1816, qui a jugé
qu'un individu qui a hypothéqué tous ses biens à
une époque où il ne possédait aucun immeuble,
pouvait être contraint à donner une hypothèque
spéciale sur ceux qu'il avait acquis depuis (3). Sous
l'empire de la loi du 11 brumaire an 7, la cour
supérieure de Bruxelles a jugé, par arrêt du 27 juin
1821 (4), que le créancier pouvait se prévaloir de
l'hypothèque générale pour exiger une hypothèque spéciale. M. Persil approuve cette opinion (5).

Il y a sans doute quelque équité dans cette jurisprudence. Mais je ne voudrais pas concourir à
un arrêt qui la sanctionnerait, parce qu'elle me
paraît résister aux termes de la loi. L'hypothèque
consentie étant nulle ne peut être remplacée, *par le
seul fait du juge*, par une autre hypothèque, qui aurait les caractères requis par le législateur. Les juge-

(1) Dal., Hyp., p. 215, note.
(2) Il est vrai que cet arrêt décide que cette clause n'était
que de style dans l'espèce.
(3) M. Grenier, t. 1, p. 137, n° 65. Dalloz, Hyp., p. 178.
Notez bien qu'on ne se trouvait pas dans le cas de l'art. 2130.
(4) M. Dalloz cite la date, mais ne donne pas le texte de
cet arrêt. Hyp., p. 201, note 2.
(5) Art. 2129, n° 1.

mens ne créent pas les conventions, ils les déclarent. Que fait-on ici? On force le débiteur à accorder autre chose que ce qu'il a promis (Voyez *infrà*, n° 539).

Revenons à la proscription de l'hypothèque des biens à venir.

516. C'est là une des innovations les plus remarquables du nouveau régime hypothécaire.

Dans le droit romain, l'hypothèque conventionnelle pouvait porter sur les biens présens et à venir. Ce genre de stipulation n'était pas interdit aux parties (1). Justinien voulut même par la loi finale du Code, *quæ res pignori vel hyp.,* que lorsqu'un individu hypothéquerait *ses biens* sans dire qu'il hypothéquait ses biens présens ainsi que ses biens à venir, le droit d'hypothèque générale s'étendît même aux biens à venir (2).

Dans l'ancienne jurisprudence française, on avait été plus loin ; l'hypothèque de tous les biens présens et à venir était attachée de droit à tout contrat authentique : pour restreindre l'hypothèque à quelques objets spéciaux, il fallait une convention expresse (3). Mais Loyseau regardait cet état de choses comme une source de désordres et de malheurs inévitables (4).

Le Code civil a donc agi sagement en proscrivant l'hypothèque conventionnelle des biens à ve-

(1) L. 6, Dig., *De pignorib. et hyp.*
(2) Voët, *De pignor. et hyp.*, n° 6 et 8. Poth., Pand., t. 1, p. 567, n° 11.
(3) *Suprà*, n° 504.
(4) Déguerp., liv. 3, ch. 1, n° 16.

nir. Néanmoins on verra une modification à ce principe de la législation moderne dans l'art. 2130.

517. Je dois examiner ici une question extrêmement importante, et que les auteurs modernes résolvent diversement.

Lorsqu'un individu hypothèque spécialement une chose dont il n'est pas *actuellement* propriétaire, l'hypothèque devient-elle valable, si par la suite il en acquiert la propriété?

Cette question est complexe. Elle en embrasse beaucoup d'autres.

Et d'abord quel est, en général, le sort d'une hypothèque donnée sur la chose d'autrui?

518. Cette hypothèque était nulle par le droit romain. Car, pour que l'hypothèque *spéciale* fût valable, il fallait qu'il fût prouvé que la chose hypothéquée appartenait au débiteur, lors de la constitution de l'hypothèque : « Quod dicitur, credi-
» torem probare debere, quùm conveniebat, rem
» in bonis debitoris fuisse, ad eam conventionem
» pertinet quæ specialiter facta est, non ad illam
» quæ quotidiè inseri solet cautionibus, ut specia-
» liter rebus hypothecæ nomine datis, cætera
» etiam bona teneantur debitoris, quæ nunc habet,
» et quæ posteà adquisierit, perindè ac si specia-
» liter hæc fuissent obligatæ. » L. 15, § 1, D. *de pignorib. et hyp.* (1).

Les lois se présentent en foule pour décider qu'on ne pouvait hypothéquer *spécialement* la chose d'autrui. La loi 6 au C. *Si aliena res pignor.*,

(1) Pothier, Pand., t. 1, p. 5508, nº 13.

disait entre autres : « Et per alium rem alienam
» invito domino pignori obligari non posse certis-
» simum est (1). »

519. On pourra demander comment il se fait
que l'hypothèque de la chose d'autrui fût nulle ,
lorsque la vente de la chose d'autrui était permise
par le droit romain. Cujas (2) a résolu ce problème
par des raisons assez développées, que Voët a
résumées en ces termes. Je les cite de préférence,
brevitatis causâ.

« Etsi enim id quod venditionem recipit, quia in
» commercio est, etiam pignorationem recipere
» possit (l. 9, § 1, D. *de pignorib. et hypoth.*, I. 1,
§ 2, *quæ res pignorib. vel et hypoth.*), non tamen
» ab omni eo qui rem vendere potest, etiam jure
» oppignoratur. Nam cùm ex pignoris an hypothe-
» cæ constitutione creditori nasci debuerit jus pi-
» gnoris, adeòque jus in re, necesse fuit, ut jus in
» re haberet qui jus pignoris alteri constituere
» vult. At venditor, ex contractu venditionis, nul-
» lum emptori constituit jus in re, sed tantùm
» suam personam ad rem tradendam obligat, ad
» quod non opus est, ut ullo jure in re munitus
» sit (3). »

Ces principes étaient ceux de l'ancienne jurisprudence française (4), et l'on sent combien à plus
forte raison ils doivent être ceux du Code civil qui

(1) Pothier, *loc. cit.* Cujas, sur la loi 41, Dig. , *De pign.
act.*, lib. 3. *Quæst. Pauli.*
(2) Récit. solenn. sur le tit du Code *Si aliena res* , etc.
(3) Ad Pand. *Quæ res pignori*, nº 3.
(4) Basnage , Hyp., ch. 3.

déclare nulle la vente de la chose d'autrui. Aussi
» notre article dit-il que les biens sur lesquels l'hypothèque est assise doivent appartenir *actuelle-*
ment au débiteur, c'est-à-dire au moment de la
convention.

Ainsi donc, l'hypothèque consentie sur un bien
dont on n'est pas le maître ne peut nuire au véritable propriétaire. « Undè intelligitis contractum
» ejus nullum præjudicium dominio vestro facere
» potuisse. » L. unic. *si comm. res.*

520. Mais que doit-on entendre par ces mots
appartenant à dont se sert notre article ?

La loi 181 D. *de verb. signif.* définit ainsi le mot
pertinere qui est le synonyme de notre verbe *ap-*
partenir.

« Verbum illud *pertinere* latissimè patet. Nam
» et eis rebus petendis aptum est quæ dominii nos-
» tri sint, et eis quas jure aliquo possideamus,
» quamvis non sint dominii nostri. *Pertinere* ad
» nos etiam ea dicimus quæ in nullâ eorum causâ
» sint, sed esse possint (1). » Ce qui veut dire :

L'expression *appartenir* a un sens très-large,
car elle s'applique aux choses qui sont dans notre
domaine, de même qu'aux choses que nous pos-
sédons par quelque titre, quoiqu'elles ne soient pas
à nous (comme l'usufruit, l'emphythéose, le droit
de superficie) ; elle s'applique aussi aux choses que
nous n'avons pas encore, mais que nous aurons,

---

(1) Nous avons vu ci-dessus, n° 468 *ter* et suiv., que l'on
pouvait hypothéquer l'immeuble sur lequel on n'avait qu'un
droit *suspendu* par une condition, ou *résolutoire*.

parce que nous avons une action pour les obtenir. Telle est la paraphrase de cette loi, d'après les notes de Pothier (1).

521. Maintenant passons à une hypothèse qui nous rapproche de la question proposée.

Si celui qui n'était pas propriétaire d'une chose lorsqu'il l'a hypothéquée, le devient *ex post facto*, pourra-t-il se prévaloir de la nullité originaire de l'hypothèque, pour soutenir qu'elle ne peut produire d'effet au profit du créancier en faveur de qui il l'a consentie?

Il est certain qu'il ne le pourra pas : car il irait contre son propre fait, et il serait repoussé par l'exception de dol.

« Sed et si *filius familiâs*, patre suo relegato vel » longo tempore absente, dotem pro filiâ promi- » serit, *et rem patris pignori dedit...*, planè si patri » hæres exstiterit, et pignus persequatur, excep- » tione doli mali submovebitur, » L. 5, § 2, D. *ad S. C. maced.* (2).

Ces principes, que l'on trouve répétés dans les lois 41, D., *de dign. act.*, l. 5, C. *si aliena res*, sont de tous les temps et de tous les lieux.

Le président Favre les développe avec force (3).

« Non potest debitor quæstionem dominii re- » ferre; quia cùm convenerit ipse de pignore, ar- » guit se de mendacio, si neget rem eo tempore » suam fuisse, sive bonâ fide illam possiderit, sive

(1) Pothier, Pand., t. 1, p. 558, no 11. M. Merlin, Q. de droit, vo Hyp., p. 433, col. 2.

(2) Pothier, Pand., t. 1, p. 559, no 19.

(3) *Rationalia* sur la loi 41, Dig., *De pignor. act.*

» possidendi titulum habuerit; ac ne ipsam qui-
» dem possessionem, ut Paulus subjicit in fine
» hujus legis, tametsi, cùm rem pignori dabat, non
» affirmaverit rem suam esse. Sufficit enim id ta-
» citè actum fuisse, ut pro certo et affirmato ha-
» beatur. »

Ainsi, lorsque le débiteur devenait propriétaire
de la chose hypothéquée, quoiqu'il ne le fût pas
lors de la constitution d'hypothèque, il se faisait
ce que les interprètes, et notamment Balde, ont
appelé *reconciliatio pignoris*, et il suivait de là que
le créancier pouvait poursuivre la chose hypothéquée sur son débiteur.

Mais, pour y parvenir, il n'avait pas l'action *ordinaire* hypothécaire; car cette action n'était attachée qu'à une hypothèque valablement constituée
ab initio. Il avait seulement, *ex æquitate*, l'action
utile hypothécaire, qui produisait le même effet.
«Confirmatur pignus, non quidem directò, quia
» directi et *summi juris regula*, quæ à Catone pro-
» fècta est, obstat, *quæ vetat quod ab initio non valet*
» *ex post facto convalescere*, et ideò neque pignus
» quod ad initio non valet, ex post facto conva-
» lescit directò, *sed convalescit utiliter*, hoc est, *pi-
» gnoris persequendi gratiâ* creditori datur adversus
» debitorem, non quidem *ordinaria et directa* actio
» hypothecaria, *sed utilis et extraordinaria, sive in*
» *factum, quæ eumdem effectum habet* (1). »

Dans l'ancienne jurisprudence française, où l'on

(1) Cujas, sur la loi 41, Dig., *De pign. act.*, lib. 3. *Quæst.*
Pauli.

ne faisait pas de distinction entre les actions utiles et les actions ordinaires, et où toutes les actions étaient fondées sur l'équité (1), le créancier jouissait du même droit que par le droit romain. Il pouvait faire exproprier son débiteur de la chose que ce dernier lui avait donnée en hypothèque, sans en avoir été propriétaire à l'époque du contrat de prêt, pourvu que plus tard il en eût acquis la propriété (2), et ces principes sont aussi les seuls qu'on puisse, à mon avis, professer aujourd'hui. Je les trouve expressément consacrés dans un arrêt de la cour de Bordeaux du 21 décembre 1832 (3).

522. Mais en sera-t-il de même si le débiteur, étant devenu propriétaire de la chose, l'a vendue à un tiers? Alors le créancier pourra-t-il poursuivre son hypothèque entre les mains de ce tiers?

Cette question était controversée parmi les commentateurs du droit romain.

Le président Favre, renouvelant une ancienne opinion d'Accurse, soutient (4) que le créancier ne peut intenter l'action hypothécaire contre le tiers possesseur.

Mais presque tous les interprètes enseignent une opinion contraire. A leur tête se place Cujas (5).

(1) Sed jus gallicum eò semper incurrit quod humanius est, benignius et æquius. Mornac, sur la loi 41, D. *De pign. act.*

(2) Basnage, Hyp., ch. 3.

(3) Dal., 33, 2, 152, 153. *Junge* mon comm. *de la Vente*, t. 1, n° 236.

(4) Rationalia, *loc. cit.*

(5) *Loc. cit.*

Zazius, sur le titre *qui potior in pignore vel hy-poth.*, dit formellement : « Quid si hypotheca sit
» constituta à non domino, à quo, posteà domino
» facto, alteri est oppignorata? Nihilominùs erit
» potior posteriori, non obstante quod eidem à
» domino facta sit constituta hypotheca; nam hoc
» ipso quod dominium posteà accedit, confirmatur
» jus prioris. »

Voët, sur le même titre, n° 31, tient le même lan-gage : « Quid si priori à non domino pignus de-
» vinctum sit, posteriori autem illud ipsum ab
» eodem sed jam domino facto, adhuc prior potior
» est, eo *quod ipso primo acquisiti dominii momento,*
» *firmatum priori fuit pignoris jus* (1). »

Citons encore Corvinus dans ses énarrations sur
le C. *si aliena res*, etc. (2).

« Creditori... actio dabitur contrà debitorem
» et eos qui à debitore causam habent.

» *Contrà debitorem*, quia si hac defensione uti
» velit, quod tunc cùm pignoravit non fuit domi-
» nus, venit contrà factum suum, et doli mali re-
» plicatio ei obstabit (l. 21, § 1 *de pignor. et hy-*
» *poth.*); arguetur enim de mendacio suo, quia rem
» quasi suam pignoravit.

» *Contrà eos qui à debitore causam habent*, quia
» debent auctoris sui jure niti. » (L. nemo 54, D.
De reg. juris.)

Cette opinion paraît en effet fondée sur les lois
les plus formelles.

(1) V. aussi le n₀ 4 de mon comm. sur le tit. du Dig.,
Quæ res pignori, etc.

(2) P. 631, col. 1.

La loi 41, D. *De pignor. act.*, dit : « Rem *alie-* » *nam* pignori dedisti : deindè dominus rei ejus » esse cœpisti. Datur utilis actio pignoratitia cre- » ditori. »

Et tous les auteurs font remarquer que ce que Paul appelle ici *utilis pignoratitia* n'est pas l'action personnelle *pignoratitia* dont il est question au D. au tit. *De pignor. act.*; mais l'action utile hypo- thécaire, c'est-à-dire une action persécutoire de la chose (1).

La loi 5, au C. *Si aliena res*, n'est pas moins for- melle. « Cùm res quæ necdùm in bonis debitoris » est, pignori data ab eo, posteà in bonis ejus esse » incipiat, *ordinariam* quidem actionem super pi- » gnore non competere manifestum est, sed tamen » æquitatem facere, ut facilè *utilis persecutio*, exem- » plo pignoratitiæ, detur (2). »

Or, si les lois donnent au créancier une action hypothécaire *rei persecutoria*, il s'ensuit que c'est pour poursuivre la chose sur des tiers, et non pas seulement sur le débiteur lui-même (3). Aussi Cujas (4) traite-t-il de frivole l'opinion d'Accurse, qui pense que l'action doit être donnée seulement

(1) Pothier, Pand., t. 1, p. 559, note *h*. Cujas, *loc. cit.*, etc.

(2) Pourquoi l'action utile et pas l'action ordinaire? Parce que l'action directe ne peut découler que d'une hypothèque valablement constituée, au lieu qu'il s'agit ici d'une hypothè- que constituée *à non d in o* (Pothier, Pand., t. 1, p. 559, note *f*).

(3) Les lois 9, § 3, Dig., *De pignorib.*, et 4, Dig., *Ad S. C. Maced.*, en contiennent d'ailleurs la preuve positive. Pothier, Pand., t. 1, p. 560. Merlin, Q. de droit, Hyp., p. 428.

(4) Quæst. de Paul, lib. 3, l. 41, Dig., *De pign. act.*

contre le débiteur, et non pas contre les tiers possesseurs. « Hoc satis est ; nec (quasi in hanc rem
» *Accursii nugas*) puta id non probanti creditori
» dari hypothecariam in debitorem, non in extra-
» neum possessorem. Datur enim hypothecaria in
» utrumque, in quemlibet possessorem, sed utilis,
» ut dixi, non directa. » Ces paroles sont si graves,
que je crois devoir y insister en les traduisant, « En
» voilà assez sur notre question. Et ne croyez pas
» (comme le veut Accurse dans ses gloses frivoles)
» que le créancier qui ne prouve pas qu'au temps
» de la convention la chose était à son débiteur,
» n'ait l'action hypothécaire que contre le débi-
» teur, et pas contre le tiers possesseur. Car il a
» cette action contre les tiers. Mais ce n'est que
» l'action utile (1). »

523. Ces principes étaient ceux de l'ancienne
jurisprudence française. Il existe à cet égard un
arrêt du parlement de Paris, du 14 août 1601.
Guillaume Marchand, tuteur d'Anne Marchand,
sa fille, engagea à un de ses créanciers une maison
appartenant à cette dernière. Mais plus tard, ayant
succédé à sa fille, il fut question de savoir si, au
moyen de son adition d'hérédité, l'hypothèque
était convalidée. L'on jugea l'affirmative entre le
sieur de Serizy d'une part, et le sieur Chauvin de
l'autre (2).

(1) M. Merlin a donné des autorités différentes, mais également positives. Q. de droit, Hyp., p. 423.

(2) Automne, Conf. du droit français avec le droit romain.
Sur la loi 22., Dig., *De pign. act.* Bouguier, p. 182, éd. de
1738. Merlin, *loc. cit.*, p. 443, 444.

524. Pourquoi cette décision et celle des lois romaines ne trouveraient-elles pas leur application sous le Code civil?

Il est certain que l'ayant-cause ne peut être de meilleure condition que son auteur. Or, ce dernier ne pourrait résister à l'action hypothécaire intentée contre lui : je l'ai démontré tout à l'heure : il ne le pourrait pas sans alléguer son mensonge et s'accuser de stellionnat, ou, s'il était de bonne foi, sans manquer à des engagemens d'honneur et qu'il est en son pouvoir de remplir. Il invoquerait d'ailleurs un moyen de nullité, qu'il est obligé de garantir. Enfin c'est une maxime constante que, *confirmato jure dantis, confirmatur jus accipientis.*

Mais si l'on peut raisonner ainsi contre le débiteur, ne peut-on pas proposer les mêmes argumens contre son *ayant-cause*, qui tient de lui son titre de propriété, et qui ne peut avoir des droits plus étendus ?

A l'époque à laquelle cet acquéreur a contracté, la propriété était déjà consolidée; l'hypothèque avait acquis toute son efficacité. Elle grevait l'immeuble vendu du même poids que si elle eût été expressément ratifiée. L'acquéreur est donc non recevable à présenter contre elle des moyens de nullité, parce que d'une part ces moyens de nullité sont couverts, parce que de l'autre sa qualité d'ayant-cause lui fait une loi d'y renoncer, de même que son auteur y était obligé. Il a reçu l'immeuble avec le droit du créancier hypothécaire déjà raffermi : est-il possible qu'il s'en affranchisse en faisant valoir des moyens qui étaient anéantis dans

la main de son auteur? « Quod ipsis qui contraxe-
» runt obstat et successoribus eorum obstabit » (1).
« Plerumque emptoris eadem esse causa debet,
» circà *petendum* et *defendendum* quæ *fuit aucto-*
» *ris* (2). »

En un mot, quelle que soit l'hypothèque, examinée en elle-même et dans sa source, ce n'est pas
à l'acquéreur qu'il appartient de la critiquer. Encore une fois, il y est non recevable.

Je trouve même qu'il y a plus de raison pour le
décider ainsi sous le Code civil que sous l'ancienne
jurisprudence. Car aujourd'hui que les inscriptions font tout connaître aux tiers, ils ne peuvent
plus se plaindre de surprise. En achetant du vendeur *déjà devenu propriétaire de la chose*, ils ont dû
savoir qu'elle était hypothéquée. Et quoique cette
hypothèque ait été consentie à une époque où le
vendeur n'était pas encore maître de l'immeuble,
ils n'ont pas dû ignorer la maxime « *confirmato*
» *jure dantis, confirmatur jus accipientis.*

524 *bis*. Ce que je dis d'un acquéreur s'applique
évidemment à un créancier hypothécaire, à qui
l'hypothèque n'a été consentie *que depuis* que la
propriété s'est consolidée sur la tête du débiteur (3).

Le contraire a cependant été jugé par arrêt de

(1) L. 143, Dig., *De reg. juris*. On verra *infrà*, nº 530,
que ce principe s'applique non seulement aux successeurs universels, mais encore aux successeurs à titre particulier.

(2) L. 1, 56, § 3. *De reg. juris.*

(3) L. 11, § 10, Dig., *De except. rei judicatæ.*

la cour de Bruxelles du 11 juin 1817 (1). Demünter acquiert par acte public un moulin et ses dépendances. Son père s'empare de cette acquisition, se fait inscrire comme en étant propriétaire au rôle des contributions, fait des constructions comme un maître véritable. Il consent des hypothèques en 1811, et ce n'est qu'en 1812 qu'il se fait donner par son fils un titre légal de propriété.

Devenu réellement propriétaire de la chose, il créa de nouvelles hypothèques. L'immeuble dont il s'agit ayant été vendu, le prix en fut distribué. Alors les créanciers hypothécaires de 1812 prétendirent que les hypothèques créées en 1811 étaient nulles comme constituées *à non domino*. Au contraire, les créanciers hypothécaires de 1811 se défendirent en invoquant les dispositions du droit romain, les lois 41, *Dig.*, *De pign. act.*; 5 C. *Si aliena res.*; 2, § 1, *Dig.*, *Qui potior*, etc.

Mais leur système fut proscrit par la cour de Bruxelles.

« Attendu (dit l'arrêt) que, d'après les principes
» établis par le Code civil, une hypothèque con-
» ditionnelle ne peut être consentie que sur des
» biens appartenant au débiteur, d'où il suit que
» les inscriptions des 27 novembre et 16 décembre
» 1811 sont nulles et inopérantes, etc. »

M. Merlin a réfuté cet arrêt avec des moyens accablans, auxquels il suffit de renvoyer. Contentons-nous de dire que l'art. 2129 ne porte rien qui

_____

(1) Merl., Quest. de droit, Hyp., p. 444. Dal., Hyp., p. 193.

soit de nature à justifier la décision de la cour de
Bruxelles. Car il ne s'agissait pas, à vrai dire, de
l'hypothèque sur une chose d'autrui, mais d'une
hypothèque sur une chose déjà entrée dans le domaine du débiteur, d'une hypothèque ratifiée par
la consolidation de la propriété sur la tête de ce dernier, d'une hypothèque enfin qui, au moment où
on l'attaquait, grevait une propriété actuellement
appartenant au débiteur.

M. Grenier, qui a écrit sans connaître l'arrêt de
la cour de Bruxelles, professe cependant une opinion conforme (1). Mais sur quoi se fonde-t-il pour
repousser l'influence des lois romaines et de l'ancienne jurisprudence? Sur ce que « on supposait
» une convention tacite, d'après laquelle celui qui
» consentait hypothèque sur la chose qui ne lui
» appartenait pas, était censé l'avoir ainsi voulu,
» dans l'idée qu'il en deviendrait ensuite proprié-
» taire »; sur ce qu'en outre « on se basait essen-
» tiellement sur l'effet et l'étendue qu'avait alors
» l'hypothèque générale, puisqu'elle portait sur les
» biens à venir comme sur les biens présens. »

Je ne sais où M. Grenier a vu que les lois romaines supposaient la convention *tacite* (2) dont il
parle. On a vu ci-dessus les raisons qui prouvent
que c'est dans d'autres motifs qu'il faut puiser les

(1) T. 1, n° 51.

(2) La loi 7, § 1, Dig. , *Qui potior*, parle d'une hypothèque
constituée sur la chose d'autrui *quand elle m'appartiendra,
si in dominium meum pervenerit;* mais la condition est ici *expresse,* et non *tacite.*

principes du droit romain sur la ratification de
l'hypothèque, au cas dont nous parlons. Quant à
ce que dit M. Grenier, qu'on se laissait diriger par
les principes de l'hypothèque générale, le contraire
résulte précisément de la loi 15, § 1, *Dig. de pign.
et hyp.*, qui prend bien soin de remarquer la différence qu'il y a entre l'hypothèque générale et
l'hypothèque spéciale pour la constitution de l'hypothèque sur la chose d'autrui.

M. Grenier pense que le mot *actuellement* a été
mis dans notre article pour faire disparaître les inductions qu'on aurait pu tirer des lois romaines.
Mais convenons qu'alors le législateur s'y serait
bien mal pris. Car son mot *actuellement* ne fait que
rappeler le principe des lois romaines, « *que, pour
» donner hypothèque spéciale, il faut être proprié-
» taire de la chose au moment de la convention* ».
Or, nous avons vu que les lois romaines, malgré
ce principe, considéraient l'hypothèque comme
valable, lorsque le débiteur devenait *ex post facto*
propriétaire de la chose. Le mot *actuellement* n'est
donc pas un obstacle à ce qu'on arrive à une pareille solution sous le Code civil.

J'ajoute que M. Grenier insiste beaucoup sur
ce motif, que l'hypothèque doit être stable dès son
origine et basée sur la certitude que la propriété
réside sur la tête du débiteur. Mais cette raison ne
manque-t-elle pas dans les obligations conditionnelles, dans le cas où celui qui a créé l'hypothèque
n'avait sur l'immeuble qu'un droit suspendu par
une condition ou dépendant de l'événement d'une
condition résolutoire qui affecte l'immeuble dans

les mains d'un tiers (1), enfin dans les hypothèques consenties *à non domino* et ratifiées ensuite par le véritable propriétaire (2)?

La solution que j'embrasse ne contrarie ni le principe de *la publicité* ni celui de *la spécialité*. On ne peut concevoir le scrupule *catonien* (3) qui la ferait condamner, lorsque, ne blessant aucun intérêt et n'étant pas une source de fraude, elle assure des conventions faites de bonne foi (4).

524 *ter.* Quelques auteurs anciens ont avancé que le créancier ne pouvait exercer l'action hypothécaire, qu'autant que le débiteur qui avait hypothéqué une chose qui ne lui appartenait pas encore, la possédait au moins de bonne foi. Tels sont Accurse et autres glossateurs. Mais c'est encore une de ces opinions que Cujas (5) qualifiait de *nugæ.* « Nec (quasi in hanc rem Accursii nu- » gas) puta,... ut idem Accursius ait, dari hypo- » thecariam si tempore conventi pignoris debitor » eam rem bonâ fide possidebat, quoniam, prop-

(1) *Suprà*, n°s 468 *ter* et suiv.

(2) *Infrà*, n° 527.

(3) On connaît la règle de Caton : *Quod ab initio nullum est, non potest tractu temporis convalescere.* Mais dans combien de cas cette règle ne se trouve-t-elle pas en défaut? V. Répert., *Règle de Caton.*

(4) Le système contraire à celui que je défends peut s'appuyer d'un arrêt de la cour de Bordeaux du 24 janvier 1833 (Dal., 33, 2, 153). Cette décision n'est cependant pas exempte d'obscurité. Elle paraît acquiescer en droit au système de M. Merlin, qui est aussi le mien ; mais, en fait, elle l'abandonne, sous des prétextes qui me semblent peu concluans.

(5) Q. Pauli, liv. 3, leg. 41, Dig., *De pign. act.*

» ter bonam fidem, eo tempore quodam modo in
» bonis debitoris fuisse intelligitur; non si eam rem
» malâ fide possidebat. Nam et hoc rejiciendum
» est : quia utroque casu verius est, creditori, con-
» firmato pignore acquisitione dominii, dari uti-
» lem hypothecariam adversùs debitorem qui eam
» possidet, *quasi retroacta pignoris confirmati causa,*
» *ad tempus conventionis.* »

525. Avant de terminer sur ce point, je dois
parler d'une question qui a fort agité les interprètes ; plusieurs ont voulu que notre décision fût
limitée au cas où le créancier ignorait que la chose
hypothéquée n'appartenait pas à son débiteur.
Mais ils ont pensé que, lorsqu'il savait qu'elle ne
lui appartenait pas, il ne pouvait exercer l'action
hypothécaire.

D'autres ont décidé, au contraire, que le créancier pouvait se prévaloir de son hypothèque, soit
qu'il ignorât, soit qu'il connût que son débiteur
n'était pas propriétaire.

C'est un mot de Papinien qui a donné lieu à ces
graves débats.

La loi 1, au D. *de pignorib. et hypoth.*, tirée du
livre 11 de ses réponses, porte ce qui suit :

« In speciem autem alienæ rei collatâ conven-
»tione, si non fuit ei qui pignus dabat debita,
»posteà debitori dominio quæsito, *difficiliùs* cre-
» ditori qui non ignoravit alienum, utilis actio da-
» bitur : sed facilior erit possidenti retentio. »

Noodt, Pothier, Cujas ont pensé que le mot

difficilius devait être pris dans un sens tout-à-fait négatif (1).

D'autres croient que le créancier peut à la vérité exercer son action contre le débiteur, mais non pas contre les tiers possesseurs (2). D'où il suit, ajoutent-ils, que Papinien a eu raison de dire que l'action doit être plus difficilement accordée que la rétention de la chose. Car le créancier peut retenir envers et contre tous la chose dont il est saisi (3). Mais il ne peut la réclamer par son action que contre le débiteur seul.

D'autres enfin, tels que Voët, Corvinus, etc., soutiennent que l'action peut être exercée non seulement contre le débiteur, mais encore contre les possesseurs, *qui causam ab eo habent.*

On peut voir Corvinus sur le tit. du C. *si aliena res.*

Quant à Voët, il prouve par les lois 6, C. *de act. empt.;* 1, § 9, D. *de postulando;* 8, D. *de collat.*, et par le § 2 du T. *de usu et habit.* des *Inst.*, que le mot *difficilis* ou *difficilius* n'a pas la signification que lui donnent Noodt, Pothier, etc.; qu'il n'exprime pas une négation; que dans la loi 1, au *Dig. de pign. et hypoth.*, Papinien s'en sert pour marquer une différence entre l'action et le droit de rétention. Qu'en effet le droit de rétention est plus étendu

_____

(1) Pothier, Pand., t. 1, p. 559, note *k*. Cujas, Réponses de Papinien, liv. 11, loi citée.

(2) Balde, sur la loi 1, Dig., *De pign. act.* Godefroy, idem.

(3) Dans le droit romain, il arrivait souvent que la chose hypothéquée fût livrée au créancier.

que l'action. Car le créancier opposera à tout le monde indistinctement son droit de rétention. Mais il ne pourra poursuivre par l'action hypothécaire que le débiteur ou ses ayans-cause.

Et en effet, poursuit Voët, pourquoi les ayant-cause ne seraient-ils pas tenus ? « Causam à debitore habent (1). »

Je crois, avec M. Merlin, que cette interprétation de Voët est la meilleure. Elle est fondée sur les véritables principes, et l'on ne conçoit pas comment la maxime, *confirmato jure dantis, confirmatur jus accipientis* pourrait être paralysée dans son application par la circonstance que le créancier savait, lors de la constitution de l'hypothèque, que la chose n'appartenait pas au débiteur. Les tiers possesseurs qui ont connu l'hypothèque inscrite du créancier, lorsqu'ils ont acheté de son débiteur devenu propriétaire de la chose, feraient preuve d'une mauvaise foi bien plus caractérisée en élevant des difficultés.

Qu'on jette les yeux sur les lois 17, D. *De fundo dotali*, et 42, *De usucapionibus*, dont s'appuie Voët, et après lui M. Merlin, et on verra si elles ne viennent pas fortifier par des argumens irrésistibles la doctrine à laquelle nous nous rangeons.

Par le droit romain, comme par le droit français, le fonds dotal était inaliénable. Eh bien ! les deux lois citées décident que si le mari a vendu le fonds dotal de sa femme à un particulier *scienti vel ignoranti rem dotis esse*, la vente est validée si

_____

(1) *Quæ res pignori*, n° 4.

la dot vient à être gagnée par le mari : *Si tota dos lucro marito cessit.*

Pourquoi n'en serait-il pas de même dans le cas d'une hypothèque ?

Et c'est avec raison que M. Merlin se livre aux réflexions suivantes :

« Qui est-ce qui pourrait opposer au créancier » la connaissance qu'il avait de la non-propriété » du débiteur, lorsqu'il a accepté de lui une hy- » pothèque?

» Serait-ce le débiteur lui-même? Il n'y serait » pas recevable, parce que nul ne peut exciper de » son dol personnel.

» Serait-ce un tiers à qui le débiteur aurait vendu » ou hypothéqué le bien depuis qu'il est devenu » propriétaire? Il n'y serait pas fondé, parce que » son titre se référerait nécessairement à une épo- » que où l'hypothèque du créancier aurait acquis » toute son efficacité contre le débiteur, et que le » débiteur n'eût pas pu, en cet état, transférer plus » de droit qu'il n'en avait lui-même. » L. 3, § 1, D. *De except. rei vend.* (1).

526. Je viens de mettre le créancier hypothécaire en présence du débiteur en la personne de qui s'est consolidée la propriété de la chose hypothéquée, et de ses ayant-cause ; j'ai établi que son hypothèque devait être maintenue à leur égard.

Mais opposons-le à un autre créancier hypothécaire qui tiendrait ses droits *non du faux propriétaire*, mais *du véritable propriétaire.*

_____

(1) Q. de droit., v° Hyp., p. 437, col. 1.

Par exemple, Titius hypothèque à Mævius le fonds Cornélien, qui appartient à Servius. Servius, qui ignore cela, donne une hypothèque sur le même fonds à Sempronius; postérieurement Titius acquiert de Servius le fonds Cornélien. L'hypothèque donnée à Mævius à une époque où Titius n'était pas encore propriétaire sera validée. Mais le sera-t-elle au préjudice de Sempronius, qui tient son droit du véritable propriétaire?

Il faut répondre sans hésiter que non.

Car Servius, en ratifiant formellement l'hypothèque donnée sur son bien par Mævius, n'aurait pu donner à cette ratification un effet rétroactif au préjudice de Sempronius (1).

Il ne peut donc faire, par la vente qu'il opère du fonds Cornélien, que l'hypothèque de Sempronius soit primée par celle de Mævius.

Et c'est alors que Sempronius sera fondé à dire que l'hypothèque de Mævius est nulle à son égard, comme *constituée à non domino ;* c'est alors qu'il pourra invoquer le principe que, pour donner une hypothèque spéciale valable, il faut être propriétaire de la chose. Aucune exception ne pourra lui fermer la bouche, parce qu'il ne tient pas ses droits du débiteur. Si on lui oppose qu'il a dû connaître l'inscription de Mævius, lorsqu'il a contracté, il répondra qu'il a été fondé à considérer comme un titre vain et inutile, une inscription prise par un individu non créancier du propriétaire, en vertu d'une hypothèque consentie par un individu non propriétaire de la chose. Et dès-lors, on ne

(1) *Suprà,* n° 496. Pothier, Orléans, t. 20, n° 23.

pourra lui faire aucun reproche de n'en avoir pas tenu compte.

527. Je passe maintenant à une nouvelle hypothèse, et je demande ce qu'on doit décider lorsque, une hypothèque étant constituée par un débiteur sur un bien dont il n'est pas propriétaire, le véritable propriétaire vient à hériter du débiteur *ex post facto.*

L'hypothèque est-elle validée au regard de cet héritier, qui ne fait plus qu'une seule et même personne avec celui qui a constitué l'hypothèque?

Il existe sur cette question une célèbre antinomie dans le corps de droit.

Paul, dans la loi 41, D. *De pign. act.*, soutient que l'hypothèque est sans effet.

Au contraire, Modestin dans la loi 22, D. *De pignorib. et hypothecis*, veut qu'on accorde une action utile au créancier (1).

Les docteurs se sont épuisés en vains efforts pour concilier deux décisions aussi contraires. Leurs opinions sont consignées avec des réflexions critiques, dans l'ouvrage de *Nicolas de Passeribus* intitulé : *Conciliatio legum* (2). On y verra figurer, comme dans une vaste galerie, Accurse, Bartole, Salicet, Conanus, Doneau, Balduinus, Charondas, Fulgosius, Vultejus, Alciat, Duaren, Cujas, Hotomanus, Costalius, et autres que je passe sous silence (3); car j'en ai assez nommé

(1) Pothier, Pand., t. 1, p. 560, n° 20.

(2) P. 225.

(3) *Adde Voët, quæ res pignori*, n° 5. Favre, Conject., lib. 20, cap. 17. Rationalia, l. 41, *De pign. act.*

pour faire voir de combien de veilles ces deux lois
ont été l'objet.

Quoi qu'il en soit, il faut convenir franchement,
avec Cujas (1), qu'il y a antinomie; que Paul ne
fait qu'émettre l'opinion reçue de son temps;
mais que Modestin, qui lui était postérieur, a fait
remarquer (dans son livre des *différences* entre la
nouvelle et l'ancienne jurisprudence, duquel est
tirée la loi 22, D. *De pignorib.*) que l'opinion de
Paul était abandonnée; qu'enfin c'est à la décision
de Modestin qu'on doit s'en tenir, comme expri-
mant le dernier état des choses.

L'opinion de Modestin est en effet plus conforme à l'équité, qui est d'un si grand poids dans
la jurisprudence française, et même aux véritables principes sur l'acceptation de l'hérédité.

En effet, l'héritier qui accepte est censé ratifier
tous les actes du défunt : il se les approprie, il en
devient garant; il doit par conséquent les accomplir lorsque cela est en son pouvoir.

A la vérité, le président Favre (2) a émis une
opinion contraire.

Il soutient qu'on ne peut opposer à l'héritier le
fait de son auteur, que pour repousser par l'exception *quem de evictione*, etc., l'action que cet héritier intente contre le fait même de son auteur;
mais qu'il en est autrement lorsque l'héritier, au
lieu d'être acteur, n'est que défendeur. On ne

(1) Observ., l. 19, ch. 26.
(2) Conject., lib. 20, c. 17. Rationalia, l. 41, *De pign.*
act.

peut, dit-il, le contraindre à exécuter un contrat stipulé par son auteur à son préjudice.

Mais son opinion a été réfutée par Mornac (1); et en effet, de ce que l'héritier doit garantir tous les faits de son auteur, il s'ensuit qu'il lui est défendu d'invoquer le défaut de propriété de celui-ci. Car son auteur n'aurait pu se prévaloir lui-même de ce moyen sans alléguer son dol, sans se mettre en contradiction avec lui-même. L'héritier ne peut donc être de meilleure condition; il doit entretenir tous ses faits et remplir toutes ses promesses. Il a ratifié, en se portant comme héritier, toutes ses obligations et les a prises pour son compte. N'est-il pas certain que, s'il ratifiait *expressément* l'hypothèque donnée sur son bien par le débiteur non propriétaire, cette hypothèque serait valable? Pourquoi donc ne voudrait-on pas qu'elle le fût par le fait de la ratification tacite qui résulte de l'adition d'hérédité? Telle est aussi l'opinion de M. Merlin (2). On trouvera dans sa dissertation la dialectique la plus pressante réunie à la plus solide érudition. (3).

528. Il résulte des principes enseignés ci-dessus que l'hypothèque qui serait consentie sur un do-

(1) Sur la loi 41, Dig., *De pign. act.*

(2) Q. de droit, Hyp., p. 440, col. 1. Voy. mon comment. *de la Vente*, t. 1, n° 236.

(3) Mais si avant l'ouverture de la succession, des hypothèques avaient été consenties sur l'immeuble par celui qui en était le véritable propriétaire, il est certain qu'elles devraient être préférées à celle qu'avait donnée le *faux propriétaire.*

Ici s'appliqueraient les motifs énoncés dans le n° 526 *suprà.*

maine dont on n'est pas propriétaire, mais sous la condition qu'on en deviendra propriétaire ultérieurement, est valable (1).

Les lois romaines le décidaient ainsi, quoique l'hypothèque spéciale consentie purement et simplement ne pût, à Rome comme chez nous, être constituée que sur un bien dont on était propriétaire au moment de la convention. *Aliena res*, dit Martianus, dans la loi 16, § 7, *De pign. et hyp.*, *utiliter potest obligari sub conditione*, si debitoris facta fuerit (2).

On objectera peut-être ce que j'ai dit ci-dessus (3), savoir, que le débiteur peut se plaindre de la clause en vertu de laquelle il a hypothéqué *ses biens à venir*, et la faire déclarer non écrite.

Mais ce cas est bien différent de celui que j'examine en ce moment. Lorsqu'on hypothèque *ses biens à venir*, il cesse d'y avoir spécialité, et la loi est violée dans ses dispositions fondamentales.

Au contraire, dans le cas actuel, il y a *spécialité* ; l'immeuble est indiqué, on sait que c'est sur lui que s'asseoira l'hypothèque, si le cas de la condition vient à se réaliser.

Cette condition, si *debitoris facta fuerit*, est sous-entendue dans tous les cas où le droit du débiteur sur la chose est *suspendu* par une condition, et dont nous avons parlé ailleurs (4).

(1) L. 7, § 1, Dig., *Qui potior*. Huberus, sur le tit. du Dig., *Quæ res pignor.*, n° 2.
(2) Pothier, Pand., t. 1, p. 558, n° 13.
(3) N° 515.
(4) N°ˢ 468 *ter*, et suiv.

529. Puisque j'ai déjà traité de ce qui tient à l'hypothèque sur la chose d'autrui, je dois, pour terminer sur ce point, examiner une question qui n'en est devenue une que depuis que M. Toullier a cru devoir combattre une opinion unanimement admise, avant et depuis le Code civil.

Quel doit être le sort d'une hypothèque consentie par acte authentique sur un bien qu'un tiers soutient lui avoir été vendu *antérieurement* par un acte sous seing privé qu'il représente, ma qui n'a pas acquis de date certaine?

Par exemple, A donne à B une hypothèque sur le fonds Cornélien en vertu d'un acte authentique du 20 décembre 1826. Tout à coup C se présente armé d'un acte sous seing privé du 1er décembre 1826 non enregistré, duquel il résulte qu'A lui a vendu le fonds Cornélien, et il soutient que l'hypothèque de B est nulle comme constituée sur la chose d'autrui.

Jusqu'à présent on avait pensé que l'acte sous seing privé sans date certaine dont C se prévaut ne pouvait prévaloir sur l'acte authentique de B.

Mais M. Toullier a cru devoir enseigner une doctrine contraire (1). Il soutient que, d'après l'article 1323 du Code civil, l'acte sous seing privé, reconnu par celui auquel on l'oppose, a, entre ceux qui l'ont souscrit et leurs héritiers ou ayant-cause, la même foi que l'acte authentique; que B et C sont tous deux les ayant-cause de A; et que, par conséquent, l'acte sous seing privé passé

(1) T. 10, *Additions.*

entre A et C fait foi de sa date contre B, de même que s'il s'il était authentique. Car ce n'est qu'à l'égard des tiers, *penitùs extranèos*, que l'acte sous seing privé ne fait foi de sa date que du jour de l'enregistrement (1328 du Code civil).

M. Toullier combat à la fois, dans sa longue dissertation, et M. Merlin et M. Ducaurroy, et il déploie contre ce dernier une mauvaise humeur et un dédain qui ne sont pas dignes du talent, presque toujours large et substantiel, du professeur de Rennes.

Il y a sans doute du vrai dans ce que dit M. Toullier. Ses définitions sont justes, et elles sont conformes à tout ce que les docteurs ont sans cesse enseigné. Seulement, il en fait une mauvaise application; et, en se croyant l'écho des autorités les plus anciennes, il ne s'aperçoit pas qu'il est au contraire directement combattu par elles. Pour le prouver, je ne remonterai pas à l'établissement de la propriété, comme il le fait; mais j'invoquerai les lois romaines et les auteurs anciens, qui, à ma connaissance, ont écrit sur la question.

530. Cependant je dois, avant tout, poser les principes de la matière.

C'est une vérité qui est proclamée avec raison par M. Toullier, que le successeur ou ayant-cause ne peut être de meilleure condition que son auteur. «Qui in jus dominiumve alterius succedit, »jure ejus uti debet (1). » « Non debeo melioris »conditionis esse, quàm auctor meus, à quo jus

_____

(1) L. 177, Dig., *De reg. juris.*

» ad me transiit (1).»«Quod ipsis qui contraxerunt
» obstat, et successoribus eorum obstabit (2). »

Et remarquez que cette règle ne s'applique pas
seulement aux successeurs universels, mais encore
aux successeurs à titre singulier; qu'elle ne s'applique pas seulement aux héritiers ; mais encore
à ceux qu'on comprend sous la dénomination
d'*ayant-cause* (3), c'est-à-dire à ceux qui succèdent à titre de donation, legs, acquisition, échange, etc. (4).

C'est pourquoi les interprètes ont dit avec raison
que le cessionnaire est l'*image* du cédant (5).

Or, puisque l'ayant-cause représente son auteur, puisqu'il se sert de son droit, il s'ensuit que
les actes souscrits par ce dernier lient l'ayant-cause
comme lui-même. L'art. 1322 n'est que le corollaire de règles de droit incontestables.

Mais faisons bien attention à une chose : c'est
que l'ayant-cause ne représente son auteur que
dans les choses et les droits qu'il tient de lui; *in
quantùm causam habet*, dit Dumoulin (6). Autre-

---

(1) L. 175, § 1, Dig., *De reg. juris.*

(2) L. 143, Dig., *De reg. juris.* Pothier, Pand., t. 3,
p. 886, n° 1457.

(3) Ferrières, v° Ayant-cause. Furgole, ord. de 1731,
art. 30. Répert., id. Pothier, Oblig., n° 67. Ce mot est employé dans les articles 137, 941, 966, 1319, 1322, 1323,
1340, 1365 du Code civil.

(4) Ce mot ne signifie cependant pas toujours un successeur
particulier; par exemple, dans l'art. 941 du Code civil.

(5) Olea, *De cessione jurium.*

(6) Cout. de Paris, art. 5, § 10.

ment, il est ce que Dumoulin appelle avec raison *penitùs extraneus.*

Voyez, en effet, la loi 156, § 3, D. *De reg. juris ;* elle porte : « *Plerumquè emptoris eadem causa* » *esse debet, circà petendum et defendendum, quæ* » *fuit auctoris.* »

Elle se garde bien de dire que l'acheteur représente *toujours* le vendeur. Elle dit qu'il ne le représente que le plus souvent, *plerumquè.* Il y a donc des cas où il ne le représente pas.

On voit en effet, par l'art. 941 du Code civil, que l'acquéreur peut attaquer, *pour défaut de transcription* l'acte de donation fait par son vendeur.

On voit aussi, par l'art. 1321, tel que la jurisprudence l'a interprété (1), qu'une contre-lettre, faite entre un vendeur et un acquéreur, n'a pas d'effet contre le second acheteur, qui tient ses droits du premier acquéreur souscripteur de la contre-lettre. Quoiqu'il soit son ayant-cause, il est tiers sous le rapport de la contre-lettre.

On verra plus bas (2) que ce qui est *quasi-contrat* à l'égard des acquéreurs du débiteur, ne l'est pas à l'égard du débiteur lui-même (3).

Il suit de ceci une conséquence importante, c'est que le même individu peut, sur un point, être l'ayant-cause d'une personne, et ne l'être pas sur un autre point ; en un mot, qu'il peut, suivant

---

(1) *Infrà,* n° 536.
(2) N° 550.
(3) V. aussi n° 568.

les intérêts qu'il fait valoir, être tantôt un ayant-cause, tantôt un tiers (1).

C'est ce qui a lieu dans l'espèce que je discute, et c'est ce que M. Toullier s'obstine à ne pas voir.

En effet, B et C sont bien les ayant-cause de A, en ce sens que tous deux tiennent de lui les droits réels dont ils se prévalent; car, si on leur contestait ces droits, ils devraient, l'un et l'autre, argumenter du droit de A, qui est la source commune du leur. Mais, en ce qui concerne la date du titre de l'un et de l'autre, ils sont des tiers, *penitùs extranei;* le titre passé entre A et B ne sert nullement de fondement aux droits de C; de même l'acte passé entre A et C est étranger à B, qui n'a pas besoin d'en argumenter pour justifier sa prétention.

Lorsque B a accepté hypothèque sur l'immeuble, il a sans doute accepté aussi toutes les charges qui s'y trouvaient avant la sienne; et, comme ayant-cause de A, il est censé avoir promis de les respecter. Mais c'est à la condition qu'elles seront antérieures à son hypothèque, ainsi que le décide très-bien la loi 11, § 10, Dig., *De except. rei judicatæ* (2). Or, B est toujours tiers à l'égard de A, pour veiller à ce que celui-ci n'altère pas le droit qu'il lui a transmis par des antidates, par des simulations. On sent que B, loin d'être à cet égard l'ayant-cause de A, est, au contraire, son adversaire. Ceci étant admis, il s'ensuit que, lorsque C

(1) Grenier, t. 2, p. 132.
(2) Rep., v° Opposition tierce.

se présente avec un acte de vente émané de A, B
est fondé à lui demander qu'il prouve que cet acte
est antérieur au sien; il a droit de répudier cet
acte, qui n'a pas de date certaine, et de dire à C:
« Je ne serais ayant-cause de A, en ce qui vous
» concerne, qu'autant que votre droit serait *anté-*
» *rieur* au mien. Vous tournerez donc dans un cer-
» cle vicieux, tant que vous ne produirez pas un
» titre ayant date certaine (1). »

Qu'a donc voulu dire l'art. 1322, en disant que
l'acte sous seing privé, reconnu par ceux qui l'ont
souscrit, a, entre ceux-ci et leurs ayant-cause, la
même foi que l'acte authentique?

Cet article a voulu parlé du titre commun, qui
sert de fondement au droit de ceux qui l'ont souscrit et de leurs successeurs et ayant-cause. Les
ayant-cause dont il s'occupe sont ceux qui sont
obligés de remonter à l'acte même, comme à la
source de leurs droits.

Par exemple, A vend à B, par acte sous seing
privé non enregistré, le fonds Cornélien, se réservant une servitude de passage.

Plus tard, B vend le même immeuble à C par
acte authentique, avec stipulation qu'*il est franc
et quitte.*

A, voulant exercer son droit de passage, est inquiété par C. Alors il lui montre son titre sous
seing privé, qui lui réserve son droit de passage.
C sera-t-il fondé à critiquer la date de cet acte?

Nullement. Car, en combattant cet acte, il com-

(1) V. n° 532.

battrait son propre droit : c'est cet acte seul qui rend B propriétaire, et il est palpable que s'il demeure sans force, C ne sera plus légitime propriétaire, B ne pouvant lui avoir transmis plus de droits qu'il n'en avait lui-même. C, étant donc forcé de s'appuyer de l'acte sous seing privé dont il s'agit pour justifier la propriété de son auteur, devra le prendre tel qu'il est, et il fera foi contre lui. Voilà le sens de l'art. 1322. C'est celui que lui donnent M. Merlin (1) et M. Grenier (2). L'on aperçoit que M. Toullier, ordinairement si exact, fait confusion de choses qui doivent être soigneusement distinguées.

531. Prouvons maintenant que l'opinion de M. Toullier est nouvelle et isolée, quoiqu'il se fasse illusion au point de croire que c'est celle des jurisconsultes de tous les âges.

On sait, comme je l'ai dit ci-dessus (3), que, par le droit romain, l'hypothèque pouvait être établie verbalement, et que l'écriture n'y était requise que pour la preuve.

Supposons donc que A eût hypothéqué le fonds Cornélien à B, par acte sous seing privé du 1er janvier, et que, le 15 janvier, il eût hypothéqué à C le même fonds par acte authentique.

Sans doute que les lois romaines, d'accord avec M. Toullier, vont décider que l'hypothèque de B doit l'emporter sur celle de C.

Eh bien ! c'est tout le contraire. La loi 11, au C.

(1) Q. de droit, v° Tiers.
(2) Hyp., t. 2, n° 354, p. 130.
(3) N° 503.

qui potior in pignore, porte, *in terminis*, que l'hypothèque de C. est préférable.

« Sin autem jus pignoris vel hypothecæ, ex hu-
» jusmodi instrumentis vindicare quis sibi conten-
» derit (l'empereur Léon parle ainsi des actes sous
» seing privé, *quæ sæpe assolent à quibusdam secretè*
» *fieri*), eum qui instrumentis publicè confectis
» nititur, præponi decernimus, etiam si posterior
» is contineatur. »

Et cependant, dans le droit romain, on reconnaissait non moins formellement qu'aujourd'hui que l'ayant-cause n'est pas de meilleure condition que son auteur!

Comment M. Toullier conciliera-t-il cette décision avec son système? Il est bien certain que B et C sont, dans l'espèce posée, les ayant-cause de A, dans le sens de cet auteur. Pourquoi donc l'acte passé entre A et B ne fait-il pas foi contre C? Pourquoi? parce que C, quoique, sous un rapport, ayant-cause de A, est considéré ici comme *un tiers* à l'égard de B. C'est sous ce point de vue en effet qu'il est envisagé par Godefroy dans sa note sur la loi citée. « *Nam privata ratio* non probat adversùs
» TERTIUM (L. 6, D. *De probat.*). Facilè quoque dies
» præferri posse in fraudem antiquioris. »

Paul de Castro examine dans son conseil 134, liv. 1, si un créancier porteur d'un titre sous seing privé qui lui confère hypothèque, peut exercer cette hypothèque contre celui qui a acheté par un acte public postérieur en date. Et il décide que l'acheteur ne doit pas être soumis à l'hypothèque, parce que l'acte sous seing privé, quoique antérieur, ne fait pas foi de sa date; sans cela le vendeur pourrait, par des antidates, créer des hypothèques à sa volonté sur le fonds qu'il a vendu. Cette décision est motivée sur la loi 11 au Code, que je viens de citer.

Le même Paul de Castro rend une décision semblable dans un cas où un créancier hypothécaire, porteur d'un titre sous seing privé *antérieur* en date, prétendait une hypothèque sur des biens donnés à titre gratuit par acte authentique (1). C'est toujours sur la loi 11 qu'il fonde sa doctrine.

Ce que Paul de Castro résout d'une manière si formelle, Bartole et Balde l'avaient fait ressortir dans leurs commentaires sur la même loi.

Et l'on peut voir, dans Tiraqueau (2) la confirmation de cette opinion, qui a toujours été celle des docteurs les plus recommandables. C'est aussi celle de Néguzantius (3), qui n'hésite pas à dire que, dans le concours de deux actes, l'un sous seing privé, l'autre par acte authentique, émanés du même individu et portant constitution d'hypothèque à deux créanciers, ou dans le concours d'une vente sous seing privé et d'une hypothèque constituée par acte authentique, l'on doit toujours donner la préférence à l'acte authentique.

Il faut donc reconnaître que, dans ces hypothèses, tous les auteurs cités ont pensé que *l'on se portait comme tiers*, toutes les fois que l'on contestait la date d'un acte sous seing privé, fait par

(1) Conseil 337, lib. 2.
(2) *De retractu convent.*, § 1, glose 7, n.º 43 et suiv.
(3) 2 memb. 5 part. *De effect. prior.*, n.º 49 et 50.

celui dont on est l'ayant-cause, au profit d'un autre créancier.

532. Mais, dit M. Toullier, ces décisions contrarient formellement le principe du droit romain, et du droit français, qui veut qu'on ne puisse transmettre à autrui plus de droit qu'on n'en a soi-même; si A vend à B, par acte sous seing privé, le fonds Cornélien, il ne peut plus ensuite l'hypothéquer à C.

Mais ce n'est là qu'une pétition de principe.

M. Toullier décide en effet que la vente sous seing privé est *antérieure* à l'acte authentique, et c'est précisément là ce qui est en question. Que peut-il répondre en effet à ceux qui soutiennent que cette vente est postérieure, qu'elle n'a de date certaine que du jour de l'enregistrement, et que par conséquent A a pu donner hypothèque à C? Il faut donc toujours en revenir à ce point, qui est le seul décisif, savoir, si C est un tiers à l'égard de la date de l'acte passé à B, et je crois avoir établi que l'affirmative ne peut être susceptible de doutes.

533. S'il était besoin d'ajouter de nouvelles lumières à cette discussion, on trouverait la pensée tout entière du législateur dans l'article 1743 du Code civil.

Il porte : « Si le bailleur vend la chose louée, » l'acquéreur ne peut expulser le fermier ou le » locataire qui a un bail authentique, ou dont la » date est certaine, à moins qu'il ne se soit réservé » ce droit par le bail. »

Cet article ne dit-il pas clairement que, quoique l'acquéreur tire son droit du bailleur, de même que le fermier, cependant il est *un tiers* à l'égard de ce fermier? C'est en effet la seule raison pour laquelle il ne veut pas que l'acte sous seing privé du fermier nuise à l'acte authentique de l'acquéreur.

M. Toullier, après avoir donné des raisons qu'il reconnaît mauvaises pour expliquer cette disposition du Code civil, se retranche à dire aujourd'hui que l'art. 1743 fait exception à l'art. 1322; et que l'exception confirme la règle. Mais sur quels motifs serait fondée cette exception? M. Toullier n'essaie pas de les faire connaître. On ne peut en apercevoir de plausibles. L'art. 1743 n'est donc pas une exception! c'est un corollaire, une application de l'art. 1322.

534. Il existe sur notre question quelques arrêts qui se contrarient. Je commence par le plus imposant de tous. Il émane de la cour suprême. Il a décidé en date du 12 juillet 1825 que l'acte sous seing privé par lequel une société est dissoute, a une date certaine vis-à-vis des créanciers de l'un des associés, dont ils sont les ayant-cause (1). Mais cet arrêt me semble rendu dans des circonstances qui ne permettent pas de donner une grande autorité doctrinale à cette application de l'art. 1322.

Dans l'espèce, il y avait eu le 12 janvier 1819 une société universelle de gains entre Imbert père et fils. Cette société ne fut pas rendue publique: elle fut dissoute par acte sous seing privé du 15 février 1819, qui ne fut enregistré qu'en 1823.

Le 13 juillet 1823, jugement qui déclara Imbert

(1) Dal., 25, 1, 361.

fils en faillite ; ses créanciers demandèrent que ce jugement fût déclaré commun avec Imbert père.

Mais la cour de Bourges rejeta cette prétention, en se fondant sur ce que la société avait été dissoute par un acte sous seing privé ayant date certaine contre les créanciers, et ce, antérieurement à la faillite ; sur ce que depuis 1819, Imbert père ne s'était livré à aucune opération de commerce, et que son fils avait seul géré, et souscrit en son nom personnel les lettres de change ; qu'Imbert père avait cautionné personnellement les engagemens de son fils, ce qu'il n'eût pas fait, et ce qui eût été inutile, s'il y eût eu société.

Les créanciers se pourvurent en cassation. Et entre autres moyens, ils prétendaient qu'il y avait eu violation de l'art. 1328, en ce que la cour de Bourges avait donné à l'acte de dissolution de la société une date certaine, antérieure à son enregistrement.

L'arrêt qui rejette le pourvoi est ainsi conçu :

« Attendu que dans l'espèce il s'agit d'effets souscrits par Imbert fils, sous sa signature isolée, et sans emprunter d'une manière même équipollente la désignation collective de la raison sociale; qu'ainsi ils étaient, par leur contexte, tout-à-fait étrangers à Imbert père ; qu'il devait même en être ainsi, puisque, lorsque le fils a souscrit les mêmes engagemens, la société d'entre son père et lui avait été dissoute ; qu'à la vérité elle ne l'avait été que par un acte sous seing privé, mais que cet acte avait une date certaine, vis-à-vis des créanciers d'Imbert fils, comme vis-à-vis de leur débi-

teur , dont ils sont les ayant-cause, n'ayant pas été
allégué de fraude, de concert, ni de dol entre le
père et le fils... Rejette. »

Je demande la permission de faire quelques réflexions sur cet arrêt. Je ne conteste pas qu'au
fond il n'ait bien jugé, à raison des circonstances
de fait reconnues constantes par la cour de Bourges. Mais je crois qu'il y a erreur de droit dans les
motifs qui établissent que les créanciers de la faillite Imbert étaient les ayant-cause d'Imbert.

On ne peut nier qu'un créancier ne soit le plus
souvent l'ayant-cause de son débiteur. Il l'est, par
exemple, lorsqu'il exerce ses droits ; il l'est , lorsqu'il réclame contre des tiers les droits que son
débiteur lui a promis ou cédés , lorsqu'il exerce
une action en saisie immobilière sur un tiers possesseur , en vertu d'une hypothèque que le débiteur lui a accordée (1).

Mais dans l'espèce jugée par la cour de cassation , les créanciers exerçaient-ils les droits de leur
débiteur ? Il me semble que non. Ils agissaient en
leur nom personnel, contre Imbert père, comme
solidairement obligé à leur égard avec son fils pour
les obligations souscrites par ce dernier , et ils
fondaient cette solidarité sur la prétendue société
qu'ils disaient avoir existé entre le père et le fils.
Il s'agissait donc d'obligations alléguées par les
créanciers entre Imbert père et eux; ils n'agissaient
donc pas au nom d'Imbert fils. A la vérité, les droits
d'Imbert fils étaient dévolus à la masse de ses créan-

(1) Répert., v° Opposition tierce.

ciers depuis sa faillite ; mais peut-on tirer de là la conséquence qu'elle ne pouvait attaquer l'acte de dissolution qu'Imbert père lui opposait, par la raison qu'Imbert fils n'aurait pu l'attaquer lui-même ?

Je crois que ce serait aller trop loin et exagérer les conséquences de la représentation à titre singulier.

La masse était tierce personne à l'égard d'Imbert fils, en ce qui concerne le droit qu'elle avait d'empêcher que cet individu ne changeât sa position à l'égard des créanciers par des actes directs ou par des actes indirects. Sous ce point de vue, les intérêts étaient opposés les uns aux autres.

535. Un arrêt de la cour de Lyon du 26 novembre 1823 vient encore prêter son appui à la doctrine de M. Toullier, par laquelle il paraît avoir été entraîné (1).

La dame Rochette devait, en vertu d'un acte sous seing privé du 30 août 1811, au sieur Mathieu Rochette, une somme de 283 fr. Ce dernier céda cette créance au sieur Sermaise, par acte du 1er mai 1822 passé en forme authentique. Sermaise fit procéder à une saisie immobilière sur la dame *Rochette* ; celle-ci produisit alors une quittance sous seing privé portant une date apparente antérieure à la cession. Sermaise répondit que cette quittance n'ayant pas de date certaine avant la cession ne pouvait lui être opposée, et son système fut admis par le tribunal de Roanne : mais sur l'appel, la cour infirma la décision et accueillit les

(1) Sirey, 25, 2, 149.

moyens p aidés par la dame Rochette. Elle pensa
que, le cessionnaire prenant la place du cédant, on
pouvait le repousser par l'exception de paiement,
de même qu'on aurait pu repousser le sieur Rochette lui-même; qu'il répugnait qu'un débiteur,
payant à son créancier direct, et se contentant
d'une quittance sous seing privé, comme cela arrive ordinairement, pût être exposé, par l'effet
d'une cession ultérieure que ferait le créancier, à
payer une seconde fois; que s'il peut arriver qu'un
cédant de mauvaise foi connive avec le débiteur,
et lui fournisse au préjudice du cessionnaire des
quittances sous seing privé antidatées, le cessionnaire aura toujours contre son cédant une action
en garantie.

Je crois cet arrêt en opposition avec les vrais
principes. Sans doute, le débiteur peut faire des
paiemens à son créancier direct, tant que la cession ne lui est pas connue; mais il faut qu'il justifie
ces paiemens par des quittances ayant date certaine avant la cession.

Sans cela il n'y aurait jamais de cession que la
fraude ne pût facilement rendre préjudiciable au
cessionnaire; et vainement l'arrêt de la cour de
Lyon indique-t-il à ce dernier la ressource de l'action en garantie. Car cette action peut être très-
souvent inutile par suite de l'insolvabilité du cédant.

On se récrie sur l'infortune du débiteur qui
serait obligé de payer deux fois. Mais comment
prouve-t-on qu'il a payé une première fois avant
la cession ? L'acte sous seing privé ne fait pas

preuve à cet égard, puisqu'il ne porte pas de date
certaine, et qu'il est très-facile qu'il soit antidaté.
D'ailleurs, si le débiteur a payé la totalité de la
dette, pourquoi a-t-il eu l'incurie de ne pas retirer le titre? S'il n'a payé qu'une partie, pourquoi
n'a-t-il pas fait tenir note en marge des à-compte?
N'y a-t-il pas ici une faute assez lourde de la part
du débiteur, pour qu'on ne le favorise pas aux dé'
pens de l'acheteur de bonne foi! Au surplus, ce
n'est point par des considérations de faveur que la
question doit être jugée. J'ai fait assez connaître
les principes qui doivent prévaloir (1).

536. La question a été jugée dans un sens opposé par plusieurs autres arrêts. J'en cite d'abord
deux, l'un de la cour de Bruxelles, en date du 15
novembre 1809 (2), l'autre de la cour de Nîmes,
en date du 11 février 1822 (3).

Voici les motifs principaux de l'arrêt de Nîmes :

« Attendu que l'intimé Pelet ne se prétend li-
» béré de la créance de la dame Canonge qu'en
» vertu d'un acte privé, enregistré postérieure-
» ment à la donation que la dame Canonge avait
» faite par acte authentique à la demoiselle Puéché-
» gur; qu'on ne peut considérer comme ayant-
» cause, dans le sens de l'art. 1322 du Code civil,
» le donataire d'une créance qui en poursuit le
» paiement envers le débiteur porteur d'une quit-
» tance sous seing privé non enregistrée avant la

(1) V. mon comm. *de la Vente*, t. 2, n° 920. On y trouvera de nouvelles autorités.

(2) Sirey, 10, 2, 282.

(3) Idem, 23, 2, 135.

» donation ; que , quoique le droit du donataire
» émane originairement du donateur signataire de
» la quittance, il n'est pas moins vrai que le même
» donataire est un tiers à l'égard du débiteur , et
» même à l'égard du donateur, en ce qui concerne
» l'empêchement de celui-ci d'attenter directe-
» ment ni indirectement à l'irrévocabilité de la
» donation ; d'où il suit que dans ce cas il y a lieu
» à l'application de l'art. 1328 du Code civil. »

Il existe encore sur notre difficulté un arrêt de
la cour de Caen en date du 19 mars 1823, qui décide qu'une contre-lettre sous seing privé , portant déclaration d'un acquéreur que la vente est
stimulée, n'a pas de date certaine contre un tiers
acquéreur du signataire de la contre-lettre, et que
par conséquent ce tiers acquéreur n'est pas, dans
le sens de l'art. 1322 et sous ce rapport , l'ayant-
cause de son vendeur (1).

La même question avait déjà été résolue en ce
sens, à l'égard d'une contre-lettre , par un arrêt
de la cour de cassation du 18 septembre 1810 (2).

La cour de cassation s'est encore prononcée formellement contre M. Toullier par arrêt du 20 février 1827 (3).

Le 30 janvier 1790, acte sous seing privé par
lequel Frédéric cède à son frère Antoine Villète
une maison indivise entre eux.

Le 2 mai 1792 les deux frères Villète conjointement vendent cette même maison à Devielles. Ce-

(1) Sirey, 23, 2, 153.
(2) Denev., 9, 1, 1, 68.
(3) Sirey, 27, 1, 138. Dalloz, 27, 1, 144.

lui-ci en jouit jusqu'en 1822. A cette époque, il est poursuivi en expropriation par la veuve Antoine Villète, qui prétend exercer sur l'immeuble son hypothèque légale.

Devielles objecte qu'elle ne peut l'exercer que sur la portion appartenant à son mari, mais qu'elle ne le peut sur la portion appartenant à Frédéric Villète. La veuve Villète répond que par l'acte de 1790, tout l'immeuble appartenait à Antoine. A la vérité cet acte est sous seing privé, dit-elle ; mais Devielles est l'ayant-cause de son vendeur, et tous les actes souscrits par le vendeur sont opposables à l'acquéreur. Jugement du tribunal d'Évreux qui adopte ce système ; mais sur l'appel, arrêt infirmatif de la cour de Caen, fondé sur ce que l'acte de 1790, n'ayant pas date certaine, ne peut être opposé à Devielles. Sur le pourvoi en cassation, arrêt ainsi conçu : « Attendu que l'acte de cession du 30 janvier 1790, par lequel Antoine Villète est devenu seul propriétaire de la maison, a été fait sous seing privé, et n'a acquis date certaine qu'en 1824, et qu'ainsi il ne peut être opposé avec succès au tiers acquéreur et prévaloir sur le contrat du 2 mai 1792 suivi d'une possession conforme au titre, rejette (1). »

Enfin, un arrêt de la cour de Nancy, rendu sur mes conclusions le 14 février 1828 (2), a décidé que le donataire peut être admis à critiquer la date d'un acte d'obligation sous seing privé, souscrit par le donateur, et que cet acte ne peut lui

(1) Cet arrêt me semble contraire à l'arrêt cité n° 534.
(2) Dal., 1829, 2, 112, Sirey, 29, 2, 192.

être opposé comme ayant date certaine à son égard (1).

536 *bis*. Nous avons vu aux n°s 513 et 514 que notre article exige que la *nature* et la *situation* des immeubles appartenant au débiteur et soumis à l'hypothèque, soient désignées dans l'acte constitutif de l'hypothèque conventionnelle.

A notre avis, il ne faut pas apporter un esprit trop minutieux dans l'exigence de ces conditions. Il suffit que les parties aient employé telle ou telle désignation, qui ne laisse pas de doute sur l'identité de l'immeuble.

Il faut convenir cependant que les arrêts ne se sont pas toujours montrés fidèles à cet esprit d'interprétation large et équitable.

Un arrêt de la cour de cassation du 13 août 1808 a déclaré nulle une constitution d'hypothèque frappant sur *tous les biens que le débiteur possède dans une commune* déterminée, par la raison qu'il n'y avait pas indication de la *nature* des biens affectés. Un autre arrêt de la cour d'Aix, du 30 août

(1) Voyez encore un arrêt conforme de Bordeaux, 30 mars 1829 (Dal., 29, 2, 200). Cet arrêt est motivé d'une manière remarquable. On y reconnaît la main d'un magistrat, M. *de Saget*, qui sera long-temps regretté par les amis de la science, et qui, après avoir été la gloire du barreau de Bordeaux, honorait la magistrature par son caractère, son indépendance et ses talens.

La question a été soulevée, mais non résolue, dans l'espèce d'un arrêt de la cour de cassation du 26 novembre 1834 (Sirey, 35, 1, 109. Palais, 1835, t. 1, p. 103) *Junge* Angers, 20 février 1829 (Sirey, 29, 2, 205. Palais, t. 85, p. 441). Toulouse, 7 juillet 1831 (Sirey, 32, 2, 646).

1819, a aussi jugé que la constitution d'hypothèque faite sur *tous les biens ruraux que le débiteur
possède dans telle commune* est nulle comme manquant de spécialité (1). Un troisième arrêt émané
de la cour de cassation et en date du 20 février
1810, exige que l'acte fasse connaître *l'état de la
superficie des immeubles hypothéqués*, c'est-à-dire
le mode de leur exploitation, s'ils sont *bâtimens,
cours, jardins, incultes*, etc. On peut voir dans le
recueil de M. Dalloz plusieurs autres arrêts rédigés
dans cet esprit de rigueur (2).

Mais plus tard la jurisprudence commença à
tourner vers des idées plus douces, et à prendre
une tendance plus raisonnable. Il faut consulter
un arrêt de la cour de cassation du 15 juin 1815,
un arrêt de Riom du 24 février 1816 (3), un
autre de la même cour du 15 février 1826 (4), un
arrêt de Grenoble du 27 juillet 1829, qui décide
qu'une constitution d'hypothèque *sur tous les immeubles possédés dans la commune de Succieu*, est
valable (5), enfin un arrêt de la cour de cassation
du 10 février de la même année (6), portant que
la désignation voulue par la loi est remplie par ces
mots, *sur tous les biens situés dans la commune de
Saint-Sardis, département de Lot-et-Garonne* (7).

(1) Dal., Hyp., p. 207.
(2) *Loc. cit.*
(3) D., *loc. cit.*
(4) Dal., 28, 2, 55.
(5) Dal., 30, 2, 120.
(6) Idem, 29, 1, 144.
(7) Plus récemment il a été jugé qu'une inscription prise

Dans cette matière, c'est le préjudice de celui qui attaque l'hypothèque qu'il faut considérer. S'il a été induit en erreur, on ne doit pas hésiter à invalider l'hypothèque; mais s'il n'a pas été trompé, s'il a connu la position du débiteur et les charges dont ses biens étaient grevés, il sera plus juste de repousser des moyens de nullité fondés sur un esprit de pointille et favorables à la chicane. Je sais que cette opinion est combattue par M. Merlin (1), par M. Delvincourt et autres (2), qui sont beaucoup plus rigoureux que moi. Mais comme notre article ne me paraît prononcer aucune nullité d'ordre public, je persiste dans le parti le plus humain (3).

Je crois pouvoir ajouter d'ailleurs que ces auteurs sont dans une grande erreur s'ils s'imaginent

sur des *biens situés dans la commune de...*, *tels qu'ils sont désignés et confrontés dans le cadastre*, était valable. Pau, 23 août 1834 (Dalloz, 35, 2, 29. Sirey, 35, 2, 120) qu'une inscription sur *les maisons, vignes et autres immeubles appartenant au débiteur, dans l'arrondissement de...*, pouvait être déclaré valable.

Arrêt de Bourges du 9 avril 1832, contre lequel on s'est en vain pourvu en cassation. La cour suprême a même décidé par l'arrêt de rejet, en date du 15 février 1836 (Dalloz, 36, 1, 81. Sirey, 36, 1, 471) que la question de savoir si une inscription contient une désignation suffisante de la nature et de la situation des biens hypothéqués, est une simple question de fait dont la solution est abandonnée par la loi aux juges du fond.

(1) Dal., Hyp., t. 16, p. 411.
(2) Dal., Hyp., p. 202.
(3) *Suprà*, n° 514.

lutter pour l'observation de la loi. La pratique m'a prouvé que tout ce luxe de nullités n'aboutit qu'à surcharger les actes notariés de quelques formules vaines, qui n'ajoutent aucune garantie à la sûreté des prêts. Que font en effet les notaires familiarisés avec les difficultés de leur ministère? Dans la crainte qu'une omission ne compromette les droits de leurs cliens, ils épuisent au hasard la nomenclature de toutes les natures d'immeubles, bâtimens, prés, chenevières, bois, terres, friches, etc., etc., quoique souvent l'emprunteur soit loin de posséder des biens de ces diverses espèces; mais comme il faut nécessairement que les propriétés qu'il hypothèque rentrent dans l'une ou l'autre de ces catégories, la formule supplée à tout, et en ayant l'air de se soumettre à cette spécialité minutieuse qu'on voudrait faire prévaloir, elle s'en rit et la réduit à une simagrée puérile.

ARTICLE 2130.

Néanmoins, si les biens présens et libres du débiteur son insuffisans pour la sûreté de la créance, il peut, en exposant cette insuffisance, consentir que chacun des biens qu'il acquerra dans la suite, y demeure affecté à mesure des acquisitions.

SOMMAIRE.

537. L'art. 2130 fait exception au principe, qu'on ne peut hypothéquer les biens à venir sous le Code civil.

COMMENTAIRE.

537. Notre article contient l'exception que j'ai annoncée ci-dessus au principe du Code civil, *qu'on ne peut hypothéquer les biens à venir.*

Il permet que, dans le cas d'insuffisance des biens présens, le débiteur hypothèque les biens qu'il acquerra par la suite, au fur et à mesure des acquisitions.

538. Cette modification a été introduite dans l'intérêt du débiteur et du créancier ; dans l'intérêt du débiteur, parce que l'espérance de lui voir acquérir des biens capables de suppléer à l'insuffisance de ceux qu'il possède actuellement, encourage les capitalistes à lui confier leurs fonds ; dans l'intérêt du créancier, parce qu'elle lui assure une garantie de

plus. La loi a voulu favoriser les prêts d'argent et par conséquent les affectations d'hypothèque qui en font la sûreté. Elle a permis que le cercle de ces affectations s'étendît autant que possible, toutes les fois que les bases du nouveau système n'avaient pas à en souffrir.

Ainsi, celui qui aujourd'hui n'a qu'un patrimoine exigu, mais qui exerce une industrie ou un état lucratif, trouvera dans la possibilité d'hypothéquer ses biens à venir, des moyens de se procurer de l'argent pour se livrer à des entreprises plus considérables. Il lui suffira d'établir que ses biens actuels ne sont pas suffisans pour répondre du capital qu'il emprunte.

538 *bis*. On demande si celui qui ne possède rien, mais qui a espérance d'acquérir des immeubles, pourra hypothéquer ses biens à venir pour sûreté des fonds qu'il emprunte. Cette question partage les auteurs et les tribunaux. MM. Persil (1), Delvincourt (2) et Dalloz (3) sont d'avis que pareille hypothèque n'est pas valable, parce que les termes de notre article indiquent qu'il faut que le débiteur possède des biens présens libres, mais insuffisans. M. Grenier professe une opinion contraire (4), et il existe en ce dernier sens un arrêt de la cour de Besançon, du 29 août 1811, motivé sur ce que « l'art. 2130 ne doit pas être restreint au cas où le » débiteur possède et hypothèque, au moment de

(1) Art. 2130, n° 7.
(2) T. 3, p. 163, note 1.
(3) Dal., Hyp., p. 203, n° 10.
(4) T. 1, n° 63.

» l'obligation, des biens présens qui sont insuffi-
» sans quoique libres ; qu'il doit s'étendre, et à plus
» forte raison, au cas où le débiteur n'a aucun im-
» meuble à offrir pour sûreté à son créancier, parce
» qu'alors il est évident qu'il y a insuffisance absolue ;
» que le législateur, en modifiant la défense d'hypo-
» théquer les biens à venir, ayant voulu venir au
» secours du débiteur dont les facultés présentes
» sont trop faibles pour se procurer du crédit, n'a
» pas voulu refuser cette faveur à celui qui, n'ayant
» aucune fortune présente, se trouve dans une po-
» sition d'autant plus favorable qu'elle est plus
» malheureuse (1). » Au contraire la cour de Nancy
s'est prononcée dans le sens de MM. Persil et Delvincourt, par un arrêt du 16 août 1831, dont voici
les motifs (2). « Attendu que la loi ne reconnaît
» d'hypothèque conventionnelle valable que celle
» qui, soit dans le titre constitutif de la créance,
» soit dans un acte postérieur, déclare spécialement
» la nature et la situation des immeubles actuelle-
» ment appartenant au débiteur, et *que les biens*
» *à venir ne peuvent être* hypothéqués ; que, si
» l'art. 2130 admet une exception à ce principe
» fondamental du système hypothécaire, elle doit
» être restreinte au seul cas qu'il a déterminé, celui
» de l'insuffisance des *biens présens et libres* du
» débiteur ; qu'étendre, comme l'a fait le tribunal
» de Toul, cette exception au cas où le débiteur
» n'aurait, au moment où il consent l'hypothèque,

(1) Dal., Hyp., p. 209 et 210.
(2) Cet arrêt est jusqu'à présent inédit.

» aucun immeuble à affecter à la sûreté de son obli-
» gation ce serait détruire de la manière la plus
» absolue le principe consacré par le dernier pa-
» ragraphe de l'art. 2129. »

Il existe dans le même sens, un arrêt de la
cour de Riom du 25 novembre 1830, rendu sous
la présidence de M. Grenier (1). Ce magistrat
aurait-il changé d'opinion?

Au surplus, quel parti doit prévaloir?

Il me semble que ce ne doit pas être celui de la
cour de Nancy et de la cour de Riom. Ces deux
cours se sont attachées aux mots beaucoup plus,
ce me semble, qu'à l'esprit de la loi, qui est un
guide plus sûr que la lettre.

En effet, le but du législateur est facile à comprendre. M. Treilhard, orateur du gouvernement,
l'exposait de la manière suivante (2): « La défense
» d'hypothéquer en général les biens à venir est la
» conséquence de ce que je viens de dire. Tout ce
» que peut désirer un citoyen, c'est de pouvoir,
» *quand ses facultés présentes sont trop faibles*, donner
» à son créancier le droit de s'inscrire par la suite
» sur le premier ou le second immeuble qu'il ac-
» querra; c'est une affectation spéciale qui se réa-
» lisera par l'inscription, lorsque l'immeuble est
» acquis. Le projet contient cette disposition; et
» vous pouvez juger par là que si le gouvernement
» a voulu pourvoir à ce que les créanciers ne fus-
» sent pas exposés aux suites de la mauvaise foi

(1) Dal., 32, 2, 215.
(2) T. 7, p. 71.

» d'un débiteur, il a pourvu avec le même soin *à
» ce que le débiteur ne fût pas la victime des circon-
» stances malheureuses dans lesquelles il pourrait se
» trouver, et il lui conserve son crédit entier et sans la
» moindre altération.* »

Le législateur a donc voulu venir au secours du débiteur dont les facultés sont trop faibles : il a voulu lui conserver son crédit. Remplit-on ce vœu lorsque l'on refuse à celui qui a le malheur de ne posséder aucun immeuble, et dont les ressources sont par conséquent d'une exiguité trop certaine, les moyens de se tirer d'une position fâcheuse et qu'on lui enlève la source de tout crédit? Car enfin, quelle différence raisonnable peut-on faire entre le débiteur qui n'a rien d'actuel, et celui qui ne possède que des biens insuffisans, si ce n'est que le premier remplit encore mieux que le second la condition *d'avoir des facultés trop faibles*, pour répéter les expressions de M. Treilhard?

On objecte ces mots : « *Si les biens présens et libres du débiteur sont insuffisans pour la sûreté de la créance.* » Donc, dit-on, il faut que le débiteur ait des biens présens et libres, mais insuffisans.

Je ne puis goûter ce raisonnement. Le législateur ne parle ici des biens *présens et libres* que par suite de la pensée qu'il avait dans l'article précédent, savoir, que l'hypothèque des biens à venir ne peut avoir lieu tant qu'il y a des biens *présens et libres.* C'est une chose inutile et souvent une ruse d'hypothéquer ses biens à venir, quand on a des biens présens suffisans pour sûreté des fonds qu'on emprunte. L'ancienne jurisprudence tombait dans cet inconvénient qui accumulait les hypothèques générales, et soulevait entre créanciers une foule de difficultés, de débats et de mécomptes. Le Code a voulu sortir de cet état vicieux. Tant qu'il y a des biens libres suffisans au moment où l'on contracte, il est défendu d'hypothéquer les biens à venir. Mais s'ils sont insuffisans, ou ce qui est la même chose, s'il n'y en a pas du tout, l'hypothèque des biens à venir est utile, et le Code la permet, à condition qu'elle se spécialisera au fur et à mesure des acquisitions. Ainsi le législateur ne parle des biens présens insuffisans, que par opposition au cas où il y en a de suffisans, et où par conséquent ni le débiteur ni le créancier ne peuvent trouver mauvais qu'on défende l'hypothèque des biens à venir. Mais il n'entend nullement exclure le cas où le débiteur ne possède aucun bien présent, parce qu'il y a encore plus de motifs de venir à son secours, et qu'il est clair que son crédit n'a de point d'appui que dans ses biens à venir. En un mot, je ne mets aucune différence entre la rédaction de notre article et la paraphrase qu'en a donnée M. Tarrible : « Le législateur a » prévu le cas *où l'emprunteur n'aurait pas actuelle-* » *ment des immeubles libres suffisans* pour répondre » de la dette. Il n'a pas voulu que l'impuissance de » soumettre à l'hypothèque conventionnelle les » biens à venir pût nuire à son crédit, etc. (1) »

Voyez à quelles conséquences peu rationnelles

_____

(1) Répert., v° Hyp., p. 912, n° 7.

on arrive dans l'opinion que je combats. On veut
absolument que le débiteur possède des biens
présens et libres, mais insuffisans; ce n'est qu'à
cette condition qu'on lui permet d'hypothéquer
ses biens à venir. Mais on ne fixe pas, on ne peut
pas fixer le *quantum* de biens libres que possédera
ce débiteur, pour jouir de la prérogative d'hypothéquer ses biens à venir. D'une part, on a l'air
de considérer la faculté d'hypothéquer les biens à
venir comme un de ces droits précieux que les
lois font dépendre du paiement d'un cens ou de
la jouissance d'une propriété; on demande au débiteur son certificat de biens libres, comme on
demande à l'électeur le certificat de ses contributions. Mais d'autre part, on n'assigne pas de *mini-
mum* à ce débiteur, de sorte qu'il lui est permis
de descendre aussi bas que possible dans l'échelle
de la propriété pour justifier de sa capacité. Eh
bien! il suffira qu'il possède une parcelle de terre
de 10 fr. pour pour pouvoir dire : Je suis propriétaire de biens libres; j'ai droit d'hypothéquer mes
biens à venir. Alors devront cesser les scrupules
qui surgissent de la lettre de la loi. Il y aura des
biens présens, des biens libres, et qui seront insuffisans. On appliquera sans hésiter l'art. 2130.
Mais, de bonne foi, ne sommes-nous pas ici dans
l'absurde? L'application de la régle que je combats
ne nous mène-t-elle pas à des résultats condamnés
par la raison? Croit-on que le législateur ait voulu
mettre une différence entre le propriétaire d'un
terrain de 10 francs, et celui qui ne possède rien
d'immobilier?

Mais, me dit-on, il sera donc permis d'hypothéquer les biens à venir! Vous détruisez *d'une manière absolue* le § final de l'art. 2129.

Voilà une grande erreur! L'article dont on parle est si peu détruit d'une manière absolue, qu'il subsistera dans la plupart des cas, et surtout dans tous les cas qui ont été prévus par le législateur. En effet, quiconque possédera des biens présens suffisans ne pourra hypothéquer ses biens à venir. Toutes les fois qu'il y aura des sûretés actuelles, il sera défendu de mettre l'avenir à contribution; tant que l'hypothèque *spéciale sera possible,* on repoussera l'hypothèque indéterminée sur des biens qu'on ne possède pas encore. Le législateur n'a pas voulu autre chose.

On insiste et l'on dit : Lorsqu'il y a des biens présens, quoique insuffisans, l'hypothèque a déjà une assiette. Il y a là un objet fixe et actuel qui lui permet de s'établir conformément à l'art. 2129 du Code civil. Une fois constituée, on conçoit qu'elle puisse s'étendre sur les biens à venir : c'est une continuation de ce qui existe; mais quand il n'y a pas de biens présens, l'hypothèque a manqué de base dans son principe, et il n'est pas étonnant que le législateur n'ait pas permis qu'elle arrive jusqu'aux biens à venir.

Ceci n'est encore qu'un sophisme. L'hypothèque ne s'étend pas des biens présens sur les biens à venir comme elle s'étend du principal à l'accessoire, ou de la chose même à ses améliorations (art. 2133). L'hypothèque des biens à venir peut subsister par elle-même sans qu'il y ait des biens présens. C'est ce qui a lieu dans les hypothèques légales et judiciaires, toutes les fois que le débiteur n'a pas de fortune actuelle. En principe, chaque immeuble forme par lui-même une assiette hypothécaire indépendante, et qui n'a rien de commun avec les hypothèques qui grèvent les fonds appartenant au même propriétaire. Où a-t-on vu que les biens à venir ne soient sujets à hypothèque que par accessoire des biens présens? Ce sont au contraire les biens présens qui forment le principal obstacle à l'hypothèque conventionnelle des biens à venir. L'art. 2161 indique d'ailleurs par son texte qu'il peut y avoir hypothèque sur des biens à venir sans biens présens.

Je terminerai par une observation. Le Code hollandais n'admet comme le nôtre que l'hypothèque des biens présens, et l'on peut même dire qu'il est beaucoup plus sévère à cet égard, puisqu'il rejette les hypothèques générales tant légales que judiciaires, et qu'il a adopté le système de la spécialité d'une manière absolue. Si cependant un débiteur s'est obligé à fournir une hypothèque au créancier, l'art. 1251 permet de le contraindre à remplir cette obligation sur les biens qu'il aura acquis après son engagement (1). Pourquoi donc une convention si licite, si facile à concilier avec la spécialité, ne trouverait-elle pas sa place dans notre jurisprudence, évidemment plus large que le système hollandais? Par quelle rigueur excessive s'obstine-t-on à se prononcer dans le doute

_____

(1) *Revue étrangère*, par M. Fœlix, t. 1, p. 650.

contre le crédit et la liberté des transactions?

539. Si les biens du débiteur étaient suffisans, et qu'il eût fait une fausse déclaration à cet égard, les tiers intéressés pourraient prouver son mensonge ou son erreur, et s'en prévaloir pour faire déclarer nulle l'hypothèque des biens à venir.

Je crois que le débiteur lui-même pourrait prouver que les biens présens étaient suffisans, et obtenir la liberté des biens à venir. Car il aurait à cela un véritable intérêt, et le créancier ne pourrait s'en plaindre, puisqu'il trouverait dans les biens présens de quoi se satisfaire.

On demande si le créancier pourrait se prévaloir de cette fausse déclaration que les biens du débiteur sont insuffisans, pour réclamer une hypothèque sur les biens présens qu'il découvrirait avoir été libres au moment de la convention.

Il faut décider que non. Le créancier doit se contenter des biens qui lui ont été hypothéqués lors du contrat; c'était à lui à connaître la situation de celui avec lequel il a stipulé (1).

540. Notre article dit que les biens à venir demeurent affectés à mesure des acquisitions.

Dans l'ancienne jurisprudence française, où l'hypothèque conventionnelle embrassait toujours les biens présens et à venir à moins de stipulation contraire, c'était une question de savoir si les créanciers devaient venir par concurrence et être mis au même rang sur les biens à venir, ou si

(1) Répert., Hyp., p. 912, col. 2. *Suprà*, n° 515. Le Code hollandais (art. 1253) défend aussi au créancier d'exiger un supplément d'hypothèque.

chacun devait être payé selon l'ordre de son hypothèque.

L'opinion vulgaire était que les plus anciens
devaient avoir la préférence. Mais Coquille, sur la
coutume de Nivernais (1), s'élevait contre cet
usage, et soutenait que l'hypothèque des biens
à venir ne devait commencer que du moment où
le débiteur était devenu propriétaire; que par
conséquent, au moment de la naissance de cette
hypothèque, tous les créanciers se trouvant en
concurrence, par le ministère de la loi, pour acquérir cette hypothèque, et s'empêchant l'un l'autre par cette concurrence, chacun devait y avoir
part à proportion de sa dette.

Basnage, embrassant au contraire l'opinion la
plus suivie, soutenait que la nécessité d'être propriétaire au moment du contrat n'était exigée par
les lois que pour l'hypothèque spéciale, mais qu'il
n'en était pas ainsi pour l'hypothèque générale,
et qu'en quelque temps que le débiteur devînt
propriétaire de la chose, la préférence était acquise au plus ancien créancier (2).

La question doit être résolue sous le Code civil
par d'autres règles. Toute hypothèque conventionnelle doit être inscrite, et il n'y a pas d'exception pour les hypothèques des biens à venir. Mais
à quelle époque l'inscription doit-elle se faire?
C'est évidemment lorsque l'hypothèque est acquise. Or, d'après notre article, elle n'est acquise

(1) T. des Rentes, art. x, p. 140.
(2) Hyp., ch. 5, p. 10, col. 2.

qu'à mesure des acquisitions; ce en quoi elle diffère de l'hypothèque judiciaire sur les biens à venir, qui est acquise du jour du jugement (1). C'est donc à mesure des acquisitions que les inscriptions doivent se prendre; il faut en formaliser autant qu'il y a d'immeubles *successivement* acquis dans chaque bureau. Comment pourrait-on s'inscrire d'avance, puisque s'agissant de biens à venir, on ignore quels biens entreront dans le domaine du débiteur et où ils seront situés (2)?

Ceci posé, il devient clair que l'ordre de tous les créanciers ayant droit sur les biens à venir, doit dépendre de la date de leurs inscriptions (3).

540 *bis.* On a élevé la question de savoir si le débiteur qui se trouve dans le cas de l'art. 2130 peut hypothéquer les biens qu'il attend d'une succession. Cette difficulté s'est présentée devant la cour de Rouen dans une espèce où le débiteur, *ne possédant aucun immeuble,* avait hypothéqué expressément *les biens de la succession future de son oncle.* Le créancier avait pris l'inscription *long-temps avant la mort de ce dernier !*

La cour de Rouen a annulé l'hypothèque comme contenant un pacte sur une succession future, prohibé par les art. 791, 1130 du Code civil (4).

---

(1) *Suprà*, n° 436, et *infrà*, n° 691.

(2) Arrêts conformes, Paris 23 février 1835 (Sirey, 35, 2, 209. Dalloz, 35, 2, 163). Paris 20 juillet 1836 (Dalloz, 37, 2, 19).

(3) M. Grenier, t. 1, n° 62, p. 134.

(4) Arrêt du 8 août 1820. Dal., Hyp., p. 210, note.

Cette décision paraît devoir être approuvée, à raison des circonstances de la cause.

Mais si le débiteur eût hypothéqué en général ses biens à venir sans désigner nominativement ceux qu'il attendait de la succession de son oncle, il n'y aurait eu aucun inconvénient à ce que l'hypothèque vînt les frapper au moment de l'ouverture de la succession ; car notre article ne distingue pas entre les biens acquis par succession et les biens acquis à titre onéreux ; il n'y aurait pas eu de pacte sur une succession future (1). Ainsi ceux qui voudront agir avec prudence devront s'abstenir de pareilles spécialisations (2).

540 *ter*. Quant au cas où le créancier peut obtenir réduction de l'hypothèque sur les biens à venir, voyez l'art 2161.

ARTICLE 2131.

Pareillement, en cas que l'immeuble ou les immeubles assujétis à l'hypothèque eussent péri, ou éprouvé des dégradations, de manière qu'ils fussent devenus insuffisans pour la sûreté du créancier, celui-ci pourra ou

(1) Ce serait comme quand on stipule une communauté de *biens présens et à venir.*

(2) Pour preuve de mon opinion, je citerai ce passage emprunté à M. Bigot de Préameneu. « Ainsi, on ne pourrait pas » hypothéquer *spécialement* les biens d'une succession (à venir); » mais il est juste que ces biens soient, dès le temps d'une » obligation non défendue par la loi, affectés au paiement » dans le cas où ils écherront. » Conf., t. 7, p. 68.

poursuivre dès à présent son remboursement, ou obtenir un supplément d'hypothèque.

SOMMAIRE.

541. Objet de l'art. 2131. Par quel moyen il vient au secours du créancier dont les sûretés sont diminuées par force majeure.
542. A qui est l'option de rembourser ou de donner un supplément d'hypothèque? Distinction.
543. Le supplément d'hypothèque n'a pas d'effet rétroactif au jour de la première convention. Il dérive d'une convention nouvelle.
544. Renvoi pour la connaissance des cas où la chose est censée avoir péri. Équité dans l'interprétation de l'article 2131. Cas où il y a diminution de sûretés pour le créancier. Quand le créancier est forcé de recevoir son paiement par partie, il peut demander le remboursement. Cette faculté s'applique-t-elle au cas d'hypothèque générale ?

COMMENTAIRE.

541. Dans l'art. précédent, le législateur s'occupe du cas où les biens présens du débiteur sont insuffisans pour garantir la créance, et il permet d'hypothéquer les biens à venir au fur et à mesure des acquisitions.

Dans l'art. 2131, le législateur suppose que lors de la convention le débiteur a eu des biens suffisans pour la garantie de ses créanciers hypothécaires; mais que cette garantie est devenue insuffisante, soit que les biens hypothéqués aient péri, soit qu'ils aient éprouvé des dégradations.

II.   25

Dans ce cas, la loi pourvoit par deux moyens à la sûreté des créanciers.

Elle permet de poursuivre de suite le remboursement des sommes dues, et veut que, quoique les sûretés hypothécaires ne soient diminuées que par force majeure, néanmoins la dette devienne exigible.

Ou bien, les créanciers pourront exiger un supplément d'hypothèque, et si le débiteur n'a pas de biens présens, se faire constituer une hypothèque sur les biens à venir, dans les termes de l'art. 2130. Car ce dernier article devient tout-à-fait applicable.

L'insuffisance provenant de la perte ou du dépérissement doit être constatée soit par le consentement des parties, soit par un jugement, soit par une expertise.

542. A qui appartient l'option de rembourser ou de donner un supplément d'hypothèque? il faut distinguer les cas : ou les sûretés hypothécaires ont été diminuées par le fait du débiteur, et alors, d'après l'art. 1188 du Code civil, la somme devient sur-le-champ exigible. Le créancier est en droit d'en demander le paiement, et ce ne peut être que par le fait de sa bonne volonté qu'il se contentera d'un supplément d'hypothèque.

Ou bien les détériorations ont eu lien par force majeure, et alors l'option de payer ou de donner supplément d'hypothèque appartient au débiteur, d'après les principes généraux. Le créancier doit se borner à conclure au remboursement, si mieux n'aime le débiteur lui donner un supplément d'hypothèque capable de lui servir de garantie. Mais l'on sent que le débiteur ne serait pas écouté, si, pour échapper à la demande en remboursement, il offrait de donner hypothèque sur des biens à venir; car ce serait donner au créancier des espérances le plus souvent illusoires.

543. Le supplément d'hypothèque donné au créancier ne remonte pas au jour de la première convention; il date de la nouvelle ou du jugement qui l'accorde. Il doit être suivi d'une inscription (1).

544. Quant au cas où la chose hypothéquée est censée avoir péri, voir *infrà* l'art. 2180 (2).

Remarquez du reste que notre article doit s'entendre avec équité. Il ne faudrait par que le créancier prétextât de modifications peu importantes pour prétendre que son gage a été diminué. On peut consulter sur ce point de jurisprudence, qui dépend beaucoup des circonstances, différens arrêts rapportés par M. Dalloz au mot *Hypothèque* (3). Par exemple, on a jugé que, lorsque le débiteur aliène une portion des héritages hypothéqués, comme l'acquéreur peut purger en payant le prix de son acquisition et forcer le créancier à le recevoir; celui-ci a des motifs suffisans pour faire déclarer son débiteur déchu du bénéfice du terme, attendu qu'il se trouve contraint de recevoir

(1) Répert., Hyp., p. 912, col. 2. Grenier, t. 1, p. 136, n° 64.

(2) N° 889, et aussi *suprà*, n°s 109 et suiv.

(3) P. 221 et suiv.

son paiement *par parties et que sa créance est mor-
celée* (1).

Ces arrêts sont allés trop loin en ce qu'ils ont
déclaré le débiteur déchu du bénéfice du terme ,
avant même que l'acquéreur n'eût purgé (2). Il n'y
avait pas encore diminution des sûretés, il n'y
avait que possibilité de diminution. Mais si les
formalités pour purger avaient été remplies, il n'est
pas douteuv que le créancier ne fût en droit de
demander son remboursement. « *Qui pignori plures*
» *res accepit, non cogitur unam liberare nisi accepto*
» *universo quantúm debetur* (3). »

Mais cette jurisprudence est-elle applicable au
cas où il y a *hypothéque générale* et non *hypothéque
spéciale ?* Notre article ne concerne que les hypothèques spéciales. Mais ce n'est pas lui qui est la
règle de la matière; c'est l'art. 1188 du Code civil.
Or, peut-on dire, l'art. 1188 ne parle que de sûretés données *par contrat*, et l'hypothèque générale ne peut jamais résulter *de contrats;* elle ne
résulte que de *lois* ou de *jugemens.* Toutefois, cet
argument est trop judaïque. Il est plus juste d'é-
tendre l'art. 1188 au cas de *jugemens*, puisqu'on
contracte en jugement, et à tous les autres cas où
il y a manque de sûretés. Mais il ne faudrait pas

___

(1) Cassat., Rejet, 29 janvier 1810 (Dal., Hyp., p. 213 et
214, et 30, 2, 186). Cassat., Rejet, 4 mai 1812 (idem).
Pothier, 11 juin 1819 (idem).

(2) M. Toullier, t. 6, n₀ 667.

(3) L. 9, *De pig. et hyp.* Arrêt de Paris du 11 février 1815.
Dal., Hyp., p. 214 et 215.

abuser de cette extension ; car avec du rigorisme, on frapperait d'immobilité les biens d'un débiteur, et on ne lui permettrait pas d'aliéner la moindre portion de son patrimoine (1).

ARTICLE 2132.

L'hypothèque conventionnelle n'est valable qu'autant que la somme pour laquelle elle est consentie, est certaine et déterminée par l'acte : si la créance résultant de l'obligation est conditionnelle pour son existence, ou indéterminée dans sa valeur, le créancier ne pourra requérir l'inscription dont il sera parlé ci-après, que jusqu'à concurrence d'une valeur estimative par lui déclarée expressément, et que le débiteur aura droit de faire réduire, s'il y a lieu.

SOMMAIRE.

545. Motif de notre article.
546. On peut hypothéquer les créances conditionnelles, éventuelles ou indéterminées. Exemples de conventions contenant des obligations indéterminées. Le créancier doit en apprécier la valeur dans l'inscription.
547. Renvoi à ce qui a été dit aux nᵒˢ 469 et suivans, sur les obligations conditionnelles.
548. Si le créancier donne une évaluation trop forte, le débiteur peut en demander la réduction.

(1) V. un arrêt d'Aix, 16 août 1811. Dal., Hyp., p. 215, note.

549. Le créancier peut liquider, par des actes sous seing privé, la créance indéterminée. Renvoi.

550. L'évaluation qu'il donne dans le contrat à la créance indéterminée, est un quasi-contrat à l'égard des tiers. Il ne peut, en ce qui les concerne, prétendre qu'il lui est dû davantage. Mais il n'en est pas de même à l'égard du débiteur.

COMMENTAIRE.

545. Comme l'hypothèque a pour cause une somme d'argent dont elle est la garantie, il faut de toute nécessité que cette cause soit exactement exprimée dans l'acte. En effet, c'est dans l'acte que doivent se trouver tous les élémens de l'inscription qui doit faire connaître aux tiers la position du débiteur avec lequel ils vont contracter. La loi a donc été conséquente avec elle-même, en exigeant que l'acte contînt une énonciation exacte des sommes pour la sûreté desquelles l'hypothèque a été consentie.

546. Notre article commence par dire que la somme doit être nécessairement *certaine* et *déterminée* par l'acte. Mais c'est aller trop loin. Car dans les conventions où il s'agit de sommes qui ne peuvent être fixées qu'éventuellement, ou de créances conditionnelles pour leur existence (telles que celles dont j'ai donné un exemple *suprà*, n° 476 et suiv.), le vœu du législateur, pris dans un sens général, serait impossible à remplir.

Aussi notre article se hâte-t-il de rectifier ce qu'il y a de trop absolu dans sa première partie, et de déclarer que l'hypothèque peut être consentie pour une créance conditionnelle pour son existence ou indéterminée dans sa valeur.

Dans ce cas, l'inscription ne peut être requise que jusqu'à concurrence d'une valeur estimative déclarée par le créancier (1).

« Ainsi, dit M. Tarrible (2), l'obligation indé-
» terminée de l'ouvrier qui s'est engagé à faire un
» ouvrage, sera susceptible d'hypothèque conven-
» tionnelle; ainsi l'obligation subordonnée à l'évé-
» nement d'une condition, même suspensive, celle
» par exemple du fournisseur qui s'engage à fournir
» des vivres à l'équipage d'un navire, s'il revient de
» son voyage actuel, est pareillement susceptible
» d'une hypothèque conventionnelle, seulement
» l'hypothèque suivra le sort de l'obligation prin-
» cipale; en telle sorte que, la condition venant à
» manquer, l'obligation et l'hypothèque s'évanoui-
» ront à la fois, et que, l'obligation incertaine ve-
» nant à prendre dans la suite une détermination
» fixe, l'hypothèque se fixera à la même valeur. »

547. J'ai parlé aux numéros 468 *ter* et suiv. des obligations à terme et des obligations conditionnelles et indéterminées, auxquelles une hypothèque conventionnelle peut se trouver jointe. J'invite à y recourir.

548. Après avoir dit que le créancier doit déclarer par approximation la valeur de la créance indéterminée qu'il veut faire inscrire, notre article

(1) V. l'art. 2163.
(2) Répert., Hyp., p. 909.

ajoute que le débiteur aura droit de faire réduire
cette estimation, s'il y a lieu (1).

A la vérité, cette réduction s'opère nécessairement lorsque l'obligation, incertaine dans son origine, vient à prendre par la suite une détermination fixe, et qu'il est reconnu que l'évaluation a
été portée trop haut.

Mais pour cela il faut souvent attendre des événemens qui peuvent long-temps laisser planer sur
la tête du débiteur l'idée qu'il est redevable de
sommes très-considérables, tandis qu'au fond ses
dettes sont beaucoup moindres. Son crédit pourrait souffrir de cet état de choses. Il a donc inté-
rê t à réclamer et à faire réduire les évaluations
exagérées de son créancier.

549. Le créancier peut liquider la créance indéterminée au moyen d'actes sous seing privé, ainsi
que je l'ai dit ci-dessus, n°ˢ 508 et suiv. ; car la loi
n'exige un acte authentique que pour l'acte constitutif de l'hypothèque, et non pas pour ce qui n'est
autre chose qu'un réglement de compte.

550. Le créancier doit apporter beaucoup de
soin à l'évaluation de la créance indéterminée qu'il
fait inscrire. Car cette évaluation devient définitive à son égard envers les tiers qui ont postérieurement traité avec le débiteur commun, et il ne
peut l'augmenter à leur préjudice. En effet, c'est
une espèce de quasi-contrat qui est intervenu.
Les tiers créanciers ont stipulé avec le débiteur
dans la persuasion qu'il ne devait pas plus que ce

(1) *Infrà*, n° 772.

qui était inscrit. On ne peut postérieurement tromper leurs espérances ; c'est tant pis pour celui qui n'a pas pris ses précautions en évaluant à une somme suffisante (1).

Mais s'il en est ainsi à l'égard des tiers, à raison des principes de bonne foi qui doivent faire la base d'un système hypothécaire public, on ne doit pas porter la même décision à l'égard du débiteur lui-même ; car, une erreur en plus dans l'évaluation ne pouvant lui préjudicier, une erreur en moins ne peut, par réciprocité, faire tort à son créancier. La bonne foi serait offensée s'il voulait se prévaloir d'une faute de calcul ou d'une imprévoyance pour se soustraire à de légitimes obligations.

ARTICLE 2133.

L'hypothèque acquise s'étend à toutes les améliorations survenues à l'immeuble hypothéqué.

SOMMAIRE.

(1) *Infrà*, n° 683. M. Grenier, t. 1, n° 28. Tarrible, Inscrip., p. 257. Arrêt de Liége du 24 août 1809. Dal., Hyp., p. 291.

553. L'hypothèque s'étend aux augmentations provenant du droit d'accession, quelque importantes qu'elles soient.

553 *bis.* L'hypothèque sur l'usufruit ne s'étend pas à la nue propriété qui vient par la suite s'y réunir.

COMMENTAIRE.

551. L'hypothèque conventionnelle peut s'accroître indépendamment de la volonté des parties par le fait d'améliorations survenues à l'immeuble hypothéqué. En effet, l'hypothèque, étant assise sur la chose, doit s'étendre avec elle et suivre ses modifications.

Tels étaient les principes du droit romain : ils sont écrits dans plusieurs lois du Digeste (1).

Ainsi, si un fonds vient à être augmenté par alluvion, l'hypothèque s'attache à l'alluvion (2). C'est là une *amélioration* de la chose principale (3).

Ainsi encore, si une hypothèque est donnée sur la nue propriété, et que l'usufruit vienne à se consolider, l'hypothèque embrasse l'usufruit comme la propriété; car l'usufruit est un accessoire du fonds (4).

« Quæ rebus obligatis accesserunt, dit Voët (5), » obligata censentur, veluti si quid fundi oppi- » gnorato per alluvionem adjectum sit, aut pro- » prietati, quæ pignori data erat, ususfructus pos- » teà accreverit. »

(1) Pothier, Pand., *De pign. et hyp.*

(2) L. 16, Dig., *De pig. et hyp.*

(3) V. *infrà*, n° 837, le sens du mot amélioration, et n° 889 suiv.

(4) L. 18, § 1, Dig., *De pign. act.*

(5) Lib. 30, t. 1, n° 4.

De même si un tiers détenteur bâtit une maison sur un terrain hypothéqué, la maison devient soumise à l'hypothèque (1).

M. Dalloz constate cette vérité. La maison construite absorbe le sol, dit-il; elle forme la valeur principale : c'est une chose nouvelle qui a été créée. M. Dalloz voudrait donc qu'en cas de concours entre les créanciers inscrits sur le sol et les créanciers du tiers détenteur inscrits sur la maison, il se fît une ventilation, et que le prix du sol fût adjugé aux uns, et le prix de l'édifice adjugé aux autres (2).

Cette opinion résiste à tous les principes sur le droit d'accession : « domo pignori datâ, dit Paul, » et area ejus tenebitur; est enim pars ejus. *Et* » *contrà, jus soli sequitur ædificium* (3). » Le jurisconsulte Marcianus n'est pas moins formel. « Si » res hypothecæ data, posteà mutata fuerit, æquè » hypothecaria actio competit : veluti de domo » datâ hypothecæ et horto factâ. *Item si de loco* » *convenit et* DOMUS FACTA SIT (4). » Il est impossible d'adopter sous le Code civil une autre décision.

Mais observons que le tiers détenteur pourra répéter ses impenses et améliorations jusqu'à concurrence de la plus-value (5). Quant à la question de savoir s'il pourra user du droit de réten-

(1) M. Grenier, t. 1, p. 312.
(2) Hyp., 121, n° 15. En ce sens, arrêt de Bourges, *infrà*, n° 689.
(3) L. 21, Dig., *De pign. act.*
(4) L. 16, § 1, D., *De pignorib. et hypoth.*
(5) Art. 2175 *infrà.*

tion pour être payé de cette plus-value, je la traite
ailleurs avec développement (1).

M. Dalloz prétend que notre article ne parle
que des *améliorations*, et qu'il s'agit ici non d'a-
mélioratin, mais de la construction d'une chose
nouvelle. Mais il se trompe sur le sens du mot
amélioration. Il y a, comme le dit Loyseau (2), *de
grosses améliorations* qui consistent en constructions et rebâtimens. Loyseau en cite pour exemple
la loi *Paulus*, § 2, Dig. *de pignorib.*, où il est
question d'une maison brûlée de manière qu'il
n'en restait plus que le sol. L'acquéreur ayant fait
rebâtir la maison à neuf, le jurisconsulte Paul
décida que ceux qui avaient hypothèque sur le
sol avaient aussi hypothèque sur la maison, «*jus
soli superficiem secutam videri.*» Eh bien! c'est
cette construction que Loyseau appelle *grosse amélioration* (3). D'ailleurs le mot amélioration est si
large qu'on ne conçoit pas qu'il puisse recevoir le
sens restrictif de M. Dalloz; et c'est ce qu'a très-
bien aperçu le législateur hollandais, qui, pour
faire cesser des subtilités contraires à l'esprit de
la loi, a formulé ainsi la pensée de l'art. 2133 :
«L'hypothèque, dit l'art. 1242, s'étend à toutes
» les améliorations futures de l'immeuble grevé,
» de même qu'à tout ce qui s'y unit par accession
» ou édification (4). »

(1) N° 836, et *suprà*, n₀ 256.
(2) Déguerp., liv. 6, chap. 8, nᵒˢ 9 et 10.
(3) Sur la différence entre les impenses et amélior., V.*infrà*,
n° 837.
(4) *Revue étrangère*, t. 1, p. 647.

Quoi qu'il en soit, je dois dire que mon opinion a été repoussée par un arrêt de la cour de Paris du 6 mars 1834 (1), qui a fait triompher le système de M. Dalloz. Mais cet arrêt est motivé d'une manière si extraordinaire, qu'il me suffirait presque de le citer pour mettre la raison de mon côté.

« Considérant, en droit, que si aux termes de » l'art. 2133 du Code civil, l'hypothèque s'étend à » toutes les améliorations survenues à l'immeuble » hypothéqué, cet article n'est pas applicable au » cas où, comme dans l'espèce, des maisons en-» tières ont été élevées sur un terrain entièrement » nu; que de telles constructions ne peuvent être » considérées *comme ayant le caractère d'une amé-* » *lioration;* qu'il est vrai de dire qu'elles constituent » *une chose tout autre* que celle qui existait originai-» rement;

» *Que les principes généraux du droit et les règles* » *de l'équité* s'opposent à ce que le privilége du ven-» deur ait l'extension réclamée par les intimés, etc. »

Invoquer les *principes généraux* lorsqu'on a contre soi et les décisions si nombreuses des jurisconsultes romains, et l'adage populaire *œdificium solo cedit,* résumé de tous les *principes* sur le droit d'accession, et l'art. 552 qui les consacre de la manière la plus expresse; enfin l'autorité de tous les écrivains (M. Dalloz excepté) qui ont commenté les lois romaines et discuté les règles dont les art. 551 et suivans ne sont que l'écho; c'est là, ce me semble, une distraction un peu forte. J'a-

(1) Dal., 34, 2, 166, 167. Sirey, 34, 2, 308.

voue que je n'aurais pas cru que ce fût aux *principes généraux* qu'il fût prudent d'avoir recours dans le système de la cour royale de Paris.

Quant à l'équité, passe encore! chacun l'interprète à sa manière et peut lui faire dire ce qu'il veut. Toutefois me sera-t-il permis de faire observer que l'hypothèque est soumise à tant de chances, qu'elle est d'une conservation si difficile, qu'il n'y a certainement rien d'exorbitant à la faire participer en dédommagement aux accroissemens dont l'immeuble est susceptible. C'est ce qu'a très-bien senti le Code hollandais, si sévère cependant en matière de spécialité. Et assurément il n'a pas cru s'éloigner en cela de l'équité, pas plus que les lois romaines, dont il reproduit les dispositions!! D'ailleurs, que peut un sentiment d'équité sur lequel il y a si peu d'unanimité, contre le texte évident de la loi et contre l'opinion de tous les jurisconsultes?

Il n'y avait qu'une manière de colorer la décision à laquelle la cour royale voulait arriver, c'était de dire franchement que, par exception aux principes généraux (et non pas assurément en vertu des principes généraux), l'hypothèque ne doit pas s'étendre aux constructions qui s'élèvent sur l'immeuble et le modifient d'une manière notable, et que cette exception se puise dans le mot *amélioration* employé par l'article 2133, lequel exclut l'idée d'une addition qui dépasserait la valeur primitive de la chose hypothéquée; mais ces raisons, quoiqu'un peu plus spécieuses que les précédentes, n'en sont pas moins diamétralement

contraires à ce qu'il y a de plus certain en jurisprudence; car, pour admettre une telle interprétation, il faudrait oublier le sens que le mot
amélioration a toujours eu dans la langue juridique; il faudrait se faire à soi-même un idiome
à part, et substituer les écarts de son imagination
à la véritable pensée que contient une expression
claire jusqu'à ce jour pour tout le monde. J'ouvre
en effet les auteurs, et voici ce que j'y lis :

« MELIORATIONEM autem, dit Garcias, quæ fiunt
» à prælatis, sive utiles, *ædificando de novo* in præ-
» diis ecclesiæ, vel reficiendo, vel plantando, vel
» quid aliud faciendo, hæc omnia ad ecclesiam per-
» tinent (1).

« On appelle amélioration, ajoute le nouveau
» Denizart, les dépenses qui *augmentent la valeur*
» *et le prix du fonds*... On dit qu'on améliore un
» héritage QUAND ON Y A BATI UNE MAISON (2)!!!»
Et c'est ainsi que l'entend M. Proudhon :
« Construire un édifice sur un sol vide, c'est
» changer la surface du terrain, *mais aussi c'est*
» *ordinairement faire une amélioration* (3). »
Mais peut-être m'objectera-t-on (car il faut tout
prévoir) que ces auteurs n'ont pas entendu parler
de ces constructions nouvelles qui dépassent en
valeur le sol sur lequel elles sont placées. Eh bien!
écoutons Dumoulin, qui connaissait, je crois, la
valeur des mots :

(1) Dans son traité *De expensis et meliorationibus*, cap. XI,
nº 71, p. 297.
(2) Vº Amélioration.
(3) Usufruit, t. 3, nº 1122.

« Quæro utrum vassallus nedùm perdat feudum
» sibi concessum, sed etiam augmenta et *meliora-*
» *menta?* Quid enim SI IN VILI FUNDO *ædificavit*
» CASTRUM VEL INSIGNEM DOMUM?.... Dico quod om-
» nia quæ sunt de substantiâ feudi... committun-
» tur. *Omnia inædificata* ET QUÆCUMQUE *solo* ce-
» dunt (1). »

Comment, d'ailleurs, pourrait-il en être autrement? Ne serait-il pas en effet absurde au premier
chef de soutenir que, parce que l'impense est très-
considérable, elle n'est pas une amélioration?
N'est-il pas évident que plus les constructions qui
s'ajoutent à la chose ont de l'importance, plus
l'amélioration est caractérisée, éclatante et indu-
bitable?

Qu'on réunisse maintenant ces autorités à celle
de Loyseau, que j'ai cité au commencement de
ce numéro, et qu'on me dise si la cour royale de
Paris n'a pas innové de la manière la plus malheureuse en donnant au mot *amélioration* l'acception restreinte qui fait la base de son arrêt!!

Mais, dit-elle, ces constructions constituent
tout autre chose que ce qui existait auparavant.
Tout autre chose! Prenons-y garde, c'est aller beaucoup trop loin. Le sol a sans doute subi une modification, un changement; mais ce n'est pas un
de ces changemens qui font de la chose un être
absolument nouveau, sans quoi il faudrait dire
que l'hypothèque s'est effacée du sol lui-même (2).

(1) T. 1, p. 523, n° 116. *Junge* Pothier, *des Fiefs*, p. 578,
édit. Dupin.

(2) *Infrà*, t. 4, n° 889.

La modification ne consiste que dans une addition qui change la surface et augmente la valeur. Mais depuis quand un tel changement a-t-il été un obstacle à l'extension de l'hypothèque? *Si res hypothecæ data, posteà mutata fuerit, æquè hypothecaria actio competit.* Je rappelle les termes de la loi romaine.

A entendre la cour de Paris, la construction d'une maison sur un sol vide devrait être assimilée au fait de celui qui ajoute une pièce de terre à une pièce de terre qu'il possédait déjà. Et M. A. Dalloz, qui soutient le bien-jugé de l'arrêt que je combats, n'a pas manqué d'insister sur cette comparaison. Mais c'est confondre deux choses bien distinctes. Les deux pièces de terre ont une existence séparée; elles forment deux corps distincts qu'aucun lieu juridique n'unit l'un à l'autre. Au contraire, la maison est incorporée au sol et suit sa condition par la puissance du droit d'accession. Et c'est ce qu'a très-bien fait ressortir Pothier : « La commise s'étend-elle aux alluvions unies aux » terrains donnés en fief et *aux édifices qui auraient* » *été construits par le vassal?* Oui! suivant notre prin » cipe; car ces alluvions, ces édifices *solo cedunt,* » ils en *font partie* JURE ACCESSIONIS; ils suivent la » nature et qualité de fief qu'avait le terrain au- » quel ils sont unis, suivant la règle *accessorium* » *sequitur naturam rei principalis.* Ils sont donc fiefs » et font partie du fief (1). » On a vu tout à l'heure Dumoulin tenir le même langage, et c'est celui du

_____

(1) *Des Fiefs*, loc. cit.

II.   26

bon sens le plus vulgaire, à moins qu'on ne veuille
répudier tous les principes sur le droit d'accession.

M. A. Dalloz m'oppose la discussion qui a eu
lieu au conseil d'état sur la question de l'alluvion,
que je traiterai tout à l'heure. Mais, loin de récuser
cette autorité, je l'accepte tout entière, car elle
met le dernier trait à ma démonstration.

Voici, en effet, ce que disait M. Tronchet : « Di-
» verses dispositions du Code civil déterminent ce
» qu'il faut considérer comme des accessoires de la
» chose principale. Ces *accessoires s'identifient avec*
» *la chose, deviennent ainsi passibles de toutes les*
» *charges dont elle grevée* (1). »

Et sur cette observation, l'art. 2133 fut adopté
tel qu'il était, malgré quelques réflexions proposées par un conseiller d'état, qui ne le trouvait pas
assez explicite.

Ainsi, c'est par les principes sur le droit d'accession que doivent être jugées toutes les questions
qui se rattachent à l'interprétation de notre article. Le vœu de la loi est bien formel ; M. Tronchet
l'a hautement exprimé. Eh bien ! c'est ce que je
n'ai cessé de soutenir avant comme depuis l'arrêt
de la cour de Paris ; c'est ce qui fait toute la force
de mon opinion, en la rattachant à la fois aux lois
romaines et au Code civil. Dès-lors, je puis conclure avec assurance que la décision de la cour de
Paris contient la violation la plus flagrante des

(1) Fenet, t. 15, p. 362.

principes généraux, et qu'elle n'est pas destinée à faire jurisprudence (1).

A l'égard des fruits, qui sont un accessoire de la chose, V. ce que j'ai dit *suprà*, n° 404.

552. Ce qui vient d'être dit des améliorations et augmentations résultant du droit d'accroissement, ne doit pas être étendu aux *augmentations de consistance*, qui sont le fait du débiteur, lorsque, par exemple, il achète des terrains limitrophes pour arrondir le sien. Il est clair dans ce cas que les nouvelles acquisitions ne sont pas soumises à l'hypothèque (2).

553. Il est possible que les accroissemens provenant d'alluvion soient tellement considérables, qu'ils finissent par être d'une importance bien su-

(1) Je reviens sur cette question au n° 889 *bis*. On peut consulter aussi un arrêt de la cour de cassation du 11 avril 1833, rendu dans une espèce où des machines avaient été ajoutées à un établissement industriel. Cet arrêt fortifie notre manière de voir (Dal., 33, 1, 187).

Bien qu'on puisse trouver dans un arrêt de Lyon du 26 janvier 1835 (Dalloz, 36, 2, 163) un motif qui paraisse contraire à notre opinion, on ne saurait nous opposer cet arrêt comme ayant jugé la question qui nous occupe.

Il s'agissait d'un cas tout différent. Le vendeur d'un terrain nu *demandait la résolution de la vente* faute de paiement du prix, et comme une baraque avait été élevée sur ce terrain, il y avait difficulté entre le vendeur et les créanciers de l'acquéreur sur l'option à faire par le premier, conformément à l'art. 555 du C. c. Il ne s'agissait pas, on le voit, de privilége à exercer *sur le prix de l'immeuble*.

(2) Grenier, t. 1, n° 148. Persil, art. 2133, n° 6. V. mon comm. *de la Vente*, t. 2, n° 768.

périeure à l'objet primitivement hypothéqué. On demande si dans ce cas l'hypothèque devra s'étendre aux accroissemens.

Il n'y a pas de raison dans la loi pour se décider contre l'extension de l'hypothèque. On voit cependant dans les conférences du Code civil (1), que la question souleva quelques difficultés au conseil d'état; mais M. Tronchet fit observer que le Code civil a déterminé dans diverses dispositions ce qu'il faut considérer comme accessoires de la chose principale, et que ces accessoires s'identifiant avec la chose, deviennent aussi passibles de toutes les charges dont elle est grevée. Cette réflexion fit taire toutes les controverses, et l'art. 2133 passa sous l'influence de cette explication. On voit qu'elle rentre dans les principes généraux (2). Elle servira à résoudre les questions analogues qui pourraient s'élever à l'occasion d'augmentations de contenance provenant des causes diverses d'accession exposées par les articles 556 et suivans du Code civil.

553 *bis*. Si un droit d'hypothèque est constitué sur un usufruit, s'étend-il à la nue propriété alors que l'usufruit et la nue propriété se réunissent et se consolident ?

M. Grenier résout avec raison cette question pour la négative. L'usufruit et la nue propriété sont deux droits distincts, deux portions d'une même chose. Si étant propriétaire de la moitié du

(1) T. 1, 172. Fenet, l. 15, p. 361 et 362.
(2) Grenier, t. 1, p. 314, n° 148.

fonds Cornélien, j'hypothèque cette moitié, et
que par la suite je me rende acquéreur de l'autre
portion, l'hypothèque ne viendra pas s'y asseoir
sans convention nouvelle. Il y a même raison lorsque la nue propriété se réunit à l'usufruit. Les
choses restent ce qu'elles étaient lors de la séparation (1).

SECTION IV.

DU RANG QUE LES HYPOTHÈQUES ONT ENTRE ELLES.

ARTICLE 2134.

Entre les créanciers, l'hypothèque, soit légale, soit judiciaire, soit conventionnelle, n'a
de rang que du jour de l'inscription prise par
le créancier sur les registres du conservateur,
dans la forme et de la manière prescrites par
la loi, sauf les exceptions portées en l'article
suivant.

SOMMAIRE.

554. Le rang des hypothèques s'établit par l'inscription.
555. Signes qui annonçaient les hypothèques chez les Grecs.
    Mais ce n'était pas pour établir un système de publicité.
556. *Quid* à Rome? Imitation des signes usités en Grèce.
557. L'hypothèque n'y fut pas publique. Preuves à cet égard.
558. De droit commun, l'hypothèque était occulte en France;

(1) Grenier, t. 1, p. 310, n° 146. Dalloz, Hyp., p. 122.
V. *suprà*, n° 400.

COMMENTAIRE.

554. De même que l'on a vu le rang des priviléges sur les immeubles s'établir par la date de
l'inscription (1), de même nous voyons notre article faire dépendre la préférence des hypothèques
de la priorité de l'inscription.

C'est la conséquence de la publicité qui est la
base de notre régime hypothécaire, et dont nous
allons voir les effets se développer successivement.

Mais, avant d'aller plus loin, je dois faire connaître les divers systèmes qui jusqu'au Code civil
ont prévalu sur la publicité des hypothèques.

555. Des monumens aussi anciens qu'authentiques prouvent que chez les Grecs, l'hypothèque
n'était pas dépourvue de manifestation publique;
on faisait connaître qu'un héritage était hypothéqué au moyen de petites colonnes établies sur les
héritages, et chargées d'inscriptions qui rappe-
laient les obligations contractées avec un premier
créancier (2).

Mais je crois que ces signes apposés par le créancier, avaient bien moins pour but de donner
aux hypothèques une publicité salutaire, que de
créer au profit de ce créancier une sorte de tradition symbolique destinée à remplacer la tradition réelle, à laquelle les anciens peuples ont toujours infiniment tenu.

(1) *Suprà*, n° 364 *bis*.
(2) Loyseau, Déguerp., liv. 3, ch. 1, n° 21. Barthélemy,
Anacharsis, chap. 59, t. 5, p. 1 et 2.

556. A Rome, le droit honoraire établit (1) l'hypothèque, c'est-à-dire le gage sans dessaisissement, par imitation de ce qui se pratiquait dans la Grèce, à laquelle les Romains furent redevables de tant de choses dans les lettres, les arts et les lois.

557. Mais l'hypothèque y fut-elle publique? Cujas (2), Loyseau (3), Godefroi (4) enseignent que les Romains adoptèrent, à l'exemple des Grecs, l'usage des signes extérieurs démonstratifs de l'hypothèque (5). Mais il ne paraît pas que cet usage se rattachât en rien à un système d'hypothèque organisé sur la publicité. Dans les différentes lois où l'on s'occupe du rang des créanciers hypothécaires, il n'est jamais parlé de l'influence de ces signes publics sur la préférence des créanciers entre eux. Ce n'était (autant qu'on peut en juger par les monumens obscurs qui nous restent à cet égard) que des actes d'autorité privée, tenant plus à la vanité qu'à la conservation des droits, et aux-

(1) Janus à Costa, *Inst. de act.*, § 7. Pothier, Pand., t. 1, p. 561, n° 28. Loyseau, Déguerp., liv. 3, ch. 2, n° 1. L. 1, Dig., *De pign. act.* Le droit d'hypothèque n'était pas connu à Rome avant cette innovation du préteur. Car, suivant M. Nieburhr, il était inconciliable avec le droit de propriété des Quirites, comme avec la simple possession (*Hist. rom.*, t. 2 de la traduction française, p. 385, note 506).

(2) Obs., lib. 16, c. 12.

(3) Déguerp., liv. 3, ch. 1, n° 25.

(4) Sur la loi 21, § 2, Dig., *Quod vi aut clam.*

(5) Voici les sources : L. 20, Dig., *De injuriis.* L. 22, § 2, Dig., *Quod vi aut clam*, et le titre du Code *Ut nemini liceat*, etc.

quels les empereurs mirent des bornes par différentes lois; car c'était un sujet de discordes et de
voies de fait.

Je crois donc qu'on peut conclure avec confiance, qu'à aucune époque, le sytième hypothécaire des Romains n'a reposé sur une véritable
publicité (1), et c'est sans doute pour cela que
nous voyons les acquéreurs d'héritages chercher
à se garantir des évictions que pouvaient leur faire
craindre les hypothèques occultes, par les sûretés
les plus fortes, et particulièrement par des cautions qu'on appelait *auctores secundi* (2). On sait
qu'il était tellement d'usage dans les contrats de
vente de donner des fidéjusseurs pour les cas d'é-
victions, qu'au rapport de Paul, le vulgaire s'i-
maginait que les cautions étaient une condition
nécessaire de la vente (3).

C'est aussi pour prévenir les fraudes des débiteurs, qui, profitant du secret de leurs engagemens, auraient pu donner des hypothèques sur
des biens déjà chargés d'hypothèques antérieures,
au-delà de leur valeur, qu'on établit les peines
les plus sévères contre le stellionat, c'est-à-dire
contre le délit de celui qui, en contractant avec
un tiers au sujet d'un immeuble, ne lui faisait
pas connaître les hypothèques établies sur cet immeuble (4).

---

(1) M. Dalloz dit le contraire, mais sans preuves. Hyp., p. 23.
(2) L. 4, Dig., *De evict.*
(3) L. 56, Dig., *De evict.* Loyseau, Déguerp., liv. 3, ch. 1,
n° 17.
(4) L. 3, § 1, Dig., *De stellion.* L. 4, C. *De crim. stellion.*

Celui qui se rendait coupable de ce crime était condamné à travailler aux mines, et l'homme en place était ou relégué pour un temps, ou dégradé (1). On ne pouvait échapper à cette peine, qu'en restituant au créancier qu'on avait trompé la somme qu'on lui avait empruntée. Quiconque était condamné pour stellionat était par cela même infâme (2).

Ces rigueurs devaient être un frein contre la mauvaise foi. Mais elles prouvent que l'hypothèque était loin de reposer à Rome sur la publicité, et qu'on avait cherché à suppléer aux inconvéniens des hypothèques occultes par des moyens spéciaux et des précautions extraordinaires.

558. En France comme à Rome, l'hypothèque était occulte de droit commun.

Cependant il y avait quelques provinces ou l'on avait pris de sages précautions pour prévenir par la publicité les ruses des débiteurs, et pour éclairer les créanciers sur la situation de ceux à qui ils prêtaient.

559. Dans les coutumes de Laon, Reims, Ribemont, Montreuil, Chauny, Ponthieu, Boulonnais, Péronne, Roye, etc., il était de principe qu'une créance ne pouvait acquérir d'hypothèque que par le *nantissement.*

Le nantissement s'effectuait, en faisant inscrire la créance sur un registre public, afin d'avoir hy-

(1) L.   , § 2, Dig., *De stellion.*
(2) L. 1, C. *De crim. stellion.* Lamoignon, t. 2, p. 101. Basnage, ch. 1.

pothèque sur les biens du débiteur, du jour de l'inscription. Il arrivait de là que l'héritage servant de nantissement ne pouvait plus être engagé ni aliéné au préjudice du créancier, qui était préféré à tous ceux qui n'avaient pas pris la même précaution, ou qui l'avaient prise postérieurement (1).

La formalité du nantissement avait, comme l'on voit, de grands avantages, puisque par son moyen le créancier, avant que de prêter son argent, pouvait consulter le registre des nantissemens que le greffier tenait dans chaque justice royale et seigneuriale, et s'éclairer sur l'étendue des hypothèques que le débiteur avait déjà créées sur son immeuble.

Mais suivant M. de Lamoignon, le nantissement ne remplissait son but qu'imparfaitement, d'abord parce qu'il était embarrassé de formalités minutieuses et extraordinaires, surtout dans quelques coutumes de Picardie; en second lieu, parce qu'il ne garantissait pas des hypothèques tacites des mineurs, ni de celles des femmes mariées; et comme l'on donnait au remploi des propres aliénés et à l'indemnité des dettes auxquelles la femme avait concouru, le privilége de l'hypothèque légale *du jour du contrat de mariage*, l'inscription sur le registre de nantissement était souvent inutile, attendu que les obligations qui pouvaient être faites par le mari et la femme conjointement n'avaient pas de bornes.

(1) Lamoignon, Arrêtés, t. 2, p. 103, note 1. Loyseau, liv. 3, ch. 1, n° 33. Répert., Devoirs de loi et Nantissement.

D'ailleurs, depuis l'ordonnance de Moulins, qui attribuait aux jugemens une hypothèque générale, on préférait contracter par voie d'obligations sous seing privé qu'on faisait reconnaître en justice trois jours après; par ce moyen, on avait une hypothèque générale judiciaire, d'autant plus commode, qu'on n'était pas obligé de l'inscrire sur le registre des nantissemens, et qu'on se trouvait dispensé de formalités gênantes; en sorte que M. de Lamoignon assure que, de son temps l'usage des nantissemens était fort affaibli (1).

560. Dans le reste de la France, l'hypothèque était occulte, et dépendait seulement de la date des contrats authentiques; un débiteur de mauvaise foi pouvait tromper ses créanciers sur sa position, accumuler sur ses biens une masse d'hypothèques supérieures à sa fortune, et tendre des pièges aux prêteurs de fonds par les apparences d'un crédit imaginaire.

Loyseau s'élevait avec force contre cet état de choses, qu'il considérait comme une source d'abus et de désordres.

« Mais l'inconvénient est grand, disait-il, à l'é-
» gard d'un tiers acquéreur de bonne foi qui, pen-
» sant être assuré de ce qu'on lui vend, et qu'on
» met en sa possession, sachant bien qu'il appar-
» tenait à son vendeur, s'en voit enfin évincé et
» privé par un malheur inévitable, au moyen des
» hypothèques précédentes, lesquelles étant cons-

_____

(1) Mais ceci me paraît exagéré. V. les observations du parlement de Flandre, dans le discours de M. Treilhard (Discours et Motifs, t. 7, p. 59), et *infrà*, n° 863.

» tituées secrètement, il ne lui était pas possible
» de les savoir ni de les découvrir (1). »

561. Différentes tentatives furent faites pour remédier à ces inconvéniens.

Henri III, par un édit de 1581, avait voulu établir dans toute la France un droit pareil à celui
qui était en vigueur dans les coutumes de nantissement. Mais cet édit fut révoqué en 1588 (2).

En 1673, Louis XIV fit publier un édit qui rendait les hypothèques publiques; à cet effet, il établissait des greffes d'enregistrement, dans lesquels
ceux qui auraient des hypothèques pourraient
former et faire enregistrer leurs oppositions; ces
enregistremens les faisaient préférer à ceux qui
négligeaient cette formalité. Néanmoins, le trésor
public, les mineurs et les femmes mariées furent
dispensés de l'enregistrement des oppositions.

Mais cette grande innovation, conçue par le
génie de Colbert, ne put résister aux préjugés du
temps. L'édit de 1673 fut révoqué en avril 1674;
car, dit le roi dans les motifs de son édit de révocation, « *les réglemens les plus utiles ont leurs diffi-*
» *cultés dans leurs premiers établissemens.*»

L'édit de 1673 est curieux à méditer, aujour-
d'hui que nous marchons sous l'empire d'in-
fluences différentes. On y trouvera le germe d'un
grand nombre de dispositions du Code civil.

562. Mais il n'est pas moins curieux de voir les
jugemens dont il fut l'objet, avant que les esprits

(1) De l'Action hyp., liv. 3, n° 16.
(2) Basnage, ch. 1, Hyp.

se fussent accoutumés à la publicité des hypothèques.

Basnage en parle avec une sorte de dédain, et
l'on voit que cet auteur n'en avait compris ni le
dessein ni les résultats : « Aussi l'a-t-on toujours
» considéré comme édit bursal, et la seule utilité
» que l'on en tire ne consiste qu'à découvrir quel-
» quefois une fausseté, ou pour empêcher qu'elle
» ne se commette aisément (1). » Je prie de faire
attention à ces dernières expressions de Basnage :
comment cet écrivain ne voit-il pas qu'un *édit,
qui empêchait les faussetés de se commettre aisément,*
était précisément ce que demandaient tous les
jurisconsultes, et ce que cherchaient les meil-
leurs esprits politiques? Mais Basnage ne sera jamais pour ceux qui l'on lu attentivement qu'un
auteur fort médiocre, manquant non seulement
d'ordre et de clarté, mais encore d'un vrai savoir
et d'un discernement exact (2).

M. Daguesseau ne fut jamais partisan ni de l'é-
dit de 1673, ni de la publicité des hypothèques.
Son opinion est fondée sur les motifs d'une politique assez étroite, et sur des préjugés aujourd'hui
décriés. Il croyait que la publicité des hypothèques
tuait le crédit des particuliers, en permettant des
investigations curieuses dans le secret des familles,
en découvrant des plaies que le temps eût guéries,
et que le grand jour rendait incurables, en faisant

(1) Hyp., ch. 1.
(2) Cette absurdité de Basnage n'a pas empêché M. Bigot de
Préameneu de s'appuyer de son opinion pour prétendre que
l'édit de Colbert n'était que bursal (Conf., t. 7, p. 45).

disparaître pour toujours ces heureuses occasions qui permettent à l'un de rétablir son commerce par une opération habile, à l'autre de faire un mariage avantageux qui le met à même de payer les dettes de sa maison, etc.

Cependant d'autres jurisconsultes estimés appelaient de tous leurs vœux cette publicité dont nous sentons aujourd'hui les avantages, et luttaient contre les opinions de leur siècle. Tel fut d'Héricourt (1) : il désirait que les coutumes de nantissement fussent adoptées dans toute la France, et il sollicitait le rétablissement de l'édit de 1673.

563. L'édit de juin 1771 eut pour but de le faire revivre en partie : c'est ce que déclare le roi dans le préambule. « Nous nous sommes déterminé, » dit-il, à faire revivre un projet aussi utile, en lui » donnant une forme nouvelle, qui pût en rendre » l'exécution plus facile, plus assurée et d'un avan- » tage plus général. »

Cet édit fit disparaître les décrets volontaires, qui souvent absorbaient le prix des immeubles. (Préambule de l'édit.) Lorsqu'un acquéreur craignait de n'avoir pas ses sûretés, et voulait purger les hypothèques des biens par lui acquis, il stipulait ordinairement qu'il pourrait faire un décret volontaire, et qu'il ne serait tenu de payer le prix de l'acquisition qu'après que le décret aurait été scellé sans aucune opposition.

(1) Vente des Immeubles, chap. 11, sect. 3, n° 8; ch. 14, n° 7.

Pour parvenir à ce décret volontaire, on passait une obligation en brevet d'une somme exigible au profit d'un tiers qui en donnait à l'instant une contre-lettre : en vertu de cette obligation, celui qui en paraissait créancier faisait saisir réellement le bien dont il s'agissait, et en poursuivait la vente par décret. Les formalités de ce décret étaient les mêmes que celles du décret forcé; si ce n'est que quand le décret volontaire se poursuivait sur l'acquéreur, on devait marquer dans la procédure quel était le vendeur, afin que ses créanciers fussent avertis de former leur opposition (1).

Ces formalités *longues et de grand coût*, comme dit Loyseau (2), avaient été imaginées dans l'absence d'une bonne législation hypothécaire, pour veiller aux droits et à la tranquillité des acquéreurs, et pour que les vendeurs pussent recevoir le prix de leur bien.

L'édit de Louis XV substitua à la formalité des décrets volontaires, celle des lettres de ratification qui purgeaient les immeubles des hypothèques dont ils étaient grevés. L'acquéreur exposait publiquement son titre d'acquisition. Les créanciers du vendeur devaient se faire connaître, et former opposition aux lettres de ratification (art. 8 et 9). Ils pouvaient requérir la surenchère pour éviter les fraudes. Ils étaient payés sur le prix par ordre de leurs priviléges et hypothèques. S'il n'y avait pas d'opposition dans le délai fixé, les lettres de

(1) Répert., Décret d'immeubles.
(2) Act., Hyp., liv. 3, ch. 1, n° 9.

ratification étaient scellées purement et simplement, et l'immeuble purgé. On n'exceptait pas même de l'obligation de former des oppositions, les femmes, les mineurs et interdits, pour leur hypothèque légale (art. 17) (1).

Mais, comme le remarque M. Grenier (2), cet édit n'atteignait encore qu'une partie du but. Il laissait l'hypothèque occulte; les prêteurs ne se connaissaient pour la première fois qu'à l'ordre, et c'était seulement alors que plusieurs acquéraient la fâcheuse certitude qu'ils avaient été victimes d'une fausse sécurité, et qu'ils avaient prêté sans espoir d'être remboursés.

Aussi cet édit excita-t-il des réclamations générales dans les pays de nantissement, que l'article 35 avait voulu priver de l'usage des saisines et nantissemens pour acquérir hypothèque et préférence.

Dans ses remontrances, le parlement de Flandre disait : « Qu'il fallait considérer la publicité des » hypothèques comme le chef-d'œuvre de la sa-» gesse, comme le sceau, l'appui et la sûreté des » propriétés, comme un droit fondamental dont » l'usage avait produit dans tous les temps les plus » heureux effets, et avait établi autant de confiance » que de facilité dans les affaires que les peuples » belges traitent entre eux (3). »

Tel fut l'état des choses jusqu'à la révolution.

(1) *Infrà*, n° 892 et 996.
(2) Disc. prélim., p. 26, et M. Treilhard (Conf., t. 7, p. 59).
(3) Disc. de M. Treilhard, *loc. cit.*

564. Les formes du nantissement furent abrogées par les lois destructives de la féodalité; car
plusieurs de ces formes étaient empruntées au régime féodal. La loi du 27 septembre 1790 les rem-
plaça par la transcription des grosses des contrats
d'aliénation ou d'hypothèque. Cette transcription
se faisait au greffe des tribunaux.

La loi du 9 messidor an 3 fut la première qui
établit la publicité de l'hypothèque. Elle voulut
que tout titre conférant hypothèque fût inscrit
chez le conservateur.

L'hypothèque était acquise du jour du contrat
s'il y avait inscription dans le mois; passé ce délai,
l'hypothèque ne prenait plus rang que du jour de
son inscription. Cette idée de l'inscription est à peu
près la seule chose qui soit restée de cette loi, trop
empreinte dans ses autres parties de l'esprit d'une
faction qui voulait révolutionner la propriété. Par
exemple, on avait imginé de créer ce qu'on appelait du non bizarre d'*hypothèque sur soi-même*
(art. 36) (1). Le propriétaire faisait la déclaration
de ses biens au conservateur des hypothèques : l'estimation en était déterminée par une expertise faite
contradictoirement avec le conservateur, qui était
garant envers les tiers de leur valeur capitale. Le
conservateur délivrait au propriétaire des *cédules
hypothécaires* en autant de coupons qu'il désirait, et
jusqu'à concurrence des trois quarts du prix vénal
des biens déclarés, y compris le montant des hy-

(1) V. mon comm. *de la Vente*, t. 2, n° 906. Je donne de
nouveaux aperçus sur les inconvéniens de cette loi.

pothèques dont ils étaient déjà grevés. Ces cédules hypothécaires étaient transmissibles par voie d'*endossement à ordre;* elles formaient titre exécutoire contre le souscripteur au profit de celui à l'ordre duquel elles étaient passées. Ainsi le sol se trouvait mobilisé, mis en portefeuille, et livré, comme je l'ai dit dans mon commentaire *de la Vente,* à toutes les chances du jeu et de l'agiotage!!! Cette idée n'eut pas de faveur, et la loi du 9 messidor ne fut pas même mise à exécution. On voit combien les théories de ceux qui gouvernaient alors étaient en harmonie avec les opinions et les intérêts de la nation! Peut-être y a-t-il aujourd'hui quelque secte philosophique qui regrette ce système destructif de la propriété foncière (1). Tout ce que je puis en dire, c'est que je le trouve radicalement impraticable et profondément antipathique aux besoins que la sagesse du législateur doit spécialement protéger.

564 *bis.* La loi du 11 brumaire an 7 fut vraiment créatrice d'un bon système hypothécaire en France, et beaucoup d'excellens esprits pensent que le Code civil est loin de l'avoir dignement remplacée; elle fut établie sur trois principes fondamentaux : la spécialité de l'hypothèque, sa publicité par l'inscription, et la nécessité de la transcription pour la transmission de la propriété. Son système est au surplus encore trop près de nous, pour que j'ajoute quelque chose à ce que j'en ai dit dans la préface de cet ouvrage.

(1) M. Decourdemanche le propose dans son livre intitulé : *Du danger de prêter sur hypothèque,* p. 171.

565. C'est avec raison que le Code civil a voulu (1) que la publicité présidât aux transactions hypothécaires; le crédit des particuliers, comme celui des états, s'entretient par la confiance. Le crédit, a dit très-bien l'abbé Maury, est *l'usage de la puissance d'autrui*. Cet auxiliaire manquerait aujourd'hui à celui qui voudrait envelopper ses affaires de secrets et de ténèbres, et qui ne jouerait pas *cartes sur table*.

Mais le Code civil a-t-il complétement rempli les espérances des partisans de la publicité? J'ai examiné cette question dans la préface de cet ouvrage. On voudra bien y recourir.

566. L'inscription est, d'après notre article, l'instrument, le véhicule de la publicité; mais elle ne fait pas l'hypothèque, elle la met seulement en action. On peut appliquer ici les réflexions que j'ai faites ci-dessus sur l'inscription des priviléges (2).

L'effet de l'inscription est de déterminer le rang des hypothèques *entre créanciers*. Peu importe l'époque des contrats portant constitution d'hypothèque. L'hypothèque est inerte tant que l'inscription ne la fait pas connaître. Les créanciers ne doivent en tenir compte *entre eux* que suivant les dates de l'émission des inscriptions. Car elles seules

(1) Le système adopté par le Code civil éprouva des difficultés au conseil d'état. On peut voir, par les efforts que fait M. Treilhard pour défendre, dans son discours au corps législatif, *la spécialité* et *la publicité*, qu'il y avait encore beaucoup de préjugés en faveur de l'hypothèque générale et occulte.

(2) N° 266.

leur apprennent les charges qui pèsent sur le débiteur; sans cela ils n'auraient pas traité avec lui.

567. Puisque l'inscription n'est requise que pour assurer le rang des hypothèques *entre créanciers*, il suit qu'elle n'est pas requise à l'égard du débiteur. En effet, tout créancier porteur d'un titre authentique peut faire exproprier son débiteur (art. 2213 du Code civil); il n'est donc pas nécessaire d'être créancier hypothécaire inscrit pour forcer un débiteur à remplir ses engagemens sur ses immeubles.

Cependant, comme le fait remarquer M. Grenier (1), il est toujours prudent de s'inscrire. Car avant la dénonciation prescrite par l'art. 687 du Code de procédure civile, le débiteur peut vendre la chose dont on fait l'expropriation, et priver de son gage le poursuivant qui ne s'est pas attribué un droit de suite à l'égard des tiers (art. 692 Code de procédure civile) (2).

568. Mais on a demandé si les créanciers chirographaires peuvent opposer à un créancier hypothécaire le défaut de son inscription, lorsque, le cas de faillite venant à arriver, il n'est plus possible de prendre inscription.

On peut dire, pour la négative, qu'étant les ayant-cause du débiteur, ils ne peuvent être de meilleure condition que lui.

Que l'inscription, n'étant requise que pour assurer la préférence des hypothèques, ne paraît avoir été exigée par la loi que dans l'intérêt des

(1) T. 1, p. 138.
(2) Répert., Saisie immob., § 6, art. 1, n° 14.

créanciers hypothécaires, et non des créanciers chirographaires.

Que les créanciers chirographaires, par cela même qu'ils ont cette qualité, n'ont pas cherché à s'assurer un droit de suite sur les immeubles du débiteur, qu'ils ne peuvent être mis sur la même ligne que celui qui a pris la précaution de stipuler pour lui une hypothèque.

Mais ces raisons sont plus spécieuses que solides.

L'art. 2134 ne distingue pas. *Entre créanciers*, dit-il; ces termes sont généraux et ne comportent pas d'exception. Notre article doit être rapproché d'ailleurs de l'art. 2113 du Code civil, qui dit formellement que l'hypothèque ne date *à l'égard des tiers*, que de l'époque des inscriptions. Or, on doit comprendre dans la classe des tiers, non seulement les créanciers hypothécaires, mais encore les créanciers chirographaires. Car, quoique les uns et les autres tirent leurs droits du débiteur, ils ne tiennent pas leur rang de lui, et par conséquent ils sont tiers les uns à l'égard des autres pour s'opposer à ce que des préférences injustes soient établies en faveur de quelques uns au préjudice de tous. La loi a déterminé les causes de préférence. Ce sont le privilége et l'hypothèque. Mais l'hypothèque, pour sortir de son inertie, est soumise à des conditions. Elle doit être inscrite; sans cela, elle n'est qu'un corps privé des facultés qui le font mouvoir. Elle est réduite à un état purement passif, et la loi lui refuse le droit de produire une préférence.

En poussant plus loin les argumens, on voit par l'art. 2135 qu'il n'y a que certaines hypothèques privilégiées qui ont existence, *à l'égard des tiers*, indépendamment de toute inscription. Telles sont les hypothèques légales des femmes et des mineurs. Donc, toutes les autres hypothèques n'ont d'existence entre créanciers, à l'égard des tiers, qu'avec le concours de l'inscription. Donc, les créanciers chirographaires ont intérêt à repousser comme incomplète toute hypothèque dépourvue d'inscription.

Peu importe que les créanciers chirographaires n'aient pas cherché à s'assurer une préférence sur les biens de leur débiteur. Ce n'est pas une raison pour créer contre eux d'injustes préférences. C'est avec bien plus de raison qu'ils peuvent dire au créancier hypothécaire non inscrit, qu'ayant manqué aux obligations imposées par la loi, il ne doit pas réclamer son bénéfice.

Au surplus, ce dernier système a été consacré par différens arrêts(1), et personne ne le conteste aujourd'hui.

569. On a aussi agité la question de savoir si le créancier hypothécaire inscrit, qui a eu connaissance d'une hypothèque antérieure non inscrite, peut ensuite opposer le défaut d'inscription.

L'affirmative est incontestable, et a été jugée

---

(1) Pau, 25 juin 1816 (Dal., Hyp., p. 168). Cassat., 11 juin 1817 (Idem , p. 242). Répert., Inscript., p. 136. Q. de droit, v° Succession vacante, § 1, n₀ 2. Grenier, Hyp., t. 1, p. 123 et suiv, Dalloz, Hyp., p. 223, n₀ 2.

par un arrêt de la cour de Bruxelles du 6 juin
1809 (1).

En effet, la loi ayant exigé, par des motifs d'intérêt général, que l'hypothèque soit inscrite, toute
hypothèque non inscrite est réduite *ad non esse*,
à l'égard des tiers, soit qu'ils aient eu connaissance
de l'hypothèque, ou qu'ils l'aient ignorée. Une circonstance particulière, telle qu'une notion extra-
judiciaire, ne peut faire fléchir la volonté du législateur.

569 *bis*. L'article 2134 soumet à l'inscription
toutes les hypothèques, soit légales, judiciaires ou
conventionnelles.

On a vu ci-dessus que dans les coutumes de
nantissement les hypothèques judiciaires n'étaient
pas soumises au nantissement (n° 559). C'était un
vice radical, qui permettait d'éluder les dispositions de la loi protectrices de la publicité.

Éclairé par l'expérience, le législateur a évité
cet inconvénient, en soumettant à l'inscription
l'hypothèque judiciaire.

On verra dans l'article suivant quelles hypothèques légales sont dispensées de l'inscription.

570. L'inscription n'est pas abandonnée pour la
forme aux caprices des parties. Cette formalité était
trop importante pour que le législateur ne prît pas
le soin d'indiquer les solennités par lesquelles s'é-
tablit la publicité. On verra, quand j'analyserai
l'art. 2146, quelle est sur ce point la théorie du
Code civil.

(1) Sirey, 14, 2, 62. Dal., Hyp., p. 418, note 7.

ARTICLE 2135.

L'hypothèque existe, indépendamment de toute inscription,

1° Au profit des mineurs et interdits, sur les immeubles appartenant à leur tuteur, à raison de sa gestion, du jour de l'acceptation de la tutelle ;

2° Au profit des femmes, pour raison de leurs dot et conventions matrimoniales, sur les immeubles de leur mari, et à compter du jour du mariage.

La femme n'a hypothèque pour les sommes dotales qui proviennent de successions à elle échues, ou de donations à elle faites pendant le mariage, qu'à compter de l'ouverture des successions ou du jour que les donations ont eu leur effet ;

Elle n'a hypothèque, pour l'indemnité des dettes qu'elle a contractées avec son mari, et pour le remploi de ses propres aliénés, qu'à compter du jour de l'obligation ou de la vente.

Dans aucun cas, la disposition du présent article ne pourra préjudicier aux droits acquis à des tiers avant la publication du présent titre.

SOMMAIRE.

571. L'absence d'inscription pour les hypothèques des femmes, des mineurs et des interdits, ne peut leur être opposée.

Quand les hypothèques sont inscrites, elles ne prennent pas rang de l'inscription.

572. La dispense d'inscription pour l'hypothèque des *mineurs* subsiste, même après la fin de la tutelle. Cette hypothèque, ainsi que celle des interdits, remonte à l'acceptation de la tutelle.

573. L'art. 2135 a profité aux individus en état de minorité lors de sa promulgation, bien que la tutelle fût commencée sous la loi de l'an 7. Mais les créanciers qui s'étaient fait inscrire ont conservé leur priorité sur le mineur, pour qui l'art. 2135 a valu inscription. L'article 2135 n'a pas profité aux personnes dont la tutelle était finie lors de sa promulgation.

574. De l'hypothèque légale des femmes. Renvoi pour le détail des droits qui en sont investis.

575. Tous ces droits ont hypothèque légale sans inscription. Réfutation de l'opinion de M. Grenier, qui veut que les droits paraphernaux de la femme soient inscrits. Sens des mots *reprises* et *propres* dans leur plus large acception.

576. L'hypothèque légale des femmes demeure dispensée d'inscription, même après la dissolution du mariage.

577. Époque à laquelle remonte l'hypothèque de la femme. Le projet de Code civil proposait une époque unique. Le tribunat démontra que cela eût favorisé les fraudes. Adoption du système de plusieurs époques différentes, suivant les droits divers de la femme.

578. Époque de l'hypothèque pour *dot* et *conventions matrimoniales*.

579. Quand il y a contrat de mariage, l'hypothèque remonte au jour du contrat. Textes positifs en faveur de cette opinion.

580. Elle s'appuie d'ailleurs du principe qui veut que les conditions mixtes, comme la condition *si le mariage s'accomplit*, produisent un effet rétroactif.

581. M. Grenier, M. Persil et M. Dalloz pensent cependant que l'hypothèque pour dot ne prend date que du jour

du mariage. Réfutation de cette doctrine par les lois
romaines.

582. Et par l'opinion de Domat, de Lamoignon, de Basnage
et de plusieurs arrêts.

583. Lebrun, tout en reconnaissant que la rétrogradation devait avoir lieu au jour du contrat, proposait de ne l'admettre qu'autant qu'il se serait écoulé peu de temps
entre le contrat et les noces. Mais cette limitation était
repoussée par la jurisprudence des arrêts. D'ailleurs,
il ne fallait pas permettre que le mari se dépouillât du
gage dû à sa femme dans l'intervalle qui s'écoule entre
le contrat et les noces.

584. Argumens tirés de différens textes du Code, et particulièrement de l'art. 1404. Conclusion.

584 bis. C'est au jour du contrat que remonte l'hypothèque
pour *dot* et *conventions matrimoniales*, quand même il
y aurait des termes stipulés pour le paiement.

585. Étendue des mots *dot* et *conventions matrimoniales*.
Tout ce qui est dotal n'est pas hypothèque du jour du
contrat de mariage. Les biens à venir sont dotaux
quand cela a été convenu ; mais ils n'ont hypothèque
que du jour où ils font échéance à la femme. Exemple
tiré des donations et successions échues à la femme.

586. Quand une donation produit-elle son effet ?

587. Détails d'autres droits éventuels qui peuvent échoir à
la femme. Par exemple, sommes provenant de l'exercice d'une action en rescision, ou d'un réméré exercé
par le vendeur quand l'immeuble grevé du pacte de
rachat était dotal, ou d'un rachat de rente quand la
rente rachetée était dotale. Date de l'hypothèque de
ces différens droits.

588. De l'hypothèque de la femme pour *indemnité des dettes*.
Origine de cette hypothèque. Inconvéniens de l'ancienne jurisprudence, qui la faisait rétrograder au jour
du contrat. Pour éviter les fraudes, le Code civil a
voulu qu'elle ne prît date que du jour de l'obligation.

588 bis. La femme ne peut pas stipuler dans son contrat de

Réfutation d'un arrêt d'Aix, qui a décidé que l'art. 2135 ne concernait pas les femmes séparées de biens en pays de droit écrit lors de sa promulgation.

COMMENTAIRE.

571. L'hypothèque légale des mineurs, interdits et femmes mariées, existe à l'égard des tiers, indépendamment de toute espèce d'inscription. Ce n'est pas que la loi exempte tout-à-fait ce genre d'hypothèque de l'inscription. Nous verrons dans les articles suivans qu'elle charge les tuteurs, les subrogés-tuteurs, les maris, etc., de veiller sous des peines sévères à l'inscription. Mais le défaut d'inscription ne porte pas préjudice aux mineurs, aux interdits et aux femmes. Leur hypothèque n'en subsiste pas moins dans toute sa plénitude.

De plus, dans le cas où ces hypothèques sont inscrites, ce n'est pas du jour de leur inscription qu'elles prennent leur date. On verra tout à l'heure à quel moment commence leur naissance (1).

572. L'hypothèque des mineurs et interdits frappe sur les biens des tuteurs pour tous les actes *de gestion*. On a vu ci-dessus l'étendue de ce droit

_____

(1) J'ai discuté, dans la préface de ce commentaire, la grande question de l'hypothèque occulte de la femme et des mineurs. Ce n'est que depuis l'impression de cette partie de mon travail que j'ai eu connaissance d'un article de M. Wolowski, avocat à Paris, qui en critique les bases principales (*Revue de législation et de jurisprudence*, t. 1, p. 276). Quelle que soit l'opinion qu'on se forme des innovations proposées par ce jurisconsulte, innovations auxquelles, je dois l'avouer, résistent mes convictions, on n'en lira pas moins avec le plus grand intérêt sa dissertation.

d'hypothèque, et quelles personnes y sont soumises (1).

Cette hypothèque date du jour de l'*acceptation
de la tutelle*. J'en ait dit les raisons ci-dessus (2).

Elle subsiste, avec le privilége d'exemption d'inscription, même après la fin de la tutelle, comme
l'a très-bien prouvé M. Tarrible (3); et c'est ce qu'a
décidé un avis du conseil d'état du 8 mai 1812 (4).
Cependant M. Grenier critique cet acte législatif,
et pense qu'on devrait fixer au mineur devenu
majeur un délai pour faire inscrire sa créance
sur les biens de son tuteur.

D'après ces expressions « *du jour de l'acceptation
de la tutelle* » il faut décider que l'hypothèque pour
prix d'aliénation de biens du mineur, date, non pas
du jour de la vente, mais de l'époque indiquée
par notre article. C'est ainsi qu'a jugé la cour de
Toulouse (5), par arrêt du 18 décembre 1826.

573. D'après la loi de brumaire an 7, l'hypothèque légale des mineurs devait être inscrite (6).

Le Code, en rétablissant cette hypothèque sans
inscription, a donné lieu à une question transi-
toire que je ne dois pas omettre.

(1) *Suprà*, 420 et suiv.

(2) Nº 428.

(3) Répert., Inscript., p. 195.

(4) Dal., Hyp., p. 135. Voyez dans la préface du présent
commentaire les dispositions du Code napolitain, p. xj.

(5) Dal., 1827, 2, 174.

(6) C'est ce qui a été proposé à Genève, dans le rapport de
M. Girod (Thémis, t. 9, p. 2 et suiv.). Voyez notre préface,
p. xxij.

C'est de savoir si la dispense d'inscription devait s'appliquer seulement aux individus en état de minorité à l'époque de la promulgation du Code, ou bien si les mineurs, devenus majeurs à l'époque de cette promulgation, étaient également affranchis de l'obligation de prendre inscription pour la gestion tutélaire exercée sous l'influence de la loi de l'an 7.

Par un arrêt du 14 février 1826, la cour de cassation a décidé que l'innovation résultant du Code civil ne devait profiter qu'aux individus mineurs à sa promulgation; mais qu'à l'égard des tutelles terminées sous l'empire de la loi de l'an 7, le mineur devenu majeur devait nécessairement prendre inscription pour la conservation de ses droits : sans quoi, c'eût été donner à l'art. 2135 du Code civil un effet rétroactif qu'il déclare par sa disposition finale ne pas entrer dans son esprit (1).

Une décision conforme est émanée de la cour de Bruxelles, et M. Dalloz cite plusieurs autres arrêts semblables, sans en donner le texte (2).

Mais si la minorité n'était pas terminée sous l'empire de la loi de l'an 7, et si le Code civil eût trouvé le tuteur encore en exercice, ses dispositions eussent profité au pupille. C'est ce qu'a jugé la cour de Turin par arrêt du 25 janvier 1811 (3).

Remarquez toutefois que ceux qui seraient inscrits avant le mineur sous la loi de brumaire an 7,

(1) Dalloz, Mariage, p. 190.
(2) Hyp., p. 162, n°s 2 et 3.
(3) Dal., Hyp., p. 161 et 162.

ne pourraient être primés par lui, même depuis qu'il profiterait du bénéfice de notre article. En effet, l'art. 2135 a valu inscription pour les mineurs et a fait remonter leurs droits à l'acceptation de la tutelle; mais c'est sans préjudice des droits acquis aux tiers (1).

574. Je passe à l'hypothèque légale des femmes mariées.

J'ai fait connaître ci-dessus (2) quels sont les droits des femmes qui sont garantis par l'hypothèque légale. Ce sont tous les droits *et toutes les créances* de la femme, telles que dot, reprises, remploi, indemnité de dettes, gains nuptiaux, biens paraphernaux, etc.

575. Mais l'hypothèque légale créée pour tous ces objets, est-elle dans tous les cas affranchie de l'inscription ?

M. Grenier s'est fait le défenseur zélé de l'opinion qui veut que l'hypothèque légale des femmes ne soit affranchie d'inscription que pour les sommes et biens dotaux, mais qu'elle soit nécessairement inscrite pour ce qui concerne les paraphernaux. Il a fait sur cette thèse une longue dissertation (3). Combattu par M. le professeur Demante dans un article de la Thémis (4), il a répondu avec force dans le même recueil (5).

Il est cependant extraordinaire que M. Grenier

(1) *Infrà*, n° 638, plusieurs questions analogues.
(2) N° 418.
(3) T. 1, n° 227.
(4) T. 6, p. 20.
(5) T. 6, p. 362.

se montre si fermement attaché à cette opinion inadmissible. Il reconnaît lui-même que l'hypothèque légale protége *toutes les créances* quelconques de la femme (1). Mais cette concession ne décide-t-elle pas à elle seule la question? Car c'est le propre de l'hypothèque légale de la femme d'être dispensée d'inscription. Sans quoi, il faudrait admettre que la loi aurait créé pour la femme deux sortes d'hypothèques légales, l'une affranchie d'inscription, l'autre soumise à cette formalité, et c'est ce que le législateur n'a dit nulle part.

Cependant M. Grenier prétend trouver cette distinction dans l'art. 2135.

Cet article, dit-il, limite l'exemption d'inscription aux hypothèques légales pour dot et conventions matrimoniales; en effet, il ne parle pas des paraphernaux, et assurément la mention *de la dot*, *des sommes* dotales, l'aurait averti qu'il fallait aussi s'expliquer sur les sommes et biens extradotaux, s'il n'avait pas voulu les exclure.

Or, qu'entend-on par dot? Sous le régime dotal, on entend tout ce qui est constitué par la femme au mari pour soutenir les charges du mariage. C'est tout ce qu'elle apporte dans l'association conjugale en vertu du contrat de mariage. Le reste est extradotal.

Sous le régime de la communauté, la dot a plus d'étendue. Elle comprend la totalité des biens que la femme possède, ou acquiert pendant le mariage. Sous ce régime, il n'y a à proprement parler que

(1) *Suprà*, n° 418.

des biens dotaux, du moins par l'effet, s'ils ne le sont pas par la dénomination. Car on voit dans l'art. 1530 que, dans le cas même où les époux se marient sans communauté, cette clause ne donne pas à la femme le droit d'administrer ses biens ni d'en percevoir les fruits; ces fruits sont censés apportés au mari pour soutenir les charges du mariage. Or, tel est aussi le droit que la loi donne au mari sur les biens expressément constitués; c'est celui de jouir de ces biens pour supporter les charges du mariage. Ainsi, continue M. Grenier (1), on doit tenir pour dotales, sous le régime de la communauté, toutes les sommes appartenant à la femme, qui ont passé par les mains du mari, quelle que soit leur source.

Maintenant qu'entend-on, poursuit notre auteur, par conventions matrimoniales? Ce sont les gains et avantages matrimoniaux faits à la femme pour cas de survie. Ces expressions n'ont pas d'autre étendue.

Ceci posé, il faut dire que l'hypothèque légale sans inscription n'a lieu que 1° pour la dot, c'est-à-dire pour les biens présens et à venir que la femme mariée sous le régime dotal a pu se constituer en dot; 2° pour les sommes qui sous le régime de la communauté ont passé dans les mains du mari, quelle que soit leur origine, par exemple pour reprises, indemnité de dettes, sommes provenant de successions échues, etc.; 3° pour les gains nuptiaux et autres avantages résultant du contrat de mariage.

(1) D'après M. Tarrible, Rép., Inscript.

Donc, conclut M. Grenier, les biens extradotaux se trouvent exclus. Donc l'hypothèque pour cet objet est soumise à l'inscription.

Mais cette argumentation de M. Grenier s'écroule devant les art. 2140, 2144, 2193 et 2195, qui portent que les acquéreurs des immeubles du mari ne purgent les hypothèques *non inscrites* pour *dot, reprises et conventions matrimoniales*, qu'en observant les formalités qu'ils prescrivent.

Or, les sommes extradotales, les biens paraphernaux, forment *une reprise* de la femme contre son mari; il suit de là que leur hypothèque n'a pas besoin d'inscription, aux termes des articles précités.

Cependant M. Grenier repousse cette explication, en disant que l'expression *reprise*, dont se sert le législateur, ne s'applique qu'au régime de la communauté, pour le remploi des propres aliénés et l'indemnité des dettes.

Mais cette interprétation n'est pas exacte. Le mot *reprise*, dans son acception générale, doit s'appliquer à tout ce que la femme a le droit de réclamer du mari, à toutes les répétitions de choses dotales ou extradotales qu'elle peut faire sous l'un et l'autre régime.

Et Chabrol atteste que dans l'Auvergne, où les maris s'emparaient despotiquement de l'administration et des fruits des biens paraphernaux, on se servait du mot *reprises* dans tous les actes de liquidation des droits des femmes mariées. L'article 548 du Code de commerce emploie le mot *reprise* en ce sens.

Il y a plus : les mots *propres aliénés*, dont se sert l'art. 2155, sont encore décisifs pour condamner l'opinion de M. Grenier. Un bien paraphernal est sans aucun doute un *bien propre*. Qu'on ne dise pas que le mot *propre* ne s'emploie que dans le régime de la communauté; car le législateur s'en sert dans l'article 1546 relatif au régime dotal et à la constitution de la dot. Il est donc clair que la femme qui posséderait des immeubles paraphernaux dont son mari aurait fait l'aliénation, serait protégée par le bénéfice de cette disposition de notre article.

Dès-lors, il est palpable que la responsabilité du mari, si explicitement accompagnée d'hypothèque sans inscription, pour le cas d'aliénation d'un paraphernal, doit rester le même dans tous les autres cas où le mari a des comptes à rendre à sa femme pour le maniement de ses paraphernaux.

D'ailleurs les mêmes empêchemens moraux qui ont fait dispenser les femmes de l'inscription de l'hypothèque pour leurs dots, existent pour l'hypothèque légale des sommes paraphernales dont leurs maris ont touché le montant. Le mari, par son influence, pourrait priver la femme du droit de s'inscrire, et celle-ci se verrait réduite à une condition pire que celle d'un créancier ordinaire, qui, dit M. Tarrible (1), a pu prendre toutes ses sûretés.

C'est ce dernier système que la cour de cassation a adopté par un arrêt du 6 juin 1826, portant cassation d'un arrêt de la cour de Riom du 4 mars

(1) Inscript., § 2, n° 9.

1822, rendu sous la présidence de M. Grenier et rédigé par ce magistrat (1). Déjà la cour suprême avait jeté les fondemens de sa jurisprudence par un arrêt du 21 juin 1822 (2). Mais son arrêt de 1826 est plus remarquable, puisque c'est M. Grenier lui-même qu'il condamne, et que l'arrêt annulé contenait sur la question une théorie developpée avec beaucoup de soin et de force. On cite, dans le système que la cour de cassation a fait prévaloir plusieurs arrêts (3). Néanmoins, il en existe d'autres en sens contraire (4). Il est étonnant qu'il y ait diversité d'opinions sur une question si positivement décidée par la loi.

576. L'hypothèque légale de la femme demeure dispensée d'inscription, même après la dissolution du mariage. C'est ce que M. Tarrible a fort clairement établi (5), et c'est ce qui résulte de l'avis du conseil d'état du 8 mai 1812 (6).

(1) Dalloz, 26, 1, 294.
(2) Dalloz, Hyp., p. 139.
(3) Riom, 20 février 1819 (Sirey, 20, 2, 275). Lyon, 16 août 1823 (Den., 24, 2, 47). Pau, 15 janvier, 1823. M. Dalloz cite ces arrêts sans en donner le texte. Autre arrêt portant cassation, du 28 juillet 1828 (Dal., 28, 1, 353). Toulouse, 14 février 1829 (Dal., 29, 2, 150), et 7 avril 1829 (Dal., 29, 2, 151). Bordeaux, 20 juin 1835 (Dalloz, 36, 2, 48).
(4) Montpellier, 22 décembre 1822. Dalloz, Hyp., p. 140, et autres cités par le même. Mais la cour de Toulouse, qui avait rendu deux arrêts contre la femme, a abandonné sa jurisprudence, ainsi qu'on l'a vu à la note précédente.
(5) Répert., Inscript., p. 195.
(6) Dal., Hyp., p. 135. C'est ainsi que la jurisprudence con-

Il suit de là que le changement d'état de la femme n'apporte aucun changement aux prérogatives attachées à ses droits , et que ses héritiers peuvent exercer les actions résultant de son hypothèque légale, telle qu'ils la trouvent, c'est-à-dire sans inscription. On a pensé qu'il eût été injuste que l'effet de l'hypothèque légale se fût précisément évanoui à la dissolution du mariage, c'est-à-dire à l'époque où le moment est venu d'en retirer les avantages (1).

Néanmoins M. Grenier trouve qu'il y a un vice dans cet état de choses, et il fait des vœux pour que le législateur y apporte des changemens (2). Il voudrait qu'on fixât à la femme un délai, après la dissolution du mariage, pour qu'elle fasse inscrire sa créance sur les biens de son mari (3).

577. Venons à la fixation de l'époque à laquelle remonte l'hypothèque légale de la femme.

firme : Voir arrêt de Bordeaux du 24 juin 1836 (Dalloz, 37, 2, 109. Sirey, 37, 2, 38, et les arrêts qui y sont rapportés).

(1) Turin, 10 juin 1812. Sirey, 12, 2, 448.

(2) T. 1, p. 524, n° 245. J'ai rapporté dans la préface les dispositions du Code napolitain sur ce point.

(3) Mais le mari qui, comme donataire en usufruit de son épouse et après délivrance obtenue des héritiers de cette dernière, conserve la jouissance de biens et sommes faisant partie de sa dot, n'est pas soumis à l'hypothèque légale au profit des héritiers pour la restitution de ces biens. La novation dans le titre en vertu duquel il possède a éteint l'hypothèque légale préexistante. Paris, 15 janvier 1836 (Sirey, 36, 2, 158. Dal., 36, 2, 69). Cass, 3 déc. 1834 (Sirey, 35, 1, 51. Dal., 35, 1, 58). Cass., 15 nov. 1837 (Sirey, 38, 1, 123).

Le Code n'a pas assigné à cet égard une époque unique. Des temps divers sont indiqués.

Le projet du conseil d'état fut d'abord de fixer à une seule date le rang de l'hypothèque de la femme pour toutes les répétitions qu'elle aurait à exercer contre son mari.

Mais le tribunat fit sur ce projet les observations suivantes :

« Les sommes dotales ne doivent avoir d'hypo- » thèque légale, lorsqu'elles proviennent des suc- » cessions, que du jour de l'ouverture de ces suc- » cessions. Car c'est seulement alors qu'il y a, de » la part du mari, une administration qui seule » peut faire le fondement de l'hypothèque : ce » qu'on vient de dire des successions s'applique » aux donations. D'un autre côté, si la femme » s'oblige conjointement avec son mari, ou si de » son consentement, elle a aliéné ses immeubles, » elle ne doit avoir hypothèque sur les biens du » mari, pour son indemnité, dans ces deux cas, » qu'à compter de l'obligation et de la vente. Il » n'est pas juste qu'il y ait une hypothèque avant » l'existence de l'acte qui forme l'origine de la » créance, et il est odieux que la femme, en s'obli- » geant et en vendant postérieurement, puisse » primer des créanciers ou des acquéreurs qui ont » contracté auparavant avec le mari. C'était là une » source de fraude qu'il est enfin temps de faire » disparaître. »

Conformément à ces observations, le projet fut

modifié, et il produisit l'article 2135 tel que nous le voyons aujourd'hui (1).

On conçoit en effet à combien de tromperies pourrait conduire le système de la rétroactivité de l'hypothèque. « Un mari serait donc le maître, » dit M. Treilhard (2), de dépouiller ses créanciers » légitimes en s'obligeant envers des prête-noms, » et en faisant paraître sa femme dans ses obliga- » tions frauduleuses, pour lui donner hypothèque » du jour de son mariage. Il conserverait ainsi, » sous le nom de sa femme, des propriétés qui ne » devaient plus être les siennes. »

Maintenant nous allons parler séparément de ces diverses causes d'hypothèque légale.

578. L'hypothèque des femmes pour raison de leurs dot et conventions matrimoniales, remonte *au jour du mariage*, dit notre article.

Deux choses sont ici à examiner :

1° Est-ce du jour du mariage, ou bien du jour du contrat de mariage qu'il faut donner rang à l'hypothèque légale?

2° Que comprend la loi dans ces expressions *dot et conventions matrimoniales?*

579. En s'en tenant au texte grammatical de notre article, il semblerait que l'hypothèque ne doit partir que du jour de la célébration du mariage.

Mais cela n'est pas exactement vrai dans tous les cas.

(1) Répert., Inscript., p. 201. Fenet, t. 15, p. 414.
(2) Discours, t. 7, p. 78, 79. Fenet, t. 15, p. 471.

En effet, lorsqu'il y a un contrat de mariage antérieur au mariage, il faut dire que l'hypothèque remonte à la date de ce contrat. Car on lit dans l'art. 2194 que l'inscription faite au profit de la femme pendant l'affiche du contrat d'aliénation de l'immeuble affecté à l'hypothèque légale, a le même effet que si elle avait été prise *le jour du contrat de mariage.*

L'art. 2195 répète la même énonciation. « Si les » inscriptions du chef des femmes, mineurs ou » interdits, sont les plus anciennes, l'acquéreur ne » pourra faire aucun paiement du prix au préju- » dice desdites inscriptions, qui auront toujours, » ainsi qu'il a été dit ci-dessus, *la date du contrat* » *de mariage*, ou de l'entrée en gestion du tuteur. »

La conséquence à tirer de ces articles se présente à tous les yeux.

Mais s'il n'y a pas de contrat de mariage, l'hypothèque n'aura d'effet que du jour du mariage, parce que, dans ce cas, c'est la loi qui stipule pour les parties du moment où le mariage se contracte.

Si notre article n'a pas énoncé cette distinction, il ne faut pas en conclure qu'elle est chimérique. Elle résulte forcément de la combinaison des art. 2194 et 2195 avec l'art. 2135. Ce dernier article, en portant l'hypothèque à la date du mariage, a parlé *ex eo quod frequentiùs fit.* Car c'est le plus souvent la veille même du mariage, que se règle le contrat. Mais il n'en est pas moins vrai que si le contrat est séparé par un plus grand intervalle de la célébration du mariage, c'est à la date seule

de ce contrat qu'il faut reporter l'hypothèque.
Sans quoi, il faudrait dire que le législateur se
serait contredit, ou se serait trompé dans les art.
2194 et 2195.

580. Les principes parlent d'ailleurs hautement
en faveur de cette distinction.

Si la loi, par une fiction favorable, n'eût créé
elle-même l'hypothèque légale, et qu'elle eût
chargé les parties du soin de la stipuler, c'est
bien certainement dans le contrat de mariage que
les conventions à ce relatives auraient trouvé leur
place. La fiction doit donc produire les mêmes
résultats que la réalité. « Lex in omnibus tacitis
» hypothecis fingit pactionem et conventionem
» partium contrahentium, quamvis expressa non
» fuerit, et est perindè ac si in veritate hypotheca
» illa fuisset constituta per conventionem par-
» tium (1). »

A la vérité, le contrat de mariage est toujours
soumis à une condition suspensive, *si nuptiæ súb-
secutæ fuerint*. Mais cette condition est mixte, et
son accomplissement produit un effet rétroactif
au jour du contrat, d'après les principes que j'ai
exposés ci-dessus (2).

581. Malgré toutes ces raisons, M. Grenier (3)
pense néanmoins que notre distinction ne doit pas
avoir lieu, et qu'il faut décider que l'hypothèque
légale n'a jamais d'effet que du jour du mariage.

(1) Neg., 1, memb. 4, n° 11. *Suprà*, n° 416.
(2) N° 475.
(3) Auquel il faut joindre M. Persil, 2135, § 2, n° 2, et
M. Dalloz, Hyp., p. 133, n° 2.

Mais cette opinion est aussi contraire au texte des articles du Code civil, que j'ai cités, qu'à l'ancienne jurisprudence.

D'après le droit romain, l'hypothèque datait du jour de la convention. Papinien expose ce principe dans la loi 1, D. *Qui potior in pignore* « Qui » dotem pro muliere promisit, pignus sive hypo- » thecam de restituendâ sibi dote accepit. Sub- » secutâ deindè pro parte numeratione, maritus » eamdem rem pignori alii dedit : mox residuæ » quantitatis numeratio impleta est. Quærebatur » de pignore? Cùm ex causâ promissionis ad uni- » versæ quantitatis exsolutionem, qui dotem pro- » misit, compellitur, non utique solutionum ob- » servanda sunt tempora, *sed dies contractæ obli-* » *gationis.* Nec potest dici, in potestate ejus esse » ne pecuniam residuam redderet, ut minùs do- » tata mulier esse videatur (1). » J'ai donné ci-des- sus (2) le commentaire de cette loi, d'après Voët et Doneau.

Dira-t-on que, dans l'espèce de cette loi, il y avait une hypothèque expresse stipulée par la convention? J'en conviens. Mais qu'importe? la loi, en donnant une hypothèque tacite , ne fait-elle pas l'office des parties ?

582. En France, Domat enseignait que l'hypo- thèque légale de la femme remonte au contrat de mariage (3) ; et c'était aussi l'opinion de Lamoi-

___

(1) Pothier, Pand., t. 1, p. 569, n₀ 2.
(2) Nº 474.
(3) Liv. 3, t. 1. sect. 1, nº 3.

gnon (1), de Basnage (2) et de plusieurs autres.

On voit par différens arrêts cités par ce dernier auteur, qu'il a été jugé que les stipulations relatives au douaire préfix ou, autrement dit, conventionnel, avaient hypothèque, non du jour de la célébration du mariage, mais du jour du contrat. Cependant il était dit, dans la plupart des coutumes, que la femme *ne gagnait son douaire qu'au coucher*. Mais, par la jurisprudence, on n'appliquait cette maxime qu'au douaire coutumier, c'est-à-dire à celui que la coutume accordait sans convention. Mais lorsque les parties voulaient faire des conventions spéciales sur le douaire l'hypothèque de la femme datait du jour du contrat (3).

583. Lebrun convient du principe. Il avoue, d'après Mornac, sur la loi 1, D. *Qui potior*, qu'on donne ordinairement un effet rétroactif au contrat de mariage, lorsqu'il y a des obligations intermédiaires entre le contrat et la célébration (4). Ce n'est pas qu'il ne tombe dans une erreur qui me semble manifeste, en donnant la raison de cette rétroactivité. Car il soutient qu'en droit strict, on ne devrait pas donner au mariage, au préjudice des tiers, un effet rétroactif au jour du contrat, par la raison que la condition, *si le mariage s'accomplit*, est pure potestative à l'égard du mari (5);

(1) T. 2, p. 132.
(2) Ch. 12.
(3) Arrêts du parlem. de Rouen des 14 août 1645, et 20 juin 1653.
(4) Snccess., liv. 2, ch. 5, sect. 1, dist. 1, n° 24.
(5) N°: 27 et 28.

et il ajoute que c'est par une exception introduite en faveur des conventions matrimoniales, qu'on leur a donné cet effet rétroactif. Or, ceci me paraît inexact, attendu que la condition *si le mariage s'accomplit* est mixte, et dépend non seulement de celui à qui elle est imposée, mais encore de la volonté de la future épouse. Mais toujours est-il certain que Lebrun reconnaît que les conventions matrimoniales relatives au douaire ont hypothèque du jour du contrat. Seulement il modifie cette règle en voulant que cette hypothèque n'ait lieu, à cette date, qu'autant qu'entre le contrat et la célébration nuptiale il ne se serait pas écoulé un temps considérable (1); et il s'autorise du sentiment de Neguzantius (2).

Lebrun se fonde sur ce que, si le mariage était éloigné du jour du contrat, les tiers pourraient ignorer que celui avec qui ils veulent contracter est sur le point de s'engager par mariage, et qu'induits en erreur, ils se verraient exposés à des évictions, ou à être primés dans leurs hypothèques par une femme qui n'aurait reçu le titre d'épouse que postérieurement.

Mais Basnage, plus moderne que Lebrun, nous apprend que cette limitation était surannée, et qu'elle était tombée en désuétude.

« Il est vrai, dit-il, qu'autrefois on faisait cett
» distinction, *an longo tempore post conscriptas ta-*
» *bulas subsecuta sit solemnitas matrimonii et concu-*

(1) N⁰ˢ 23 et 27.
(2) Part. 2, memb. 4, n⁰ 79.

» *bitûs*, et que, quand il y avait un intervalle con-
» sidérable, le douaire n'avait hypothèque que du
» jour de la célébration : et il fut jugé de la sorte
» en la chambre de l'édit, le 2 juin 1606, pour le
» sieur Gilain, contre la demoiselle de Fréville,
» parce qu'il y avait sept mois d'intervalle entre le
» contrat et la célébration du mariage.

» Mais depuis on a tenu indistinctement que
» l'hypothèque du douaire est acquise du jour que
» le contrat de mariage a été reconnu (1). Cette
» question fut décidée en la chambre des enquêtes,
» au rapport de M. Vignerol, le 14 août 1645. »

En effet (et cette raison répond aux inconvéniens
dont parle Lebrun), il est sensible que, si l'hypothèque ne datait que du jour de la célébration
du mariage, le mari pourrait le lendemain du
contrat vendre ou hypothéquer tous ses immeubles, et priver la femme des sûretés de sa dot et
de ses conventions matrimoniales.

584. D'après tout ce qui vient d'être dit des
principes de l'ancienne jurisprudence sur la matière, il faudrait une disposition bien précise de
la loi nouvelle, pour admettre qu'elle a voulu y
déroger. Mais comment se ranger à cette idée,
puisque, dans deux articles précis, le Code civil
parle de l'effet rétroactif de l'hypothèque légale
de la femme *au jour du contrat de mariage?*

L'art. 1404 du Code civil vient me fournir un

(1) C'est à cela que revient l'opinion de M. de Lamoignon,
cité ci-dessus : « L'hypothèque est acquise à la femme du jour
» du contrat de mariage, ou *de la reconnaissance* des articles
» faits devant notaires. »

nouvel argument en faveur de la doctrine, que l'hypothèque légale de la femme date du contrat.

En effet, cet article répute *acquêts de communauté* les immeubles que le mari achète dans l'intervalle qui s'écoule entre le contrat de mariage et la célébration. Donc, la communauté est légalement existante dès ce moment aux yeux de la loi. Dès-lors, comment serait-il possible d'admettre que le mari pût créer des hypothèques nuisibles à la femme? Si le contrat qui règle l'association des époux produit un effet en ce qui concerne les biens acquis par le mari pendant le temps intermédiaire, pourquoi n'en produirait-il pas à l'égard de l'hypothèque qui est l'accessoire de ce contrat?

Il me semble donc évident que l'opinion de M. Grenier doit être rejetée. Le sentiment contraire, professé par M. Tarrible (1), étant fondé sur les doctrines anciennes et sur le texte de la loi, mérite une préférence incontestable.

Au reste, la question est grave. De sa solution peut dépendre le sort de tous les créanciers qui ont traité avec le mari dans le temps qui s'est écoulé entre le contrat et la célébration du mariage; elle méritait un examen particulier. Je ne connais qu'un arrêt qui la décide depuis le Code. Il a été rendu par la cour royale de Nîmes, le 26 février 1834 (2), dans un sens contraire à mon

(1) Inscript., p. 201, n° 8. *Junge* M. Wolowski, *Revue de législation et de jurisprudence*, t. 1, p. 278.
(2) Dal., 34, 2, 101.

opinion. Mais comment la cour royale de Nîmes a-t-elle répondu à l'argument victorieux que donnent les art. 2194 et 2195 du Code? En disant qu'ils ne sont pas parfaitement clairs, et que les mots *contrats de mariage* dont ils se servent s'appliquent aussi bien *dans le langage de la loi et de la jurisprudence* au contrat passé devant l'officier de l'état civil, qu'à celui qui est passé devant le notaire pour régler l'association des biens!!! Or, j'avoue que cette explication me paraît peu convaincante, et je crains que la cour de Nîmes n'ait beaucoup hasardé quand elle a donné aux expressions dont il s'agit un sens si opposé au langage du Code. Je sais bien que Pothier disait (car il ne faut rien dissimuler) : « Le terme de contrat de » mariage est équivoque; il est pris dans ce traité » pour le mariage même ; ailleurs il est pris, dans » un autre sens, pour *l'acte* qui contient les con- » ventions particulières que font entre elles les » personnes qui contractent mariage (1) » Mais Pothier s'éloignait ici de la signification habituelle des mots; il leur donnait un sens inusité (2). D'ailleurs Pothier n'est pas le Code civil, et je ne crois pas me tromper en disant que les expressions *contrat de mariage* ne se trouvent pas une seule fois dans le Code avec l'acception que Pothier leur attribue. En effet, les articles 63 et suiv. ne cessent de qualifier *d'acte de mariage* la célébration de l'union entre les époux, tandis que les art. 1387

(1) *Contrat de mariage*, n₀ 2.
(2) V. Merlin, Répert., v° *Contrat de mariage*.

et suiv. réservent exclusivement le nom de *contrat de mariage* pour l'acte qui règle les stipulations relatives aux intérêts pécuniaires des époux. N'oublions pas ensuite que les rédacteurs du Code civil n'ignoraient pas les opinions de Domat, Basnage, Lamoignon ; et je demande si la doctrine de ces auteurs, reproduite dans les art. 2194 et 2195, n'est pas incompatible avec la subtilité grammaticale imaginée par la cour de Nîmes. Il est certain que le système de l'ancienne jurisprudence s'est fait jour dans le Code par cette issue, peut-être un peu tardive; mais enfin il y est : il a trouvé place dans la pensée du législateur. Dès-lors ne fait-on pas violence à la loi en le considérant comme non avenu ?

La cour royale n'a pas aperçu l'argument fourni par l'art. 1404; du moins elle ne s'occupe pas d'y répondre. Elle prétend seulement que le sentiment auquel je me rallie *fait supposer légèrement que le législateur est tombé en contradiction avec lui-même.* Mais c'est une méprise. Il me semble, au contraire, que c'est la cour de Nîmes qui lui prête une antinomie, tandis que mon système concilie de la manière la plus simple les art. 2194 et 2195 avec l'art. 2135, en donnant à chacun d'eux la prévision d'un cas différent.

584 *bis.* Je termine sur notre première difficulté par une observation importante.

C'est toujours la date du contrat du mariage qu'il faut considérer, quand même il y aurait des termes stipulés pour les paiemens de la dot. L'hypothèque ne peut prendre rang seulement du jour du paiement. C'est du jour de l'obligation , d'après les principes résultant de la loi 1. Dig. *qui potior.*, et enseignés par tous les auteurs (1).

585. Passons à notre seconde question.

Que comprennent ces expressions *dot et conventions matrimoniales ?*

Les conventions matrimaniales sont celles qui sont contenues dans le contrat de mariage et par lesquelles le mari assigne à sa femme un douaire, des gains de survie , lui fait, en un mot, une donation par contrat de mariage. Toutes ces choses ont hypothèque du jour du contrat.

On a vu ci-dessus (2) ce qu'on entend par dôt sous l'un et sous l'autre régime.

Mais tout ce qui est dotal n'a pas hypothèque du jour du contrat ou du jour du mariage.

Les biens dotaux , dont l'hypothèque remonte à la formation de l'association conjugale, sont seulement ceux que la femme apporte *effectivement et réellement* au mari , ceux dont le mari est dépositaire au moment où se fait le contrat ou le mariage.

Ceux qui ne sont qu'*in eventu* et qui ne passent dans ses mains que postérieurement, n'acquièrent d'hypothèque qu'à mesure des réceptions. On a pensé que c'était seulement alors que l'obligation personnelle du mari devenait parfaite, et que par conséquent l'hypothèque devait se former.

---

(1) Corvin, *De privilegio dotis*. Ferrières. Paris , art. 237, n⁰ 7. Grenier, t. 1, p. 499. *Suprà*, n° 470 *bis*.

(2) N⁰ 574.

Ainsi, une femme se constitue en dot tous ses biens présens et à venir;

Ses biens présens consistent en 50,000 francs, qui sont remis au mari.

Plusieurs années après, un oncle fait une donation entre vifs à la femme, et il lui écheoit aussi une succession de 80,000 francs.

La donation et la succession feront partie de la dot, puisque la femme s'est constitué ses biens présens et à venir.

Mais la femme n'aura hypothèque du jour du contrat de mariage, que pour les 50,000 francs formant la totalité des biens présens.

A l'égard des sommes provenant de la donation et de la succession, l'hypothèque legale ne datera, d'après notre article, que de l'ouverture de la succession, ou du jour où les donations auront eu leur effet.

Le Code n'a pas suivi à cet égard les principes de l'ancienne jurisprudence.

On y tenait pour constant que, lorsque la constitution de dot comprenait les biens présens et à venir, l'hypothèque pour donations faites à la femme, et pour sommes provenant de successions à elle échues pendant le mariage, remontait au jour du contrat. « Si proponas, disait le président » Favre, ab initio constituta in dotem fuerint bona » etiam futura, quo casu haud dubiè anterioris » temporis privilegium tota dos haberet (1). »

(1) Code, liv. 8, t. 8, déf. 15. Voyez aussi M. Grenier, t. 1, p. 479, et Dalloz, Hyp., p. 133.

Cette jurisprudence était, je crois, conforme à la subtilité des principes; car, comme le dit Favre, « quoties numeratio sequitur ex necessitate præ- » cedentis obligationis, inspicitur tempus obliga- » tionis, non numerationis. »

Mais on a vu ci-dessus (1) que le tribunat ayant fait remarquer que l'obligation du mari ne datait en réalité que du moment où il prenait l'admi- nistration des biens composant les successions et donations, c'est-à-dire du jour de l'ouverture de la succession, ou de l'acceptation de la donation, on préféra à la force des principes suivis dans l'an- cienne jurisprudence les règles plus équitables qui sont aujourd'hui dans la loi.

586. Mais il faut s'arrêter un moment ici pour interpréter ces expressions de notre article : *du jour que les donations auront leur effet.*

Laissons parler M. Tarrible (2) :

« Cette expression un peu équivoque pourrait » signifier que l'hypothèque légale est acquise du » jour où le droit de percevoir les sommes don- » nées est ouvert, ou bien seulement du jour où » elles ont été réellement acquittées entre les mains » du mari.

» La première interprétation nous paraît la meil- » leure; une donation a son effet du moment où » le droit qui en dérive est acquis au donataire. » D'un autre côté, lorsqu'il s'agit de sommes dé- » rivant d'une succession ouverte au profit de la

(1) N° 577.
(2) Répert., Inscript., p. 204.

» femme, le rang de l'hypothèque est positivement
» fixé au jour de l'ouverture de la succession,
» quoique l'on sente très-bien que des termes ap-
» posés aux obligations, des opérations prélimi-
» naires, ou d'autres causes peuvent différer l'ac-
» quittement des sommes à recouvrer long-temps
» après cette ouverture. Pourquoi les mêmes causes
» ne produiraient-elles pas les mêmes effets lors-
» qu'il s'agit d'une donation? Ainsi l'hypothèque
» devrait dater du jour de l'acceptation de la do-
» nation, quand bien même les sommes acquises
» en vertu de cette donation ne parviendraient au
» mari que long-temps après (1).

587. Je reviens au développement du principe
résultant de notre article, que la femme n'a hypothèque, pour ses droits éventuels dotaux, que
du jour des réceptions faites par le mari.

J'ai parlé des successions et donations échues à
la femme pendant le mariage. Le Code ne parle
que de ces deux cas. Mais d'autres éventualités
peuvent procurer à la femme une augmentation
de sa dot. Il faudra suivre alors les règles tracées
par le Code civil pour l'hypothèse analogue où il
s'agit de succession ou donation.

Par exemple : Une femme s'est constitué tous
ses biens présens et à venir. Elle possède, au moment du mariage une somme de 50,000 francs qui
lui était obvenue par suite d'un partage avec son
frère. Mais, quelque temps après, la femme s'aper-

(1) M. Persil est de cet avis, art. 2135, § 2, n° 7. V. aussi
M. Dalloz, Hyp., p. 133, n° 4.

çoit qu'elle a été lésée, et par une action en rescision, elle force son frère à lui payer un supplément de dot de 40,000 fr.

Nul doute que cette somme ne soit dotale. Mais
l'hypothèque qui lui est assurée remontera-t-elle
au contrat de mariage? Oui, sans doute, d'après
l'ancienne jurisprudence. Mais si je prends pour
boussole les deux exemples que le Code civil a pré-
cisés dans notre article, je vois qu'il est dans l'esprit du législateur de faire dépendre la date de
l'hypothèque de la femme, pour ses droits éventuels, du moment seul où le mari en est réellement investi, et je pense par conséquent que l'hypothèque, dans le cas posé, ne datera que du jour
de la réception (1).

Autre cas : Une femme s'est constitué en dot
tous ses biens présens et à venir. Parmi ses biens
immeubles se trouve une maison soumise à pacte
de rachat en faveur de Titius. Ce dernier se présente au temps fixé et compte au mari une somme
de 25,000 fr., prix du réméré. L'hypothèque pour
cette somme datera-t-elle du jour du mariage?

Cette question ne me paraît pas sans difficulté.
Néanmoins je crois qu'elle doit recevoir une décision différente de la précédente, et qu'il faut dire
que l'hypothèque datera du jour du mariage.
Voici pourquoi.

La femme a eu hypothèque dès l'instant de son
contrat de mariage pour la restitution de l'im-

(1) M. Dalloz est d'avis contraire. Hyp., p. 134, nº 8. Mais je
préfère l'opinion de M. Grenier, t. 1, nº 235. V. *suprà*, nº 585.

meuble qu'elle s'était constitué en dot. Si le mari eût vendu cet immeuble dotal, la femme aurait dû être colloquée sur les biens de son mari pour la valeur de cet immeuble à la date de son contrat. Pourquoi devrait-il en être autrement dans le cas où l'immeuble sort des mains du mari, par suite de l'exercice d'un droit de réméré? La somme de 25,000 fr., qui lui est payée pour prix de ce réméré, n'est en quelque sorte que la représentation de l'immeuble remis au mari lors du mariage. Elle doit avoir la même hypothèque.

Il est un troisième cas à peu près semblable à celui-ci et sur lequel Basnage (1) et M. Grenier (2) donnent une solution conforme à la mienne, quoique par d'autres raisons, qu'on peut consulter.

Une femme s'est constitué des rentes en dot. Pendant le mariage le débiteur de ces rentes les rachète ainsi qu'il en a le droit, et rembourse le capital au mari. On doit décider que l'hypothèque pour ce capital prendra date du jour du contrat de mariage.

Il est inutile d'avertir que ce cas et le précédent sont tout-à-fait différens du cas dont il sera question tout à l'heure relativement au remploi de *propres aliénés*. Il ne s'agit pas ici d'aliénation volontaire de propres de la femme. Il s'agit d'aliénation forcée de biens dotaux, de remplacement d'un fonds dotal par une somme d'argent dotale.

(1) Ch. 13.
(2) T. 1, p. 500.

§. J'ai dit plus haut (1) que l'hypothèque légale n'avait lieu du jour du contrat de mariage, que pour la dot effective et réelle, constituée de ce moment : d'après ce qui résulte du n° 584 *bis*, quoique la dot apportée par la femme soit soumise à des délais de paiement, elle n'en n'est pas moins effective et réelle.

588. Je m'occupe maintenant de l'hypothèque de la femme pour l'indemnité des dettes qu'elle a contractées avec son mari.

Ces créances ne trouvent place que dans le régime de la communauté. Elle n'ont d'hypothèque que du jour de l'obligation (2).

L'hypothèque pour indemnité des dettes que la femme a contractées avec son mari n'avait pas lieu originairement en France. Elle fut introduite par l'usage, sur ce qu'on présumait que la femme n'était pas absolument libre, et qu'elle ne contractait que pour prévenir des dissensions inévitables, en cas de refus de sa part (3).

Ceux qui avaient introduit cet usage avaient fait remonter l'hypothèque de la femme au jour du contrat de mariage (4).

Mais cette pratique était odieuse. Il était contraire aux bonnes règles qu'une femme eût une hypothèque antérieure aux obligations contractées par

(1) N° 585.

(2) La femme peut-elle obtenir collocation sur le prix en distribution des biens de son mari pour indemnité des dettes qu'elle a contractées avec lui avant d'avoir payé ces dettes ? Voir *infrà*, n₀ 610.

(3) Lamoignon, p. 133, t. 2.

(4) Idem, p. 132. M. Grenier, t. 1, p. 479.

son mari envers elle. Mais il était surtout intolé-
rable que les créanciers qui depuis le mariage
avaient contracté avec le mari, fussent primés par
la femme pour des droits nés postérieurement. Les
sages observations du tribunat, rapportées ci-
dessus, ont tari cette source d'abus et de fraudes.

J'aime à pouvoir les corroborer de l'opinion de
M. de Lamoignon : « Les hypothèques données aux
» femmes *du jour du contrat de mariage*, ou de la
» bénédiction nuptiale, pour l'indemnité des dettes,
» ne sont *pas régulières* ; car l'hypothèque, n'étant
» qu'accessoire de l'obligation personnelle, ne peut,
» selon les principes de droit, exister en un temps
» auquel l'obligation personnelle n'était pas encore
» conçue (1). »

Et plus loin : « Dans le fond, l'hypothèque don-
» née aux femmes du jour du contrat de mariage,
» ou du jour de la bénédiction nuptiale, est fort
» incommode au mari ; car elle soumet l'état, la
» condition et la fortune du mari au caprice et à la
» fantaisie de la femme. Si elle refuse de s'obli-
» ger avec son mari, un homme riche d'un million
» demeure sans crédit, à cause que les premières
» obligations du mari, auxquelles la femme n'a
» point parlé, peuvent, si elle change d'avis, être
» anéanties par des obligations postérieures du
» mari et de la femme, auxquels on donne, du chef
» de la femme, une hypothèque du jour du con-
» trat de mariage. Et, supposé qu'il n'y ait point de
» mauvaise humeur de la part de la femme, si elle
» est mineure, et incapable de s'obliger, le mari se

(1) T. 2, p. 134.

» trouvera dans l'impuissance d'emprunter dix
» écus, à cause des obligations que la femme par-
» venue en majorité, pourra faire avec son mari,
» au préjudice et à la ruine des créanciers parti-
» culiers de son mari, quoique antérieurs en hy-
» pothèque (1). »

588 *bis.* On a agité une question intéressante et
qui consiste à savoir si la femme peut, par son
contrat de mariage, déroger à la disposition du
Code qui veut que l'hypothèque *pour indemnité
de dettes* prenne date des engagemens, et si elle
a pu convenir en se mariant que cette indemnité aurait hypothèque à compter du mariage. La
cour de cassation s'est prononcée pour l'affirmative par arrêt de rejet du 26 février 1829(2); à la
vérité, dans l'espèce jugée par cet arrêt, il y avait
cette circonstance particulière que le contrat de
mariage avait dérogé à la coutume de Bretagne,
conforme en cette partie au Code civil, et que
l'on pouvait avoir plus d'indulgence pour une stipulation qui rentrait dans le droit commun de
l'ancienne France (3). Quoi qu'il en soit, MM. Delvincourt et Dalloz se prononcent pour la validité
d'une pareille convention, par la raison que les
tiers peuvent toujours consulter le contrat de mariage (4).

(1) V. aussi Mornac, sur la loi 9, Dig., *Qui potior.*
(2) Dal., 29, 1, 161.
(3) Le droit commun était en effet pour la rétroactivité de
l'hypothèque, comme je l'ai dit au numéro précédent. Voyez
aussi un arrêt de Dijon du 22 août 1825. Dalloz, 27, 1, 113.
(4) Delv., t. 3, n° 7, p. 165. Dal., Hyp., p. 123, note.

Je ne saurais partager cette opinion. Le Code civil a été dirigé par des motifs d'ordre publc. C'est, comme dit le tribunat, pour faire disparaître *une source de fraudes* (1) et pour remédier à un usage odieux. Or, les tribunaux ne doivent pas tolérer des conventions qui favorisent les fraudes, et qui, par conséquent, sont contraires aux bonnes mœurs.

Le motif donné par MM. Delvincourt et Dalloz, que les tiers peuvent consulter le contrat de mariage, et ne pas contracter s'ils y trouvent des conditions onéreuses, serait tout au plus admissible pour les hypothèques conventionnelles; et encore resterait toujours la raison tirée de la violation de lois d'ordre public. Mais ce même motif est sans force pour ceux qui font valoir des hypothèques légales ou des hypothèques judiciaires. Le mineur a-t-il consulté le contrat de mariage de son tuteur pour savoir quel sera le rang de son hypothèque (2)?

589. A l'égard de l'hypothèque de la femme pour remploi de ses propres aliénés (ce qui est encore une créance appartenant au régime de la communauté), cette hypothèque n'est pas d'une origine fort ancienne; M. de Lamoignon dit que l'usage qui l'introduisit s'établit tacitement depuis les états de 1614.

Elle paraît juste; car, quoique la femme con-

(1) *Suprà*, n° 577.

(2) Mon opinion paraît être aussi celle de M. Grenier, t. 1, p. 518, n° 242, *in fine.*

sente à l'aliénation de son propre, néanmoins il est à craindre que cette adhésion ne soit l'effet des sollicitations du mari ; d'ailleurs, c'est le mari qui reçoit le prix de la vente, et qui dispose des deniers à sa volonté et sans le consentement de sa femme (1).

Cette hypothèque avait date du jour du contrat de mariage ou de la bénédiction nuptiale, et c'est encore ce que blâme M. de Lamoignon, parce que le mari n'est obligé à indemniser sa femme de la vente de ses propres, qu'autant que la vente a eu lieu, et qu'il est déraisonable d'établir une hypothèque antérieure à l'obligation personnelle dont elle est l'accessoire.

Cette jurisprudence avait encore un autre inconvénient, c'est qu'elle précipitait les femmes vers leur ruine, en ce qu'elle les rendait faciles à vendre leurs propres dans l'espérance d'entrer les premières en ordre, sur les biens de leur mari, pour leur remboursement.

Mais cette espérance était souvent trompée.

Les affaires du mari se dérangeaient, et l'hypothèque qui leur était accordée, loin de servir à elles-mêmes, ne profitait qu'aux créanciers envers lesquels elles s'étaient obligées, et qui venaient en sous-ordre exercer leurs droits (2).

Aujourd'hui l'hypothèque de la femme pour le remploi de ses propres aliénés n'a de rang que du jour de la vente faite par son mari.

(1) Ferrières, Paris, art. 237, n° 13.
(2) Lamoignon, t. 2, p. 135.

M. de Lamoignon pense (1) que, si la vente
s'effectuait en vertu d'une clause du contrat de
mariage, qui aurait permis au mari l'aliénation
des propres de la femme pour les affaires dudit
mari, alors on serait fondé à prétendre l'hypothèque du jour du contrat.

Mais j'estime que, dans les principes du Code
civil, cette décision ne doit pas être suivie (2).

La condition d'aliéner, qui est ici la condition
de l'hypothèque légale, est potestative de la part
du mari, débiteur de cette hypothèque. Elle ne
peut rétroagir au préjudice des tiers (2). L'hypothèque ne peut donc avoir de date que du jour
de l'événement de la vente.

589 *bis.* Doit-on appliquer à l'aliénation du fonds
dotal faite par le mari, la même décision que pour
les propres de la femme aliénés ?

Je ne le crois pas. Le mari qui a vendu le bien
propre de la femme n'avait, avant cette vente,
contracté envers elle aucune obligation relative à
ce genre de propriété. Ce n'est qu'autant qu'il la
force à se dépouiller de son bien, qu'il s'oblige à
l'en indemniser ; l'aliénation engendre seule l'obligation, et l'obligation donne naissance à l'hypothèque.

Au contraire, lorsque le mari a vendu le fonds
dotal, il a violé la loi du contrat de mariage qui

(1) C'était une ancienne jurisprudence attestée par Brodeau,
sur Louet, l. R, n° 30, et par Ferrières, Paris, art. 237, n° 7.

(2) D'après Ferrières, elle était contraire à la loi 11, Dig.,
Qui potior.

(3) *Suprà*, n° 474.

rend le bien dotal inaliénable. Il encourt la responsabilité qu'il avait promise, dès l'instant du contrat de mariage. L'hypothèque grevait tout son avoir bien long-temps avant la vente du fonds dotal; cette aliénation ne produit donc pas l'hypothèque : elle n'est que l'événement qui force la femme à en user.

Si la vente a été faite en vertu d'une clause du contrat de mariage qui autorisait la vente du fonds dotal, la solution doit être la même. La dot est une charge dont le mari a été grevé dès l'instant du mariage. La sûreté des sommes qui la remplacent doit donc remonter à cette époque. C'est ce qu'a jugé avec raison un arrêt de la cour de cassation du 27 juillet 1826 (1).

Au surplus, j'ai dit ci-dessus (2) que, par remploi de *propres*, notre article entend parler aussi des paraphernaux aliénés.

Quant à la question de savoir si la femme peut stipuler par son contrat de mariage que l'hypothèque pour remploi de ses propres aliénés remonte au mariage, appliquez ce que j'ai dit *suprà* n° 588 *bis* (3).

590. Les créances paraphernales de la femme ayant, comme il a été dit, une hypothèque légale dispensée d'inscription sur les biens du mari, il

(1) Dal., 26, 1, 432. *Junge* arrêt de Grenoble du 6 janvier 1831 (Dal., 32, 2, 90).
(2) N° 574.
(3) Sur plusieurs questions relatives aux droits de la femme au cas d'aliénation du fonds dotal. Voir *infrà*, n° 612 et suivans,

convient d'examiner quelle est la date de cette hypothèque.

En thèse générale, c'est la femme qui a la jouissance et l'administration de ses paraphernaux.

Mais il est possible que, par suite de différentes combinaisons, le mari soit détenteur des sommes extradotales. Par exemple :

La femme peut stipuler, par son contrat de mariage, que son mari restera dépositaire de ses sommes paraphernales. Justinien donne un exemple de cette convention dans la loi 11. C. *De pact. convent. super dot.*, etc.

Pendant le mariage, elle peut lui donner le mandat de les colloquer avantageusement, et de les administrer.

Le mari peut s'en emparer despotiquement.

Dans tous ces différens cas, la loi a donné une hypothèque à la femme pour la reprise de ses paraphernaux; mais elle ne précise pas l'époque où il faut fixer la naissance de cette hypothèque.

Cette question ne présente en droit que peu de difficultés.

L'hypothèque, étant l'accessoire de l'obligation personnelle, commence lorsque l'obligation personnelle est formée.

Or, il est évident qu'il n'y a d'obligation personnelle pour le mari, que du moment qu'il a reçu les sommes paraphernales : c'est donc dès l'instant de la réception que date l'hypothèque. La loi 11, au C., tout à l'heure citée, en porte une décision formelle (1).

(1) M. Grenier, t. 1, p. 497.

591. Par quels moyens la femme peut-elle prouver la réception des sommes extradotales par son mari ?

Il est souvent fort difficile que la femme se procure un titre : elle est sous l'influence et sous l'autorité de son mari. Celui-ci peut lui refuser une reconnaissance, et il est certain qu'il la lui refusera toujours, lorsqu'il se sera emparé malgré elle de ses paraphernaux.

Je crois que la preuve testimoniale doit être admise sans difficulté, sans quoi une femme serait le plus souvent exposée à la perte de ses paraphernaux.

592. D'après la jurisprudence qui a précédé le Code civil, la dot pouvait être augmentée pendant le mariage (1), et l'augment de dot s'identifiait avec la dot principale et jouissait des mêmes priviléges qu'elle.

Néanmoins, l'augment de dot n'avait pas tous les avantages de la dot, en ce qui concerne le privilége de l'hypothèque.

L'empereur Justin voulut que l'augment de dot n'eût d'hypothèque que du jour de l'augmentation et non point du jour du mariage (2).

Mais Justinien, par sa Novelle 97, chap. 2, dérogea à cette loi. Il fit une distinction entre l'augment fait en immeubles et l'augment fait en meubles. Dans le premier cas, il voulut que la femme eût une hypothèque privilégiée tant pour la dot que pour l'augment.

(1) L. 19, C. *De donat, ante.*
(2) L. 19, C. *Idem.*

Dans le second, c'est-à-dire si l'augment est fait en meubles, Justinien sous-distingue, si le mari a des créanciers dans le temps de l'augmentation de la dot, ou s'il n'en a pas. S'il en a, il ne veut pas que la femme ait privilège sur les créanciers antérieurs. Son hypothèque ne doit compter que du jour de l'augmentation. S'il n'en a pas, l'augment a une hypothèque privilégiée, comme dans le cas d'augment fait en immeubles (1 .

On sait que, d'après le Code civil, la dot ne peut plus être augmentée pendant le mariage. Ainsi, tout ce qui échoit à la femme de plus que ce qui est constitué par le contrat de mariage, est paraphernal. Il est donc évident que l'hypothèque ne peut être prétendue que du jour de la réception par le mari.

Par exemple, une femme se constitue en dot une somme de 50,000 fr. qui lui appartient en vertu d'un partage qu'elle a fait avec son frère. Par suite d'une action en rescision contre ce partage pour cause de lésion, elle force son frère à lui payer une autre somme de 50,000 fr. qui complète la totalité de sa part afférente, et que son mari touche en vertu de sa procuration. Il est certain que cette somme n'est pas dotale, et qu'elle ne peut même le devenir par aucune convention, intervenue entre le mari et la femme, postérieure au contrat de mariage. Cette somme étant para-

(1) Cujas, sur la nov. 97. Favre, Code, lib. 8, t. 8, déf. 15. Despeisses, t. 1, p. 458, n° 37. Voët, lib. 20, t. 4, n° 21. Bretonnier, sur Henrys, liv. 4, ch. 6, q. 34.

phernale, l'hypothèque n'aura de rang que du jour de la réception (1).

593. Comme dans beaucoup de cas énumérés ci-dessus, c'est du jour de la réception des sommes dotales que date l'hypothèque de la femme; il faut voir ici dans quelle forme doivent être les quittances de dot pour pouvoir être opposées aux tiers.

Ce point a long-temps partagé les esprits. On n'était pas d'accord sur la question de savoir si les tiers pouvaient critiquer les quittances de dot non authentiques.

Les uns, se fondant sur l'art. 130 de l'ordonnance de 1629, portant « toute quittance de dot » sera passée devant notaires, à peine de nullité » pour le regard des tiers », et sur la disposition d'une déclaration du 6 mars 1696, qui exigeait que les quittances de dot fussent passées devant notaires, voulaient qu'on ne pût opposer aux tiers créanciers des quittances sous seing privé.

Les autres soutenaient que l'ordonnance de 1629 n'avait jamais eu force de loi dans la plupart des parlemens du royaume; que la déclaration de 1696 n'était qu'une loi bursale; qu'il ne fallait pas les suivre, parce qu'il pouvait en résulter un grand préjudice pour les femmes.

La jurisprudence était fort incertaine, comme on peut le voir dans Denizart, *verbo* Dot, n° 57, et dans le Répertoire de Jurisprudence, *verbo* Dot, § 3.

Mais enfin elle fut fixée par un arrêt du parle-

(1) Henrys, liv. 4, ch. 5, q. 34.

ment de Paris du 3 septembre 1781. Il fut décidé
que rien n'obligeait la femme à présenter aux
créanciers des quittances authentiques.

En effet, le seul point à examiner est de savoir
si la quittance est sincère, ou bien si elle est en-
tachée de fraude. Il peut même arriver souvent
que le mari, *tanquàm potentior*, ne veuille pas
donner quittance à sa femme, et alors ce serait
exposer les droits de la femme que de ne pas lui
permettre la preuve testimoniale. Ce point a été
ainsi jugé par deux arrêts de la cour de cassation,
l'un du 1er février 1816, l'autre du 16 juillet 1817,
approuvés par M. Merlin (1) et par M. Grenier (2).

Je m'y rallie aussi, soit qu'il y ait eu contrat de
mariage, soit qu'il n'y en ait pas eu.

Quand il y a eu un contrat de mariage qui spé-
cifie les apports matrimoniaux de la femme, ou
même un contrat par lequel une femme se constitue tous ses biens présens et à venir, il existe un
fait d'où découle la présomption que des paiemens
ont dû être opérés par suite du contrat. Seulement,
pour éloigner toute idée d'avantages entre époux,
la femme doit prouver d'où proviennent les deniers
dont il n'est pas parlé dans le contrat de mariage,
undè habuit (3).

S'il n'y a pas de contrat, la femme doit égale-

(1) Q. de droit, v° Hyp.

(2) Hyp., t. 1, p. 505. Dalloz, Hyp,, p. 128.

(3) Favre, C. *De dote cautá non numcratá*, lib. 5, t, 10,
déf. 1, Despeisses, t. 1, p. 291, n° 85. Coquille, q. 120.
Bretonnier, sur Henrys, liv. 4, ch. 6, q. 34.

ment prouver *undè habuit*. Mais, cela fait, s'il n'y a pas d'indices de fraude, les quittances données par le mari doivent faire foi, en quelque forme qu'elles soient (1); si même il n'y en a pas, on peut constater par témoins le fait et la date des paiemens.

Je crois devoir citer sur cette question l'opinion toujours si prépondérante du président Favre (2); » Et si verum est, mariti confessionem de dote re-» ceptâ constante matrimonio factam, si neque » numeratio intervenerit, neque dotis constitutio » præcesserit, suspectissimam esse, nec creditori-» bus etiam posterioribus nocere, *non tamen est* » *id perpetuum;* nam si confessio *probabilem cau-* » *sam* habeat, asserente marito *redactam pecuniam* » *ex venditione rei ad uxorem pertinentis,* remque » ipsam et venditionis diem, adeòque notarii qui » instrumentum conscripserit personam desig-» nante, *vix ulla fraudis suspicio subesse potest.* »

594. Les droits des femmes des commerçans faillis sont modifiés par d'importantes dispositions du Code de commerce. On peut consulter les art. 544 et suivans de ce Code (3).

595. Occupons-nous des cessions que peut faire la femme de son hypothèque légale.

La femme peut renoncer à son hypothèque lé-

(1) Angers, 23 juillet 1830. Dal., 31, 2, 94.

(2) *Loc. cit.*

(3) J'ai examiné, dans mon commentaire *de la Vente* (t. 2, n° 906 et 930), plusieurs questions intéressantes qui touchent aux cessions d'hypothèques en général, et particulièrement aux cessions par effets négociables.

gale soit en faveur de son mari, soit en faveur des tiers.

Je parlerai sous l'art. 2140 et suivans de la renonciation que peut faire la femme en faveur de son mari. Je n'envisage ici que ses renonciations en faveur des tiers (1).

Pour traiter cette matière avec ordre, je m'occuperai de la femme mariée sous le régime dotal, ensuite de la femme mariée sous le régime de la communauté.

596. La loi *Jubemus* 21, au C. *ad S. C. Vellejan.*, permettait aux femmes de renoncer à leur hypothèque légale en faveur d'un tiers. Voici comment la glose d'Accurse explique cette loi :

« Certum est quod mulier habet omnia bona
» mariti tacitè hypothecata pro *dote suâ*, pone
» ergò quòd aliquis vult contrahere cum marito
» alicujus mulieris, sed dubitat contrahere, quia
» sunt omnia bona sua obligata mulieri ; an ipsa
» possit renuntiare juri hypothecæ vel pignori quæ-
» ritur ? Respondeo quòd sic. Sed tamen si renun-
» tiavit in uno contractu vel duobus etiam verbis
» generalibus, non debet hæc renuntiatio trahi ad
» alias personas nec ad alias res, vel alios contrac-
» tus nisi de quibus actum est (2). »

(1) Et ces renonciations *en faveur des tiers* n'ont pas besoin, pour être valables, d'être accompagnées des formalités prescrites prescrites par les articles 2144 et 2145 du Code civil ; c'est ce qui est établi par une jurisprudence constante. Arrêt de Nancy, du 24 janvier 1825, rapporté par Sirey, 35, 2, 84, et par Dalloz, 34, 2, 187. On peut voir les nombreux arrêts indiqués par ces arrêtistes. Voir aussi *infrà*, n° 643 *bis*.

(2) C'est sur ce principe, que la renonciation ne profite qu'à

Ceci ne contrarierait pas le principe que, par le S. C. Velléien, une femme ne pouvait se rendre caution pour un tiers. Car la renonciation à l'hypothèque n'était pas un cautionnement.

« Quamvis pignoris datio intercessionem faciat, » tamen Julianus, lib. 12 Dig., scribit *redditionem* » *pignoris*, si creditrix mulier rem quam pignori » acceperat debitori liberaverit non esse interces- » sionem (1). »

On considérait en outre que si la loi avait cru nécessaire de donner à la femme une hypothèque légale pour la sûreté de sa dot, la prévision de l'homme pouvait faire cesser la prévision de la loi; *provisio hominis provisionem legis excludit*, comme dit la glose par argument de la loi dernière, au C. *de pactis convent.*

597. Mais il ne faut pas conclure de tout ceci que la femme eût un droit illimité pour renoncer à son hypothèque légale.

Tous les interprètes, et notamment Bartole, sur la loi *Jubemus*, avaient ouvert l'avis que la femme ne pouvait renoncer à son hypothèque légale, qu'autant qu'elle ne se préjudiciait pas, et qu'à l'époque de la restitution de la dot, il restait assez de bien à son mari pour lui rendre intégralement ses apports matrimoniaux. Sans cela, on eût permis à la femme de faire péricliter sa dot, et des lois d'ordre public s'opposaient avec énergie à cet abus.

ceux en faveur de qui elle est faite, qu'a été rendu l'arrêt de la cour de cassation du 20 août 1816. Dal., Hyp., p. 149.

(1) L. 8, Dig., *ad S. C. Vellej.* Pothier, Pand., t. 1, p. 441, n° 19. Perezius, lib. 4, t. 29, n° 9.

Ainsi, si par l'événement le mari n'était pas solvable, la renonciation de la femme était considérée comme non avenue, et elle rentrait dans ses droits hypothécaires (1).

Pour ne pas multiplier les citations, je rapporte l passage s uivant du président Favre.

« Nemo dubitat quin possit mulier, etiam con-
» stante matrimonio, pignoris obligationem, sibi
» in hâc aut illâ re, sive expressè, sive tacitè quæ-
» sitam, ultrà remittere, si modò alia bona super-
» sint marito, ex quibus illa indemnitatem con-
» sequi possit (2). «

Par exemple, Titius possède une fortune de 100,000 fr.; il épouse Caïa, qui lui apporte une dot de 20,000 fr. Quelque temps après il veut vendre à Sempronius une maison qu'il possède, mais que ce dernier répugne à acheter à cause de l'hypothèque légale de Caïa. Celle-ci, pour lever la difficulté, renonce à son droit d'hypothèque en faveur de Sempronius, et la vente se fait pour une somme de 20,000 fr. Titius fait plus tard de mauvaises affaires. Il dissipe son patrimoine et meurt insolvable. Sa femme n'a d'autre recours pour récupérer sa dot que sur la maison vendue à Sempronius; mais elle a renoncé à ce recours. N'importe! cette renonciation, ayant pour résultat de la préjudicier dans une matière qui touche à l'intérêt public, doit

____

(1) Bartole, *loc. cit.* Galleratus, *De renuntiat.*, t. 1, centur 1, ren· 66. Olea, *De cessione jurium*, t. 5, q. 3, nº 11. Favre, C. lib. 4, t. 21, déf. 15 et 26, lib. 8, t. 13, déf. 3 et 7.

(2) Lib. 8, t. 14, déf. 3.

être considérée comme non avenue. Elle pourra exercer son droit hypothécaire sur cette maison.

598. Mais, dira-t-on, cette renonciation de la femme est donc quelque chose d'inutile?

Nullement: il y a des cas où elle est fort avantageuse pour celui qui l'a obtenue.

Par exemple, supposez que Titius, après avoir vendu à Sempronius la maison dont j'ai parlé ci-dessus avec renonciation à l'hypothèque légale de la part de Caïa, vende un immeuble de 40,000 fr. à Mœvius, sans aucune renonciation d'hypothèque. Titius tombe en déconfiture. Si sa femme n'avait pas renoncé à son hypothèque légale en faveur de Sempronius, elle pourrait actionner ce dernier pour être remplie de sa dot. Mais ici son recours sera circonscrit sur la personne de Mœvius, et, comme il sera suffisant pour garantir son apport, Sempronius sera à l'abri des poursuites.

599. La renonciation de la femme mariée sous le régime dotal à son hypothèque légale pouvait se faire *tacitement ou expressément*. Les lois romaines regardaient (1) comme constituant une remise tacite de l'hypothèque, l'assistance de la femme au contrat de vente, et son consentement à l'aliénation avec promesse d'éviction. Car si elle eût voulu agir ensuite hypothécairement contre le tiers détenteur, elle eût été repoussée par la rè-

---

(1) L. 4, § 1, Dig., *Quib. modis pignus.* L. 158, Dig., *De reg. juris.* L. 2, C. *De remissione pignoris.* Pothier, Pand., t. 1, p. 583, 584.

gle *quem de evictione tenet actio, eumdem agentem repellit exceptio* (1).

La loi 11 D., *quib. mod. pignus sol.*, décide aussi que la femme qui assiste avec son mari au contrat par lequel celui-ci constitue à sa fille une dot sur un bien soumis à l'hypothèque légale, est censée faire remise de son hypothèque sur ce bien.

D'autres lois prévoient un autre cas ; la loi 12, D., même titre, veut que le consentement donné par le créancier hypothécaire à ce que le bien qui lui est hypothéqué soit affecté à un autre, équivaille à une renonciation d'hypothèque au profit de ce dernier. Même décision dans la loi 12, § 4, D. *qui potior.* Ces textes s'étendent à la femme, et doivent servir de règle.

600. Les commentateurs du droit romain agitaient ensuite une autre question, qui était l'objet des plus grandes controverses, *una ex insolubilibus*, dit Charles-Antoine Deluca (2).

Quel est l'effet de la renonciation tacite de la femme ? Cette renonciation a-t-elle seulement pour effet d'exclure la femme de tout recours contre celui en faveur de qui elle a renoncé, ou bien transfère-t-elle le privilége dont la femme était investie ?

(1) Favre, C., lib. 4, t. 21, déf. 15. Olea, *De cessione jurium*, t. 5, q. 3, n° 11.

(2) Il ne faut pas le confondre avec le célèbre cardinal de Luca, qui a, en Italie, la même réputation que M. Merlin en France, et qu'on appelle *Doctor vulgaris.* Celui que je cite a écrit un *Spicilegium de cessione jurium.* Quest. 15, n° 10

Charles-Antoine Deluca prétend que l'opinion commune était que, lorsque la femme avait simplement renoncé, celui avec qui elle avait contracté n'avait d'autre droit que d'exclure la femme de son recours hypothécaire; mais que, si la femme avait fait cession de ses droits, le cessionnaire était subrogé à son privilége, et excluait les créanciers primés par la femme (1).

« Censeo, dit cet auteur, censeo resolvendum » quòd si mulier *renuntiavit solùm hypothecœ*, is » qui contraxit, excludet solùm mulierem à dictis »bonis, non creditores qui *antè ipsum contraxe-* »runt; si mulier *fecit cessionem jurium*, tum con- » trahens excluderet etiam creditores, quosmulier » præcedebat, ejus locum repræsentando. Ità Can- »cerius, n° 120 et 121, ubi ità judicasse senatum » refert. »

Mais c'étaient là des subtilités qui mettaient l'esprit à la torture sans l'éclairer. En consultant la raison, on ne voit pas la différence pratique qu'il peut y avoir entre les deux cas.

Par exemple, Pierre emprunte de l'argent à Tertius sous l'hypothèque du fonds Cornélien. La femme de Pierre comparaît au contrat, et renonce à son hypothèque sur ce fonds. Pierre étant tombé en faillite, le fonds Cornélien est vendu; alors se présentent à l'ordre, 1° la femme de Pierre pour 4,000 fr.; 2° Secundus pour 5,000 fr.; 3° Tertius pour 4,000 fr.

D'après l'argument qu'on peut tirer de la loi

(1) Olea et Deluca, *loc. cit.*

Claudius Félix 16, Dig. *qui potior.* (1), voici ce qui arrivera. On prélevera les fonds dus à la femme de Pierre; mais cette somme sera donnée à Tertius en vertu de la renonciation que l'épouse a faite en sa faveur. Secundus touchera ensuite en deuxième ordre les 5,000 fr. qui lui sont dus. S'il reste des fonds, la femme les prendra en place de Tertius. Ainsi l'épouse sera créancière chirographaire à l'égard de Tertius. Mais son rang n'en subsistera pas moins pour laisser *Secundus* au second rang. Car ce qui est intervenu entre *Tertius* et l'épouse de Pierre est pour lui *res inter alios acta.*

Ce qui faisait illusion à certains auteurs, c'était le raisonnement qu'ils mettaient dans la bouche de Secundus. « Vous, Tertius, vous excluez l'épouse » de Pierre par suite d'arrangemens particuliers; » mais moi je vous suis préférable : donc je dois » prendre le premier rang. » D'un autre côté, ils sentaient bien que Tertius pouvait se servir avec avantage de la maxime « *si vinco vincentem te, à fortiori vincam te* », et dire à Secundus : « J'exclus » l'épouse qui vous est préférable : donc je vous » suis préférable. » Dans ce conflit de prétentions opposées, ces auteurs ne voyaient qu'un cercle dont il était impossible de sortir. Aussi Huberus nous apprend-il qu'une difficulté à peu près semblable s'étant présentée de son temps, les parties

(1) Voyez l'interprétation de cette loi dans les prélections d'Huberus, lib. 20, t. 4, nᵒˢ 30, 31, p. 1065, et les explications de M. Toullier, conformes à celles de ce jurisconsulte, t. 10, nᵒ 197.

en vinrent à une transaction, après un grand débat et un partage entre les juges.

Mais rien au fond n'était plus simple. Secundus ne devait ni perdre ni gagner à la renonciation de la femme (1). La femme restait toujours là pour le primer, sauf à remettre à Tertius le montant de sa collocation.

Supposons maintenant qu'au lieu de renoncer purement et simplement à son hypothèque, la femme aille plus loin, et cède tous ses droits à Tertius. Dans ce cas, Tertius, prenant la place de la femme et étant son représentant, son ayant-cause, primera de son chef Secundus.

Mais, de bonne foi, quelle différence y a-t-il entre ces cas et le premier? Il n'y en a pas de réelle et d'effective. Tout ce qui établit une nuance entre une espèce et l'autre, c'est que, dans la première espèce, la femme se montre *nomine proprio*, contre les autres créanciers hypothécaires, au lieu que, dans la seconde, c'est son cessionnaire qui prend sa place. Ainsi, dans le second cas, on fait *rectâ viâ* ce qui, dans le second, ne s'opère que d'une manière oblique. On conviendra que ce n'était pas la peine de dire que la difficulté était *ex insolubilibus*. Concluons donc qu'il n'y a aucune différence dans le cas où la femme cède ses droits et celui où elle renonce simplement à ses droits.

600 *bis*. Je ne terminerai pas ceci sans dire que M. Proudhon (2) veut qu'il y ait une différence

(1) N° 596.
(2) Usufruit, t. 5, p. 141, n° 2339.

entre la renonciation *in favorem* et la cession expresse que la femme ferait de son hypothèque.
« *La renonciation* (même *in favorem*), dit cet au-
» teur, *n'est que privative pour celui qui* la fait.....
» C'est un acte d'abstension par lequel la femme
» promet *de ne pas se prévaloir des avantages* qu'elle
» pourrait avoir sur le prêteur ; *mais il ne peut en*
» *résulter ni transport ni délégation de droit à faire*
» *valoir sur des tiers.* »

M. Proudhon me paraît faire ici confusion. On distingue plusieurs sortes de renonciations, les renonciations *abdicatives* ou *extinctives*, et les renonciations *translatives* ou *in favorem*. Les premières seules ont les effets signalés par M. Proudhon. Mais la renonciation *in favorem* est une vraie *cession* (1). Elle transfère des droits à autrui.
« *Alia verò* (*renuntiatio*) *translativa dicitur*, dit
» le cardinal Deluca (2), quæ in ipso renuntiante
» jurium vel bonorum..... præsupponit acquisi-
» tionem, *eademque jura in renuntiatarium* trans-
» fert, etc. »

De plus, comme je l'ai dit au numéro précédent, on ne conçoit pas que la femme soit exclue, sans qu'au même instant sa place ne soit prise *directe-ment* ou *indirectement* par celui en faveur de qui elle a promis de s'abstenir. Il y a donc nécessairement ici un effet, qui est celui de la cession. Car si la renonciation de la femme était purement *abdi-*

(1) Furgole, Com. sur l'art. 28 de l'ord. des substit., p. 162.
(2) *De renuntiationibus*, t. 2, disc. 1, nᵒˢ 5 et 6. V. *infrà*, nᵒ 643 *bis*.

cative, sans aucune idée de cession, son rang serait pris par le créancier venant immédiatement après elle, et non pas par celui avec qui elle aurait traité.

601. Tels sont les principaux points de la question d'après les principes du droit romain. Les auteurs modernes n'ont pas fait ces distinctions ; car ils décident en général que la renonciation à l'hypothèque légale faite par la femme mariée sous le régime dotal est frappée de nullité, sans s'embarrasser de distinguer le cas où cette renonciation peut compromettre la sûreté de la dot, du cas où elle ne nuit en aucune manière à la conservation de ses droits. M. Persil (1) dit : « Qu'une femme mariée sous le régime dotal ne » puisse renoncer à son hypothèque (2), ou la » restreindre en garantissant la vente faite par son » mari, ou s'obligeant solidairement avec lui, *c'est* » *ce dont on ne pourrait douter.* La renonciation ou » cession que cette femme a faite *est frappée de* » *nullité*, parce qu'elle constitue une aliénation » de fonds dotal ; car il est indifférent que cette » femme aliène ses biens dotaux, ou qu'elle con- » sente à la privation de toute garantie. » Mêmes assertions dans une dissertation de M. Rolland de Villargues (3).

(1) T. 1, Rég. hyp., p. 425.

(2) M. Cambacérès, quoique d'un pays de droit écrit, disait au conseil d'état : « qu'il n'y avait aucun cas où il fût » permis à une femme de se dépouiller de ses hypothèques lé- » gales !!! »

(3) Dans Sirey, 18, 2, 341.

M. Persil cite, à l'appui de sa doctrine, un arrêt de la cour de cassation dont il ne donne pas la date, mais qui est du 28 juin 1810 (1). Cette décision de la cour suprême n'est nullement contraire au système des commentateurs du droit romain. Car, dans l'espèce, la dame Pichat, qui avait renoncé à son hypothèque légale au profit des créanciers de son mari, se voyait *ruinée* par cette renonciation, comme le dit le Journal du palais (2).

Il est vrai qu'un arrêt de la même cour, du 19 novembre 1833, paraît plus absolu (3). Mais la question ne fut pas débattue devant la cour suprême avec les autorités que je viens de faire passer sous les yeux du lecteur, et il ne paraît pas qu'on ait même discuté le point de savoir si la renonciation de la femme compromettait sa dot (4).

Il ne faut pas hésiter à dire qu'une femme mariée sous le régime dotal ne peut revenir contre les renonciations qu'elle a faites de son hypothèque, toutes les fois que sa dot n'en éprouve pas de

(1) Sirey, 10, 1, 34. Dalloz, Hyp., 148.

(2) T. 27, p. 421.

(3) Dalloz, 33, 1, 393. Un autre arrêt de la cour de cass. du 26 mai 1836 (Sirey, 36, 2, 775) ne nous semble pas contraire à notre opinion : on peut voir d'une part que le mari avait été exproprié, d'autre part que la femme avait obtenu sa séparation de biens, circonstances qui, assurément, prouvaient que la dot était en péril.

(4) V. la note de l'arrêtiste.

préjudice (1). Nous verrons plus bas que la femme
mariée sous ce régime peut aussi renoncer à son
hypothèque en faveur de son mari (2).

Passons aux renonciations d'hypothèque consenties par une femme *commune* au profit d'un
tiers.

602. Dans les commencemens, on a voulu contester à la femme mariée sous le régime de la communauté, le droit de renoncer à son hypothèque
légale. Mais les doutes ont été bientôt résolus. Capable de toute espèce d'obligations et même d'a-
liéner ses immeubles, la femme commune peut à
plus forte raison renoncer à l'hypothèque qui sert
de garantie à sa dot. Qui peut le plus peut le
moins (3). C'est ce qui fut reconnu très-positive-
ment lors des discussions au conseil d'état par
MM. Tronchet et Regnaud. On peut lire dans le
tome 7 des Conférences les débats auxquels donnè-
rent lieu l'art. 2140 du Code civil ; on en verra la
preuve.

603. Ce principe incontestable étant une fois
reconnu , il convient d'examiner les effets de la
renonciation de la femme à l'égard des créanciers.

D'abord, la renonciation de la femme en faveur
d'un des créanciers a le même effet qu'une cession
de ses droits. Appliquez ici ce que j'ai dit n°[os] 600
et 600 *bis*.

(1) V. un arrêt de cass. du 20 avril 1826. Dalloz, 26, 1,
255. Sirey, 26, 1, 439.

(2) N° 649.

(3) Rép., Transcript., p. 118, et le réquisitoire de M. Merlin, en note. Persil, t. 1, p. 246.

Cette renonciation peut se faire tacitement ou expressément. Elle a lieu tacitement lorsque la femme consent à la vente de l'objet sur lequel pèse son hypothèque (1), ou bien lorsque la femme consent à une hypothèque sur le fonds qui lui a été hypothéqué (2). Dans ces deux cas, la femme qui parle au contrat, renonce *in favorem*, et cette renonciation produit le même effet que si elle subrogeait dans tous ses droits (3).

Lorsque le mari et la femme se sont obligés solidairement, *mais sans aucune affectation hypothécaire sur les biens du mari*, on ne peut pas dire qu'il y ait renonciation à l'hypothèque de la femme (4). Le contraire a cependant été jugé par arrêt du 2 juin 1823 de la cour de Limoges, dans une espèce où les sieur et dame de Ligondeix avaient acheté un immeuble et s'étaient obligés solidairement au paiement du prix, *mais sans consentir à aucune hypothèque pour sa sûreté;* du moins, l'arrestographe ne parle en aucune manière d'une hypothèque promise (5). Néanmoins la cour de Limoges décida que cet *engagement so-*

(1) *Suprà*, n° 599.

(2) S. 4, § 1. L. 8, § 6. L. 9, § 1. Dig., *Quid mod.*

(3) Angers, 19 juin 1823. Bourges, 19 mai 1823. Amiens, 17 mars 1823. Paris, 1er juin 1807. Idem, 11 mars 1813 (Dalloz, 1824, 2, 83 et suiv.). Lyon, 22 juillet 1819 (Dalloz, Hypoth., p. 152). Nancy, 22 mai 1826 (Dalloz, 27, 2, 188). Cassat., 2 avril 1829 (Dall., 29, 1, 209). Grénier, t. 1, p. 550, *Suprà*, n°s 600 et 600 *bis. Infrà*, n° 606.

(4) Dalloz, Hyp., p. 147.

(5) Dalloz, 27, 1, 201.

lidaire équipollait à une cession des droits hypothécaires de la femme sur son mari ; et ce qu'il y
a de plus fort, c'est que le pourvoi contre cet arrêt
fut rejeté par arrêt de la cour de cassation du 17 avril
1827, avec approbation de la solution donnée par
la cour de Limoges. Mais il est clair qu'une pareille interprétation n'est qu'une torture donnée
au sens des actes ; c'est deviner et non juger. En
droit, le créancier n'avait que la ressource du *sous-
ordre* pour s'emparer du montant de la collocation
de la femme (art. 778, Procédure civile), si celle-
ci n'avait pas aliéné son droit au profit d'autres
créanciers (n° 606) (1).

Quid, lorque le mari s'est obligé avec hypothèque sur ses biens au paiement d'une somme, et
que la femme s'oblige *solidairement* avec lui? On
peut dire que la présence de la femme à l'acte,
jointe à l'adhésion qu'elle donne à l'obligation personnelle du mari, est un acquiescement donné à
la stipulation par laquelle l'immeuble est hypothéqué au profit du créancier (2).

(1) Mon opinion n'est nullement contrariée par un arrêt de
la cour de cassation du 25 février 1834 (Dalloz, 34, 1, 192).
Cet arrêt est fondé tout entier sur cette idée, savoir, que le
créancier avait consenti à recevoir divisément de la part de la
femme dans la dette solidaire, qu'il avait donné décharge à ses
héritiers, et qu'ainsi il n'avait plus aucun droit à exercer du
chef de la femme. Du reste, il ne traite pas la question de subrogation. Voyez, dans mon sens, un arrêt de la cour de Paris
du 20 juillet 1833 (Dalloz, 34, 2, 29); et un autre arrêt de la
même cour du 2 janvier 1836 (Sirey, 36, 1, 149. Dalloz, 36,
2, 73.)
(2) Arg. de la loi 12, § 4, Dig., *Quib. modis pignus solv.*

Mais il faudrait en décider autrement si le mari s'étant obligé, par un premier acte portant hypothèque, au paiement d'une somme d'argent, la femme s'obligeait, *par un acte subséquent*, au paiement de cette même somme, sans rien promettre à l'égard de l'hypothèque. Ici on ne pourrait pas argumenter de la présence de la femme, de son approbation tacite à l'hypothèque donnée sous ses yeux sur l'immeuble qui lui est déjà engagé et au profit d'un individu dont elle se reconnaît débitrice. L'obligation de la femme devrait être prise telle qu'elle se présente, comme simple obligation personnelle. Le créancier n'aurait à son égard que la ressource du sous-ordre.

C'est, je crois, avec cette distinction qu'on peut concilier les opinions contraires des auteurs (1).

604. Voyons maintenant l'influence que la renonciation de la femme exerce à l'égard des autres créanciers. Ils sont antérieurs ou postérieurs.

605. 1er cas. *Créanciers postérieurs.*

Lorsque la femme renonce tacitement à faire valoir son hypothèque légale au profit d'un individu, elle ne peut, au préjudice de ce créancier, céder expressément à d'autres une hypothèque légale dont elle s'est dépouillée. Il est évident que

---

(1) MM. Grenier, t. 1, n° 254; Proudhon, t. 5, n. 2334; Dalloz, Hyp., p. 147, n° 7. Voyez au n° 426, *suprà*, une autre espèce dans laquelle la cour de cassation a jugé qu'il y avait subrogation tacite de la part de la femme mariée en secondes noces, en faveur de ses enfans mineurs du premier lit dans l'effet de son hypothèque légale.

les créanciers postérieurs ne pourront, dans aucun cas, opposer au créancier antérieur une subrogation faite en leur faveur postérieurement à
la renonciation qui a investi celui-ci d'une exception pour repousser la femme qui voudrait agir
contre lui.

Exemple. Dans un ordre ouvert pour la distribution du prix provenant de la vente des immeubles d'un sieur Quinart, deux créanciers produi-
sirent. Le sieur Boucher, premier inscrit, avait
une hypothèque qui lui avait été solidairement
consentie par les époux Quinart. Le sieur Lepinois avait obtenu de la femme Quinart une subrogation à son hypothèque légale. Boucher fut colloqué avant Lepinois. Celui-ci contesta. Arrêt de
la cour de Metz ainsi conçu.

« Attendu, quant aux prix provenant des immeubles de J.-B. Quinart, que, par acte du 28 juin
1802, les époux Quinart, débiteurs solidaires de
Boucher, lui ont spécialement affecté en hypothèque les immeubles en garantie du paiement de
sa créance ;

» Qu'en constituant cette hypothèque spéciale,
la femme Quinart a *nécessairement renoncé*, en faveur de Boucher, à l'exercice des droits à elle résultant de son contrat de mariage, et des effets de
son hypothèque légale sur lesdits immeubles ;
que, dès-lors, elle n'a pu céder depuis ces mêmes
effets à de nouveaux créanciers, ni les subroger,
au préjudice de Boucher, dans des droits dont
elle ne pouvait plus se prévaloir contre lui ; que,
par conséquent, il faut reconnaître que la subro-

gation générale par elle consentie le 6 juin 1818,
au profit de Lepinois, ne peut être opposée à
Boucher (1). »

Même décision dans un arrêt de la cour royale
de Paris du 29 août 1822 (2).

606. 2ᵉ cas. *Créanciers antérieurs à la renonciation.*

A l'égard des créanciers antérieurs à la renonciation de la femme, il faut examiner s'il sont créanciers cédulaires du mari et de la femme, ou s'ils
ont reçu d'elle quelque affectation hypothécaire.

Lorsque les créanciers antérieurs sont simplement créanciers cédulaires du mari et de la femme,
celle-ci peut céder à d'autres créanciers ses droits
hypothécaires, sans que les premiers puissent s'en
plaindre. Comme le fait remarquer M. Grenier (3),

---

(1) 4 juin 1822. Dalloz, 1824, 2, 83. M. Dalloz ne donne
pas le texte de cet arrêt dans sa collection nouvelle. Il en cite
seulement la date. Vᵒ Hyp., p. 153, nᵒ 8.

(2) Dalloz, 1824, 2, p. 84 et 85. Même observation quant à
la collection nouvelle. Je trouve un arrêt de la même cour, du
15 février 1832, qui paraît s'écarter de cette jurisprudence,
et qui, suivant l'arrêtiste, donne à un créancier porteur d'une
subrogation expresse et inscrite, préférence sur un créancier
dont la cession était antérieure, mais n'était que tacite (Dall.,
34, 1, 338). Mais d'abord l'arrêt n'est pas motivé sur ce point;
il ne fournit aucune lumière sur les raisons qui ont pu déterminer une telle décision. De plus, je doute qu'en fait le créancier écarté par la cour royale eût une cession tacite; car, dans
son pourvoi devant la cour de cassation, il n'en dit pas un
mot. Le silence de l'arrêt et de la requête n'est-il pas signifi-
catif?

(3) T. 1, p. 545, nᵒ 254.

il ne peut y avoir de différence entre une femme mariée qui s'oblige sans se soumettre à aucune affectation hypothécaire, et un autre individu quelconque. Supposez que Pierre, ayant une hypothèque sur l'immeuble B, contracte une dette purement personnelle avec Primus, il est bien sûr que Primus ne participera en rien à l'hypothèque de son débiteur sur l'immeuble B. Seulement, si Pierre n'aliène pas ce droit d'hypothèque, Primus pourra venir en sous-ordre pour prendre entre ses mains le prix provenant de la vente de l'objet vendu par expropriation. Mais il faut remarquer que dans le sous-ordre tous les créanciers viennent par contribution.

Que si, au contraire, Pierre aliène son hypothèque, comme il en a le droit, qu'il l'a cède à Secundus, par exemple, celui-ci se mettra à la place de Pierre, et Primus ne pourra s'en plaindre. Car c'est le sort des créanciers chirographaires de n'avoir aucun droit sur les choses que le débiteur aliène. C'est à eux de s'imputer de n'avoir pas stipulé une affectation sur la chose (1). Ainsi, dans ce cas même, Primus n'aura la ressource du sous-ordre qu'autant que Secundus aura été payé par préférence du montant de sa créance.

Eh bien! ce qui est incontestablement vrai pour le débiteur dont je viens de parler, doit avoir également lieu lorsque c'est la femme qui s'oblige. Après avoir contracté une dette purement personnelle, conjointement avec son mari, elle peut en-

_____

(1) *Suprà*, t. 1, n°⁵ 9 et 10.

suite subroger d'autres créanciers dans son droit d'hypothèque, sans que le premier créancier puisse s'en plaindre.

Telle est la jurisprudence de la cour de Paris (1).

Mais que devrait-on décider si le premier créancier, outre l'obligation purement personnelle de la femme, avait, par le fait du mari, une hypothèque sur les biens de ce dernier? Posons d'abord une première hypothèse.

Pierre emprunte à Primus 50,000 francs, et lui donne une hypothèque sur le fonds A. Par un acte subséquent (2), la femme de Pierre déclare s'obliger personnellement et solidairement avec son mari; mais elle ne fait aucune cession de ses droits hypothécaires.

Si les biens du mari sont vendus à la poursuite de Primus, c'est en vain que la femme séparée de biens réclamera une collocation préférable à la sienne pour indemnité de ses dettes. La femme s'est obligée solidairement envers Primus; elle doit remplir son obligation; ce qu'elle prendrait d'une main, elle devrait le lui payer de l'autre. Elle n'est donc pas fondée à se prévaloir, au préjudice de Primus, de ses droits hypothécaires.

(1) Arrêts du 15 janvier 1813. Dall., 24, 2, 86, et Hypoth., p. 151, note 6; 15 mai 1816. Dall., Hyp., p. 151, n° 4. On a vu ci-dessus la critique que nous avons faite d'un arrêt de la cour de casation (n° 603), qui a décidé que l'obligation solidaire de la femme entraînait renonciation à son hypothèque. Dans l'arrêt de 1813, la cour de Paris a décidé le contraire avec raison.

(2) V. *sup rà*, n° 603.

C'est ce qu'a jugé la cour de cassation, par arrêt du 11 novembre 1812, sur les conclusions de M. Daniels, et au rapport de M. Zangiacomi (1).

Supposons maintenant, qu'après s'être obligée solidairement en faveur de Primus, mais sans consentir à aucune hypothèque, la femme subroge Secundus dans tous ses droits hypothécaires. C'est ici que commence la difficulté. On demande si Secundus pourra prétendre l'antériorité sur Primus, et dire à ce dernier : Votre hypothèque sur le fonds ne prend rang que du jour de votre inscription : la mienne prend date au jour du mariage; car je suis subrogé aux droits de la femme, et je participe à tous ses priviléges.

Il semble que Primus puisse répondre : « Que » m'importe ce qui a pu intervenir entre vous et » la dame Pierre? Si celle-ci se fût présentée pour » prétendre que son hypothèque doit primer la » mienne, je l'aurais repoussée, par l'exception » *quem de evictione tenet actio, eumdem agentem* » *repellit exceptio.* Eh bien! je vous repousse par » la même exception; car vous êtes son représen- » tant : vous ne pouvez avoir plus de droits qu'elle » n'en a. »

Cependant je ne crois pas que cette réponse de

(1) Dalloz, Hyp., p. 149. C'est par la voie du sous-ordre (art. 778 du Code de procédure civile) que le créancier cédulaire profiterait de l'émolument de la femme. M. Proudhon, t. 5, p. 136, n° 2334. Telle est l'observation fort juste que M. Dalloz avait faite sur cet arrêt de la cour de cassation dans son volume de 1824, 1, p. 227. Je ne vois pas pourquoi il la rétracte dans sa collection alphabétique, *loc. cit.*

Primus soit aussi fondée qu'elle est spécieuse. Il est faux que la femme de Pierre doive garantie à Primus pour son hypothèque. Cette femme n'a contracté à cet égard aucune obligation. L'hypothèque est tout-à-fait demeurée étrangère à leurs stipulations. L'épouse s'est obligée à payer à Primus une somme de 50,000 francs ; mais cette promesse est purement personnelle.

Assurément on ne peut dire que Secundus, cessionnaire des droits hypothécaires de la femme, soit obligé pour quelque chose au paiement de cette somme de 50,000 francs. Dès-lors comment pourrait-on lui opposer une exception tirée de cette obligation personnelle de la femme envers Primus ? L'ayant-cause à titre singulier ne succède pas à toutes les obligations de son auteur. Il ne succède qu'à celles qui pèsent sur la chose qu'il tient de celui-ci. Ainsi lorsque, dans la première hypothèse, la femme se présente pour réclamer le bénéfice de son hypothèque légale, Primus a pu lui dire avec succès que, puisqu'elle réunissait en sa personne la qualité de créancière hypothécaire antérieure de son mari, et celle de débitrice de lui Primus, elle devait, pour éviter un circuit d'actions, lui céder sa collocation antérieure. Mais ici les choses ne sont plus entières : la femme s'est dépouillée de son hypothèque ; elle l'a aliénée sans que Primus puisse s'en plaindre, puisqu'il ne s'était réservé aucune subrogation (1). Or le cessionnaire de la femme n'est nullement le débiteur de

____

(1) *Suprà*, nᵒˢ 9 et 10.

Primus. Il ne se peut agir entre eux de circuits d'actions : ils sont parfaitement étrangers l'un à l'autre.

La vérité de cette solution devient encore plus manifeste si l'on met, par hypothèse, un autre débiteur à la place de la femme.

Par exemple, Primus est débiteur cédulaire de Secundus. Tous deux ont une hypothèque sur un bien appartenant à Jacques. L'inscription de Primus est à la date du 1er janvier 1827, et celle de Secundus est la date du 2 février de la même année. Primus vend son droit d'hypothèque à Titius. On ne soutiendra pas que Secundus puisse repousser Titius, par la raison qu'il est créancier de Primus, auteur de ce même Titius. Car Titius n'est nullement chargé de répondre des obligations purement personnelles qu'il a plu à Primus de contracter. Il n'est pas son ayant-cause à l'égard de ses obligations; il lui est *penitùs extraneus*. Il est clair qu'il doit en être de même lorsqu'il s'agit d'une cession d'hypothèque faite par une femme mariée (1).

607. Je viens de parler du cas où les créanciers antérieurs de la femme sont purement chirographaires.

Mais si les créanciers antérieurs à la cession de la femme ont reçu d'elle une subrogation, soit tacite, soit expresse, dans son hypothèque, alors ils ne peuvent être lésés par les subrogations ultérieures de la femme.

(1) M. Grenier, t. 1, p. 552 et suiv.

608. Il suit de là que tous les individus subrogés à la femme seront colloqués suivant les dates de leurs actes de subrogation.

Quoique ce principe paraisse aujourd'hui assez constant, néanmoins la cour de Paris y a vu d'abord des difficultés, et, par arrêt du 8 décembre 1819, elle a décidé que tous les créanciers porteurs de subrogations consenties par la femme devaient être colloqués, non suivant la date de leurs contrats, mais au même rang, et se distribuer au marc le franc le montant des deniers (1).

On disait dans ce système que les cessionnaires, ayant tous la femme pour obligée, se trouvaient avoir un droit égal, puisqu'il remontait au jour du mariage.

Mais c'est évidemment là un faux aspect donné à la difficulté. La femme s'est dépouillée par la première subrogation. Son hypothèque s'est trouvée restreinte jusqu'au montant de cette subrogation. Y ayant eu dessaisissement, elle n'a pu préjudicier à son premier cessionnaire par des cessions nouvelles; car nul ne peut transférer à autrui plus de droits qu'il n'en a lui-même. Le second cessionnaire ne doit donc marcher qu'après le premier, et ainsi de suite. C'est ce que la cour de Paris avait déjà reconnu elle-même par arrêt du 12 septembre 1817 (2).

Et il est difficile de comprendre pourquoi elle

(1) Dalloz, Hyp., p. 151, n° 6.
(2) Dal., Hyp., p. 150, n° 3. Arrêt conforme, 16 mai 1816. Idem, p. 151, n° 4.

a changé sa jurisprudence. Car par là elle annule l'effet de la subrogation. En effet, si les subrogés viennent tous par concurrence à la date du mariage, c'est réduire la subrogation à un sous-ordre, c'est dire par conséquent que tous les créanciers subrogés ou non subrogés y seront admis, d'après l'art. 778 du Code de procédure civile; que devient alors la subrogation consentie par la femme (1)?

Notre avis est celui de MM. Grenier (2), Proudhon (3) et Dalloz (4).

Ceci se concilie fort bien avec ce que j'ai exposé *suprà,* n° 366, savoir qu'entre cessionnaires d'une créance privilégiée il y a concurrence, et que l'ordre des cessions est indifférent. Car, comme je l'ai dit ailleurs (5), entre *privilégiés* ce n'est pas la date du titre que l'on considère, mais la faveur de la cause; de telle sorte que tous les privilégiés placés dans le même rang doivent être payés par concurrence. Mais entre créanciers hypothécaires il n'en est pas de même; c'est l'ordre des dates qui fixe les rang.

Notre solution n'est pas contrariée non plus par ce que j'ai dit *suprà,* n° 379, savoir, que tous les subrogés viennent par concurrence entre eux.

Lorsque j'énonçais ce principe, j'entendais parler du cas où la subrogation est donnée par le

(1) Arrêt de Nancy du 24 janvier 1835 (Sirey, 35, 2, 85).
(2) T. 1, p. 547.
(3) Usufruit, t. 5, p. 139.
(4) Jurisp. gén., v° Hyp., p. 147.
(5) T. 1, n°s 86, 89 et 366, et art. 2097 du Code civil.

créancier dans l'intérêt de ceux qui l'ont paye. Alors le créancier n'est censé vouloir établir aucune préférence entre les subrogés.

Mais ici il n'en est pas de même. Il s'agit de su brogations faites par le *débiteur* pour son propre intérêt : il agit dans un esprit de dessaisissement ; à mesure qu'il cède, il se dépouille, et il devient garant de chacune des cessions (1).

609. Mais les créanciers subrogés par la femme doivent-ils faire inscrire leurs subrogations ?

L'affirmative a été soutenue dans les tribunaux, et elle est enseignée par M. Grenier (2).

Mais la négative est plus conforme aux principes et à la jurisprudence.

En effet, les créanciers subrogés aux droits de la femme ont le même bénéfice qu'elle, c'est-à-dire que la femme étant dispensée d'inscrire son hypothèque, les créanciers sont également dispensés d'inscription. Si on soumettait les créanciers subrogés à l'inscription, ils ne jouiraient pas de la plénitude de leurs subrogations. Cessionnaires d'hypothèques exemptes d'inscription, ils ne peuvent, sans attentat à leur titre, être forcés à s'inscrire.

Peu importe d'ailleurs aux tiers. Car il est indifférent pour eux que le montant de la collocation de la femme soit touché par la femme ou par ses cessionnaires.

Je conviens qu'entre les différens individus su-

(1) M. Grenier, t. 1, n° 93.
(2) T. 1, p. 349.

brogés, il peut y avoir des inconvéniens. Je les ai
signalés dans la préface de cet ouvrage. Ils peuvent ignorer les subrogations consenties antérieurement par la femme, et ne trouver souvent qu'une
fâcheuse illusion à la place du gage qu'ils ont cru
s'assurer. Mais c'est à l'imperfection de la loi qu'il-
faut s'en prendre sur ces inconvéniens. Aucune
disposition du Code ne soumet à l'inscription les
cessions de créances, quelles que soient les hypothèques ou les priviléges accessoires dont elles sont
investies entre les mains du cédant. Ce serait créer
une véritable loi que de les assujettir à l'inscription. Aussi la jurisprudence des arrêts n'exige-t-
elle pas que les cessionnaires de la femme inscri-
vent leurs subrogations (1). Je pourrais citer à cet
égard beaucoup d'arrêts de la cour de Nancy. Je
me contente d'en indiquer un du 22 mai 1826,
rendu sur mes conclusions conformes (2) La jurisprudence y est tellement constante sur ce point,
qu'on oserait à peine y proposer la question.

Je dois cependant faire observer que le créancier porteur de subrogation fera prudemment dans
son intérêt de faire inscrire son contrat. J'en ai
donné la raison *infrà*, n° 644 *ter*, et *suprà*, n° 377.

Il s'évitera des difficultés dans le cas où la femme
consentirait à la restriction de son hypothèque conformément à l'art. 2144.

(1) Dalloz, Hypoth., p. 147. Cour de cassat., 2 avril 1829.
Dalloz, 1829, 1, 209.
(2) Dalloz, 27, 2, 187. J'engage également à consulter un
arrêt remarquable de cette cour, en date du 24 janvier 1825
(Sirey, 35, 2, 84).

609 *bis*. J'ai parlé jusqu'ici de l'effet de la cession de la femme au profit *d'un créancier* vis-à-vis d'autres créanciers. Disons un mot de la cession que la femme ferait au profit *de l'acquéreur* du bien soumis à l'hypothèque légale. Une pareille cession, soit qu'elle fût expresse, soit qu'elle fût tacite, aurait pour résultat de mettre l'acquéreur à même de repousser tous les créanciers hypothécaires postérieurs à la femme. Il exciperait à leur égard de la préférence qu'avait sur eux la femme qu'il représente. C'est ce qu'a jugé un arrêt de la cour de cassation du 19 janvier 1819 (1). Mais s'il y avait des cessions antérieures à la sienne, l'acquéreur devrait les respecter, et il ne pourrait s'en affranchir qu'en purgeant. Je parlerai au n° 644 *ter* d'un cas différent.

610. On a prétendu dans un procès devant la cour d'Amiens, que le créancier subrogé à l'hypothèque de la femme ne pouvait pas exercer le droit d'hypothèque légale de cette femme, tant qu'il n'y avait pas séparation de biens entre les époux.

Pour examiner cette difficulté, il faut distinguer deux cas. Le premier a lieu lorsque le mari est en faillite, le second a lieu lorsqu'il n'est pas dans cet état.

Lorsque le mari est en faillite, il est certain que les créanciers personnels de la femme peuvent

(1) Dalloz, Hyp., p. 153.

II. 32

exercer tous ses droits, quoiqu'elle ne soit pas séparée de biens (1).

Dans le cas où le mari n'est pas en faillite, je conviens qu'en thèse générale la femme ne peut exercer la répétition forcée de ses droits ; car ce serait nuire à l'autorité maritale, dont l'un des priviléges est de jouir de la dot de la femme. Mais lorsque, *par un fait étranger à la femme*, son hypothèque doit se mettre en action, alors rien n'empêche que la femme n'agisse pour la conservation de ses droits ; ce n'est pas porter atteinte à l'autorité maritale. Les représentans de la femme pourront donc, dans ce cas, profiter de la subrogation. Proposons une hypothèse.

Titius et sa femme s'obligent solidairement envers Primus, et lui donnent hypothèque sur l'immeuble A, avec subrogation aux droits de la femme. Cet immeuble est déjà hypothéqué à Secundus et à Tertius. Quelque temps après, Titius vend l'immeuble A à Sempronius ; et le prix s'en distribue aux créanciers hypothécaires.

Alors s'élève une contestation entre Primus d'une part et Secundus et Tertius de l'autre. Ces deux derniers créanciers soutiennent qu'ils ne peuvent pas être primés par Primus, parce que, disent-ils, ils représentent Titia, qui ne pourrait se présenter à l'ordre dans l'état de choses actuel.

(1) Art. 1446 du Code civil. Arrêt de la cour de cassation, 15 janvier 1817. Dalloz, Hyp., p. 153. Sirey, 17, 1, 146.

Son mari est *in bonis* : il n'y a pas de séparation de biens (1).

Ce système ne me paraît pas admissible.

La femme peut, pendant le mariage, faire des actes conservatoires de ses droits. Lorsque l'acquéreur a fait les diligences nécessaires pour purger, et que la femme a pris inscription conformément aux art. 2194 et 2195 du Code civil, si son hypothèque est la plus ancienne, l'acquéreur ne peut faire aucun paiement du prix au préjudice de son inscription. Donc, quoique le mariage subsiste, quoique le mari ne soit pas en déconfiture, et qu'il n'y ait pas séparation, la femme peut toucher, jusqu'à concurrence de son inscription, le montant du prix de la chose vendue à son mari, sauf à pourvoir à ce que les fonds lui soient conservés jusqu'au moment où elle pourra en donner quittance, soit en autorisant l'acquéreur à les retenir dans ses mains, soit en leur donnant tout autre emploi qui mette en sûreté la créance de la femme. « Hactenùs igitur, dit le président Fa- » vre (2), mulieri consulendum erit, ut redactum » ex licitatione pretium, penès idoneum mercato- » rem deponatur, per cujus manus usuras legitimas » mulier percipiat, ut se suosque alat. » C'est aussi ce qu'a jugé la cour de cassation par arrêt du 14 juillet 1821 (3). Donc le représentant de la femme pourra se présenter en son lieu et place, quand même il n'y aura pas séparation de biens. C'est

(1) L. 29, C. *De jure dot.*
(2) Code, lib. 5, t. 7, déf. 27.
(3) Dalloz, Hyp., p. 140, 141.

aussi l'avis de M. Grenier, mais par d'autres motifs qu'on peut consulter (1).

Ce que je viens de dire du cas de vente volontaire, doit avoir lieu à plus forte raison lorsque les immeubles du mari, hypothéqués à la sûreté de la dot de sa femme, sont vendus par expropriation forcée; il est certain qu'alors les créanciers porteurs de subrogations de la femme peuvent venir à l'ordre, et se prévaloir de la préférence de leur hypothèque, sans que les créanciers saisissans postérieurs en date puissent opposer qu'ils exercent des droits non ouverts pour la femme. On ne peut condamner les créanciers qui ont traité avec la femme à se voir enlever leur gage (2); d'autant qu'il y a déconfiture, lorsque le mari en est réduit au point de se laisser exproprier (3).

Mais ici se présente une difficulté que nous devons examiner. On sait que les effets de l'hypothèque légale de la femme varient suivant la nature des créances auxquelles elle est attachée. Lorsque, par exemple, le mari a vendu un propre de la femme, et que par là il a diminué son patrimoine, c'est là un fait qui cause un dommage actuel, pour la réparation duquel la femme a une hypothèque assurée et définitive. Aussi, s'il y a lieu à un ordre, la femme doit être colloquée *hic et nunc*, et sauf les précautions dont nous parlerons plus tard (4). D'où il suit que le cessionnaire de

(1) Hyp., t. 1, p. 561.
(2) Même arrêt de cassation.
(3) M. Grenier, t. 1, n° 123.
(4) *Infrà*, n°⁵ 612, 627 et 993.

la femme, dont les droits sont égaux aux siens, sera fondé à réclamer en son lieu et place le montant de sa collocation.

Mais maintenant supposons qu'il s'agisse non plus de propres aliénés, mais bien d'indemnité de dettes contractées pendant la communauté. On sait que lorsque la femme s'est obligée même solidairement pour les affaires de la communauté, elle n'est considérée que comme caution, à l'égard du mari qui lui doit une indemnité (1431 Code civil), pour sûreté de laquelle elle a hypothèque légale. Mais cette indemnité n'est due à la femme qu'autant que, par le fait, elle a payé le créancier de ses propres deniers, et que par là elle a éprouvé une perte, un dommage. Eh bien! qu'arrivera-t-il, si, l'ordre s'ouvrant avant que la femme ait rien payé, son cessionnaire se présente pour profiter de son hypothèque et prétend primer les créanciers postérieurs? Aura-t-il droit à une collocation actuelle? ou bien devra-t-il se tenir satisfait si le mari ou les créanciers lui donnent une caution suffisante que le montant de la collocation sera rapporté dans le cas où la femme paierait la dette?

Cette question s'est présentée devant la cour d'Amiens, et elle a été décidée contre le créancier qui prétendait une collocation actuelle par arrêt du 9 février 1829 (1), confirmé par arrêt de la cour de cassation du 6 juillet 1832 (2). Mais une seconde espèce l'ayant soulevée devant la cour su-

(1) Dalloz, 29, 2, 158.
(2) Dalloz, 32, 1, 322.

prême, elle a été résolue en sens contraire par
arrêt de la section des requêtes du 25 mars 1834 (1).

Avec du pessimisme dans l'esprit, on pourra
crier à la contradiction. Je ne crois cependant pas
qu'il soit impossible de concilier ces deux décisions. Dans l'espèce de l'arrêt de 1834, le mari
était hautement en déconfiture, et dès-lors la
femme aurait eu le droit de forcer son mari à l'indemniser, même avant d'avoir payé, aux termes
de l'art. 2032 du Code civil. Le représentant de
la femme pouvait donc user de la même faculté
qu'elle. D'un autre côté, l'arrêt constate qu'on
n'avait offert à la femme aucune garantie que le
montant de sa collocation lui serait remboursé
en cas de poursuites.

En était-il de même dans l'espèce jugée en 1832 ?
Non sans doute. Les assurances avaient été données à la femme. De plus, il n'était pas venu dans
l'idée du représentant de la femme de se prévaloir
devant la cour d'Amiens du bénéfice de l'art. 2032
pour exiger un paiement actuel. Ces nuances me
paraissent suffisantes pour expliquer l'apparente
contradiction des deux arrêts.

Au fond, je suis d'avis que le second doit seul
faire autorité, alors toutefois qu'il y a déconfiture.
L'art. 2032 est formel; il autorise la femme à agir,
c'est-à-dire à se faire apporter décharge ou deniers
suffisans pour acquitter la dette. Elle est donc fondée à prendre sur le prix des biens saisis sur son
mari la somme nécessaire pour payer le créancier,

(1) Dalloz, 34, 1, 137.

et cette collocation est garantie par son hypothèque légale. Donc son représentant sera reçu à faire
ce qu'elle aurait pu faire.

C'est à tort que l'on croit trouver dans cette
manière de voir le renversement de toutes les garanties hypothécaires.

Les créanciers postérieurs de la femme n'ont-ils
pas dû s'attendre à cette chance toute naturelle,
résultant des combinaisons du contrat de mariage?
Eh! que leur importe que les deniers soient pris
par la femme pour les remettre au créancier dont
les instances la menacent, ou que ce soit ce dernier qui vienne lui-même les recevoir au nom de
la femme? D'ailleurs le système de garanties imaginé par la cour d'Amiens n'est-il pas en définitive
un équivalent de cet état de choses? En effet, le
mari ou ses créanciers postérieurs à la femme
promettent, moyennant caution, que celle-ci sera
indemnisée en cas de poursuites, et que le montant de la collocation lui sera rapporté. Mais ne
voyez-vous pas que le créancier qui a la femme
pour obligée directe va se hâter de la poursuivre,
de la contraindre à payer, et qu'aussitôt les créanciers qui lui ont donné garantie seront forcés de
payer d'une main ce qu'ils ont reçu de l'autre? En
quoi donc, je le demande, l'un des systèmes que je
viens d'exposer favorise-t-il plus que l'autre le
crédit particulier (1)?

---

(1) Depuis la seconde édition de cet ouvrage, la question
qui nous occupe a encore été diversement jugée.

La cour d'Orléans a jugé le 1er décembre 1836 (Sirey, 37,

611. Ce que je viens de dire au numéro précédent me conduit à conclure ici que la femme, avertie qu'un acquéreur des biens de son mari veut les purger de son hypothèque légale, peut prendre toutes les mesures conservatoires pour que cet acquéreur ne fasse pas de paiemens à son préjudice aux créanciers de son mari qui lui sont postérieurs en hypothèque. — Elle peut donc se présenter à l'ordre pour être colloquée à son rang, et faire valoir ses droits hypothécaires, sans qu'il y ait séparation de biens. Cela peut très-bien se concilier avec les principes; car il ne s'agit ici que de mesures conservatoires.

Si la femme peut se présenter à l'ordre sur le prix d'un immeuble volontairement vendu par son mari, elle peut de même se présenter à l'ordre sur le prix des immeubles vendus par expropriation forcée.

612. Ici se présente une question des plus graves. Elle consiste à savoir si lorsqu'une femme est

2, 89. Dalloz, 37, 2, 89), que la femme ne peut exiger une collocation *actuelle* avant d'avoir réellement acquitté l'obligation de ses propres deniers, alors surtout qu'on offre de donner caution pour le cas où elle serait dans la suite obligée de payer.

La doctrine contraire a été consacrée par un arrêt de Paris du 26 août 1836 (Dalloz, 37, 2, 89. Sirey, 36, 2, 548).

Et par un arrêt de Bordeaux du 12 mai 1837, rapporté au journal des arrêts de cette cour (année 1837, p. 305) ; mais dans l'espèce de ce dernier arrêt, les créanciers postérieurs à la femme n'offraient pas de donner caution pour la garantie des poursuites du créancier envers lequel elle s'était solidairement obligée avec son mari.

mariée sous le régime dotal, et que son mari
aliène sa dot immobilière, elle peut *constante ma-*
trimonio, soit qu'il y ait séparation de biens ou
qu'il n'y en ait pas, laisser dormir l'action révocatoire de l'aliénation du fonds dotal, et se faire colloquer sur le prix des immeubles de son mari, vendus à la requête de ses créanciers, jusqu'à concurrence de la valeur de ses biens dotaux aliénés.

Cette question partage les tribunaux et les jurisconsultes.

Un arrêt de la cour de cassation, du 24 juillet
1821 (1), a décidé que la femme était maîtresse
de choisir à son gré l'action hypothécaire, ou la
revendication. En voici le texte :

« Vu la loi 3o, au C. *De jure dotium*, et les art.
» 2121, 2135 et 2195 du Code civil; considérant
» que, par leur contrat anténuptial du 8 floréal
» an 9, les mariés de Croy-Chanel ont stipulé que,
» quant à leur mariage, ils ne seraient réglés que
» par les lois du pays de droit écrit; que la loi ro-
» maine donne à la demanderesse, à raison de ses
» biens dotaux aliénés, et l'action révocatoire des-
» dits biens, et l'action hypothécaire sur les biens
» de son mari, afin que, comme s'en explique cette
» loi, la demanderesse ait à ce sujet toutes les ga-
» ranties possibles, *ut ei plenissimè consulatur ;* que
» le Code civil, sous l'empire duquel la deman-
» deresse a exercé son action hypothècaire, lui a
» lui-même conservé cette action de la manière la

(1) C'est celui que j'ai cité au numéro précédent. Dalloz,
Hyp., p, 141.

» plus formelle; l'art. 2121 accorde à la femme le
» premier rang entre les hypothèques légales;
» l'art. 2135 fixe la date de l'hypothèque de la dot
» au jour du mariage, et la dispense de l'inscrip-
» tion; l'art. 2195 fait défense à l'acquéreur des
» biens du mari, de faire aucun paiement à des
» créanciers qui n'auraient pas une hypothèque
» antérieure à celle que la femme aurait fait con-
» naître lui appartenir.

» Considérant que ces articles sont communs
» aux femmes mariées sous le régime dotal et à
» celles mariées en communauté, le Code civil n'ex-
» primant et n'indiquant même aucune distinc-
» tion entre elles, respectivement aux hypothèques
» qu'il accorde aux femmes sur les biens de leurs
» maris; que la femme qui se présente à un ordre
» ouvert sur le prix des biens de son mari, vendus
» par expropriation, constate ses droits aussi léga-
» lement que celle qui s'inscrit après une vente
» volontaire, lorsque l'acquéreur, voulant purger,
» a instruit la femme personnellement de l'acqui-
» sition par lui faite, et a rempli toutes les forma-
» lités exigées par l'art. 2194 du Code civil; que,
» dans l'un comme dans l'autre cas, aucun paie-
» ment ne peut être fait ni ordonné au profit des
» créanciers qui, n'ayant pas d'hypothèque anté-
» rieure à la sienne, ne peuvent être colloqués en
» ordre utile avant elle; que si les circonstances sont
» telles, que la femme ne puisse être actuellement
» autorisée à recevoir, ce n'est pas une raison pour
» ne pas la colloquer à son rang, et pour distribuer,
» à son préjudice, à des créanciers postérieurs, les

» fonds sur lesquels elle doit être préférée ; qu'alors
» c'est aux tribunaux, après avoir colloqué la femme
» au rang que la loi lui assigne, à pourvoir à ce que
» les fonds lui soient conservés , jusqu'à l'instant
» où elle pourra les recevoir et en donner quit-
» tance valable, soit en autorisant l'acquéreur à les
» retenir dans ses mains, soit en ordonnant tout
» autre emploi qui mette en sûreté la créance de
» la femme ; de tout quoi il résulte que la cour
» d'Amiens, qui a refusé de colloquer la deman-
» deresse, et qui a approuvé la distribution du
» prix de l'immeuble vendu sur le mari, entre des
» créanciers qu'elle prime par l'autorité de son
» hypothèque, est contrevenue aux lois précédem-
» ment citées ; par ces motifs, casse et renvoie de-
» vant la cour de Rouen. »

Cette dernière cour adopta dans son entier ce
système de la cour de cassation (1). On cite aussi
dans le même sens, un arrêt de la cour de Nîmes
de 1824, que je crois inédit, un arrêt de la cour
de Grenoble du 30 juin 1825 (2), et un arrêt de
la cour d'Aix du 1er février 1826 (3).

M. Grenier s'est élevé contre cette jurispru-

(1) Arrêt du 28 mars 1823. Dalloz, Hyp., p. 141, note.

(2) Dalloz, 25, 2, 181. Il y a, dans le même sens, un arrêt
de la cour en date du 20 janvier 1832 (Dalloz, 32, 2, 96).

(3) Dalloz, 27, 2, 172. Et depuis un arrêt de la cour royale
de Pau du 31 décembre 1834 (Dalloz, 35, 2, 83. Sirey, 35,
2, 208); et un arrêt de Bordeaux du 21 août 1836 (Journal des
arrêts de cette cour, 1836, p. 583).

Voir aussi un arrêt de la cour de cassation du 27 juillet 1826
(Sirey, 27, 1, 246).

dence (1). Il soutient qu'elle porte atteinte à l'inaliénabilité de la dot; qu'elle renverse le régime dotal, en permettant de substituer une dot mobilière à une dot immobilière, et en exposant la femme aux chances de perte qui résultent de cette conversion; que la loi 3o au C. *De jure dotium* est inapplicable à la question, parce qu'elle a été rendue à une époque où le bien dotal pouvait être aliéné du consentement de la femme; qu'il faut chercher la raison de décider dans la loi unique au C. *De rei uxoriæ act.*, qui défend l'aliénation du fonds dotal, même avec le consentement de la femme; que, depuis cette loi, il n'a pas été permis à la femme de ratifier l'aliénation de son fonds dotal, en venant se faire colloquer sur une somme mobilière.

M. Grenier ajoute que le système de la cour de cassation est non seulement fatal pour la femme, qu'il expose à de grands périls, mais encore pour les créanciers, qui, sachant qu'une femme est dotée avec des biens qui ne peuvent périr, n'ont pas craint qu'elle eût à exercer un recours sur les biens du mari, et cependant se voient primés par elle contre toute attente, et lorsqu'elle peut réclamer le bien dotal aliéné.

Tel était le choc des opinions sur cette question importante pour les contrées où le régime dotal est encore si enraciné, lorsqu'elle s'est représentée devant la cour de Nîmes en 1826. Me Crémieux, qui avait plaidé lors de l'arrêt de 1824 et qui

(1) T. 1, p. 562, no 260.

avait succombé dans une première lutte, réunit en faveur de l'opinion de M. Grenier de nouveaux efforts, et cette fois il eut un plein succès. Car, par arrêt du 29 août 1826 (1), la cour de Nîmes, abandonnant la route tracée par sa première décision de 1824, et sur les conclusions conformes de M. Rousselier, conseiller auditeur, jugea que la loi qui assure l'inaliénabilité absolue du fonds dotal, ne permet pas à la femme de se faire colloquer pour sa dot immobilière sur le prix de biens vendus sur son mari (2).

Depuis, il est intervenu plusieurs arrêts conformes (3).

613. Au milieu de ce conflit, je crois qu'il est nécessaire de se livrer à quelques développemens pour arriver à une opinion exacte. Je serai quelquefois forcé de combattre ceux dont j'adopte le sentiment pour le fond. Mais quand je trouve un raisonnement qui me semble mauvais, je le repousse de quelque part qu'il vienne.

D'abord il faut bien se fixer sur le point qui doit faire l'objet de la discussion.

Nul doute qu'à la dissolution du mariage, la femme n'ait l'option entre l'action en revendication et l'action en collocation sur les prix des immeubles de son mari. A la mort du mari, l'asso-

_____

(1) Dalloz, 27, 2, 173.

(2) V. *Gazette des Tribunaux*, n° 287, 18 septembre 1826.

(3) Grenoble, 31 août 1827 (Dall., 28, 2, 144); 8 mars 1827 (Dall., 28, 2, 9); 3 juillet 1828 (Dall., 29, 2, 8); 12 janvier 1835 (Dall., 32, 2, 65. Sirey, 35, 2, 331). Caen, 5 décembre 1836 (Dall., 37, 2, 158. Sirey, 37, 2, 161).

ciation conjugale cesse d'exister; et le bien dotal rentre dans le commerce. La femme peut donc renoncer à son action en revendication : elle peut consentir à la ratification de la vente, et se faire indemniser sur le prix des biens à elles hypothéqués et saisis sur son mari (1).

Mais lorsque le mariage n'est pas dissous, lorsqu'il n'y a que séparation de biens, la dot reste inaliénable (2). C'est donc dans le cas où le mari est encore vivant, que la question de savoir si la femme peut opter entre sa chose même ou la valeur mobilière de cette chose, est de nature à mériter examen.

614. D'après la loi *Julia de adulteriis* (3), le mari ne pouvait vendre, sans le consentement de sa femme, le fonds dotal situé en Italie, et inestimé. D'après Justinien, la même prohibition n'existait pas pour l'immeuble dotal situé en province (4). Cependant Caïus représente ce point comme douteux (5).

La même loi Julia défendait d'hypothéquer le fonds dotal italien même avec permission de la femme. Elle s'était montrée plus sévère à cet

---

(1) Despeisses, t. 1, p. 277, n° 3.

(2) Olea, *De cessione jurium*, t. 3, p. 7, n° 22. Donadeus, *De renuntiat.*, cap. 21, n₀ 40. Cassat., 19 avril 1819. Sirey, 20, 1, 19; et 18 mai 1830 (Sirey, 30, 1, 266). Arrêt de Bordeaux du 26 février 1835 (Journal des arrêts de cette cour, 1835, p. 170).

(3) Paul. Sent., lib. 2, t. 21. Caïus, Inst., lib. 2, n° 63.

(4) *Inst. quib. alienare licet.*

(5) *Loc. cit.* M. Ducaurroy, Inst., t. 1, p. 408, n° 504.

égard que pour l'aliénation ; car elle supposait que les femmes consentiraient bien plus facilement à hypothéquer leurs biens qu'à les vendre. « Et ratio » diversitatis hæc est (dit Cujas) (1), quia faciliùs » mulier consentit obligatorem fundi dotalis, » quàm alienationi. »

Mais Justinien fit disparaître toutes ces différences entre l'aliénation et l'hypothèque, **entre le** fonds italien et le fonds provincial; il ne voulut pas que le fonds dotal italien ou provincial pût être aliéné ou hypothéqué, même avec le consentement de la femme (2).

Ceci posé, voyons ce qui avait lieu par le droit romain relativement à l'hypothèque légale de la femme.

J'ai dit ci-dessus (3) que, d'après l'ancien droit, la femme n'avait qu'un privilége *inter creditores personales*. Elle n'avait pas d'hypothèque légale sur les biens de son mari : si elle voulait en avoir une, il fallait qu'elle la stipulât; et cette hypothèque conventionnelle ne jouissait du privilége du temps, que suivant le droit commun.

Mais Justinien réforma cette jurisprudence, par la loi 30 au C. *De jure dotium*, il donna d'abord à la femme une hypothèque tacite et privilégiée *sur son fonds dotal*, soit qu'il fût estimé ou non, ou bien une action réelle pour le revendi-

---

(1) Récit. solen. sur le § dernier de la loi unique. C. *De rei uxor. act.*

(2) L. unique, C. *De rei uxor. act.* Cujas, *loc. cit.*

(3) N° 417.

quer comme sien. Puis par la loi unique au C. *De rei uxor. act.* et la loi *assiduis* C. *Qui potiores*, il donna une hypothèque légale à la femme *sur tous les biens de son mari*, et il voulut que cette hypothèque fût préférable à celle de tous les créanciers antérieurs.

Ces notions étaient indispensables à rappeler pour saisir le sens des lois qui font l'objet de la controverse.

615. Examinons d'abord la loi 30 au C. *De jure dot.*, dont je viens de parler.

La cour de cassation voit dans cette loi deux droits donnés à la femme, l'un pour réclamer sa dot par l'action en revendication, l'autre pour se faire indemniser de sa dot *sur les biens de son mari à elle hypothéqués.*

Mais c'est là une erreur contre laquelle on ne saurait trop s'élever (1).

En effet, la loi 30 au C. *De jure dot.* ne donne à la femme aucun droit sur les biens de son mari. Soit qu'elle parle de l'action en revendication, soit qu'elle parle de l'action hypothécaire, c'est toujours sur les biens mêmes composant la dot de la femme que le recours de celle-ci est limité.

Qu'on ne trouve pas extraordinaire que cette loi donne à la femme une hypothèque sur son propre bien dotal. D'après les principes du droit romain, la dot estimée était censée appartenir au mari; bien plus, d'après la subtilité du droit, la dot même inestimée passait dans le domaine du

_____

(1) M. Dalloz est tombé dans la même erreur, 28, 2, 9, note.

mari. Sous ce rapport, on pouvait penser que la femme avait besoin d'une hypothèque tacite pour ne pas perdre ses droits ; ainsi rien de contraire à la règle *res sua nemini hypothecari potest*. Mais, d'un autre côté, la femme étant propriétaire de sa dot *naturaliter*, comme le dit la loi 3o, la fiction du droit ne pouvait détruire la vérité des choses. L'action en revendication devait donc lui appartenir.

Ainsi, veut-on suivre la subtilité du droit d'après laquelle le mari est censé propriétaire de la dot ? la femme aura l'action hypothécaire pour la recouvrer. Veut-on suivre la nature des choses qui veut que la femme soit propriétaire de ce qu'elle a apporté à son mari, et qu'il doit lui restituer ? alors elle aura l'action en revendication. De sorte que, de quelque manière qu'on veuille considérer le droit de la femme, elle aura toujours un recours assuré, *ei plenissimè subvenietur*. Elle pourra reprendre sa dot inestimée ou estimée, soit par l'action hypothécaire, soit par l'action en revendication. Nul créancier du mari, même antérieur au mariage, et auquel le mari aurait hypothéqué ses biens présens et à venir, ne pourra prétendre lui être préféré sur les biens composant cette même dot. Tel est le sens que donnent à la loi 3o, Bartole (1), Godefroy (2) et Cujas (3).

(1) Sur cette loi.
(2) *Idem.*
(3) Récit. solen., *De jure dotium*, au Code.

Mais la femme pourra-t-elle, d'après la même loi 3o, prétendre une hypothèque légale sur les autres biens de son mari, comme l'a avancé la cour de cassation? Écoutons Cujas, *loc. cit.* « Hoc ergo » *privilegium*, lex *in rebus* 3o dat TANTUM *in ipsis* » *rebus dotalibus, sive estimatæ sint, sive inestimatæ* » *sint.* » Et plus bas : « Et hoc quidem *de rebus* » *dotalibus*, ut in eis mulier habeat privilegium et » inter personales et inter reales actiones. An idem » habeat etiam *in aliis bonis mariti? Minimè*, quod » jam antè docui. Non habuit in aliis bonis mariti » antè legem ultimam infrà *qui potior. in pignore*, » et constitutionem unic. Cód. *de rei uxor. act....* » verùm posteà Justinianus in const. tituli se- » quentis (leg. unicâ C. *de rei uxor. act.*) quæ est » posterior legi *ubi* C. de jure dot., amplificavit » mulierum privilegia et dedit mulieribus tacitam » hypothecam *in aliis omnibus bonis mariti*, dotium » eis conservandarum causâ; in leg. ult. C. *qui* » *potior in pignor.*, dedit etiam mulieribus privile- » gium in eis hypothecâ tacitâ persequendis, ut » præponerentur omnibus creditoribus hypothe- » cariis etiam antiquioribus, etc. »

Ainsi il est bien entendu que, par la loi 3o, la femme n'avait aucune hypothèque légale sur les biens propres de son mari; qu'elle ne pouvait agir que sur les biens composant sa dot. Comment donc la cour suprême a-t-elle pu se fonder sur cette loi pour décider qu'une femme pouvait par droit d'hypothèque se faire colloquer sur le prix des biens propres de son mari? L'arrêt de la cour de cassation, du 24 juillet 1821, pèche donc dans cette partie. Mais une mauvaise raison ne doit pas nuire à une bonne cause, et l'on verra plus tard que son arrêt est pour le fond à l'abri de la critique.

Quant à la loi unique C. *De rei uxor.*, § 1, on n'y trouve absolument rien de décisif en faveur du système embrassé par la cour de cassation. Justinien se borne dans ce § à donner à la femme une hypothèque légale sur les biens de son mari. Il en est de même de la loi *assiduis;* elle ajoute à l'hypothèque générale et tacite le privilége de l'antériorité sur tous les créanciers plus anciens; mais elle garde le silence sur l'option accordée à la femme par la cour de cassation.

Du reste, il ne faut pas dire avec Mᵉ Crémieux devant la Cour de Nîmes que la loi unique C. *De rei uxor. act.*, § dernier, qui prononce l'inaliénabilité du fonds dotal, a par cela même abrogé la loi 30, C. *De jure dot.*, qui donne l'action hypothécaire à la femme sur ce même fonds dotal. Ces deux lois se coordonnent parfaitement dans le même système, et Justinien les considérait comme si peu abrogées l'une par l'autre, qu'il les rappelle toutes deux dans la loi *assiduis* C. *Qui potior*, § 1 (1). C'est pourquoi Cujas en commentant le § dernier de la loi unique au C. *De rei uxor. act.*, et en rappelant tous les droits dont la femme est investie, dit que dans le dernier état de choses elle avait une hypothèque *in rebus ipsis dotalibus*, et sur tous les biens de son mari (2). Or n'était-ce

(1) V. glose de Godefroy, note *n.*
(2) V. ce passage de Cujas, *infrà*, n° 616.

pas la loi 3o au C. *De jure dot.* qui donnait à la femme une hypothèque *in rebus ipsis dotalibus ?* Donc cette loi n'était pas abrogée par la loi unique au C. *De rei uxor.*

616. Je viens à la loi 29 au C. *De jure dot.*, qui rentre plus directement dans notre question, puisquelle parle du cas où la femme demande pendant le mariage que sa dot soit mise en sûreté, *marito vergente ad inopiam.*

« Lors, dit-elle, que pendant le mariage le mari est réduit *ad inopiam*, et que la femme veut mettre ses intérêts à couvert, elle peut s'emparer des choses qui lui ont été hypothéquées (*res sibi suppositas*) pour dot, donation anténuptiale, et extradot. Si un créancier *postérieur* du mari l'actionne en justice, elle le repoussera par le secours d'une exception (car, dit Godefroy, *possidenti datur exceptio*). Elle peut même agir contre les tiers détenteurs de biens appartenant à son mari, et c'est en vain que ceux-ci lui opposeront que le mariage n'est pas dissous ; car elle pourra exercer l'action revendicatoire sur tous les créanciers du mari postérieurs à elle, comme elle aurait pu le faire à la dissolution du mariage : néanmoins la femme ne pourra pas vendre ces choses tant que son mari sera vivant et que le mariage subsistera : mais elle se servira des fruits pour nourrir elle, son mari et ses enfans. A la dissolution du mariage, le mari et la femme pourront faire valoir leurs droits sur la dot et la donation anté nuptiale, conformément au contrat de mariage. »

Quelques réflexions sont nécessaires ici.

Remarquons d'abord que, dans cette loi, Justinien ne parle que d'une hypothèque conventionnelle. Car à cette époque l'empereur n'avait pas encore créé l'hypothèque tacite et générale de la dot. C'est la remarque de Cujas (1), in leg. *ubi* C. *De jure dot.* : « *Res viri suppositas* opportet intelli-» gere ex *conventione* obligatas, quia nondùm erat » tacita hypotheca, et Justinianus nondùm dederat » tacitam hypothecam mulieribus. »

On doit observer encore que cette hypothèque conventionnelle dont parle la loi 29 *ubi* n'a que le privilége du temps ; car Justinien ne donne de préférence à la femme que sur les créanciers du mari postérieurs. C'est encore la remarque de Cujas, *loc. cit.*

Mais il faut dire que depuis que l'empereur Justinien eut accordé aux femmes une hypothèque tacite et privilégiée, les dispositions de la loi 29 sont devenues applicables, même lorsqu'il n'y avait pas d'hypothèque expresse consentie par la femme, et que celle-ci a pu s'en prévaloir contre des créancier plus anciens.

Ainsi la loi 29, combinée avec les lois postérieures, fait précisément ce que mal à propos on a cru trouver dans la loi 30. Elle donne à la femme le droit d'agir, *constante matrimonio*, sur les biens à elle hypothéqués.

Ceci posé, examinons les conséquences de la loi 29. La femme peut se mettre en possession des biens que son mari lui a hypothéqués pour ses

(1) Récit. solenn. sur le Code *De jure dotium.*

apports matrimoniaux (1). C'était le premier effet de l'exercice de l'hypothèque chez les Romains; car le créancier qui voulait profiter de l'hypothèque devait d'abord se faire mettre en possession de la chose hypothéquée (2) : ce n'était qu'après avoir été mis en possession, et après certain délai et certaines formalités, qu'il pouvait faire vendre la chose.

Voilà donc la femme en possession. Mais pourra-t-elle faire comme tous les autres créanciers hypothécaires? Pourra-t-elle faire vendre le fonds hypothéqué, ce qui est le but de toute hypothèque? Non, elle ne le pourra pas. « Ità tamen, ut eadem » mulier nullam habeat licentiam eas res alienandi, *vivente marito et matrimonio inter eos constituto*, » sed fructibus earum ad sustentationem tam suî, » quàm mariti, filiorumque, si quos habet, abu-» tatur. »

Ce sont les propres expressions de la loi 29 *ubi*, quoique, à cette époque, la loi unique au C. *de rei uxor.*, qui défend l'aliénation de la dot, n'eût pas été publiée, et que la femme pût, dans certains cas, consentir à l'aliénation de sa dot.

Et c'est de cela que le président Favre conclut avec raison que cette hypothèque de la femme,

---

(1) Favre, Code *De jure dotium*, déf. 35. « Mulier quæ, » *marito ad inopiam vergente*, ut sibi pro dote cautum esset, » egerat, et partem *bonorum mariti à tertiis possessoribus* ex » eâ causâ vindicaverat.» Et définit. 11. « Jus dotis est inter » cætera, ut eo nomine possit mulier bona mariti retinere....., » cùm habeat illa jure pignoris obligata. etc.»
(2) *Suprà*, n° 16.

dans ce cas spécial (1), ne renferme pas la même condition que les autres hypothèques, c'est-à-dire que *le bien sera vendu si l'argent dû n'est pas payé* (2).

Quel pouvait être le motif de cette exception à la règle générale?

C'est parce qu'on ne voulait pas que la femme reçût des deniers dont la dissipation est facile. « Fragilis enim et lubrica res est *pecunia* quæ facilè » perire potest (3). » C'est parce qu'on croyait que ses droits seraient mieux assurés avec des biens immobiliers produisant des fruits.

Aussi Favre assure-t-il (4) que si une femme eût consenti à recevoir sa dot en argent, dans le cas de séparation de biens pour cause de déconfiture du mari, cela eût été un motif suffisant pour qu'elle se fît restituer en entier. Car ce sont des biens immobiliers que la femme doit recevoir, et pas de l'argent. « Superioribus consequens est ut, sive » mulier ipsa consenserit ut, *constante matrimonio,* » dos in *pecuniâ reddatur,* non debeat ea res nocere » mulieri, at potiùs justam præbeat causam resti-» tutionis in integrum, etc. »

De plus, et par une nouvelle conséquence de

(1) Les praticiens appelaient l'exercice de ce droit *Assecu-ratio dotis vel indemnitas dotis.* Favre, C. *De jure dot.,* déf. 2, et passim.

(2) Favre, C. *De jure dotium,* lib. 5, t. 7, déf. 2, n₀ 7, et déf. 3.

(3) L. 79, § 1, *De leg.* 3. L. 22, C. *De adm. tutor.* Favre, C. *loc. cit.,* déf. 2, note 6.

(4) Déf. 3, *loc. cit.*

ces idées, on tenait pour opinion commune que les créanciers du mari ne pouvaient user, dans le cas de séquestration des hypothèques de la dot, du droit d'offrir, c'est-à-dire du droit qui permettait au créancier postérieur de se faire abandonner le gage par le créancier antérieur en payant à celui-ci le montant de ce qui lui était dû (1). Car c'eût été, contre les dispositions de la loi 29, mettre dans les mains de la femme une somme d'argent périssable à la place d'un fonds de terre. Je sais bien que tel n'était pas le sentiment de Fachinée (2); mais ce juriste convient lui-même qu'il n'est pas de l'avis du plus grand nombre, en soutenant que les créanciers avaient le droit d'offrir.

Ainsi, quand même une femme n'aurait eu qu'une dot mobilière, elle n'aurait pu, d'après les lois romaines, et la jurisprudence attestée par le savant président du sénat de Chambéry, se la faire payer en argent : il fallait qu'elle se fît mettre en possession des biens de son mari à elle hypothéqués, jusqu'à concurrence de son apport, pour les détenir à titre de garantie et en percevoir les fruits, sans qu'il pût vendre ces biens. L'on sait combien à plus forte raison cela devait avoir lieu lorsque la dot de la femme consistait en immeubles que le mari s'était permis d'aliéner. Évidemment elle ne pouvait prendre de l'argent en nantissement.

Mais il n'en est pas moins vrai aussi que dans ce cas la femme pouvait ne pas demander, *constante*

---

(1) Favre, C. lib. 5, t. 7, déf. 2, et passim *in hoc tit.*
(2) Controv., lib. 3, cap. 100.

matrimonio, la révocation de la vente du fonds dotal ; qu'elle pouvait exiger qu'on la mît en possession d'une portion suffisante des biens de son mari. C'est ce qui résulte fort clairement de ce passage de Cujas : « Data est mulieri (ut docuit l. » unica C. *de rei uxor. act.*) *pro fundo dotali* (1) *et* » *pro dote totâ, quâcumque in re consistat,* tacita » hypotheca, et in rebus ipsis dotalibus (2), et in » omnibus rebus mariti ipsius, ut beneficio tacitæ » hypothecæ, alienatum vel obligatum fundum » dotalem, etiamsi ipsa consenserit, *vel quò is* » *fundus ei salvus sit,* bona omnia mariti consequi » possit (3). » Ce passage contient un grand sens, et pour me servir des expressions employées quelque part par son auteur (4), je pourrais dire qu'il est « *plenissimus juris* ». J'y reviendrai dans le cours de cette discussion.

Voilà donc la femme qui a droit de négliger l'action en revendication pour poursuivre les biens de son mari « *quò fundus dotalis ei salvus sit.* » Cette décision de Cujas ne laisse pas de place à l'équivoque.

Dira-t-on que c'est favoriser l'aliénation du fonds

---

(1) *Pro fundo dotali !* Donc l'hypothèque a lieu non seulement pour des sommes dotales, mais encore pour le fonds dotal.

(2) *In ipsis rebus dotalibus !* Donc la loi 30, au C. *De jure dot.,* qui accorde à la femme une hypothèque *in ipsis rebus dotalibus,* n'est pas abrogée par la loi unique au C. *De rei uxor. act.*

(3) Récit. solenn., C. *De rei uxor. act.,* § dernier, col 1.

(4) Récit. solenn. sur le C. *De jure dotium.*

dotal que Justinien avait interdite par le § final de la loi du C. *De rei uxor. act.?*

Mais si la doctrine de Cujas avait ce résultat, pourrait-on supposer que cet esprit profond et lumineux s'y fût abandonné précisément en commentant ce § de la loi qui prohibe l'aliénation du fonds dotal !!!

Ensuite, comment ne fait-on pas attention que ce dépôt des biens du mari donné à la femme, sans qu'elle pût les aliéner et pour qu'elle pourvût à sa subsistance et à celle de ses enfans, ne la privait pas du droit de réclamer sa dot en nature? En effet, la loi 29 dans sa disposition finale porte : « Ipsis etiam marito et uxore post matri-
» monii dissolutionem super dote et ante nuptias
» donatione, pro dotalium instrumentorum te-
» nore, *integro suo jure potituris.* »

617. Si je passe à la jurisprudence française, je trouve que nous n'avons jamais admis cette mise en action de l'hypothèque dont parle la loi 29. Chez nous l'hypothèque n'a de tout temps produit d'autre droit que celui de faire vendre, après la saisie de justice, le bien hypothéqué.

D'où il suit que si une femme eût apporté à son mari une dot mobilière, et que celui-ci fût tombé en déconfiture, sa femme pouvait se faire colloquer pour le montant de sa dot sur le prix des immeubles saisis sur son mari (1). Seulement on ordonnait que le montant de la collocation accor-

(1) *Infrà*, nº 618, une espèce jugée par le parlement de Provence.

dée à la femme serait placé d'une manière sûre, afin qu'elle en pût toucher les intérêts sans avoir la possibilité d'en dissiper le capital (1).

Mais lorsque la femme apportait à son mari une dot immobilière, c'est-à-dire *inaliénable*, et que le mari se permettait de la vendre, on ne voit pas que la femme ait jamais pu abandonner *définitivement* en France, pas plus que dans le droit romain, son droit à revendiquer sa dot, et préférer *définivement aussi* à son immeuble une collocation mobilière. C'eût été tolérer directement l'aliénation de la dot *pendant le mariage*, et violer la loi unique au C. qui faisait loi dans les pays de droit écrit. Si les femmes ont obtenu des collocations sur le prix des immeubles du mari vivant, mais obéré, ce n'a jamais pu être qu'à titre de collocation provisoire. Envisagée sous ce point de vue, la collocation ne consacrait pas l'aliénation de la dot. La femme conservait toujours le droit de faire révoquer l'aliénation. Sa collocation n'était qu'une garantie de plus pour mettre à couvert ses droit : *quò fundus dotalis ei salvus sit*, comme disait Cujas. On sent que dans beaucoup de cas, il pouvait être utile à la femme de prendre des sûretés : quelquefois le fonds dotal avait été l'objet de dégradations majeures dans les mains d'un tiers acquéreur dissipateur et mauvais père de famille. Le reprendre dans cet état, ce n'eût pas été un moyen d'assurer la subsistance de la mère, de son mari, de ses enfans. La collocation sur le prix

(1) Boniface, vol. 1, t. des Dots.

des biens vendus du mari, venait au secours de la femme, et mettait entre ses mains un capital que l'on plaçait avec sûreté, et qui en même temps qu'il lui procurait des revenus annuels et fixes, lui garantissait qu'elle pourrait plus tard rentrer dans son fonds dotal sans perte. Quelquefois aussi le fonds dotal aliéné avait reçu entre les mains de l'acquéreur des améliorations considérables, des impenses qu'il était impossible à la femme de rembourser sur-le-champ ; son action en revendication se trouvait paralysée. En attendant, les biens de son mari étaient mis en vente et adjugés. Fallait-il que, privée de la possibilité actuelle de réclamer son fonds dotal, elle vît le prix des biens du mari distribué à ses créanciers, sans qu'elle y prît part? Non sans doute. Elle se faisait colloquer pour la valeur de son fonds dotal aliéné, et elle jouissait de cette collocation tant que les mêmes obstacles s'opposaient à la revendication de son fonds dotal. Mais aussi long-temps que durait le mariage, elle pouvait reprendre sa dot en abandonnant sa collocation, parce que la dot était inaliénable pendant la durée du mariage. Ce n'était qu'à la dissolution du mariage qu'elle pouvait faire en faveur de la collocation en argent une option définitive, parce qu'alors seulement sa dot cessait d'être placée hors du commerce.

On voit que ce système était absolument celui du droit romain, si ce n'est en ce qui concerne la vente du fonds hypothéqué, qui devait nécessairement avoir lieu en France dans les principes du régime hypothécaire, tandis qu'à Rome on

avait voulu que la femme en conservât la possession et ne pût l'aliéner.

618. Je crois avoir retracé avec fidélité l'esprit
de l'ancienne jurisprudence : c'est, ce me semble,
faute de l'avoir bien saisi, qu'on s'est livré à des réflexions chagrines qui tombent dans la déclama-
tion. Il me reste à justifier par des autorités ce que
je viens d'avancer.

Écoutons cette espèce retracée par Boniface :

La femme Rostagne, se mariant avec Goiran, se
constitua en dot 900 livres en argent, et le bois
de Pin, lequel fut vendu en 1615 par Goiran à
Feautrier et Spagnet. En 1618, les affaires de Goiran s'étant dérangées, la femme Rostagne se fit
colloquer sur les biens de son mari pour la somme
de 900 fr., et demanda sa mise en possession sur
le bois de Pin; mais Feautrier et Spagnet s'y opposèrent. La femme Rostagne garda le silence jusqu'en 1628. Alors ayant fait estimer le bois de Pin
à 7000 fr., elle se fit colloquer pour cette somme
sur les biens qui restaient à son mari. Mais en l'année 1637, Goiran père céda à son fils une partie
des biens sur lesquels portait la collocation de sa
femme, et cela pour le remplir des sommes qu'il
lui avait données par son contrat de mariage. Il
mourut en 1643. La femme Rostagne se pourvut
alors pour être mise en possession du bois de Pin,
comme étant un fonds dotal et par conséquent
inaliénable, et elle se rendit appelante de la sentence du lieutenant qui lui avait permis de se colloquer sur les biens de son mari pour 7,000 fr.,
désavouant toute la procédure, comme faite par

son mari *en usurpant son nom.* — Elle disait que la conséquence de cette collocation serait de faire considérer le fonds dotal comme aliénable, contre la disposition du droit. Mais qu'il fallait dire que les collocations faites par les femmes, *marito vergente ad inopiam, ne sont que pour leur assurance, et ut se suosque alant ; qu'après la mort du mari elles pouvaient renoncer à leurs collocations, et prendre leur fonds dotal.* Elle répondait par là au moyen que l'on tirait contre elle de la maxime, *electâ unâ viâ*, etc. — Par arrêt du 14 novembre 1644, la possession du fonds dotal fut donnée à la femme Rostagne (1).

L'usage des parlemens de ne pas motiver leurs décisions ne permet pas de savoir si la prétention de la femme Rostagne fut admise par la raison que la procédure en collocation avait été faite à son insu, ou bien par la raison que la collocation n'était qu'une assurance provisoire, que la femme pouvait abandonner pour reprendre son fonds. Il y a cependant lieu de croire que c'est ce dernier motif qui dut prévaloir dans l'esprit des juges, parce que d'abord il est fondé sur la disposition expresse de la loi 29 au C. *de jure dotium;* parce qu'ensuite regarder comme définitive l'option des femmes pour l'action hypothécaire, c'eût été amener par un chemin détourné à l'aliénation de la dot.

J'ose donc croire que j'ai été dans les vrais principes dans ce que j'ai dit ci-dessus.

(1) Boniface, vol. 1, p. 370. Liv. 6, t. 2.

619. Je m'attends, toutefois, qu'on va m'opposer Despeisses, qui dit en toutes lettres que la femme, ayant une fois demandé d'être allouée sur les biens de son mari, ne peut plus ensuite être admise à révoquer l'aliénation de son fonds dotal. Mais je suis moi-même pressé de citer cet auteur : d'abord, parce qu'il ne dit rien de contraire à mon opinion, et qu'il suffit de prendre sa pensée sous son véritable point de vue pour en être convaincu; ensuite parce que les partisans de la collocation de la femme pendant le mariage se sont servis de l'opinion de Despeisses pour appuyer la leur, quoique cet auteur ne traite pas du tout la question (1). C'est ce que je dois faire remarquer, quoique je sois un des partisans de la collocation : mais comme je ne cherche que la vérité, je ne veux pas qu'elle se présente avec de fausses citations.

« La femme, dit Despeisses, ne peut être con» trainte de faire cette révocation, même du fonds » dotal inestimé, qui a été aliéné par le mari : mais » elle a le choix ou de révoquer ladite aliénation, » ou bien de demander le prix qui a été reçu par » son mari. Ranchin, *ad cap.* Raynut, *in verbo* » *cujus bona*, n° 43. Comme il a été jugé en la cham» bre d'édit de Béziers au rapport du sieur Ranch, » le 26 avril 1627, entre Balthasar Dardaillon et

(1) Voyez le plaidoyer de Me Devèze-Biron devant la cour de Nîmes (*Gazette des Tribunaux*, loc. *suprà cit.*). Je m'étonne que Me Crémieux, son adversaire, ait regardé la citation comme concluante. Il pouvait se donner facilement l'avantage de prouver qu'elle n'était pas applicable.

» les créanciers de Pierre Deshours, qui voulaient
» empêcher que Jean Deshours, héritier de Claude
» de la Jonquière, femme dudit Pierre Deshours,
» ne demandât le prix, sachant bien que pour ce
» prix il serait préféré à eux, et le voulaient obli-
» ger de faire telle révocation. Le semblable a été
» jugé en ladite chambre le 28 août 1637, en l'af-
» faire de la distribution des biens de Michel La-
» val, habitant de Montpellier, et le 1ᵉʳ septembre
» 1637. *Arg. L. Si mulier*, 31, *ad S. C. Vellejan,*
» Car puisque Justinien en la loi *in rebus* 30, C.
» *De jure dot.* donne à la femme *sur les biens do-*
» *taux*, soit estimés, soit inestimés, l'action de
» vindication, et hypothécaire, èsquelles il la rend
» préférable à tous créanciers antérieurs du mari,
» il s'ensuit qu'ayant non seulement la vindication
» pour demander sa chose, mais aussi l'hypothé-
» caire pour demander le prix; elle a le choix de
» demander ou le prix ou la chose..... Mais la
» femme ayant une fois démandé d'être allouée
» *sur les biens de son mari*, en cas d'insuffisance des
» biens d'icelui, ne peut plus révoquer l'aliénation.
» Jugé à Castre le 1ᵉʳ septembre 1637 (1). »

Tout ce § de Despeisses ne traite que du cas où
la femme ou ses héritiers demandent la restitution
de la dot, *soluto matrimonio.* Le chapitre d'où il
est extrait est intitulé : « *De la restitution de la dot*
» *après la dissolution du mariage.* » Dans l'espèce
retracée par l'auteur, Jean Deshours faisait valoir
les droits de sa mère décédée : donc le mariage

(1) T. 1, p. 277, n° 3.

était dissous. Mais dans ce cas, et lorsque la **dot** est devenue aliénable, qui a jamais pu contester à la femme, ou à ses représentans, le droit de ratifier l'aliénation et de préférer une collocation mobilière ? On conçoit que si alors elle fait son option, cette option est définitive, comme le dit Despeisses, et comme je l'ai dit moi-même à la fin du n° 617, parce qu'alors tous les droits de la femme sont ouverts, et que, pouvant choisir, on peut lui opposer avec succès la maxime *electâ unâ viâ*, etc.

Mais telle n'est pas notre question. Nous plaçons la femme dans un cas où sa dot est encore inaliénable, et où une option définitive consacrerait l'aliénation de la dot. En voilà assez pour prouver que l'opinion de Despeisses ne peut être invoquée, et qu'elle est tout-à-fait inapplicable.

620. Il faut voir maintenant ce que le Code civil a décidé sur cette question.

D'abord le fonds dotal est inaliénable comme sous le droit romain, et le consentement de la femme ne peut modifier le principe fondamental posé par l'art. 1554 du Code civil.

La femme n'a plus besoin de l'hypothèque sur son fonds dotal telle que la lui avait accordée la loi 30 au C. *De jure dotium*, parce que l'art. 1552 du Code civil a fait disparaître les subtilités que le droit romain tirait du droit de propriété que la mari avait sur la dot. Ainsi, la revendication suffit à la femme.

Mais, de même que par le droit romain, la femme a une hypothèque générale et tacite sur tous les biens de son mari, pour *sa dot* et conventions matrimoniales. Il semble donc que, si sa dot est aliénée par le mari, elle peut dans le cas où ses intérêts le lui conseillent, prendre la voie hypothécaire pour s'assurer qu'elle ne sera pas en perte.

Cette vérité devient plus palpable par l'art. 2195. Cet article, qui, comme le remarque la cour de cassation, s'applique au régime dotal comme au régime de la communauté, défend à l'acquéreur d'un bien du mari de faire aucun paiement du prix au préjudice de l'inscription que la femme doit prendre lorsqu'on remplit à son égard les mesures nécessaires pour le purgement de l'hypothèque légale. Cette prohibition ne dit-elle pas clairement que la femme peut dans tous les cas, même *constante matrimonio*, s'emparer, au préjudice des créanciers postérieurs du mari, de la somme nécessaire pour s'indemniser de la vente de son bien dotal?

621. M. Grenier, qui a senti la force de cette objection, croit s'en tirer par cette seule raison qu'il jette en avant comme une vérité incontestable : « Ici se présente, dit-il, une réflexion bien simple, » c'est qu'il est évident que ces articles s'appliquent » seulement au cas de l'hypothèque légale que la » femme exerce sur les biens de son mari, *pour sa* » *dot mobilière*, » et M. Grenier n'ajoute rien pour prouver sa proposition (1).

Mais je réponds que non seulement cette proposition n'est pas évidente, mais encore qu'elle

(1) T, 1, p. 572.

contient une erreur manifeste. En effet, l'art. 2135 donne à la femme une hypothèque légale pour *raison de sa dot et conventions matrimoniales.* L'article 2121 lui assure cette hypothèque légale *pour ses droits*, ce qui comprend tous les droits quelconques, savoir, les droits mobiliers ou immobiliers, de même que le mot *dot* comprend la dot immobilière comme la dot mobilière.

Si M. Grenier n'est pas satisfait de cette raison, qu'il me permette de lui fermer la bouche par l'autorité de son maître et du mien, du grand Cujas. *Data est mulieri pro* FUNDO *dotali, et pro dote* *totá*, QUACUMQUE IN RE CONSISTAT, *tacita hypotheca, et in ipsis rebus dotalibus et in omnibus rebus mariti ipsius* (1). J'ai déjà dit que ces termes ne laissaient pas de place à l'équivoque, et j'avais mes raisons pour cela, comme on le voit maintenant. Ainsi qu'on ne nous dise pas que cette opinion de Cujas se rapporte à un état de choses qui n'existe plus; qu'alors la dot pouvait être aliénée dans certains cas par le mari, etc. — Pas du tout : Cujas écrit précisément ces mots, en commentant la loi qui prohibe l'aliénation de la dot, même avec le consentement de la femme.

622. Maintenant quelle idée pouvons-nous nous faire de l'intérêt que M. Grenier cherche à jeter sur les créanciers postérieurs du mari? il les représente comme trompés par un recours de la femme auquel ils n'avaient pas lieu de s'attendre. Mais il faut répondre que les créanciers du mari ont dû

(1) Voyez ci-dessus n° 616, le passage entier.

craindre que la femme n'exerçât sa primauté sur eux pour le prix de sa dot aliénée, puisque la loi lui donne une hypothèque, positivement *pro fundo dotali*. Alors ils ont dû prendre leurs précautions.

Que diraient les créanciers si, à la dissolution du mariage, la femme, préférant une somme liquide à son fonds dotal, venait demander une collocation sur les biens du mari vendus pour la valeur de son fonds dotal aliéné? ils ne pourraient lui opposer aucune exception. Elle serait dans son droit : ils auraient dû prévoir cet événement. Pourquoi n'auraient-ils pas dû avoir la même prévoyance pour le cas où la femme demanderait sa collocation *constante matrimonio?*

623. Je n'ai plus rien à dire de cette raison donnée par M. Grenier et ses partisans, et qui est le fondement de sa thèse, savoir, que la faculté accordée à la femme de venir à l'ordre, contient une aliénation de la dot. Sous le Code civil, comme sous l'ancienne jurisprudence, et sous le droit romain, il doit être certain que la collocation de la femme n'a rien de définitif pour elle, *constante matrimonio;* qu'elle peut l'abandonner à la dissolution du mariage, ou même avant, et que ce n'est qu'après la mort de l'époux que, le fonds dotal étant devenu aliénable, la femme peut définitivement renoncer à sa dot, et en ratifier par conséquent l'aliénation.

On me demandera peut-être où je trouve cette explication écrite dans la loi? je répondrai qu'elle résulte du principe de l'inaliénabilité de la dot établie par le Code civil. Elle a été adoptée, au reste, dans un arrêt de la cour de Grenoble du 30 juin 1825, qui maintient un jugement du tribunal de Grenoble du 30 juin 1825 (1).

624. Que dirai-je des exagérations auxquelles on se livre pour représenter le système que j'adopte comme funeste aux intérêts de la femme?

On prétend que le prix du fonds dotal aliéné peut avoir été dissimulé par le mari au moyen de contre-lettres! « Une femme (dit M⁰ Crémieux en » commentant devant la cour de Nîmes l'opinion » de M. Grenier), une femme se constitue en » dot 100,000 fr. d'immeubles : le mari les vend » 60,000 fr., la femme viendra réclamer 60,000 fr. » sur les biens du mari. Voilà 40,000 fr. déjà dévorés. Elle emploiera les 60,000 fr. à d'autres » immeubles; le mari vendra de nouveau; la » femme optera de nouveau pour le prix. Deux » ou trois ventes successives auront consommé la » dot. »

Voilà bien des terreurs paniques! D'abord la femme, conservant toujours le droit de reprendre sa chose jusqu'à la dissolution du mariage, n'a pas à craindre de voir son fonds dotal dévoré, comme on le dit, par le résultat d'une collocation qui n'est pour elle qu'une garantie de plus.

Ensuite, pourquoi veut-on que la femme soit précisément bornée à réclamer le prix tel qu'il a été fixé entre l'acquéreur et son mari? Elle doit réclamer la valeur réelle de son immeuble d'après une juste estimation; car la femme ne doit pas

(1) Dalloz. 25, 2, 182.

perdre par le fait de son mari : c'est ainsi que, dans l'affaire retracée par Boniface et dont j'ai parlé ci-dessus, on voit que la femme Rostagne, voulant obtenir collocation, commença par faire estimer son bois du Pin aliéné.

625. Me Crémieux ajoutait à tous ces moyens une raison tirée de l'art. 2135 du Code civil.

« Cet article, dit-il, n'accorde d'hypothèque lé-
» gale à la femme que pour la remplir de ses pro-
» pres aliénés. Or, cette hypothèque ne se réfère
» qu'au régime de la communauté. Quant au prix
» des immeubles dotaux aliénés, l'article n'accorde
» aucune hypothèque : il ne le pouvait pas : il au-
» rait implicitement autorisé une aliénation qu'il
» voulait proscrire. »

Mais ce n'est encore là qu'un paralogisme.

Si l'article 2135 mentionne l'hypothèque de la femme pour remploi de propres aliénés, ce n'est pas pour refuser une hypothèque pour le prix de la dot aliénée. C'est parce qu'il fallait déterminer *la date* de l'hypothèque pour le remploi. J'ai dit *su-prà* pourquoi on avait fixé cette date au jour de la vente (1). J'ai dit aussi, au même lieu, pourquoi on n'avait pas fixé une date spéciale autre que celle du contrat de mariage, pour l'hypothèque à raison de l'aliénation du fonds dotal. Je crois de-voir maintenir ici tout ce que j'ai avancé. Ainsi ce n'est pas du tout le cas d'appliquer ici la maxime, *inclusio unius est alterius exclusio.*

626. Il est temps de résumer cette longue dis-sertation.

(1) *Suprà*, n° 589 *bis.*

Par le droit romain la femme avait l'action en revendication, ou bien l'action hypothécaire pour sa dot aliénée. Elle pouvait, suivant l'exigence des cas, laisser dormir, pendant le mariage, l'action en revendication, et se faire mettre en possession des biens de son mari jusqu'à concurrence de la valeur de sa dot, *quo fundus dotalis ei salvus sit.* A la vérité, elle ne pouvait pas faire vendre ces biens, et pousser jusqu'à leur dernière conséquence les effets de son hypothèque; mais c'était une exception que l'intérêt de la femme avait fait établir, et qui n'était pas incompatible avec le système hypothécaire des Romains. A la dissolution du mariage, la femme restait maîtresse de reprendre sa dot, et de renoncer à son envoi en possession dans les biens de son mari.

Dans l'ancienne jurisprudence française, les mêmes principes régnaient dans les pays de droit écrit, à la seule différence que, le régime hypothécaire français étant, sous beaucoup de rapports, différent du régime hypothécaire romain, la femme, au lieu de se mettre en possession des biens du mari, ne pouvait venir à collocation que sur le prix; mais l'on pourvoyait à ce qu'elle ne pût dissiper l'argent provenant de cette collocation, par des mesures salutaires. Du reste, la femme pouvait toujours, à la dissolution du mariage, reprendre l'action en revendication, si elle lui était plus utile.

Le Code civil a été conçu dans les mêmes idées de garantie pour la femme. Un texte formel défend à l'acquéreur du bien du mari de faire aucun paiement au préjudice de la femme qui s'est fait inscrire. Or, la femme peut se faire inscrire non seulement pour une répétition mobilière contre son mari, mais encore pour son fonds dotal aliéné, car elle a une hypothèque *pro fundo dotali*. Donc la femme, en demandant sa collocation, ne fait qu'user du bénéfice de la loi qui, loin de lui avoir tendu un piége, comme le soutiennent ceux qui ne sont pas entrés dans son esprit, lui a assuré une double garantie, et a mis tous ses intérêts à couvert sans que les créanciers du mari puissent s'en plaindre, puisqu'ils ont été avertis par la latitude de l'hypothèque donnée à la femme.

627. Si, lorsque la femme est libre par la dissolution du mariage, elle opte pour la collocation, son droit à demander la révocation de la vente du fonds dotal demeure éteint. Si, au contraire, elle renonce à l'hypothèque pour exercer l'action révocatoire, alors les créanciers du mari viennent prendre sa place dans la collocation. C'est pour cela qu'il est d'usage, dans les ordres où la difficulté se présente, de colloquer *conditionnellement* les créanciers postérieurs à la femme, qui sont en rang utile. Alors, pour combiner tous les intérêts, on charge l'adjudicataire des biens du mari de conserver le montant de la collocation de la femme jusqu'à la dissolution du mariage, avec charge d'en payer l'intérêt à la femme. On réserve à la femme ses droits contre les tiers acquéreurs de ses biens dotaux pour agir contre eux, si bon lui semble, à la dissolution du mariage; et, si ce cas arrive, on ordonne que les sommes à elle allouées pour le

montant de sa collocation, seront acquises aux créanciers de son mari utilement colloqués après elle (1).

628. Il me reste à indiquer quelques questions transitoires, suggérées par la disposition finale de notre article, portant : « Dans aucun cas, la dispo- » sition du présent article ne pourra préjudicier » aux droits acquis à des tiers avant la publication » du présent titre. »

En ce qui concerne les créanciers du mari, on sait que la loi de brumaire an 7 obligeait à l'inscription les hypothèques légales des femmes, et qu'elles étaient primées par les créanciers plus diligens qu'elles. Si, à la promulgation du Code civil, une femme mariée sous la loi précédente n'eût pas pris d'inscription, ou si cette inscription eût été postérieure à celle du créancier, ce créancier aurait dû conserver son droit d'antériorité. L'affranchissement d'inscription accordé à la femme par la loi nouvelle n'a pas privé le créancier d'un droit acquis. C'est ce qu'on lit dans tous les livres, et que je ne fais qu'exposer en passant (2).

629. *Quid* si aucun des créanciers du mari n'eût pris inscription sous l'empire de la loi de brumaire, ni à la promulgation du Code civil, et que la femme eût montré la même négligence ?

(1) V. arrêt de Grenoble du 30 juin 1825 (Dal., 25, 2, 182).
(2) Arrêt de Paris du 19 août 1808 (Dalloz, Hyp., p. 418 et 128). Grenier, t. 1, p. 508. Cassat., 16 juillet 1827 (Dalloz, Hyp., p. 129).

Comme le Code civil a dispensé de l'inscription toutes les femmes mariées à quelque époque que ce soit, même celles mariées avant sa promulgation, il s'ensuivrait que, par le Code civil, la femme aurait une hypothèque légale dispensée d'inscription à compter du jour du mariage, et qu'elle primerait tous les créanciers du mari postérieurs au mariage et non inscrits avant la promulgation du Code civil. Ces créanciers ne pourraient s'en plaindre. Ils n'avaient pas de droit acquis (1), et la promulgation du Code civil aurait valu inscription pour la femme.

630. En ce qui touche les femmes elles-mêmes, on demande si, lorsqu'une femme s'est mariée sous une loi ou une coutume qui lui assure une hypothèque *du jour du mariage* pour l'indemnité des dettes et le remploi des propres aliénés, on doit néanmoins lui appliquer l'art. 2135 du Code civil, lorsque, postérieurement à la promulgation de cet article, son mari aliène ses propres, et lui fait contracter des dettes.

La section des requêtes avait d'abord adopté l'opinion que l'hypothèque ne pouvait dater du jour du mariage. Car, disait-elle, la femme qui ne s'est pas inscrite sous le régime de la loi de l'an 7, ne peut invoquer que l'art. 2135 du Code civil. Or, en adoptant cet article, elle ne peut le divi-

_____

(1) Tarrible, Répert., Inscript. hyp., § 3, n° 12. Chabot, Quest. transit., t. 2, p. 61 et suiv. Grenier, t. 1, n° 510. Bruxelles, 24 décembre 1806. Colmar, 31 août 1811. Cassat., 8 novembre 1809 et 12 mars 1811 (Dalloz, Hypoth., p. 128 et 160).

ser. Il faut donc qu'en profitant d'une part des dispositions qui la dispensent de l'inscription, elle accepte de l'autre celles qui ne placent l'hypothèque qu'à la date des aliénations et des dettes contractées (1).

Mais ce système a été depuis abandonné par elle, et la section civile a jugé par trois arrêts que, bien que les dettes aient été contractées par la femme depuis le Code civil, néanmoins elle devait avoir hypothèque à la date de son mariage, si elle s'était mariée sous un statut qui la reportât à cette époque (2).

C'est aussi ce qu'ont jugé un arrêt de Metz du 18 juillet 1820 (3), et un arrêt de la cour de Colmar du 14 mai 1821 (4).

Cette jurisprudence, quoique combattue par M. Grenier (5), me paraît préférable (6).

En effet, les droits qui résultent d'un contrat de mariage, et même de tout contrat quelconque, sont hors des atteintes de la loi postérieure, quand même ils ne seraient *qu'éventuels* (7). Peu importe

(1) Arrêt du 7 mai 1816 (Dalloz, Hyp., p. 130).

(2) 10 février 1817 (Dalloz, Hyp., p. 131); 10 janvier 1827 (Dalloz, 27, 1, 113); 26 février 1829 (Dalloz, 29, 1, 161).

(3) Dalloz, Hyp., p. 131.

(4) Denev., 22, 2, 43. M. Dalloz cite cet arrêt, mais n'en donne pas le texte. Hyp., p. 131, n° 1.

(5) T. 1, p. 513 et suiv.

(6) Rouen, 19 mars 1835 (Sirey, 35, 2, 276. Dalloz, 35, 2, 109). Cassation, 26 janvier 1836 (Dalloz, 36, 1, 98. Sirey, 36, 1, 99). Paris, 26 mars 1836 (Dalloz, 36, 2, 137. Sirey, 36, 2, 209).

(7) Merlin, Répert., t. 16. Effet rétr., p. 253, col. 1.

que les stipulations matrimoniales soient écrites ou résultent de la force de la loi. Les parties sont censées avoir adopté tout ce que porte la loi (1).

Or, par l'effet de son mariage, la femme a eu la promesse qu'elle aurait une hypothèque dès le jour du contrat pour indemnité de dettes et remploi de propres aliénés. C'était une des garanties qui lui étaient offertes, et sur lesquelles elle a dû compter. Il y avait donc pour elle un droit acquis.

On objecte que l'art. 2135 ne doit pas se scinder. Mais c'est une subtilité. L'art. 2135 et la loi de l'an 7 n'ont pas entendu toucher au fond des *droits acquis* aux femmes mariées; elles ont pu les soumettre à quelques conditions accessoires, comme l'inscription, puis les en dispenser. Mais elles n'ont pas voulu revenir sur des clauses et des stipulations formant des droits acquis.

Il suit de là que l'art. 2135 n'a parlé que pour les *mariages à venir*, quand il a parlé de *la date de l'hypothèque* du remploi et de l'indemnité des dettes. Quant à la dispense d'inscription, elle s'applique à la vérité aux mariages contractés avant le Code. Mais ce n'est pas là un effet rétroactif; c'est un effet de la loi qui laisse l'avenir intact, qui opère actuellement, et qui d'ailleurs ne peut nuire aux droits des tiers, comme on l'a vu ci-dessus (2). Cet avis est aussi embrassé par M. Dalloz (3).

(1) Pothier, Communauté, n° 10.
(2) N. 629.
(3) Hyp., p. 125.

631. *Quid* s'il s'agit de successions échues à la femme?

M. Grenier pense que dans ce cas l'hypothèque de la femme doit remonter au jour du mariage, bien que la succession soit échue à la femme après la publication du Code civil. Cet auteur se concilie avec lui-même en disant que dans ce cas il s'agit exclusivement d'un droit *éventuel* qui n'a rien de *potestatif*, tandis que dans l'hypothèse précédente, le mari ou la femme sont libres de vendre ou de contracter des dettes (1).

Notre opinion, pour être d'accord avec elle-même, n'a pas besoin de ces distinctions subtiles, je dirai même mal fondées. Il ne s'agit pas de savoir si la femme s'appuie sur une condition potestative ou non : il s'agit de savoir quel droit acquis elle avait lors de son mariage, par l'effet de cette condition.

631 *bis*. La femme que le Code civil a trouvée veuve n'a pas pu profiter de la dispense d'inscription portée par notre article. Ce n'est pas pour les femmes affranchies de la puissance conjugale que le Code a parlé; c'est pour celles qui sont *mariées*, comme le dit l'art. 2121 (2).

De même si le mariage était dissous avant le Code civil par la mort de la femme, ses représentans n'ont pu se prévaloir de l'art. 2135 (3).

(1) T. 1, p. 517, n° 242.
(2) Répert., t. 15, p. 596. Arrêt de cassat. du 7 avril 1813 (Dalloz, Hyp., p. 125). Arrêt de cassat. du 9 novembre 1813 (Idem), et autres rapportés par M. Dalloz, *loc. cit.*
(3) ass., 7 août 1813, *loc. cit.* Grenoble, 28 janvier 1818

On a demandé si l'art. 2135 profitait à la femme séparée de biens avant le Code civil. La cour d'Aix a décidé la négative, par arrêt du 1ᵉʳ février 1811 (1), par le motif que, s'agissant d'une femme régie par les lois du pays de droit écrit, l'autorité maritale ne l'atteignait pas, à raison de sa séparation.

Cette décision est insoutenable.

L'art. 2135, combiné avec l'art. 2121, prouve qu'il suffit qu'une femme soit *mariée*, bien que séparée de biens et *même de corps*, pour jouir de la dispense d'inscription.

De plus, si, avant le Code civil, la femme était en pays de droit écrit affranchie de la puissance maritale pour ses paraphernaux, elle s'y est trouvée soumise, *malgré sa séparation*, par les articles 217 et 1449 de ce Code (2). L'obliger à prendre inscription d'après ces dispositions, c'était se mettre en contradiction avec les motifs de la loi que la cour d'Aix invoquait elle-même lorsqu'elle disait : « Considérant que l'art. 2135 ne peut s'appliquer qu'aux femmes en puissance de mari, puisque, d'après les motifs de l'orateur du gouvernement, les femmes sont *dans l'impuissance d'agir,* et qu'on ne doit pas les punir quand il n'y a pas faute de leur part. »

Or c'est précisément d'une femme en puissance de mari que la cour d'Aix avait à s'occuper. Elle

(Dalloz, Hyp., p. 127). Arrêt de Bastia du 3 avril 1837 (Dalloz, 37, 2, 109).

(1) Dalloz, Hyp., p. 126, note.

(2) C'est là un point certain.

devait donc arriver à un résultat tout opposé à celui auquel aboutit son arrêt.

ARTICLE 2136.

Sont toutefois les maris et les tuteurs, tenus de rendre publiques les hypothèques dont leurs biens sont grevés, et, à cet effet, de requérir eux-mêmes, sans aucun délai, inscription aux bureaux à ce établis, sur les immeubles à eux appartenant, et sur ceux qui pourront leur appartenir par la suite.

Les maris et les tuteurs qui, ayant manqué de requérir et de faire faire les inscriptions ordonnées par le présent article, auraient consenti ou laissé prendre des priviléges ou des hypothèques sur leurs immeubles, sans déclarer expressément que lesdits immeubles étaient affectés à l'hypothèque légale des femmes et des mineurs, seront réputés stellionataires, et, comme tels, contraignables par corps.

SOMMAIRE.

COMMENTAIRE.

632. Comme je l'ai dit plus haut, l'hypothèque légale des femmes et des mineurs n'est pas absolument dispensée d'inscription (1); ce n'est que dans l'intérêt des femmes et des mineurs que cette dispense d'inscription a été introduite; en sorte que le défaut d'inscription ne peut jamais leur être opposé, que lorsqu'ils ont été mis en demeure de s'inscrire par les formalités nécessaires à la purgation des hypothèques légales.

Mais, avant ce temps, la loi a voulu que les maris et tuteurs fissent connaître par la voie de l'inscription les hypothèques légales qui grèvent leurs biens. Elle exige qu'ils requièrent ces inscriptions sans *aucun délai* (2).

632 *bis.* Si les tuteurs et maris ont omis de prendre ces inscriptions, et qu'ils consentent ensuite des hypothèques sur leurs biens, sans déclarer *expressément* les hypothèques légales dont ils sont grevés, ils sont réputés stellionataires.

Mais ceci demande quelques explications.

633. 1° En ce qui concerne l'hypothèque conventionnelle, notre article ne présente aucun embarras. Son texte est clair. Le mari ou le tuteur qui accordent hypothèque sur leurs biens, sans déclarer expressément la charge dont ils sont grevés au profit des femmes ou des mineurs, encourent la peine du stellionat.

(1) N° 571.

(2) Mais aux frais de qui sont les inscriptions? Voy. *infrà*, t. 3, n° 730 *bis.*

Mais remarquez que cette déclaration expresse n'est nécessaire qu'autant que l'hypothèque de la femme ou du mineur n'a pas été rendue publique par l'inscription.

Maintenant deux questions sont à examiner :

Le mari échappe-t-il à la peine du stellionat s'il a été de bonne foi? On sent qu'en cela il faut peser les circonstances.

Par exemple : si le mari déclarait que le bien qu'il hypothèque *est exempt de dettes et d'hypothèque*, il pourrait rarement exciper de sa bonne foi. Car comment un mari ignorerait-il que l'hypothèque de sa femme pèse sur ses immeubles (1)?

Toutefois, si le mari faisait une pareille déclaration parce qu'il aurait juste sujet de croire que l'hypothèque de sa femme aurait été détachée de l'immeuble en question, par suite d'une réduction, quoique plus tard cette reduction eût été déclarée nulle, il y aurait bonne foi ; et dans un cas pareil, la cour de cassation à décidé qu'il n'y aurait pas stellionat (2).

(1) Arrêt, portant cassation, du 29 novembre 1826. Dall., 27, 1, 60).

(2) Arrêt du 21 février 1827. Dalloz, 27, 1, 144.

D'après cela, la cour de Paris n'aurait-elle pas été **trop loin** en disant, dans un arrêt du 27 novembre 1835 (Dalloz, 36, 2, 80. Sirey, 36, 2, 164), que, dans le cas prévu par notre article, l'exception de bonne foi n'est jamais admissible. Je fais remarquer cependant que je n'entends pas critiquer, par cette observation, le dispositif de l'arrêt de cette cour, car les arrêtistes ont omis d'en faire connaître l'espèce, et il serait possible qu'au fond la cour royale eût traité le mari avec la sévérité qu'il méritait; mais les motifs sur lesquels cette déci-

. Concluons donc que tout dépend des circonstances, et que s'il y a *bonne foi* de la part du mari,
qui croyait l'immeuble libre, notre article sera
inapplicable. Mais encore une fois, cette croyance
ne pourra se présenter comme admissible que
dans des cas fort rares.

Seconde question : La déclaration *expresse* du
mari ou du tuteur exigée par notre article, pourrait-elle être suppléée par les circonstances?

Par exemple, pourra-t-on se prévaloir de ce que
le mari ou le tuteur ont déclaré leur qualité, ou
de ce que celui avec qui ils ont contracté savait
qu'il y avait hypothèque préexistante de la femme
ou du mineur sur l'immeuble qui a fait l'objet de
la convention?

M. Persil, et après lui M. Dalloz, ne veulent admettre aucun équipollent, et c'est ce qu'a jugé la
cour de Limoges, par arrêt du 18 avril 1828, dans
une espèce où le mari avait pris cette qualité de mari
dans l'acte contenant constitution de l'hypothèque, et où le créancier savait si bien que son débiteur était marié, qu'il avait assisté comme témoin
à son contrat de mariage (1). Une décision semblable est émanée de la cour de Poitiers, à la date
du 29 décembre 1830 (2).

Ces solutions, quoique rigoureuses, son conformes au texte de notre article, qui a voulu s'armer
de sévérité contre les maris ou les tuteurs qui n'ont
sion s'appuie, me paraissent avoir une portée qui dépasse le
but.

(1) Dalloz, 29, 2, 93.
(2) Dalloz, 31, 2, 34.

pas pris d'inscription pour leurs épouses ou leurs
pupilles, et qui ne suppléent pas à ce défaut d'inscription par des déclarations *expresses :* de même
que l'inscription ne peut être remplacée par des
équipollens dans le cas où elle est requise, de
même, ici, les déclarations qui en tiennent lieu
au regard des tiers doivent être *formelles*, et ne
peuvent être remplacées par des inductions.

633 *bis.* 2° Nous venons de parler des hypothèques résultant de la convention.

Voyons ce qui est relatif aux hypothèques légales et judiciaires, et aux privilèges qui sont établis sur les biens des maris ou des tuteurs.

C'est ici qu'on aperçoit avec évidence les défec-
tuosités de rédaction de notre article. En effet,
le mari ou le tuteur ont-ils omis de faire à un
créancier ayant un *privilége* la déclaration *expresse*
que leurs biens sont grevés d'hypothèques légales?
Mais où est le dommage? Le privilége prime l'hypothèque.

Le mari et le tuteur ont-ils omis de faire cette
même déclaration, lorsqu'ils sont, par exemple,
investis, de la part du gouvernement, d'une gestion de deniers entraînant hypothèque légale? —
Mais cette hypothèque légale a lieu sans conventions. Dans quel lieu, dans quel moment, dans
quelle forme feront-ils leur déclaration? La loi
n'en dit pas un mot.

Ce que je viens de dire de l'hypothèque légale
s'applique au cas d'hypothèque judiciaire (1).

(1) Tarrible, Inscript., p. 208, col. 2, Dalloz, Hyp., p. 223.

De tout ceci il faut conclure que notre article ne trouve son application que dans le cas d'hypothèque conventionnelle (1); qu'aucune obligation n'est imposée aux maris et tuteurs dans le cas d'hypothèques légales et dans le cas de priviléges.

Enfin, que veut dire le législateur quand il parle de *consentir un privilége?* Est ce qu'on consent un privilége? N'est-ce pas la loi qui le donne?

ARTICLE 2137.

Les subrogés-tuteurs seront tenus, sous leur responsabilité personnelle, et sous peine de tous dommages et intérêts, de veiller à ce que les inscriptions soient prises sans délai sur les biens du tuteur, pour raison de sa gestion, même de faire faire lesdites inscriptions.

SOMMAIRE.

633 *ter.* La responsabilité du subrogé tuteur est encourue à l'égard des tiers.

COMMENTAIRE.

633 *ter.* Envers qui le subrogé tuteur sera-t-il passible de dommages et intérêts? Ce n'est pas certainement envers le mineur, qui ne souffre jamais du défaut d'inscription ; c'est donc envers les tiers que l'absence d'inscription aurait pu induire en erreur.

(1) Voyez l'art. 2194.

ARTICLE 2138.

A défaut par les maris, tuteurs et subrogés-tuteurs, de faire faire les inscriptions ordonnées par les articles précédens, elles seront requises par le procureur du roi près le tribunal de première instance du domicile des maris et tuteurs, ou du lieu de la situation des biens.

ARTICLE 2139.

Pourront, les parens, soit du mari, soit de la femme, et les parens du mineur, ou, à défaut de parens, ses amis, requérir lesdites inscriptions; elles pourront aussi être requises par la femme ou par les mineurs.

SOMMAIRE.

634. Appel fait à tous ceux qui s'intéressent à la femme.

COMMENTAIRE.

634. On voit, par les trois articles précédens, l'importance que la loi attache à l'inscription des hypothèques légales des femmes et des mineurs. C'est en faisant un appel à tous ceux qui peuvent prendre intérêt à leurs droits, qu'elle croit assurer la publicité de l'hypothèque légale des femmes. Mais tous ces moyens sont inefficaces; il n'est pas un procureur dn roi qui songe à l'exécution de

l'article 2138 (1); les parens et les amis ne sont pas plus diligens ; et les femmes et les mineurs qui n'ont presque aucun intérêt à ce que leurs droits d'hypothèque soient inscrits, ne justifient que trop bien le principe qui les considère comme incapables d'agir.

ARTICLE 2140.

Lorsque, dans le contrat de mariage, les parties majeures seront convenues qu'il ne sera pris d'inscription que sur un ou certains immeubles du mari, les immeubles qui ne seraient pas indiqués pour l'inscription resteront libres et affranchis de l'hypothèque pour la dot de la femme, et pour ses reprises et conventions matrimoniales. Il ne pourra être convenu qu'il ne sera pris aucune inscription.

SOMMAIRE.

(1) V. *infrà*, n° 644, les dangers de cette incurie.

637 *bis*. Il faut nécessairement que la femme qui convertit
son hypothèque générale en hypothèque spéciale, soit
majeure.

638. Il ne faut pas présumer facilement une renonciation par-
tielle.

COMMENTAIRE.

635. Notre article a pour but de ramener l'hypothèque des femmes à la spécialité, toutes les
fois que leurs intérêts n'y sont pas opposés. L'une
des principales bases de notre système hypothécaire est la spécialité. Ce n'est que par de grands
motifs de faveur que la loi s'en est écartée à l'é-
gard des femmes mariées et des mineurs; ici, elle
cherche à s'en rapprocher; elle fait un appel à la
spécialité lorsque le mari présente à sa femme des
garanties suffisantes.

J'examinerai ici,

1° Si la femme peut renoncer d'une manière
absolue à son hypothèque légale en faveur de son
mari ;

2° Comment il est dans les principes du droit
qu'elle puisse, par contrat de mariage, limiter
son hypothèque légale, et la réduire à une hypothèque spéciale;

3° Si la femme doit être nécessairement majeure pour consentir à cette limitation.

635 *bis*. La femme peut-elle renoncer, en faveur *de son mari*, à son hypothèque légale?

Je dis en faveur de son mari parce que j'ai
traité ci-dessus (1) la question de savoir si elle

(1) N° 596.

peut renoncer à son hypothèque légale en faveur
d'un tiers créancier, et l'on a vu par mes distinctions, qu'en ce qui concerne un tiers, la femme
peut renoncer à son hypothèque pour le tout,
lorsqu'elle est mariée sous le régime de la communauté, et en tant qu'il n'en résulte pas de
préjudice pour sa dot, lorsqu'elle est mariée sous
le régime dotal.

Voyons maintenant ce qui doit avoir lieu lorsque la renonciation se fait en faveur du mari. On
sent qu'ici de nouvelles considérations se présentent, et que la loi a dû se tenir en garde contre
l'influence du mari sur l'esprit de sa femme.

Je remonte aux lois romaines.

La loi 18 au D. *Quæ in fraud. creditor. facta sunt*
semble permettre à la femme de faire remise au
mari du gage qu'il lui a donné pour sûreté d'une
créance, et Cujas, dans son Commentaire sur cette
loi, l'étend même au cas où ce gage aurait été
donné pour sûreté de la dot. « Idque ex eo appa-
» ret quòd remissio pignoris consistit inter virum
» et uxorem; ut putà, si viro uxor remittat pignus
» dotis aut crediti causâ constitutum, remissio
» valet : donatio non valeret (1). »

La loi 11 C. *ad S.-C. Vellejan.*, porte également:
« Etiam constante matrimonio jus hypothecarum
» seu pignorum marito remitti posse explorati ju-
» ris est (2). » En interprétant cette loi, la glose en
fait l'application à l'hypothèque légale qui nous

(1) *Quæst. Papini.*, lib. 26, sur la loi 18 précitée.
(2) Pand. de Pothier, t. 1, p. 441, n° 19.

occupe. De plus, Cujas dit : (1) « Excluduntur
» etiam à tacitâ hypothecâ mulieres quæ marito
» remiserunt hypothecam..... igitur remissioni pi-
» gnoris nihil est impedimento factæ à muliere. »
Même langage dans la bouche de Zæzius(2) et de
Perezius (3).

Mais que conclura-t-on de là? que la femme
pouvait, d'une manière absolue, renoncer à son
hypothèque légale en faveur de son mari?

Ce serait une erreur! les lois et les autorités que
je viens de citer posent ce principe : *C'est qu'il
n'est pas défendu à une femme de renoncer à son
hypothèque en faveur de son mari.* Maintenant voici
dans quelles limites.

La femme ne peut renoncer à son hypothèque en faveur de son mari, qu'autant qu'il
reste à ce dernier assez de biens pour répondre de la dot et des conventions matrimoniales.
Sans cela, la loi *etiam* eût été en contradiction
avec d'autres lois (4), qui défendaient qu'une
femme pût empirer sa condition et devenir *in-
dotata* ou *minùs dotata* (5). Je citerai le passage

(1) Récit. solenn. sur la loi unic. C. *De rei uxor. act.,* § *Ut
plenius.*

(2) Ad. S.-C. Vellej., no 13.

(3) Même titre, no 9.

(4) L. 17, Dig. *De pact. dotal.* Pothier, t. 2, Pand., p.30,
note.

(5) Bartole, sur la loi 11 *Jubemus ad S.-C. Vellej.* Fon-
tanella *de pactis dotalibus,* claus. 4, glose 9, part. 5, no 186.
Trentacinquius *variar. resolut.,* vol. 1, lib. 3, *De jure dot.,*
res. 5.

suivant, extrait du Code du président Favre (1).

Dans le cas doit parle ce jurisconsulte, une femme s'était présentée devant le sénat de Chambéry avec son mari Titius surchargé de dettes, et avait demandé qu'il lui fût permis de renoncer à son hypothèque légale, afin que Titius pût trouver plus facilement des acquéreurs de ses biens. Il était constant que cette proposition eût mis la dot en danger si on l'eût adoptée. « Non putavit sena-
» tus id mulieri concedendum, quæ *maritalibus*
» *delinimentis* aut minis coacta, non satis sibi ca-
» verat, sed ex juris ratione omnia æstimanda, quæ
» non aliter renuntiationes ejusmodi ratas habet,
» quàm si alia supersint bona marito, ex quibus
» uxori quandocumque dotem repetenti satisfieri
» possit. »

On voit que ces doctrines décident la question tant relativement à la renonciation par contrat de mariage qu'à la renonciation faite *constante matrimonio*. Je n'ai pas voulu diviser les autorités, quoique je n'aie à m'occuper maintenant que de la renonciation faite par contrat de mariage; mais les principes que j'ai posés nous seront d'une grande utilité quand je commenterai l'art. 2144.

Dans l'ancien droit français, il était non moins constant que la femme, même commune en biens, ne pouvait, par contrat de mariage ni autrement, renoncer d'une manière illimitée à son hypothèque légale (2).

(1) *Ad S.-C. Vellej.*, lib. 4, t. 20, déf. 2.
(2) C'est ce que disait M. Tronchet au conseil d'état. Conf., t. 7, p. 195 et Fenet, t. 15, p. 367 et suiv.

636. C'est de ces idées qu'est parti notre article pour prohiber toute convention par laquelle il ne serait pris aucune inscription.

Du reste, ce ne fut pas sans effort qu'on obtint au conseil d'état l'adoption du principe, que la femme ne peut renoncer à son hypothèque, d'une manière absolue, par son contrat de mariage. Un parti considérable, dont M. Treilhard était le chef, voulait que les immeubles du mari pussent être affranchis en totalité ; mais cette opinion échoua devant les raisons données par le premier consul, par Cambacérès, par Tronchet (1) ; le premier consul observait avec raison que les renonciations deviendraient de style, et que les femmes seraient privées de leurs garanties.

Ainsi, par contrat de mariage, une femme ne peut, en aucune manière, renoncer *pour le tout* à son hypothèque légale (2).

637. Mais elle peut consentir à ce que son hypothèque générale soit convertie en une hypothèque spéciale, et la restreindre aux immeubles nécessaires pour garantir sa dot, sans empêcher son mari de faire, avec des tiers que l'hypothèque légale épouvanterait, des traités avantageux.

La limitation de l'hypothèque légale est bien loin d'avoir les mêmes inconvéniens qu'une renonciation absolue. Celle-ci met la dot en danger, celle-là ne lui fait perdre aucun de ses droits ; elle a de plus l'avantage de ne point gêner le mari dans ses facultés.

(1) Conf., t. 7, sur l'art. 2140.
(2) Répert., Inscript., p. 210, et Transcript., p. 118.

Aussi tous les auteurs qui ont écrit d'après le droit romain se sont-ils accordés à dire que la femme pouvait, par son contrat de mariage, renoncer à l'hypothèque légale et générale, pour prendre une hypothèque spéciale. « Ubi conven-» tionalis est hypotheca, supervacua est legitima », dit Cujas sur la loi C. *De rei uxor. act.* (1).

Mais cela avait-il lieu dans l'ancienne jurisprudence française, où tous les contrats authentiques portaient de plein droit hypothèque générale et tacite ?

On ne voit pas beaucoup d'exemples de conventions par lesquelles des femmes auraient renoncé à leur hypothèque générale pour en prendre de spéciales. Mais on arrivait au même résultat en stipulant dans les contrats de mariage que le mari pourrait aliéner librement une partie de ses immeubles (2).

Notre article, comme on le voit, autorise expressément cette limitation de l'hypothèque générale de la femme (3).

C'est là une disposition utile, et dont il serait à désirer que les futurs fissent plus souvent usage, quand la fortune du mari est assez considérable.

637 *bis*. Mais pour que les parties puissent, par contrat de mariage, convertir l'hypothèque générale en hypothèque spéciale, il faut qu'elles soient

(1) *Junge* Favre, C. lib. 5, t. 8, déf. 3 et 23. M. Treilhard, Discours, conf., t. 7, p. 76, 77.
(2) V. cependant M. Chabot, *Quest. trans.*, Hyp., § 1.
(3) *Suprà,* n° 635.

majeures ; c'est une condition requise par notre article (1).

Convenons cependant qu'on ne comprend pas facilement les motifs qui ont pu porter le législateur à l'exiger. Pourquoi en effet n'appliquerait-on pas à la femme mineure qui en se mariant veut spécialiser son hypothèque, les dispositions des art. 1039 et 1398 du Code civil? Qu'y a-t-il dans cette clause de plus exorbitant que dans tant d'autres que des mineurs insèrent dans leurs contrats de mariage, lorsqu'ils sont assistés des personnes dont le consentement est nécessaire pour la validité du mariage? Aussi la cour de Paris a-t-elle jugé, par arrêt du 10 août 1816 (2), que notre article s'applique aux parties *mineures* comme aux parties majeures. Mais c'était corriger la loi au lieu de l'exécuter (3). Dans la première rédaction de l'art. 2140 on permettait aux *mineurs comme aux majeurs* de réduire l'hypothèque légale, *ou même d'en affranchir tout-à-fait les immeubles du mari.* La pluralité des membres du conseil se souleva contre cette dernière idée, et la trouva aussi pernicieuse pour la femme majeure que pour la femme mineure (4). Le consul Cambacérès proposa alors d'autoriser seulement la conversion de

(1) Arrêt de la cour de cass. du 19 juillet 1820. Dal., Hyp., p. 437. Grenier, t. 1, p. 396. Tarrible, Répert., v° Inscript.

(2) Dalloz, Hyp., p. 438.

(3) Aussi la jurisprudence s'est-elle prononcée dans un sens opposé à celui de l'arrêt de Paris. (Cassat., 19 juillet 1820 Sirey, 20, 1, 356). Caen, 15 juillet 1836 (Sirey, 37, 2, 229).

(4) Malleville, Cambacérès (Conf., t. 7, p. 186 et suiv.).

l'hypothèque générale en hypothèque spéciale , et dans sa rédaction il introduisit le mot *majeures* qui ne se se trouvait pas dans la rédaction primitive, évidemment dans le but de limiter aux seules parties *majeures* la faculté de réduire l'hypothèque générale. C'est ce qui fut adopté. Il faut donc s'en tenir à la loi, parce qu'elle est formelle. Mais il n'en est pas moins vrai qu'il y a un vice dans cette sévérité à l'égard des mineurs. Observons néanmoins qu'on peut en partie y remédier par l'article 2144.

638. La stipulation d'affranchissement partiel doit être formelle ; car nul n'est censé renoncer à ses droits. Il ne faudrait pas présumer facilement que la femme eût voulu se dépouiller d'une partie importante de ses droits (1).

Ainsi, par cela seul qu'une femme aurait stipulé une hypothèque spéciale sur un immeuble , il ne faudrait pas inférer de là qu'elle a voulu renoncer à son hypothèque générale ; car l'hypothèque spéciale n'est pas censée déroger à l'hypothèque générale (2).

Je parlerai sous l'art. 2144 de la limitation apportée à la femme dans ses droits hypothécaires pendant le mariage.

(1) Favre, C. *loc. cit.* Déf. 2 et 23. Paris, 29 mai 1819. Dalloz, Hyp., 440, n° 4.

(2) Favre, *loc. cit.*, et surtout déf. 23.

ARTICLE 2141.

Il en sera de même pour les immeubles du tuteur, lorsque les parens, en conseil de famille, auront été d'avis qu'il ne soit pris d'inscription que sur certains immeubles.

V. le commentaire sur l'article ci-dessus.

ARTICLE 2142.

Dans le cas des deux articles précédens, le mari, le tuteur et le subrogé-tuteur ne seront tenus de requérir inscription que sur les immeubles indiqués.

V. les dispositions des art. 2136 et 2137, d'où découle l'obligation imposée au mari, au tuteur et au subrogé-tuteur de prendre inscription. Leur responsabilité est la même dans le cas où l'hypothèque a été spécialisée.

Nous venons de parler de la réduction de l'hypothèque générale opérée soit par l'acte de nomination du tuteur, soit par le contrat de mariage. Les dispositions qui vont suivre nous montreront ce qui concerne la restriction des hypothèques des mineurs et des femmes pendant la tutelle et pendant le mariage.

ARTICLE 2143.

Lorsque l'hypothèque légale n'aura pas été restreinte par l'acte de nomination du tuteur, celui-ci pourra, dans le cas où l'hypothèque générale sur ses immeubles excéderait notoirement les sûretés suffisantes pour sa gestion, demander que cette hypothèque soit restreinte aux immeubles suffisans pour opérer une pleine garantie en faveur du mineur.

La demande sera formée contre le subrogé-tuteur, et elle devra être précédée d'un couseil de famille.

SOMMAIRE.

638. De la restriction de l'hypothèque générale sur les biens du tuteur. De l'action du tuteur pour obtenir cet affranchissement partiel.

COMMENTAIRE.

638. Cet article porte une exception remarquable au principe de l'indivisibilité de l'hypothèque. Quoique l'hypothèque légale du mineur frappe sur tous les biens du tuteur, cependant celui-ci peut, lorsqu'il y a surabondance de garantie pour le mineur, demander en justice que l'hypothèque générale soit restreinte.

La demande à cet effet doit être dirigée contre le subrogé-tuteur, qui est chargé de représenter le mineur et de défendre ses intérêts lorsqu'ils sont en opposition avec ceux du tuteur. Comme le mineur n'est pas capable de donner un consentement, il faut que celui qui veille pour lui soit appelé pour contredire à la prétention du tuteur, afin que celui-ci ne reste pas maître d'enlever au pupille ses plus précieuses garanties. On voit du reste de comb en de précautions la loi a environné le mineur, afin que les artifices du tuteur ne le dépouillent pas de son hypothèque. D'abord le conseil de famille, composé suivant les règles ordinaires, doit se réunir et donner son avis sur l'opportunité de la demande formée par le tuteur. Suivant M. Tarrible, cet avis doit être favorable (1). Je ne crois pas cependant que cette condition puisse être exigée d'une manière absolue (2). Notre article ne l'exige pas, et il serait imprudent de se montrer plus sévère que le législateur. Le conseil peut être animé par la passion ; il peut avoir un système d'hostilité contre le tuteur. Il ne faut pas que de petites jalousies de famille paralysent le crédit du tuteur qui offre des garanties réelles de bonne gestion et de solvabilité.

Lorsque cet avis est donné, le tuteur doit diriger sa demande contre le subrogé-tuteur. C'est une véritable demande en justice que la loi exige, demande contentieuse qui s'introduit par assignation et non par simple requête, et sur laquelle il est du devoir du subrogé-tuteur de s'expliquer avec franchise et sans ménagement (3).

La cause étant ainsi mise en état, le tribunal prononce après avoir entendu le ministère public, nouveau contradicteur que la loi donne au tuteur. Nous verrons d'une manière plus particulière sous l'art. 2145 quels sont les devoirs du

(1) Répert., Inscr., p. 211, col. 2.
(2) Voyez infrà, n° 642 bis.
(3) Arrêt de la cour de cassation du 3 juin 1834 (Dalloz, 34, 1, 205). V. infrà, n° 644.

procureur du roi , et quel est le caractère du jugement rendu par le tribunal (1).

ARTICLE 2144.

Pourra pareillement le mari , du consentement de sa femme , et après avoir pris l'avis
des quatre plus proches parens d'icelle , réunis
en assemblée de famille , demander que l'hypothèque générale sur tous les immeubles pour
raison de la dot , des reprises et conventions
matrimoniales , soit restreinte aux immeubles
suffisans pour la conservation entière des
droits de la femme.

SOMMAIRE.

(1) *Infrà*, n. 644.

favorable. Renvoi pour les règles relatives à la composition du conseil de famille.

643. Quand le mariage est dissous, la femme recouvre sa liberté de renoncer, soit absolument, soit limitativement, à son hypothèque légale. Danger de pareilles renonciations.

643 *bis.* Règles pour distinguer si la renonciation de la femme est en faveur d'un tiers ou en faveur de son mari. La renonciation en faveur d'un tiers *transporte* l'hypothèque. Celle au profit du mari l'*éteint.* Réfutation de deux arrêts de la cour de cassation, dont l'un confirme un arrêt de la cour de Dijon.

COMMENTAIRE.

639. S'il est défendu à la femme de renoncer *absolument* à son hypothèque légale par le contrat de mariage, combien à plus forte raison cette prohibition doit-elle s'étendre au cas où c'est pendant le mariage que le mari veut l'obtenir. Alors la femme est tout entière sous l'autorité et l'influence du mari, et si l'on interroge la loi, on voit à chaque pas qu'elle s'est montrée fort défiante sur les contrats passés par la femme au profit de son mari, *manente matrimonio.*

C'est ainsi, par exemple, que l'art. 1096 défend aux époux les donations irrévocables; c'est ainsi que l'art. 1595 ne leur permet de se vendre l'un à l'autre que dans certain cas. C'est ainsi encore que les conventions matrimoniales ne peuvent recevoir aucun changement pendant le mariage (1395). D'ailleurs, c'est un principe certain que la condition de la dot ne peut être empirée par des stipulations entre mari et femme, à quelque époque que ce soit.

Disons donc que pendant le mariage la femme ne peut renoncer d'une manière absolue à son hypothèque légale en faveur de son mari.

Mais elle peut la limiter et la convertir en hypothèque spéciale.

Cependant la loi, qui craint l'empire du mari et *ses caresses trompeuses*, comme dit le président Favre, exige qu'outre le consentement de la femme, et l'avis d'un conseil de famille composé de quatre des plus proches parens, le mari se fasse autoriser par le tribunal, dont le jugement ne peut être rendu qu'après avoir entendu le procureur du roi. (Voyez l'article qui suit.) (1)

640. On a demandé si notre article est applicable à la femme mariée sous le régime dotal. Mais les doutes à cet égard n'ont pu venir que de personnes qui n'ont pas fait assez d'attention aux lois romaines et à la jurisprudence des pays régis par le droit écrit.

J'ai retracé plus haut (2) le véritable état des choses. On peut y recourir.

Au surplus, il est bien entendu que la limitation de l'hypothèque légale de la dot ne peut avoir lieu qu'autant qu'il reste au mari des immeubles suffisans, et qu'il n'y a pas de danger pour la femme.

_____

(1) Sur la différence qui existe entre l'art. 144 et l'art. 2161, V. *infrà*, n° 747.

(2) N°⁵ 635 et suiv.

641. Examinons maintenant une difficulté assez grave.

Le mari qui offre des garanties suffisantes peut-il pendant le mariage *contraindre sa femme*, qui *refuse*, à consentir à une réduction de son hypothèque légale?

M. Tarrible et M. Grenier, sans examiner précisément la question en thèse, supposent que le consentement de la femme est indispensable.

Le premier veut que la femme soit majeure pour donner son avis. Il exige de plus qu'il y ait de sa part assentiment donné d'avance, et un avis favorable de quatre parens. Sans cela, dit-il, la demande ne peut être écoutée (1).

Le second dit (2) que la réduction ne peut s'opérer que du consentement de la femme.

Au contraire, la cour de Paris, par arrêt du 16 juillet 1813 (3), et la cour de Nancy, par arrêt du 26 août 1825 (4), ont décidé que le mari peut obtenir en justice la réduction de l'hypothèque légale de sa femme, encore bien que celle-ci y refuse son assentiment.

Ce dernier arrêt, beaucoup mieux motivé que celui de la cour de Paris, qui ne fait que trancher la question par la question, est fondé sur ce qu'il

(1) Répert., Inscript., p. 211, col. 2.

(2) T. 1, p. 600.

(3) Sirey, 14, 2, 233, et Dalloz, Hyp., p. 439, n° 3. Ce dernier auteur a présenté une critique fort juste de cet arrêt, p. 436, n° 20.

(4) Sirey, 26, 2, 149. Dalloz, 26, 2, 120.

n'a pu être dans l'intention de la loi de paralyser inutilement les droits du débiteur; que l'art. 2161 du Code civil admet sans aucune distinction ni limitation l'action en réduction des hypothèques générales; que cette action n'est soumise à aucune condition, et que par conséquent le mari débiteur d'une hypothèque légale peut l'exercer contre sa femme; que l'art. 2144 ne dit pas que le mari est déchu de son action en réduction si la femme refuse son adhésion; que l'action en réductiou dirigée par le tuteur contre le subrogé-tuteur récalcitrant, devrait avoir un succès infaillible si le tribunal la trouvait fondée. Qu'il faut donc dire la même chose lorsque la demande est dirigée par le mari contre sa femme; car son opposition ne peut avoir plus de force que celle du subrogé tuteur. Son caprice ne doit pas enchaîner les droits du mari.

Quoique cet arrêt contienne une doctrine fort bien déduite, il m'est cependant impossible d'en adopter les principes. J'y vois une violation formelle de l'art. 2144 du Code civil et une fausse interprétation de l'art. 2161.

La femme a une hypothèque légale sur tous les biens de son mari pour sa dot et ses conventions matrimoniales. Voilà son droit tel que la loi le lui a assuré par le contrat de mariage. Nul ne peut être forcé de renoncer à ses droits, à moins de circonstances positivement déterminées par la loi. Or la loi n'a rien dit qui puisse forcer la femme à abandonner partiellement son hypothèque légale lorsqu'elle n'y consent pas; au contraire, lorsque

le premier consul proposa le système qui fut depuis admis par le Code civil, savoir, l'hypothèque
générale de droit au profit de la femme, sauf la
possibilité de réduction en cas d'opportunité, il
s'exprima de la manière suivante : « Il me semble
» qu'on parviendrait à tout concilier, si on déci-
» dait que les hypothèques légales frapperont de
» plein droit les immeubles du mari ou du tuteur;
» que cependant il est permis au mari de les restrein-
» dre à une portion suffisante de ses biens SI LA FEMME
» Y CONSENT (1). »

L'art. 2161 porte à la vérité que dans le cas
d'une hypothèque générale, lorsque les inscriptions portent sur plus de domaines différens qu'il
n'est nécessaire à la sûreté de la créance, *l'action
en réduction est ouverte au débiteur.* Et il faut avouer
que cet article concerne l'hypothèque légale des
femme, comme toutes les autres hypothèques
générales, en ce sens qu'il donne au mari l'action
en réduction.

Mais dire que cette action en réduction n'est
soumise à aucune condition, c'est méconnaître la
disposition expresse de l'art. 2144, qui veut que le
mari soit muni *du consentement de sa femme*, et
d'un avis de quatre parens.

Oui, sans doute, le mari a une action en réduction d'après l'art. 2161, de même que tous les débiteurs d'hypothèque légale. Mais cette action n'est
pas recevable tant que, d'après l'art. 2144, le mari
n'arrive pas avec un acte d'adhésion de sa femme

(1) Conf., t. 7, p. 117.

et un avis de parens. Voilà comme l'art. 2161 du Code civil se concilie avec l'art. 2144.

Les droits des femmes ont toujours été en France l'objet de faveurs et de priviléges de la part des législateurs. On a toujours mieux aimé étendre leurs prérogatives que les laisser dans la limite du droit commun. Qu'on ne s'étonne donc pas si la loi a voulu nécessairement le consentement de la femme pour limiter son droit hypothécaire sur la totalité de la fortune immobilière de son mari. Elle eût craint de tomber dans l'injustice, en permettant qu'on disposât des droits de la femme malgré elle ; car la femme est dans un état de dépendance pendant le mariage. C'est bien le moins qu'elle conserve sa liberté lorsqu'il s'agit de délibérer sur le sacrifice de ses droits.

On objecte que lorsque le mari est plus que solvable, son épouse est sans intérêt à refuser la limitation d'hypothèque qu'il réclame, afin de pouvoir contracter avec les tiers d'une manière avantageuse. Mais si quelquefois la femme est sans intérêt actuel pour refuser son adhésion, elle peut avoir un intérêt éventuel. Son mari peut par la suite aliéner ses propres, et lui faire contracter des dettes. On sait qu'elle doit avoir hypothèque pour le remploi et l'indemnité, droits qui ne sont encore pour elle qu'éventuels. De plus, connaissant les plus secrètes pensées de son mari, elle a pu pénétrer dans les replis de son cœur, y découvrir de funestes penchans souvent ignorés des autres, et dont l'explosion n'a été contenue peut-être que par ses conseils et son ascendant. Elle doit dès-lors craindre pour l'avenir, et peut-être ceux qui l'accusent de caprice devraient rendre hommage à sa prudence et à sa sagesse.

Quel specfacle ensuite que celui d'un mari qui actionne sa femme devant les tribunaux pour la forcer à renoncer à ses droits! Si la loi eût voulu favoriser ces débats entre mari et femme, croit-on qu'elle se fût montrée bien morale? N'est-il pas à supposer au contraire qu'elle a voulu les éviter en exigeant avant tout la représentation du consentement de l'épouse?

On compare la femme au subrogé-tuteur, et l'on croit triompher en disant : « La résistance du su-» brogé-tuteur ne peut paralyser l'action en réduc-» tion du tuteur, si elle est bien fondée; donc, par » identité, le refus de la femme ne doit pas faire » obstacle au succès de la demande du mari. »

Mais je ne crois pas qu'il y ait parité.

Le subrogé-tuteur est le mandataire du mineur. Il représente un individu privilégié qui ne doit jamais perdre. Le législateur a supposé dès-lors que le subrogé-tuteur ne voudrait pas facilement engager sa responsabilité, qu'il s'en remettrait le plus souvent aux tribunaux, et que même il pourrait arriver que, pour la forme, il refuserait son adhésion par excès de précaution. C'est donc sagement que l'art. 2143 a ordonné que le subrogé-tuteur serait actionné, et qu'au juge seul appartiendrait de statuer sur le débat, sans s'informer de l'opinion du subrogé-tuteur, duquel on n'exige ni acquiescement ni résistance.

Mais la femme est dans une tout autre position ;

elle ne représente qu'elle-même ; c'est de ses droits qu'il s'agit de disposer. Comment donc sa situation ressemblerait-elle à celle du subrogé-tuteur ?

Aussi la loi, qui dans l'art. 2143 a gardé le silence sur l'opinion du subrogé-tuteur, s'empresse de dire, dans l'art. 2144, en parlant de la femme : « Pourra pareillement le mari, *du consentement de sa femme.* » Le véto de la femme est donc un obstacle infranchissable.

Au surplus, puisqu'on argumente par voie de comparaison, qu'on parcoure les formalités nécessaires pour la réduction des diverses espèces d'hypothèques légales; on verra que la loi ne s'est astreinte à aucun système uniforme.

S'agit-il de limiter l'hypothèque légale d'un comptable? c'est le trésor lui-même, c'est-à-dire la partie intéressée, qui en décide.

S'agit-il de spécialiser l'hypothèque d'un établissement de charité? c'est le conseil de préfecture qui en décide, c'est-à-dire l'autorité qui remplit, pour ces sortes d'établissemens, les fonctions dont est investi le conseil de famille pour les intérêts du mineur (1).

Ici un mode est tracé pour la limitation de l'hypothèque du mineur.

Là il s'en présente une autre pour la restriction de l'hypothèque de la femme.

Ainsi, il est périlleux de décider en cette matière par analogie.

On dit qu'il est de principe général, écrit dans

(1) Décret du 11 thermidor an 12 (30 juillet 1804).

l'article 2161, que le débiteur peut obtenir la restriction de l'hypothèque générale malgré le créancier.

Je réponds que ce principe n'est lui-même
qu'une dérogation à cet autre principe bien plus
général, que nul ne peut être contraint de renoncer malgré lui à ses droits ; que les exceptions doivent être limitées dans les cas prévus, et que le
législateur a manifesté la volonté de ne pas soumettre la femme à cette exception, et de la laisser
dans le droit commun, en faisant du consentement de la femme une condition de la demande
en réduction formée par le mari.

Ainsi les tribunaux peuvent bien refuser à un
mari muni de l'autorisation de sa femme la réduction d'hypothèque qu'il sollicite, parce qu'il peut
arriver que le consentement de la femme ait été
arraché par des caresses maritales, *maritalibus
delinimentis.*

Mais je crois qu'ils ne peuvent la forcer à donner
un consentement qu'elle refuse, et former, malgré
elle, une convention nouvelle, qui dérogerait aux
droits à elle assurés par son contrat de mariage.

On insiste en disant que, dans certaines circonstances, cet état de choses peut avoir quelques inconvéniens ; par exemple, si la femme est en état
de démence, et par conséquent dans l'impossibilité de manifester sa volonté.

Mais je réponds que les dispositions générales
de la loi, en matière d'interdiction, pourvoient
suffisamment à cette difficulté.

Le mari peut provoquer l'interdiction de sa

femme, lui faire nommer un tuteur *ad hoc*, et faire solliciter par ce dernier l'autorisation du conseil de famille, conformément à l'article 464 du Code civil. Au moyen de ces formalités protectrices, on suppléera au défaut de la volonté de la femme.

Voilà des raisons qui me paraissent de nature à faire rejeter le sentiment des cours de Paris et de Nancy (1). On peut, du reste, consulter un arrêt de la cour de cassation du 9 décembre 1824, qui semble justifier mon opinion par la manière dont il est motivé (2).

642. Il est un autre point jugé par ce même arrêt de la cour de Nancy, qui me paraît encore moins satisfaisant pour les jurisconsultes.

La dame Soriot, que son mari voulait forcer à réduire son hypothèque légale, avait été mariée sous l'empire de l'édit de 1771, c'est-à-dire sous une législation qui empêchait que le créancier fût contraint, dans quelque cas que ce soit, à spécialiser et limiter son hypothèque générale. C'était donc un droit acquis à la femme Soriot par la loi du mariage, et elle ne pouvait en être privée par le Code civil, en supposant que la législation permette de forcer la femme à réduire son hypothèque générale.

Cependant la cour de Nancy a pensé le contraire.

« Considérant, dit-elle, qu'il est indifférent que »l'acte en vertu duquel existe le droit d'hypothèque

(1) C'est ce qu'a fait la cour de Rouen par arrêt du 3 février 1834 (Sirey, 34, 2, 584).
(2) Dalloz, 25, 1, 14.

» générale, soit antérieur à la promulgation du
» nouveau régime hypothécaire; que ce n'est pas
» donner à la loi un effet rétroactif que d'en faire
» l'application à un droit qui a pris naissance
» antérieurement, parce qu'il s'agit seulement de
» régler, pour l'avenir, les moyens d'après les-
» quels le droit pourra être maintenu ou exercé;
» que la dame Soriot ne peut donc, sous le prétexte
» de son contrat de mariage, invoquer, soit une fin
» de non-recevoir, soit un moyen du fond contre
» la demande du sieur Soriot. »

J'ose croire que ce considérant porte avec lui
une empreinte manifeste d'erreur. Pour le prouver, je renvoie à ce qu'ont dit, à cet égard, MM. Chabot (1) et Grenier (2), et à ce que je dirai moi-
même (3) en m'expliquant sur l'art. 2161.

642 bis. Nous avons montré que le consentement de la femme est indispensable.

Faut-il aussi que le conseil, composé de quatre
parens, donne un avis favorable, pour que le tribunal puisse y avoir égard? Je ne le crois pas.

La loi n'exige pas que l'avis soit favorable. C'est
au tribunal qu'il appartient de vider le partage qui
pourrait exister entre la femme qui consent, et les
quatre parens qui désapprouvent (4). Cependant
M. Tarrible a émis une opinion contraire (5); mais
il me semble que c'est ajouter à la loi.

(1) Quest. transit., Hyp., § 1.
(2) Hyp., t. 1, nos 189, 233, 270.
(3) N° 768.
(4) Persil, art. 2144, 405. Dalloz, Hyp., p. 433 et 434.
(5) Inscript., Rép., § 3, n° 23.

Quant à ce qui concerne la composition de ce conseil de famille, nous nous en occuperons plus particulièrement au n° 644.

643. Lorsque le mariage est dissous, la femme peut, à sa volonté, renoncer à son hypothèque légale, soit d'une manière absolue, soit limitativement.

Le cas suivant s'est présenté devant la cour d'Agen. Il prouvera que les femmes qui renoncent à leurs hypothèques légales après le mariage, doivent bien prendre garde de se préjudicier, parce que la loi cesse de les protéger d'une main aussi favorable que pendant le mariage.

Après le décès du sieur Lubespère, les biens composant sa succession furent échangés par son fils. La veuve Lubespère renonça à son hypothèque légale sur ces biens avec clause expresse que cette même hypothèque affecterait ceux reçus en contre-échange.

Plus tard, les biens de Lubespère fils furent vendus. Sa mère demanda à être colloquée sur le prix pour le montant de sa dot et à la date de son contrat de mariage.

On lui objecta que ces biens reçus en contre-échange n'avaient pu être frappés que d'une hypothèque conventionnelle soumise à inscription, et qu'il était impossible de considérer cette hypothèque comme légale, puisque le mariage était dissous lorsque Lubespère fils les avait acquis.

Le tribunal de Condom repoussa cette prétention. Mais, sur l'appel, la cour d'Agen infirma la décision des premiers juges. Elle considéra en effet que les biens dont le prix était à distribuer étaient advenus au débiteur par suite d'un échange fait depuis la dissolution du mariage ; que les immeubles donnés par Lubespère fils étaient soumis à l'hypothèque légale : mais que la veuve avait consenti à les en affranchir ; que sa volonté de transférer l'hypothèque avec ses priviléges sur les immeubles reçus en contre-échange était inefficace ; qu'elle n'avait pu, après le mariage, créer une hypothèque légale sur des biens qui n'avaient jamais été grevés de l'hypothèque entre les mains de son mari ; sans quoi il faudrait dire que l'on peut par convention faire des hypothèques légales au préjudice des créanciers, et leur donner effet sur des biens n'ayant jamais appartenu au mari (1).

Cet arrêt est dans les vrais principes (2).

643 *bis.* Nous avons vu ce qui concerne la réduction des hypothèques légales des femmes dans l'intérêt de leurs maris.

Comme les formalités que la loi exige pour cette sorte de réduction sont beaucoup plus sévères que lorsqu'il s'agit de renoncer à une hypothèque dans l'intérêt d'un tiers, il importe de bien se fixer sur les principes qui peuvent faire discerner si la renonciation a lieu dans l'intérêt du mari ou dans l'intérêt des tiers (3).

(1) 15 janvier 1825, Sirey, 26, 2, 130.
(2) *Suprà*, n₀ 348.
(3) Ainsi que nous l'avons déjà fait remarquer, sous le n° 595, les formalités des articles 2144 et 2145 ne sont pas

Lorsque la femme renonce à son hypothèque légale dans l'intérêt d'un tiers, elle traite directement avec lui; le plus souvent elle se dépouille pour l'investir, elle lui cède son rang de préférence, soit pour le déterminer à acheter, soit pour le déterminer à prêter son argent.

Il n'en est pas de même quand la femme renonce à son hypothèque dans l'intérêt de son mari; sa renonciation est toujours pure et simple : elle n'a rien de translatif (1). Elle éteint l'hypothèque et ne la transporte pas. Le preuve en est que l'article 2145 veut que, quand il y a réduction au profit du mari, les inscriptions prises sur les immeubles affranchis soient rayées.

A l'aide de ces distinctions, il ne sera pas difficile de discerner les cas.

Examinons quelques uns de ceux qui se sont présentés (2).

Dans une espèce jugée par la cour de Dijon, une dame Deschamps, pour venir au secours de son mari, avait déclaré vouloir que les créanciers de ce dernier fussent payés avant elle sur le prix d'immeubles qu'ils avaient fait saisir. Comme cette déclaration, faite dans la forme ordinaire, n'avait pas été accompagnée des formalités voulues par

nécessaires pour les cessions ou renonciations *en faveur des tiers.* Voir les arrêts que nous avons indiqués, *loc. cit.*

(1) *Suprà*, n° 600 *bis.*

(2) V. *infrà*, n° 738, un exemple que je crois inutile de rapporter ici. On peut consulter aussi un arrêt de la cour de Nancy du 24 janvier 1825 (Dalloz, 34, 2, 187), et un arrêt de la cour de Lyon du 23 avril 1832 (Dalloz, 33, 2, 4).

les articles 2144 et 2145 du Code civil, la cour de Dijon déclara qu'elle était inefficace ; elle se fonda sur ce que cette renonciation était dans l'intérêt unique du mari : que la femme Deschamps, séparée de biens, n'avait aucun intérêt à cette renonciation, laquelle n'était l'accessoire d'aucune obligation contractée par elle ; que c'était là un fait spontané de la femme pour être utile à son mari ; que l'on doit dire que toute les fois qu'il apparaît, par les circonstances, que l'acte ne contient qu'une cession pure et simple d'hypothèque à un tiers vis-à-vis duquel la femme n'avait pas d'engagemens préexistans, et que cet acte n'a eu lieu que pour favoriser le mari, il faut alors exiger que les formalités prescrites par les art. 2144 et 2145 soient observées.

Le pourvoi contre cet arrêt fut rejeté par arrêt de la section des requêtes du 9 janvier 1822 (1).

Ces deux décisions me paraissent mal rendues.

Les cessions d'hypothèques au profit des tiers n'ont été assujetties par la loi à aucune formalité. Il importe peu que la femme qui renonce soit déterminée par le motif de rendre service à son mari. On conçoit même que c'est toujours par intérêt pour son mari et pour venir à son secours, que la femme consent de pareilles renonciations ; mais les tiers n'ont pas à s'enquérir de ces motifs. Ils traitent avec une personne capable ; ils se confient au droit commun (2), et c'est tromper

(1) Dalloz, Hyp., p. 154, 155.
(2) Art. 217 du Code civil.

leur bonne foi et violer la loi de leur contrat que d'appliquer aux cessions dont ils sont porteurs des formalités que la loi n'a entendu exiger que pour le cas de main-levée d'hypothèque et de radiations d'inscriptions consenties par la femme à son mari.

De quoi s'agissait-il devant la cour de Dijon? D'affranchir les immeubles du mari? Point du tout. L'hypothèque légale continuait à les grever ; seulement, au lieu d'être exercée par la femme, elle était exercée par les créanciers du mari. De bonne foi, était-ce le cas d'appliquer l'art. 2144?

La cour royale de Dijon a fait un raisonnement singulier : de ce que le mari avait intérêt à cette renonciation de sa femme, elle en a conclu qu'il fallait ne tenir aucun compte de l'intérêt des tiers. Mais comment n'a-t-elle pas vu que la présence des tiers changeait la face des choses, et rendait même impossible l'application de l'art. 2144? Car, par cela seul qu'il y a un tiers cessionnaire des droits de la femme, il faut en conclure que ces droits continuent à grever les immeubles du mari, sauf qu'ils sont en d'autres mains.

On argumente de ce que la cession de la femme n'était la conséquence d'aucune obligation préexistante, et qu'elle n'en retirait aucun intérêt. Mais est-ce que cette circonstance doit influer sur le droit des tiers ? la cession dont ces tiers se prévalaient avait une cause licite ; elle produisait par conséquent un lien de droit, et il fallait la respecter.

Dans une seconde espèce jugée par la section

civile de la cour de cassation (1), il s'agissait d'une femme commune, qui, sans s'obliger personnellement avec son mari à l'égard de ses créanciers, s'était bornée à renoncer à son hypothèque légale en faveur de ceux-ci. Devant la cour de Metz on avait proposé l'objection suivante : la renonciation de la femme tourne évidemment au profit du mari : sans elle il n'aurait pas trouvé le crédit dont il avait besoin : c'est un moyen indirect d'affranchir ses biens de l'hypothèque légale de sa femme.

La cour de Metz crut utile de répondre à ce sophisme en établissant que la femme *commune* était censée profiter des obligations souscrites par son mari.

Il n'était pas nécessaire de recourir à ce moyen. Il suffisait de s'emparer des dispositions des art. 2144 et 2145, et de montrer qu'elles ne concernent que le cas de *main-levée* de l'hypothèque, tandis qu'ici il s'agit de la cession de cette même hypothèque, ce qui est tout autre chose. Dans le cas de ces articles, la renonciation de la femme ne profite qu'au mari : ici elle profite non seulement au mari, mais encore à des tiers investis des droits de la femme et qui les exercent à sa place.

Le pourvoi contre l'arrêt de Metz, qui avait repoussé les art. 2144 et 2145 du Code civil, fut rejeté par arrêt du 28 juillet 1823.

Dans une troisième espèce, une femme Beaudin avait consenti à restreindre son hypothèque;

(1) Arrêt du 28 juillet 1823. Dalloz, Hyp., p. 156.

un conseil de famille avait donné un avis favorable qui avait été confirmé par le tribunal. Une maison , ainsi purgée de l'hypothèque lègale , fut vendue à la veuve Sappet.

La femme Beaudin prétendit plus tard que l'avis des parens était nul , que toute la procédure était irrégulière , que d'ailleurs, étant mariée sous le régime dotal , elle n'avait pu renoncer à son hypothèque , etc.

Arrêt de la cour d'Aix, qui déclare que les formalités voulues par la loi ont été observées ; qu'au surplus, l'hypothèque étant radiée quand la veuve Sappet a acheté, la femme Beaudin n'est pas recevable à la faire revivre ; qu'enfin la radiation a profité à la femme Beaudin, parce que le prix de la vente a servi à payer ses dettes.

Pourvoi en cassation : de tous les moyens proposés, la section des requêtes n'en a examiné qu'un seul. Elle a décidé que, la radiation ayant été faite dans l'intérêt de la femme Beaudin , l'art. 2144 n'était pas applicable (1).

A mon avis, un pareil motif ne supporte pas l'examen. En effet , il ne s'agissait pas ici d'une cession d'hypothèque faite à un tiers. La femme Sappet, acquêteresse, n'avait pas été subrogée aux droits de la femme Beaudin : elle avait trouvé l'immeuble affranchi , et si par hasard des créanciers hypothécaires jusqu'alors inconnus d'elle fussent venus l'attaquer , elle n'aurait pu se prévaloir des droits de préférence de la femme Beaudin , puis-

(1) Arrêt du 20 avril 1826. Dalloz, 26, 1, 255.

qu'elle avait reçu l'immeuble exempt de l'hypothèque de cette dernière.

Ceci posé, il est clair que la femme Beaudin
avait fait une renonciation pure et simple ; elle
avait réduit son hypothèque ; elle l'avait radiée
et fait disparaître des immeubles grevés. C'était
précisément le cas des art. 2144 et 2145 du Code
civil. Et cependant la cour de cassation décide
que l'art. 2144 n'est pas applicable ! ! !

Elle objecte que la radiation était dans l'intérêt
de la femme ; mais bien entendu aussi qu'elle était
dans l'intérêt du mari, puisqu'elle rendait son
immeuble libre, exempt de charges et entièrement
disponible, puisqu'il pouvait en toucher le prix
sans être obligé de le déposer entre les mains de
ses créanciers ; c'est donc là un avantage direct
que lui faisait sa femme. Or l'art. 2144 ne permet
pas qu'une femme puisse, pendant le mariage,
faire remise d'hypothèques à son mari, sans l'avis
de quatre parens, homologué par le tribunal ; cet
article ne distingue pas si la remise a lieu seulement dans l'intérêt du mari, ou dans l'intérêt réuni
de la femme et du mari ; il est général, et je ne
vois pas de raison solide pour en éluder l'application.

Au surplus, je n'entends pas critiquer le résultat consacré par la cour d'Aix. Cette cour s'est
décidée par un ensemble de motifs dont quelques uns, étrangers à la difficulté que j'examine,
sont décisifs. Mais il me semble que la cour de
cassation, en rejetant le pourvoi, a eu le tort d'approuver précisément ce qu'il y avait de faible dans

son arrêt : j'ai dû en faire la remarque : car, si on voulait prendre au pied de la lettre la décision de la cour suprême, il s'ensuivrait qu'une femme pourrait, sous prétexte qu'elle y a intérêt, s'affranchir des gênes heureusement apportées à la restriction de son hypothèque légale pendant le mariage, donner témérairement main-levée de ses inscriptions au profit de son mari, et rendre illusoires des précautions élevées contre la faiblesse de son sexe, et le trop grand ascendant de son époux.

ARTICLE 2145.

Les jugemens sur les demandes des maris et des tuteurs ne seront rendus qu'après avoir entendu le procureur du roi, et contradictoirement avec lui.

Dans le cas où le tribunal prononcera la réduction de l'hypothèque à certains immeubles, les inscriptions prises sur tous les autres seront rayées.

SOMMAIRE.

biens affranchis, soit à l'égard des biens maintenus sous l'hypothèque.

644 *ter*. L'hypothèque disparaît de dessus l'immeuble. Conflit entre l'acquéreur qui l'achète après le jugement et le créancier qui aurait en sa faveur une cession antérieure des droits de la femme sur cet immeuble.

COMMENTAIRE.

644. La demande du tuteur a pour contradicteur le subrogé-tuteur et le procureur du roi. Au contraire, la demande du mari n'a pour contradicteur que le procureur du roi, attendu que le consentement de la femme étant absolument nécessaire au mari, d'après ce qui a été dit ci-dessus, le mari et la femme ne peuvent pas se trouver en collision l'un avec l'autre.

Le procureur du roi doit s'armer de toute la rigueur de son ministère pour défendre les intérêts de la femme et du mineur, et empêcher qu'ils ne soient sacrifiés par une procédure irrégulière. On a vu des tribunaux restreindre l'hypothèque générale de l'épouse, sans qu'elle ait manifesté sa volonté, sans qu'elle ait été partie, même indirectement, dans l'instance (1); accueillir des demandes en réduction formées par des tiers détenteurs, à l'insu du mari et de la femme qu'on tenait à l'écart, bien qu'on disposât de leurs droits, et qu'on usât, pour eux et sans eux, d'un privilège qui leur est entièrement personnel (2); réduire

(1) V. l'espèce d'un arrêt de la cour de Riom du 3 mars 1830 (Dalloz, 33, 2, 41).

(2) Même espèce.

l'hypothèque à des biens insuffisans pour garantir les droits de la femme, et faire dégénérer en une véritable spoliation des mesures qui n'ont été sagement introduites que pour protéger le crédit particulier. Il y a aussi des tribunaux qui se sont persuadés que tout leur pouvoir se bornait à homologuer purement et simplement la décision du conseil de famille provoquée par le tuteur, et à accorder à ce dernier la restriction qu'il demandait sur simple requête et sans avoir assigné le subrogé-tuteur (1). Ce sont là de graves abus que je signale à l'attention du ministère public, et que sa vigilance pourra toujours prévenir. Le procureur du roi, constitué partie adverse du tuteur, et surtout du mari, doit recueillir tous les renseignemens propres à éclairer la religion du tribunal : prendre, si cela est nécessaire, l'initiative de la contradiction, requérir une expertise pour constater la valeur des biens auxquels on propose de restreindre l'hypothèque, etc. Enfin il ne doit pas hésiter à demander le rejet des demandes qui ne seraient pas présentées dans la forme légale, ou qui léseraient les droits si précieux de la femme et du mineur.

Un point qui doit d'abord être mis hors de toute controverse, c'est que le jugement exigé par l'article 1145 n'est pas un jugement d'homologation comme dans le cas des art. 458 et 467 du Code civil ; c'est un jugement rendu par la voie conten-

(1) Arrêt de la cour de cassation du 3 juin 1834 (Dal., 34, 1, 205).

tieuse entre deux intérêts rivaux. Le tribunal a un droit supérieur d'appréciation et de contrôle, et il n'est lié ni par l'avis du conseil de famille, ni par l'acquiescement du subrogé-tuteur, ni par le consentement de la femme. Il faut même dire que sa décision serait radicalement nulle, si elle était rendue en l'absence du subrogé-tuteur, qui n'aurait pas été duement appelé. C'est un point que la cour de cassation vient de mettre hors de toute controverse en cassant par arrêt du 3 juin 1834 un arrêt de la cour de Rouen, qui (chose incroyable!) n'avait vu dans l'intervention du tribunal qu'une simple homologation à laquelle il n'était pas nécessaire que le subrogé-tuteur fût requis d'assister (1).

Au surplus, j'ai fait connaître au nº 638 quelles sont les conditions requises pour que le tuteur obtienne la restriction, si toutefois le tribunal a la conviction que les sûretés qu'il offre sont notoirement suffisantes.

Quant à la demande en réduction formée par le mari, le procureur du roi et le tribunal devront s'assurer d'abord du consentement de la femme, qui est la base de toute la procédure. Le Code ne dit pas dans quelle forme ce consentement doit

(1) Dalloz, 1, 34, 1, 205. M. Dalloz, en rapportant cet arrêt, présente la question comme entièrement neuve, et comme n'ayant pas été prévue par moi dans la première édition de ce commentaire. Il est vrai que je n'avais pas expressément formulé l'espèce sur laquelle la cour de cassation a statué ; mais les principes qui ont servi de base à son arrêt ressortent de tout ce que j'avais dit au nº 644 avant de le retoucher.

être donné. Il suffit qu'il soit libre et non équivoque.

La composition du conseil de famille doit ensuite
fixer l'attention des magistrats. On a vu, par l'art.
2144, qu'il doit être formé des quatre plus proches
parens. Cet article ne répète pas la disposition de
l'art. 409 du Code civil, qui, dans le cas où il ne
se trouve pas sur les lieux un nombre suffisant de
parens les plus proches, permet d'appeler des parens d'un degré plus éloigné. Je pense que l'article 2144 du Code civil doit être exécuté à la rigueur, et que l'influence de l'art. 409 doit lui
rester étrangère. Quel a été le but du législateur?
Il a voulu faire un appel à l'intérêt des parens que
la proximité du sang appelle à recueillir la succession de la femme. C'est cet intérêt qu'il a constitué le premier juge de l'opportunité de la demande en radiation. Plus les quatre parens sont
rapprochés, plus ils ont l'espoir légitime d'être un
jour les héritiers de la femme, et plus aussi ils met-
tront de scrupule à discuter le mérite de la demande et à défendre l'épouse contre les exigences
de son mari. Mais où seront les garanties que recherche le législateur si le conseil de famille est
composé de parens éloignés, ou peut être même
d'étrangers indifférens à l'avenir de la femme, et
qui ne voudront probablement pas prendre sur
eux de déplaire au mari en le contrariant? Ajoutez
à ces considérations que le conseil de famille n'est
ici composé que de quatre personnes, tandis que,
dans le cas de l'art. 409, sept parens y sont appelés ; qu'enfin, dans l'espèce de ce dernier article,

il y a urgence à réunir le conseil, afin que le mineur ne reste pas sans un surveillant qui prenne soin de sa personne et de ses biens, tandis que, lorsqu'il n'est question que d'une simple réduction d'hypothèque, il n'y a presque aucun péril en la demeure : *Non est damnum in morâ modici temporis.* Je dois dire néanmoins que la cour de Grenoble a décidé, par un arrêt du 18 janvier 1833, que l'article 2144 du Code civil doit être coordonné avec les art. 407 et 409 (1). Peut-être y a-t-il quelques inconvéniens inévitables dans le système que je propose. Mais je crois qu'il y en a de plus nombreux et de plus grands dans le système de la cour de Grenoble, qui d'ailleurs a contre lui la lettre de la loi et la discussion du conseil d'état. Voici en effet ce que j'y lis : « M. BÉRENGER demande que » la loi se borne à dire qu'on prendra l'avis de l'as- » semblée de famille, *sans exiger que cette assemblée* » *soit composée des parens les plus proches*, parce » qu'ils peuvent être actuellement éloignés.

» Le consul CAMBACÉRÈS dit qu'il craint, si cet » amendement est admis, que la disposition ne » dégénère en pure formalité; qu'alors on compo- » sera l'assemblée de personnes indifférentes, et » que rien n'attache aux intérêts des parties. »

M. BERLIER dit que la loi ne doit point vouloir » l'impossible, et qu'il faut ici, comme au titre des » tutelles, entendre par *plus proches parens*, les » parens les plus proches parmi ceux qui se trou- » vent dans un rayon donné;

(1) Dalloz, 33, 2, 85.

» L'article est adopté (1). »

On voit que M. Berlier parlait dans le sens de l'amendement de M. Bérenger, et qu'il contredisait l'opinion de M. Cambacérès que nous défendons ici. Or, il me paraît évident que l'adoption pure et simple de l'art. 2144 est la condamnation du système de MM. Bérenger et Berlier ; car où trouver dans son texte quelque chose qui se plie à leurs idées ? Comment en faire sortir la limite de ce rayon donné dont parlait M. Berlier ? Pour quiconque voudra y réfléchir, il n'y a aucune parité entre la rédaction de l'art. 2144 et celle de l'art. 407, et la pensée du premier se révèle tout entière dans les observations de M. Cambacérès.

Le procureur du roi devra en outre examiner si l'hypothèque dont on demande la réduction est une hypothèque générale, ou bien si elle n'a pas été spécialisée par le contrat de mariage. Dans ce dernier cas, la demande en réduction ne serait pas admissible d'après l'art. 2144, dont le texte est précis (2). La jurisprudence offre cependant des exemples de tribunaux qui, dans de telles circonstances, ont aveuglément accueilli l'action en réduction (3) !!! Tant que le ministère public ne sera pas pénétré de l'idée qu'il n'a été investi du rôle de partie que pour empêcher que la demande autorisée par les art. 2143 et 2144 ne dégénère pas en une vaine formalité d'homologation, les abus

---

(1) Fenet, t. 15, p. 378.
(2) Arrêt conforme. Riom, 3 mars 1830 (Dalloz. 33, 2, 41).
(3) V. l'espèce de cet arrêt de Riom.

dont je parle seront toujours à redouter; et cependant, qui pourrait méconnaître les inconvéniens désastreux qui marchent à leur suite? J'aurai tout à l'heure l'occasion de faire voir le dommage que la femme peut en éprouver.

Mais auparavant il me reste à examiner une difficulté. Elle consiste à savoir si le procureur du roi peut interjeter appel du jugement rendu par le tribunal contrairement aux intérêts qu'il est chargé de défendre.

La cour royale de Grenoble s'est prononcée pour la négative par l'arrêt que je viens de citer. Mais il faut observer que la cour n'avait pas à juger en thèse cette question. Je crois que sa solution ne saurait être admise. Ces expressions, *contradictoirement avec le ministère public*, dont se sert notre article, conduisent à un résultat tout opposé à celui qu'elle a fait prévaloir. Elles donnent au procureur du roi la qualité de partie; elles l'opposent au tuteur ou au mari comme défendeur chargé de contredire à leur demande. A ce titre, le droit d'appel lui appartient; car il est attribué par le droit commun à toute partie qui veut élever des plaintes contre un jugement de première instance; sans cela, la défense serait inégale et incomplète. Le protecteur du mineur ou de la femme ne pourrait pas faire réformer une erreur de la justice, tandis que leur adversaire serait investi de cette faculté!! Une telle inconséquence est-elle admissible?

La cour de Grenoble argumente du silence de la loi. Mais c'est précisément ce silence qui con-

damne son opinion; car l'appel est une voie de
droit qui est toujours censée réservée, à moins
qu'elle ne soit exclue d'une manière formelle. Le
Code civil a-t-il, par exemple, stipulé, au profit
du ministère public, la faculté d'appeler d'un jugement rendu en matière d'absence? Nullement.
Cependant l'art. 116, dans lequel on retrouve mot
pour mot les expressions pleines de sens de notre
article, *contradictoirement avec le procureur du
roi*, a paru suffisant à la jurisprudence pour faire
universellement décider que le ministère public
peut se rendre appelant d'un jugement rendu
dans ces sortes de causes. Aussi M. Merlin dit-il
que c'est très-surabondamment que l'art. 8 de la
loi du 13 janvier 1817 a réservé ce droit au procureur du roi (1). Pourquoi donc les expressions
que j'ai relevées auraient-elles dans l'art. 116 un
autre sens que dans l'art. 2145? N'y a-t-il pas identité de rédaction, identité de faveur, identité de
surveillant?

Il suit de ma proposition, que je crois constante, que le mari et le tuteur devront signifier
au procureur du roi le jugement de réduction, afin
de faire courir les délais de l'appel. Les tiers qui
contracteront avec eux, devront également vérifier
si cette formalité a été remplie, s'ils ne veulent pas
s'exposer à des mécomptes, et se voir peut-être re-
cherchés pour des biens qui leur auront été pré-
maturément représentés comme dégrevés de l'hypothèque légale.

(1) Répert., t. 16, p. 11, art. CXIX.

Lorsque la femme a donné son consentement, et que le jugement est passé en force de chose jugée, il ne lui est pas permis d'attaquer par la voie de la tierce opposition cette décision dans laquelle elle a été représentée par le procureur du roi, et qu'elle a déterminée d'ailleurs par son adhésion. Peu importerait que le conseil de famille eût été mal composé (1), que ses droits eussent été mal défendus et même lésés, etc. L'autorité de la chose jugée couvre toutes ces erreurs, et elle est ici d'autant plus sacrée, qu'elle protége le crédit particulier contre des surprises. Le procureur du roi sentira par là la gravité de la responsabilité qui pèse sur lui.

Mais si la femme n'avait pas été appelée à donner son consentement, on ne pourrait évidemment pas lui opposer une procédure à laquelle elle aurait été laissée étrangère. Je ne doute pas qu'elle ne pût obtenir le rétablissement de son hypothèque (2).

On demande si la femme, devenue libre depuis le jugement de réduction intervenu d'après son consentement, mais avant qu'il ne fût passé en force de chose jugée, pourrait s'en rendre appelante à la place du procureur du roi.

Pour l'affirmative, on dit que le procureur du roi n'est que le représentant de la femme; que celle-ci, étant désormais libre d'agir, n'a plus besoin de ce protecteur légal, dont les pouvoirs sont

(1) Arrêt de Grenoble précité.
(2) Arrêt de Riom précité,

dès-lors expirés ; qu'elle peut donc faire par elle-même ce qu'il aurait fait pour elle, que le consentement qu'elle a donné ne peut lui être opposé, parce qu'il lui a été arraché par les obsessions de son mari.

Mais l'opinion contraire est préférable : la femme n'est pas partie agissante dans la procédure organisée par les art. 2144 et 2145. Elle n'y comparaît que pour donner son avis. Lorsque cet avis est exprimé dans un sens favorable à la réduction, ce n'est pas à elle qu'il appartient de le critiquer. Elle a épuisé son droit, elle a élevé contre ses réclamations une fin de non-recevoir. C'est le conseil de famille, dans un intérêt d'agnation, c'est le procureur du roi, dans un intérêt qui embrasse celui de la femme et de la famille, qui seuls ont capacité pour faire ressortir les vices de cet avis. Le procureur du roi remplit une mission d'ordre public, son action est une véritable action publique, dont lui seul est le juge ; et un simple particulier ne saurait en hériter ni se substituer à l'organe de la loi, lorsque d'ailleurs il s'est lié par un consentement antérieur (1).

644 *bis.* Lorsque le tribunal (2) prononce la réduction, l'hypothèque superposée sur les biens libérés disparaît, et l'on raie l'inscription qui la rendait publique.

Mais quant à l'hypothèque qui reste sur les

(1) V. l'arrêt de Grenoble qui le juge ainsi.
(2) Quel est le tribunal compétent? On peut se référer pour cette question aux articles 2159 et 2161 du Code civil.

biens non affranchis, elle conserve toujours ses prérogatives, c'est-à-dire qu'elle est dispensée d'inscription au regard de la femme et du mineur, et qu'elle remonte au jour du mariage ou de l'acceptation de la tutelle.

644 *ter.* On peut soulever ici une question importante. Lorsqu'un immeuble se trouve affranchi de l'hypothèque légale par suite des mesures dont je viens de parler, et qu'un tiers vient à l'acheter avec la certitude publique qu'il est exempt de l'affectation hypothécaire de la femme, pourra-t-on avoir égard aux renonciations que la femme aurait pu faire antérieurement au profit d'un créancier de son mari?

Par exemple : Les sieur et dame Thomas s'obligent solidairement envers Pierre; et la dame Thomas transfère à ce dernier tous ses droits d'hypothèque légale sur le domaine des *Abreuvoirs.*

Quelque temps après, la femme Thomas consent à ce que son hypothèque soit restreinte, et que le domaine des *Abreuvoirs* en soit affranchi. La procédure suit sa marche et arrive à son terme, sans qu'on soit instruit de la renonciation précédemment consentie au profit de Pierre.

Quelque temps après, le domaine des *Abreuvoirs* est vendu par le sieur Thomas à Delarue, qui paie comptant entre les mains de son vendeur.

On demande si Pierre pourra inquiéter le sieur Delarue, et exercer contre lui le droit de suite.

On dira en sa faveur :

Pierre est cessionnaire d'une hypothèque légale : il n'était pas nécessaire qu'il prît inscription pour profiter des droits de la femme.

Lorsque la femme Thomas a renoncé à son droit, elle s'en était déjà dépouillée : elle a donc fait une renonciation sans cause. Pierre ne peut en souffrir : c'est pour lui *res inter alios acta*. Tous les faits de la dame Thomas, postérieurs à la cession qu'elle a faite à Pierre, ne peuvent préjudicier à celui-ci, d'après la loi 11 § 10 au Dig. *de except. rei judicatæ*.

Quelque logique que paraisse cette argumentation, il me semble que l'acquéreur devra l'emporter.

Il n'était tenu à remplir les formalités pour purger l'immeuble qu'il achetait, qu'autant qu'il n'aurait pas eu juste sujet de croire que cet immeuble était affranchi de l'hypothèque de la femme. En effet, les art. 2193, 2194, 2195 supposent à chaque ligne que l'acquéreur est pénétré de l'idée que le droit de la femme couvre l'immeuble. Mais quand des actes publics, quand un jugement rendu suivant les formes consacrées ont déclaré que l'immeuble était désormais affranchi, il est clair que l'accomplissement des formalités prescrites par les articles dont j'ai parlé n'est plus possible. Ne serait-ce pas un non-sens, en effet, que de vouloir qu'un acquéreur fasse signifier à la femme et au procureur du roi (art. 2194) le dépôt au greffe de son contrat, lorsqu'on lui a présenté un jugement portant que la femme n'a aucun droit sur cet immeuble?

L'acquéreur a donc été dans son droit en ne purgeant pas et en payant sur-le-champ le prix de son acquisition.

Maintenant que vient lui reprocher le cessionnaire de la femme? Rien absolument qui le mette en contravention à une disposition de la loi. Il lui oppose seulement que la femme ne pouvait traiter d'une hypothèque dont elle s'était déjà dessaisie. Cette raison est sans doute puissante; mais elle est paralysée par les objections que l'acquéreur puise dans sa bonne foi, dans la confiance due aux jugemens, dans la dispense où il se trouvait de purger.

Il y aura, si l'on veut, deux droits parallèles; mais, dans le choc qu'ils produisent en se rencontrant, celui de Pierre devra succomber, parce que la critique n'a rien à reprocher à Delarue, tandis que Pierre a commis la négligence de ne pas s'inscrire en son nom personnel comme il en avait le droit. S'il eût pris cette précaution (1), recommandée par la sagesse la plus vulgaire (2), son droit fût resté intact; car il aurait été connu des tiers, et la fraude dont il est aujourd'hui victime aurait été prévenue. Entre son adversaire, qui est exempt de toute négligence, et lui, qui doit s'imputer son manque de vigilance, il semble qu'il n'y a pas lieu à hésiter.

(1) *Suprà*, n° 609 *in fine*.
(2) *Suprà*, t. 1, n° 377.

FIN DU DEUXIÈME VOLUME.

TABLE DES MATIÈRES

CONTENUES DANS CE VOLUME.

FIN DE LA TABLE DES MATIÈRES.

www.ingramcontent.com/pod-product-compliance
Lightning Source LLC
Chambersburg PA
CBHW062002220326
41599CB00018BA/2473